A TRAVESSIA DA ESTRUTURA EM JACQUES LACAN

Blucher

A TRAVESSIA DA ESTRUTURA EM JACQUES LACAN

Léa Silveira

A travessia da estrutura em Jacques Lacan

Editora Edgard Blücher Ltda.

Publisher Edgard Blücher
Editor Eduardo Blücher
Coordenação editorial Jonatas Eliakim
Produção editorial Catarina Tolentino
Preparação de texto Gabriela Castro
Diagramação Guilherme Henrique
Revisão de texto Danilo Villa
Capa Leandro Cunha
Imagem da capa iStockphoto

Blucher

Rua Pedroso Alvarenga, 1245, 4º andar
04531-934 – São Paulo – SP – Brasil
Tel.: 55 11 3078-5366
contato@blucher.com.br
www.blucher.com.br

Segundo o Novo Acordo Ortográfico, conforme 5. ed. do *Vocabulário Ortográfico da Língua Portuguesa*, Academia Brasileira de Letras, março de 2009.

Dados Internacionais de Catalogação
na Publicação (CIP)
Angélica Ilacqua CRB-8/7057

Silveira, Léa

A travessia da estrutura em Jacques Lacan / Léa Silveira. – São Paulo : Blucher, 2022.

438 p. : il.

Bibliografia

ISBN 978-65-5506-074-4 (impresso)

ISBN 978-65-5506-069-0 (eletrônico)

1. Lacan, Jacques, 1901-1981 2. Psicanálise I. Título

22-1677 CDD 150.195

Índice para catálogo sistemático:
1. Psicanálise

Prefácio

Monique David-Menard[1]

Tradução: Léa Silveira

Com este ensaio sobre o alcance do estruturalismo no pensamento de Jacques Lacan, Léa Silveira apresenta uma obra filosófica que respeita com sutileza a singularidade da psicanálise como terreno onde se concretizou uma orientação original do pensamento.

O cerne de seu trabalho aqui é a questão de saber se Lacan, em seu retorno a Freud, acompanha o estruturalismo em todas as suas consequências ou se, e como, ele transforma a concepção lévi-straussiana de *estrutura* de modo que ela possa incluir noções como as de sujeito, desejo, reconhecimento, objeto e corpo. Lacan é estruturalista no sentido de o reconhecimento do sujeito, para ele, ser um reconhecimento que tem lugar a partir de uma estrutura, e não de um outro empírico, pois tal estrutura, a simbólica, é o Outro. Eis aí noções que, como este livro permitirá perceber, envolvem todo o campo da filosofia ocidental moderna. Léa Silveira move-se com grande inteligência e admirável precisão, tanto entre autores

1 Psicanalista, Professora Honoraria da Universidade de Paris (Centre d'Etudes du Vivant e UFR Etudes Psychanalytiques), membra fundadora da Societe de Psychanalyse Freudienne (SPF) e da Societe Internationale de Psychanalyse et Philosophie (SIPP-ISPP).

frequentados por Lacan – tais como Descartes e Kant – quanto entre seus contemporâneos: Politzer, Kojève, Foucault, entre outros. Ela se estende o quanto convém – nem demasiadamente nem de modo escasso – para elucidar o uso que Lacan faz dessas referências.

Tomemos apenas um exemplo, ou dois, pois ambos são decisivos.

O que, exatamente, Lacan busca em Descartes? Para evitar que o sujeito do significante fique alienado na "ordem simbólica", o que tornaria vã qualquer expectativa relacionada à clínica, o psicanalista encontra em Descartes a noção de *sujeito evanescente*, sujeito que só existe no ato de pensar diante da suspensão dos conteúdos de pensamento. Não é o caso aqui, no entanto, de nos referirmos a uma reflexividade – a autora insiste nisso, por exemplo, ao criticar argumentos de Borch-Jakobsen, que sustentou a possibilidade de reduzir o sujeito lacaniano do inconsciente ao lugar de outra consciência. A ousadia de Léa Silveira é ser mais compreensível do que Lacan sobre o modo como este recorre a Descartes: onde Lacan afirma recolher do filósofo a noção de certeza, onde ele propõe uma reformulação do *Cogito* que instaura uma clivagem no saber e apreende uma existência subjetiva, Silveira reconstitui a forma como o psicanalista, ao fazer isso, inventa, sob a influência de Kojève, a ideia de um não-ser do sujeito, que é um ato e não uma pura diferença interna à estrutura da linguagem.

No entanto, com isso, ela não toma Lacan como um autor hegeliano/kojèviano. Isso porque esse sujeito evanescente é compatível com o regime diferencial de significantes, e sobretudo porque, como ela diz, essa outra negação, essa negação em ato de uma estrutura pura, inscreve-se como um objeto que, embora não tenha a função de satisfazer o desejo, causa seu movimento. Essa é basicamente a definição silveiriana de pulsão. O objeto *a* não é positivo; como resíduo da estrutura, chega, inclusive, sob alguns aspectos, a ser considerado inerte. Ele permite, todavia, a formação de um enredo para a fantasia que é, com efeito, o ato desse sujeito evanescente. A autora chega a falar do "concreto da fantasia" que faz a singularidade do desejo.

O percurso da filósofa no pensamento lacaniano é tudo menos uma reconstrução artificial e enfadonha. Jacques Lacan disse, sobre o livro *O título da letra*, coescrito por Philippe Lacoue-Labarthe e Jean-Luc Nancy: eles sabem me ler "porque me dessupõem sabê-lo" (Lacan, 1975, p.87). Silveira inventa outra forma, não violenta, de ler o texto de Lacan. Não lhe dessupõe um saber, mas, ao contrário, prolonga-o sem qualquer submissão ou adoração transferencial que a tornasse incapaz de apreciá-lo.

Aprecia-o em todos os sentidos da palavra, ou seja, expõe seu valor, mas por seus próprios caminhos. Léa Silveira apura uma boa distância e constrói uma proximidade. Enfim, como todo pensamento real, inclusive e especialmente quando se trata de filosofia, ela inventa sua linguagem conceitual para identificar o que é tão difícil de esclarecer em Lacan. E o faz respeitando o fato de que, se o pensamento lacaniano não é uma filosofia, isso acontece porque o sujeito do inconsciente é um sujeito a ser escutado e não a ser conhecido, sequer por si mesmo.

A leitura deste livro me deixou com vontade de encontrar Léa para debatermos a respeito do que ela nomeia "uma outra negação", na qual consiste o ato de um sujeito determinado por um objeto que o confronta com o inassimilável. Será que isso corresponderia a uma negação da negação no sentido dialético do termo? Ou será que estaria em jogo aqui alguma outra coisa?

Apresentação

Em 1953, Lacan proclama um "retorno a Freud" e faz disso uma espécie de bandeira de seu ensino. Ler os textos que desenvolvem essa sua hipótese interpretativa nos conduz diretamente à demarcação de um conceito de inconsciente muito específico, de claro acento lévi-straussiano. A seu lado, a teoria oferece um trato detalhado à noção de significante, cujas origens, como é sabido, remontam, *via etnologia*, à linguística tal como configurada por Saussure. Daí por diante (ao menos até 1964), é o movimento de debater-se com a estrutura o que mais dá visibilidade aos impasses pelos quais a teoria lacaniana se desenvolve. Este livro[1] propõe investigar os termos do diálogo que então se estabelece: as motivações de base que o fomentaram, as ressignificações exigidas, os problemas herdados com a aproximação, os caminhos assumidos na tentativa de equacioná-los.

1 O livro corresponde a uma pesquisa de doutorado defendida no Programa de Pós-Graduação em Filosofia, da Universidade Federal de São Carlos, com o título *Determinação versus subjetividade: apropriação e ultrapassagem do estruturalismo na psicanálise lacaniana*. A pesquisa foi financiada pela Capes, orientada pelo prof. Richard Simanke e coorientada pela profa. Monique David-Ménard (Universidade Paris VII).

Nesse sentido, ele nasce das seguintes indagações: qual o peso e a significação da palavra "estrutura" na obra de Lacan? É possível dizer que Lacan foi um autor estruturalista? Em caso positivo, isso sofre algum tipo de restrição cronológica? O que realmente queremos dizer ao adjetivarmos seu nome dessa forma? O que significa recorrer à estrutura na lida com temas psicanalíticos? O que a estrutura tem a dizer sobre o desejo e sobre o sujeito? Haveria algum tipo de restrição ou limitação para a presença teórica da noção de estrutura no campo psicanalítico?

Sem dúvida, temos aí questões que não podem ser respondidas de modo precipitado. A começar pelo fato de que as respostas devem ser alinhadas à disposição das diretrizes presentes no pensamento de Lacan *antes* da ligação com a estrutura; pois, se semelhante recurso é estabelecido, certamente isso é feito na medida em que nele se depositam apostas epistemológicas previamente desenhadas. Assim advertido, o primeiro capítulo apresenta o problema da inserção de Lacan no estruturalismo: o contexto anterior ao diálogo, os motivos da aproximação, as consequências no arranjo da teoria e os impasses gerados que guiarão seu movimento. Busca ainda, à luz do trajeto até aí percorrido, discutir a questão da atribuição da adjetivação "estruturalista". O passo subsequente será investigar o uso da estrutura na interpretação da psicanálise: o modo como Saussure aparece em Lacan e os motivos epistemológicos do caráter peculiar dessa apropriação; o que o instrumento conceitual lhe permite pensar – especialmente com relação à intersecção entre fala e linguagem e aos níveis de relação estabelecidos entre esta e o inconsciente, ao Édipo como estruturação do sujeito, ao desejo como função pura e à construção de um modelo explicativo exclusivo da psicose –; as consequências impostas à natureza do significante; e a especificação das noções interrelacionadas de realidade e de verdade. Por fim, no terceiro capítulo, veremos que a aquisição desse aparato teórico requer uma noção muito particular de sujeito, que, por seu turno, lança reformulações em seus correlatos, uma vez que a relação a si será tomada como relação de desvio pelo *Outro* e pelo objeto, exigindo – no seio de uma sobreposição entre as temáticas do transcendental e da transcendência – uma nova noção de estrutura, agora solidária de certo retorno ao sensível, como contrapartida da formalização da função pura.

De saída, é possível perceber nesse traçado geral que a metodologia adotada vai se valer, em certa medida, de um encaminhamento cronológico. A leitora e o leitor não encontrarão aqui, no entanto, um movimento linear. A tessitura do comentário seguirá, antes, o tempo do desenvolvimento dos impasses, o qual, suponho, de fato demanda um horizonte diacrônico (desde que relativizado) subsumido à questão propriamente conceitual.

Desnecessário dizer da preocupação em ouvir o texto e deixá-lo reverberar antes de lhe sobrepor apressadamente minhas hipóteses interpretativas. Isso que, no limite, é um objetivo apenas ideal em qualquer trabalho de comentário, em se tratando de Lacan – cujo estilo luta, propositalmente, contra certo ideal de compreensão –, torna-se uma impossibilidade de partida. Nada mais distante do espírito de sua obra do que a ilusão de uma leitora desprovida de preconceitos (ela seria desprovida de desejo!) em busca da "verdadeira verdade" do dito. Antes de ser ingênua, tal atitude seria antilacaniana. Apesar disso, busquei estar atenta à necessidade de acossar não apenas os argumentos de Lacan, mas também os meus.

É possível que a presença abundante de bibliografia secundária salte aos olhos, ao que cabe um breve esclarecimento. A interlocução com os comentadores, além de iluminar pontos de concordância, não raro funcionou para mim como uma espécie de espelho, revelando, por inversão, meu próprio posicionamento. "Pensar com" é também "pensar contra". Discutir uma posição da qual se discorda é um exercício capaz de esclarecer bastante, *a contrario sensu*, as curvas do próprio encaminhamento, dando a ver o eixo que se esforça por trilhar, na tarefa de acompanhar os textos do autor que se trata de ler.

E, afinal, não é do Outro que surge nossa capacidade de dizer "eu"?[2]

2 Partes deste livro foram previamente publicadas sob a forma de artigos, conforme as seguintes referências: (2010). O surgimento e o sentido de uma referência ao transcendental na psicanálise lacaniana. *Revista Estudos Lacanianos, 4*, 159-172, 2011; A passagem do "eu penso" ao "eu existo" em Jaakko Hintikka e em Jacques Lacan. *Ágora* (PPGTP/UFRJ), *XIII*, 23-33; (2010). A falta no Outro como subversão da estrutura na teoria lacaniana. *Psicologia em Estudo, 15*, 197-203; (2010). Uma origem do Outro na teoria lacaniana: desenvolvimento do viés externalista. *Poiesis* (Unimontes), *7*, 86-101; (2009). Psicanálise lacaniana e estruturalismo: a condução do desejo como função pura a um plano transcendental. *Psicologia USP, 20*, 539-554; (2008). Consistência do Édipo na psicanálise lacaniana: símbolos zero para o desejo. *Revista do Departamento de Psicologia da UFF, 20*, 209-220; (2008). A abertura da estrutura: limite da aplicação da linguística saussuriana à psicanálise. *Psyche, 22*, 97-112; (2008). El aspecto trascendental del pensamiento lacaniano en la década del 50: deseo y sujeto. *Revista Nadja, 11*, 57-63 (http://psiconet.com/nadja); (2008). Para além do desejo de nada: o objeto *a* como resistência ao esquema transcendental dos significantes na psicanálise lacaniana. *Revista Estudos Lacanianos, I*, 295-311; (2007). À propos du sujet? Note sur le conflit détermination x subjectivité chez Jacques Lacan. *Essaim, 18*, 147-164; (2007). Passagem da compreensão à verdade: contribuição do estruturalismo à teoria lacaniana da psicose. *Ágora* (PPGTP/UFRJ), *X*, 211-227; (2007). "Falar no fio da fala": a diferença e a ciência na aplicação da linguística saussuriana à psicanálise. *Adverbum* (Campinas. Online), *2*, 6-24; (2007). Autonomia, heteronomia: observação sobre a relação entre corpo e estrutura na obra de Jacques Lacan. *Psicologia USP, 18*, 75-89; (2006). O sujeito lacaniano no momento de uma manobra cartesiana deslocada. *Natureza Humana, 8*, 319-334; (2005). Ainda o sujeito: nota sobre o conflito determinação *versus* subjetividade em Jacques Lacan. *Revista de Filosofia* (PUCPR), *18(20)*, 99-124. Parte do capítulo 3 foi também publicada como capítulo de livro: (2009). Lacan e Descartes: estratégia de desrealização do eu para sustentação do lugar paradoxal do sujeito no contexto estruturalista. In A. F. Jardim, S. T. Marques, A. C. Sales, & L. Silveira (Orgs.). *Experimentações filosóficas: ensaios, encontros e diálogos* (pp. 255-77). São Carlos, SP: EDUFSCar/FAPESP. Agradeço pelas autorizações de republicação.

Conteúdo

1. Estruturalismo: Termos da aproximação

O próprio dos impasses é justamente que eles são fecundos.

Lacan – *Seminário* 6, sessão 6

1.1 O percurso anterior e por que Lacan chega ao estruturalismo[1]

O início do percurso intelectual de Lacan, no contexto da psiquiatria, encontra-se marcado por um conflito que será a prerrogativa maior de toda a sua obra. Ele se circunscreve diante dos seguintes questionamentos: como garantir a reserva do espaço do sujeito, como sujeito do sentido, na medida mesma em que se procura configurar a sua ordem objetiva de determinação? Estipular essa objetividade,

1 O presente capítulo retoma alguns trechos, acrescentando novos desenvolvimentos e reformulações, da dissertação de mestrado *Dos complexos familiares ao* Discurso de Roma: *Lacan rumo à racionalidade estruturalista*, defendida em setembro de 2002, no Departamento de Filosofia da UFSCar.

no caso em que o alvo do estudo é a subjetividade, não implica necessariamente a sua simples e total exclusão? Esse conflito – que bem se traduz no oximoro "*objetivação do sujeito*" – não é nada menos do que um mergulho, sempre conduzido às suas últimas consequências, no dilema que outorga às próprias "ciências humanas"[2] como um todo o seu frágil lugar epistemológico.[3] O enfrentamento acirrado de tal problema pode ser apontado como o denominador comum a fazer dessa obra, a despeito das miríades de faces e das metamorfoses constantes, uma única obra. O interesse de Lacan é, desde sempre e em qualquer momento, teorizar o sujeito. Quer atravessasse a psiquiatria, a psicologia ou a psicanálise, quer tivesse em vista a necessidade de formular uma causalidade específica para a psicose ou os caminhos que conduzem à neurose, seu empenho – o impulso mesmo para colocar em jogo os mais diversos referenciais teóricos – sempre teve como pano de fundo o intuito de perseguir essa questão.

Seu programa de estudos nasce com a tentativa de formular o fenômeno psicótico em uma série de oposições, da qual podemos discernir cinco alvos interrelacionados que, ao serem atacados, ditarão muito essencialmente o ritmo e as escolhas da obra lacaniana de forma geral, conferindo-lhe seus princípios epistemológicos: o *organicismo*, o *substancialismo*, o *realismo*, o *individualismo* e o *reducionismo*. Suas origens certamente remontam à leitura e à adesão à crítica (tanto no sentido negativo – de acusação dos princípios presentes na tradição –, quanto no positivo – de preparação de um

---

2 Grafo "ciências humanas" entre aspas para marcar a inadequação da expressão no contexto da psicanálise lacaniana. Lacan (1966y) reserva-lhe dois motivos: ela exprime uma relação de poder e nomeia algo que não existe, o "homem da ciência" (p. 859).

3 Lugar, no que diz respeito à psicologia, exemplarmente bem descrito por Gréco (1967/1976): "É a infelicidade do psicólogo: nunca está seguro de que 'faz ciência'. Se a faz, nunca tem certeza de que seja psicologia" (p. 26).

campo validado), que Politzer endereçara à psicologia clássica.[4] Pensar a psicose como fenômeno total, revitalizando a categoria "sujeito" sob categorias de objetividade a partir de seu meio concreto, era a única perspectiva reputada apropriada para tratar cientificamente a personalidade. Em sua tese de doutorado – *Da psicose paranoica em suas relações com a personalidade* –, o mecanismo que disparava a experiência paranoica era estruturado em torno de três áreas: o desenvolvimento biográfico, a concepção de si e a tensão das relações sociais (Lacan, 1932/1987, p. 46); esta última representando o ponto de convergência da causalidade e carregando ainda a função de fornecer a especificidade do meio próprio do ser humano. Trata-se de uma teoria da "gênese social da personalidade",[5] à qual certos dados objetivos conferem a unidade de um "desenvolvimento regular e compreensível" (Lacan, 1932/1987, p. 28) . Lacan, nessa época um entusiasta leitor da *Ética* de Espinosa, vê a teoria como o resultado de um paralelismo, não entre as ideias e as coisas, mas entre o fato particular e o fato social; este, o vetor de conformação do fenômeno humano:

> *Oposto a todo paralelismo substancial, que se coloca problemas de conveniência ou de concordância entre séries independentes eventualmente paralelas (as ideias e os corpos), Lacan pensa a personalidade como um*

4 "Objetivismo ou realismo (substancialismo, poderíamos acrescentar), tal é o pecado original da tradição da filosofia, que se desdobra nos pecados complementares da *abstração* e do *formalismo*." (Prado Jr., 1990b, p. 22) Sobre Politzer cf. ainda Roudinesco (1986/1988, pp. 72-82). Sobre a relação entre Politzer e Lacan, cf. Macey (1988, pp. 100-101 e *passim*), Gabbi Jr. (1998, pp. XXIII-XXVIII) e Simanke (2002, pp. 163-186).

5 "Essa gênese social da personalidade explica o caráter de alta tensão que assumem, no desenvolvimento pessoal, as relações humanas e as situações vitais que fazem parte delas. Ela fornece, muito provavelmente, a chave da verdadeira natureza das *relações de compreensão*." (Lacan, 1932/1987, p. 31)

> *aspecto particular (ou um atributo) de uma só e única substância que é a existência do indivíduo enquanto existência social (...). (Ogilvie, 1987/1991, pp. 66-7)*

Na verdade, não se trata, para Lacan, de pensar essa existência como substância. Mas o que importa destacar agora é que tal paralelismo é o meio de viabilização de uma preocupação *ao mesmo tempo* científica (a busca do determinismo da personalidade), epistemológica (o objeto abordado é fenômeno de cognição) e ética (a valorização das implicações recíprocas entre intencionalidade [sentido] e responsabilidade). Ele é visto como algo capaz de promover a aliança entre os pré-requisitos da explicação e os da compreensão. Eis como Lacan (1932/1987) procura articular a convergência dessas duas coisas:

> *Uma condição nos falta ainda, sem a qual não poderíamos fundar ciência alguma de tal objeto, mas somente nos consagrarmos a uma espécie de leitura puramente simbólica desses fatos, é a condição de um* determinismo *que seja* específico *desses fenômenos.*
>
> *É aqui, e aqui apenas, que fazemos uma hipótese (...). Essa hipótese é que existe um determinismo que é específico da ordem definida nos fenômenos pelas* relações *de compreensibilidade humana. (pp. 320-1)*

A compreensão, regida pela definição da existência humana como uma existência, antes de mais nada, social, é assinalada como o fator capaz de assegurar a presença do sentido no contexto do "determinismo" almejado:

> Compreender, *entendemos por isso dar seu sentido humano às condutas que observamos em nossos doentes,*

> *aos fenômenos mentais que eles nos apresentam. Certamente, eis aí um método de análise que é nele mesmo demasiado tentador para não apresentar graves perigos de ilusões. Mas, saibamos bem que, se o método se utiliza de* relações significativas, *utilização que funda o assentimento da comunidade humana, a aplicação delas à determinação de um fato dado pode ser regida por* critérios *puramente* objetivos, *de modo a resguardá-la de qualquer contaminação pelas ilusões, elas próprias localizadas, da* projeção afetiva. *(Lacan, 1932/1987, pp. 315-6)*

Todavia, ao definir a patologia mental como discordância com o meio social,[6] essa teoria seria contraditória caso não conservasse espaço para o que é considerado próprio da atividade do sujeito, pelo modo da reação atualizada na interpretação delirante. Afinal, como a loucura poderia ser uma inadequação à sociedade se é a própria sociedade que a determina? Dito de outro modo, como explicar que um determinismo *social* dê lugar a uma incompatibilidade *com o social* senão admitindo que esse descompasso se deve à especificidade da resposta subjetiva? Assim, o sujeito não é visto como um mero resultado de um arranjo de influências,[7] mas dotado de uma "estrutura reacional".

---

6 Simanke (2002) comenta esse ponto: "O que a interpretação delirante faz, afinal de contas, é construir para o psicótico um *Umwelt* que não coincide com a representação social da realidade vigente no grupo a que pertence. Esta discordância – mais o fato de que ela não é subjetivamente assimilável como tal, sendo apreendida, por exemplo, na forma persecutória – é o único critério que permite atribuir um caráter patológico a quaisquer desses fenômenos de personalidade" (pp. 125-6).

7 Lacan (1932/1987) critica as posições extremadas da psicologia científica, "(...) em que o sujeito não é mais nada a não ser o lugar de uma sucessão de sensações, de desejos e de imagens" (p. 24).

O principal instrumento para a elaboração lacaniana da dinâmica entre ambiente determinante e estrutura reacional são os trabalhos de von Uexküll, com as noções de *Umwelt* e de círculo funcional (*Funktionkreis*), ou seja, com a ideia de que o organismo vivo não se relaciona com um mundo suposto objetivo e dado de modo homogêneo a todas as espécies, mas com um mundo próprio que se constitui a partir das estruturas de relação inerentes a cada organismo. Como explica Simanke:

> *o meio eficaz na determinação do comportamento é visto como estruturado e organizado a partir do próprio organismo que constitui o seu centro; não é um dado bruto que possa ser invocado como instância última de uma causalidade grosseiramente material. (Simanke, 1994a, p. 154)*

O que Lacan pretende fazer em sua tese é estipular como se caracteriza o *Umwelt* do ser humano, para salvaguardar tanto um tipo homogêneo de determinação do indivíduo quanto a especificidade do fato psíquico, do mesmo modo que, em sua área, von Uexküll buscava salvaguardar a especificidade do fato vital. Para isso, Lacan situa a cultura no lugar que o biólogo reservava à natureza. Dizer, então, que esse fator consiste no social como determinante significa situar o psíquico no concreto e no total. O problema é que Lacan, ao afirmar, a partir de von Uexküll, que o meio próprio do ser humano é o meio social, na mesma proporção em que toma esse social como instância de determinação do indivíduo, produz uma explicação claramente circular, que pode ser assim apresentada: o meio é *determinado* pelas características próprias do organismo; mas, ao mesmo tempo, esse meio, como ordem transcendente, *determina* o organismo.

Tal circularidade engendrou uma consequência igualmente indesejável, qual seja, o ponto específico na gênese da psicose encontrava-se acuado justamente para a face do esquema mais em desacordo com um ideal de cientificidade: o ponto de vista do particular sob a forma do mundo psíquico do sujeito. Há, assim, uma indiferenciação de partida entre psicose e personalidade: o sistema de reação define tanto a normalidade quanto a patologia, cuja única diferença é o comportamento gerado pela afecção psicótica que se encontra desprovido do assentimento social.[8] Diante dela, a teoria exigia que se estipulassem a presença de acontecimentos pontuais e o andamento de reações singulares, os quais, apesar de entrevistos através do crivo do conceito politzeriano de "drama" – portanto, inseridos em um referencial materialista, concreto e determinista –, acabavam por impedir que tal enquadramento chegasse a prover uma generalização do modelo e, por conseguinte, não conseguiam propor, em oposição ao que nesse ponto tendia a ser um bem-sucedido organicismo,[9] um mecanismo específico que deflagrasse na personalidade a psicose. Por esse motivo, a despeito de exaurir os elementos envolvidos, a descrição do caso Aimée[10] não providencia a forma generalizada da paranoia que explicaria o fenômeno e que seria aplicável a outros casos, de modo que o esforço de fundamentar a explicação na compreensão acaba apenas reproduzindo a oposição diltheyana entre a compreensão como método das ciências do espírito e a explicação como método das ciências da natureza. Afinal, a tese de 1932 não consegue providenciar uma saída para a tensão entre

8 "A partir daí, Lacan pode redefinir o delírio como uma forma de conhecimento válida, porém em desacordo com as necessidades do grupo social, ou seja, como uma estrutura reacional não sancionada, mas que não difere qualitativamente dos comportamentos aceitos. Em sentido inverso, Lacan aponta para o assentimento social como critério de objetividade para o conhecimento verdadeiro." (Simanke, 1994a, p. 166)

9 Quer dizer, do ponto de vista teórico, o organicismo pensava a psicose muito precisamente como um correspondente secundário da afecção orgânica.

10 "Aimée" é o pseudônimo atribuído por Lacan à paciente cujo caso clínico é comentado de modo central em sua tese de doutorado (Lacan, 1932/1987).

fenomenologia da intencionalidade como prerrogativa do sujeito e o estabelecimento de critérios de determinação do comportamento e da psicopatologia como exigência da explicação científica – tensão na qual Lacan (1932/1987) localizara o próprio cerne de seu projeto:

> *Certamente, não se pode deduzir de nenhum "dado imediato" a existência objetiva do ato voluntário e do ato de liberdade moral. Além disso, desde que se trata de conhecimento científico, o determinismo é uma condição* a priori *e torna uma tal existência contraditória com o seu estudo. Mas fica por explicar a existência* fenomenológica *destas funções intencionais: a saber, por exemplo, que o sujeito diga "eu", acredite agir, prometa e afirme. (p. 28)*

De todo modo, Lacan dá prosseguimento ao programa de pesquisa aí apresentado publicando, em 1938, um verbete de enciclopédia sobre os complexos familiares, em uma continuidade direta com a tese de doutorado que se traduz em termos das respostas que o segundo trabalho procura dar às questões herdadas do primeiro. Essas questões configuram-se em torno de duas diretrizes paralelas e interdependentes: investigar o "obscuro estágio do narcisismo" e perguntar pelo processo de constituição do sujeito então já considerado como um ser essencialmente social. Isso seria, segundo Ogilvie (1987/1991), uma espécie de resto que a pesquisa de 1932 teria legado às investigações teóricas posteriores do psicanalista: "Terminada sua tese, podemos supor que Lacan empreende o cumprimento do programa que traçou para si: elucidar este obscuro narcisismo primário, precisar sua articulação com a situação social que o circunda" (p. 101). O narcisismo receberá por teorização a proposta do estádio do espelho – segundo Lacan (1966w), o "*primeiro pivô*" (p. 67) de sua intervenção na teoria psicanalítica –, e o processo de formação do sujeito será pensado de acordo com uma dialética entre injunções de complexos e captações de imagos imbuídas de um caráter de efetividade sobre o psíquico – dialética que continua a supor como horizonte a existência em sociedade do ser humano. O complexo é definido por sua função de reprodução da realidade, que ocorre de duas maneiras: primeiro, a forma do complexo, em sua origem, reflete uma configuração da realidade específica de determinado momento do desenvolvimento psíquico; segundo, a realidade que foi desse modo fixada é repetida pela atividade do complexo sempre que o sujeito se depara com situações que demandem uma "objetivação superior dessa realidade", ou seja, situações que exijam do sujeito o esforço de um trabalho psíquico.

O complexo é então constituído por três aspectos que reforçam sua determinação cultural: requer a efetivação de uma *relação de conhecimento,* pois seu conteúdo implica que objetos sejam nele representados; força uma *organização afetiva,* pois sua forma exige do sujeito um processo de objetivação da realidade que envolve emoções e sentimentos; constitui uma *prova,* pois, ao chocar-se com o real, torna explícita a situação de carência do sujeito diante de sua realidade. Esses três movimentos inerentes ao complexo definem-se por uma referência ao objeto que carrega consigo propriedades de comunicação, ou seja, propriedades culturais. Já a imago é um conceito que permite falar de uma instância propriamente subjetiva, uma vez que é o resultado da incidência do complexo objetivado como identificação, com uma posição a partir da qual o sujeito se relaciona com o mundo, constituindo-o. A relação entre o complexo e a imago estipula o advento de uma crise geradora de angústia, cuja saída é designada como a sublimação ou a superação da imago. O artigo sobre os complexos tenta investigar, por meio dessa dinâmica, a construção do psiquismo na família e a concomitante constituição dos objetos da realidade. É esse processo que o autor descreve e analisa, refletindo sobre suas possíveis consequências, especialmente no campo da psicopatologia.

Esse passo põe em jogo duas novidades: a centralização do conceito psicanalítico de identificação, a partir do qual os surgimentos do sujeito, do outro e da realidade serão pensados como processos convergentes; e o aparecimento de Alexandre Kojève como subsídio filosófico basilar que, a partir daí, desempenhará uma função cada vez mais importante no desenvolvimento do pensamento lacaniano. De início, Kojève fornece a filosofia dialética da gênese social do sujeito no encontro agressivo com o outro e com o objeto na negação da natureza, filosofia capaz de sustentar um discurso que, para ser concreto, não precisa aproximar-se de um realismo que presumisse um mundo dado independentemente da formação subjetiva.

Aqui, o problema passa a receber outra configuração. Por essa época – cujo norte se estende por toda a década subsequente – e em diálogo com a fenomenologia, o sujeito é uma categoria requerida pelo fato da intencionalidade da fala; o discurso é indissociável de um querer dizer: "Somente um sujeito pode compreender um sentido; inversamente, todo fenômeno de sentido implica um sujeito" (Lacan, 1948/1966c, p. 102). Dito de outro modo, o sujeito é deduzido do fato de toda fala possuir uma intenção direcionada à existência de um outro: "o psicanalista," escreve Lacan (1936/1966a), "por não destacar a experiência da linguagem da situação que ela implica, a do interlocutor, toca no fato simples de que a linguagem, antes de significar alguma coisa, significa para alguém" (p. 82). O sentido mesmo do discurso é o sujeito em sua faculdade de expressão, que é essencialmente a expressão de si mesmo em direção ao seu interlocutor. Central na teoria do imaginário é o fato de que essa reflexão ocorre em paralelo a uma nova aposta depositada no conceito de imago: "A história do sujeito desenvolve-se numa série mais ou menos típica de *identificações ideais* que representam os mais puros dentre os fenômenos psíquicos no que eles revelam essencialmente a função da *imago*" (Lacan, 1946/1966b, p. 178). O motivo pelo qual tal conceito recebe essa centralidade não é outro senão sua promessa de cientificidade mediante o fornecimento da forma objetiva da causalidade psíquica pela dialética entre a assimilação e a reprodução de padrões de ação. Lacan (1946/1966b) assenta aí todo o seu entusiasmo, como se pode constatar nas seguintes passagens bem representativas de seu desejo: "para definir a causalidade psíquica, tentarei (...) apreender o modo de forma e de ação que fixa as determinações desse drama, na medida em que ele me parece identificável cientificamente com o conceito de *imago*" (p. 177); "Cremos então poder indicar na *imago* o objeto próprio da psicologia, exatamente na mesma medida em que a noção galileana de ponto material inerte fundou a física" (p. 188).

A imago surge, então, como o caminho para teorizar o surgimento do indivíduo em sua relação com o outro, fazendo da operação de identificação, no seio de uma teoria estritamente psicológica, o instrumento de uma síntese conformativa do ser humano: ela "é esta forma definível no complexo espaço-temporal imaginário que tem por função realizar a identificação resolutiva de uma fase psíquica, ou, dito de outro modo, uma metamorfose das relações do indivíduo com seu semelhante" (Lacan, 1946/1966b, p. 188). A ideia básica dessa teoria é a de que as imagens exercem uma função formadora sobre o sujeito, cujo primeiro efeito é o sistema do *eu*. Por meio da construção conceitual do estádio do espelho, o *eu* (ainda não diferenciado do sujeito) aparece como movimento de objetivação de uma alienação.[11] Como consequência de sua origem na alteridade, temos que o *eu* não poderá ser senão o lugar da alienação e da ilusão. Essencialmente paranoico, ele é o engodo sintomático a afastar o adjetivo "autêntico" de tudo o que se relacione às características da personalidade e do conhecimento humano, ao ponto de ser definido

11 Essa transição é bem representada, nos termos de Simanke (2002), como a passagem do ponto de vista da paranoia como fenômeno do conhecimento ao do conhecimento como fenômeno paranoico.

como um sintoma,[12] preservando assim certa homogeneização da estrutura da patologia com a da "normalidade".

A cena, formatada pela teoria do imaginário em torno da noção de estádio do espelho, consiste em um ensaio de construção de uma ciência psicológica concreta que almeja dar conta da constituição positiva do sujeito e que procura fugir a qualquer tipo de perspectiva organicista ou substancialista. Nela, são frequentes os esforços para:

- De um lado, definir a família e o processo psíquico longe de qualquer biologismo – "que atrapalha demais" (Lacan, 1938b, p. 1) –, isto é, substituir os fatores constitucionais por uma espécie de hereditariedade restrita à transmissão de padrões psicológicos. Se a biologia, ainda assim, ocupa aí um espaço, ele só pode ser o da acentuação de seu papel negativo. A elaboração de Lacan passa pelo seguinte: existe um dado natural no ser humano – seu nascimento prematuro (pensado a partir dos trabalhos do embriologista Louis Bolk), que o torna totalmente dependente dos cuidados de outrem e incapaz de sobreviver se abandonado à própria sorte – que constitui a origem mesma de sua ultrapassagem da natureza; essa carência biológica natural, acompanhada do extraordinário desenvolvimento das faculdades comunicativas, faz com que a cultura, ao invés da natureza, seja o fator de especificação da humanidade, conduzindo a ineficiência dos instintos a sofrer a imposição psíquica dos complexos. Enquanto nos animais as relações biológicas estão ligadas a comportamentos instintivos, no ser humano, em função de sua "natureza" cultural, ocorre uma subversão da dimensão da realidade, que implica uma determinação diferente de

12 Isso aparece um pouco mais tarde, em 1954 (no Seminário 1, sessão de 13/01/54), já como uma fase de diálogo intenso com o estruturalismo, mas na qual essa reflexão sobre o *eu* permanece.

qualquer fenômeno. Lacan já ressalta, dessa forma, a importância do desenvolvimento da capacidade comunicativa para a diferenciação da humanidade em oposição ao que ele chama de "economia paradoxal dos instintos".

- Do outro lado, temos o esforço para criticar, em função de seu abstracionismo, as teorias psicológicas vinculadas à subscrição de um substancialismo. Em 1936, por exemplo, Lacan discorria sobre a convergência da psicologia clássica em torno das ideias de engrama e de ligação associativa – ideias de cunho abstrato e atomista, distantes da experiência subjetiva, e que assinavam uma suposição filosófica do psiquismo como substância. Visando, pela intenção declarada na superfície do discurso, ao empírico, terminavam, de acordo com Lacan, destruindo a si mesmas por uma elevação da suposta sensação pura a premissas idealistas.

Assim, se essa "nova ciência psicológica" (Lacan, 1936/1966a, p. 92) se quer concreta,[13] só pode abordar a perspectiva do indivíduo em segundo plano, pois, sendo o fato concreto o fato total,[14] seus olhos estarão voltados, em primeira linha, para aquilo que, *de fora*, o determina. Ou seja, a despeito da imago ser um conceito mais

---

13 "Pois não percamos de vista, ao exigirmos, de acordo com ele *[Politzer]*, que uma psicologia concreta se constitua como ciência, que, quanto a isso, ainda estamos apenas nas postulações formais. Quero dizer que ainda não pudemos estabelecer a mínima lei em que se paute nossa eficiência." (Lacan, 1946/1966b, p. 161)

14 A expressão "fato total" remete a M. Mauss. Para a relação que ele estabelece entre o concreto e o completo, ver Lévi-Strauss (1950, p. 163), onde lemos, por exemplo: "O fato social total apresenta-se (...) com um caráter tridimensional. Ele deve fazer coincidir a dimensão propriamente sociológica com os seus múltiplos aspectos sincrônicos; a dimensão histórica ou diacrônica; e, enfim, a dimensão fisiopsicológica. Mas é apenas *nos indivíduos* que essa tripla aproximação se pode efetuar. Se nos votarmos a esse 'estudo do concreto que é o completo', devemos necessariamente apercebermo-nos de que 'o que é verdadeiro não é a prece ou o direito, mas o Melanésio de tal ou tal ilha, Roma, Atenas'" (grifo meu).

próximo do indivíduo, configurando o projeto de uma psicologia, o fundo geral desse projeto já se constitui como uma abertura para a radicalização de um ponto de vista externalista:[15] aquele que será posteriormente fornecido pelo estruturalismo. Lacan não quer, justamente, fazer uma sociologia – seu propósito continua a ser, como sempre, construir uma ciência do sujeito –, e a questão passa a ser a seguinte: como dar conta do processo constitutivo do indivíduo, e não do grupo, sem apelar para o que nele é interno e, portanto, abstrato?

Vê-se, com isso, que os princípios em jogo na primeira teoria do imaginário são os mesmos que guiaram a tese de doutorado de Lacan. Vê-se ainda em que pontos ela não fornece uma resposta satisfatória. Ora, a imago, apesar de ter origem nas relações com os semelhantes (a mãe, o irmão e o pai, paradigmaticamente), para determinar o comportamento do indivíduo, precisa tornar-se efetiva desde o campo de seu psiquismo, implicando, desse modo, um encontro com aquele mesmo abstracionismo que Lacan criticava no artigo *Para além do "princípio de realidade"*.

Pensar a formação do *eu* como processo de transformação intrassubjetiva diante da aquisição de imagens não permitia levar às últimas consequências um dos principais preceitos do projeto lacaniano desde sua origem. A princípio, a imago seria um conceito que, reduzido à forma e à função de organizar a informação, a sensação e o comportamento, permitiria furtar-se ao substancialismo e que, por se referir necessariamente à dimensão histórica do sujeito (as imagos se formariam durante o percurso de vida concreto do indivíduo), permitiria fugir à também indesejável implicação de abstracionismo.

15 É necessário incluir uma ressalva a essa denominação. Ela se sustenta por oposição às posições que remetem a um suposto interior do corpo ou do psiquismo, mas não vai além disso porque, para Lacan, tratar-se-á, antes, de não utilizar a dicotomia dentro/fora (denunciada por Politzer) em privilégio da ubiquidade do domínio simbólico. Ver, por exemplo, Lacan (1960/1966u, p. 849). Para uma caracterização do lacanismo como "externalismo indireto", ver Almeida (2004).

Gabbi Jr. (1998) esclarece que, para Lacan, a imagem "não deve mais ser entendida como sensação elementar, enfraquecida, como se fosse um estranho habitante da mente. A noção é usada para designar um tipo de organização" (p. XXV). Dessa forma, ela era entendida como o alicerce de uma ciência psicológica que autorizaria considerar de maneira central a principal característica da personalidade – isto é, a sua capacidade de construção de sentido, atrelada às implicações de responsabilidade moral –, traço que a psicologia clássica, a seu ver, só podia falhar em apreender. Conceito forjado em fidelidade à abordagem do drama concreto, não seria demasiado afirmar que uma de suas principais motivações teóricas de base foi trabalhar determinados aspectos da psicanálise, de modo a evitar a passagem – como se ela fosse prescindível – pela noção de *inconsciente*.[16] No entanto, é justamente por essa via que a imago exibe sua ineficácia. A investida teórica começa a malograr em seus propósitos exatamente quando a consideração das imagos conduz diretamente à impossibilidade de eliminar a suposição do inconsciente. A despeito de poder possuir uma dimensão consciente, Lacan reconhece explicitamente que o complexo não pode deixar de envolver a noção de representação inconsciente, pois põe em causa efeitos psíquicos como sonhos, sintomas e atos falhos, fenômenos que, por si mesmos, exigem a recorrência à dimensão inconsciente do funcionamento psíquico: "Esses efeitos possuem características tão distintas e contingentes que forçam a admitir como elemento fundamental do complexo esta entidade paradoxal: uma representação inconsciente, designada sob o nome de imago" (Lacan, 1938a, pp. 8'40-5).

Além disso, e mais fundamentalmente, o próprio modo de funcionamento das imagos trai insistentemente a incidência de um fator heterônomo sobre a ação:

16 Lacan (1946/1966b) afirma que a doutrina psicanalítica atribui a repetição a um efeito do complexo, ainda que "o exprima na noção inerte e impensável de inconsciente" (p. 182).

> *essa imagem mesma que o sujeito torna presente por sua conduta e na qual se reproduz sem cessar,* ele a ignora, *nos dois sentidos da palavra, a saber: que aquilo que ele repete, quer o tome ou não por seu, em sua conduta, ele não sabe que essa imagem o explica; e que desconhece essa importância da imagem quando evoca a lembrança que ela representa. (Lacan, 1936/1966a, pp. 84-5)*

A imagem opera no comportamento e nos sentimentos esquivando-se do olhar do sujeito, agindo, por assim dizer, às suas costas, revelando a existência de vetores que guiam sua conduta de modo automático, independentemente de sua intenção declarada, e constrangendo à consideração de um inconsciente imbuído de efetividade. Há, assim, um caminho que conduz da perspectiva da determinação à abordagem da heteronomia e, desta, inevitavelmente, à noção de inconsciente. Explica Bairrão (2000):

> *Lacan se encontra num impasse quando, depois de haver constatado a onipresença da imagem e suas múltiplas funções – abrangendo e permitindo explicações no nível da descrição do que concretamente é acessível na experiência dos fenômenos psíquicos –, percebe a necessidade de supor a algumas delas a (...) qualidade da inconsciência. (p. 34)*

Ora, de uma parte, Lacan considerava a noção de "representação inconsciente" como absolutamente descabida e paradoxal, não havendo, de seu ponto de vista, separação possível entre representação e consciência; em outras palavras, considerava que essa expressão designaria a possibilidade de algo ser representado e, ao mesmo tempo, não ser representado. Por outro lado, pensar a representação inconsciente corresponderia a trair as diretrizes da teoria, porque significaria voltar a uma abstração tão completa e tão distante das possibilidades de consideração da experiência concreta do sujeito quanto o criticado conceito de engrama. Era mesmo essa a noção psicanalítica mais repudiada por Politzer (1928/1998), conforme exprimem suas palavras:

> *Tratava-se de mostrar dois pontos, a saber, que* o inconsciente é inseparável dos procedimentos fundamentais da psicologia abstrata e que, longe de constituir, na psicanálise, um progresso, indica precisamente uma regressão: o abandono da inspiração concreta e a volta aos procedimentos clássicos. *(p. 153)*

Para Politzer, "inconsciente" é sinônimo de "inconsistente", pois o que a noção refere desprezaria a cena do relato imediato e, consequentemente, não ofereceria o aporte do que seria o único correspondente concreto possível:

> *A falsidade do inconsciente é posta em evidência precisamente pelo fato de que os fenômenos pretensamente inconscientes são inteiramente* aéreos, *inconsistentes. Pois, se é certo que não existe dado psicológico verdadeiro além do relato efetivo, o inconsciente que resulta da realização de relatos que não aconteceram não pode corresponder a realidade alguma; aí está para a hipótese do inconsciente um impasse sem saída. (1928/1998, p. 157)*

Assim, tal hipótese ficaria relegada à construção de especulações sempre devedoras de implicações metafísicas. Então, por fidelidade ao ponto de vista politzeriano, Lacan não a aceitava na medida em que, entendida sob o ponto de vista do realismo do inconsciente, implicava o substancialismo inerente ao mito da vida interior.[17] Frente a isso, como admitir o que se apresenta na experiência psicanalítica como a existência de uma forma de ingerência sobre a ação do sujeito que, dele mesmo, é desconhecida?

Por essa via, portanto, a imago não consegue deixar de recair nesse substancialismo, pois como poderia guiar e formatar a ação subjetiva – sendo, portanto, algo que se antecede à ação – sem implicar a estipulação de alguma espécie de "lugar" em que ela mesma pudesse existir? "Afinal, entre outras funções, a imago é investida do papel de antecipar um desenvolvimento futuro. (...) E se antecipa um desenvolvimento futuro, fica difícil ignorar a sua incidência de princípio na ação (...)." (Bairrão, 2000, p. 37) Volta-se assim à inevitável ligação entre a *teoria* e a *interioridade* psicológicas e, portanto, ao individualismo e a todos os outros "ismos" alvejados. A psicologia concreta então avançada por Lacan dissolve-se em seu último esforço, descerrando sua verdade abstrata e conduzindo à exigência de se pensar, para o sujeito, um funcionamento para além da consciência:

> *Se o conceito de inconsciente, exigido pela experiência e não redefinível redutivamente – quer como abreviatura de processos psico-energéticos objetiváveis psicologicamente, quer inutilmente desobjetivado, generalizado, como negativo da consciência –, ainda assim tem de ser pensado, será necessário ou abdicar das exigências*

17 Para Politzer (1928/1998), a psicanálise tinha a inspiração correta (divisava o sentido e o contexto como os verdadeiros fatos psicológicos), mas instrumentos inadequados (a metapsicologia). A tarefa da psicologia concreta consiste em seguir as boas e verdadeiras pistas da obra freudiana, porque assim "a psicanálise orienta-nos (...) em direção a uma psicologia sem vida interior" (p. 101).

> *intrínsecas à cientificidade tal como a concebe em psicologia, ou preservá-las forçando-se a pensar o conceito noutro âmbito. (Bairrão, 2000, p. 38)*

Para Bairrão (2003), esse "outro âmbito" significa: fora dos limites da ciência. A meu ver, é preciso, no entanto, considerar um movimento mais lento, pois Lacan não abre mão imediatamente da cientificidade e passa a assimilar o conceito de inconsciente – ao qual ainda resiste nesse momento –, de uma forma tal que vai forçar a teoria do sujeito a abdicar do campo da psicologia. Isso ocorre na década seguinte, em função da coincidência histórica entre o impasse interno a seu pensamento e o desenvolvimento, na França, das ideias às quais se convencionou chamar retrospectivamente de estruturalismo. O fracasso da imago em preencher os critérios metodológicos que Lacan prescrevera traz, assim, à superfície a incontornabilidade da noção de inconsciente. E se ela é incontornável, como seria possível pensá-la tendo em vista a manutenção desses critérios?

Com relação à questão da psicose, assistimos, igualmente, à reiteração do mesmo paradoxo. Na abertura da segunda parte do verbete de 1938, vemos que aquilo que Lacan (1938a) considera importante advertir no tratamento da questão da patologia, aquilo que ele acha necessário ressaltar logo de saída, é que, enquanto na produção da neurose, os complexos desempenham uma função causal, na psicose sua função é apenas formal:

> *Os complexos familiares desempenham, nas psicoses, uma função formal: temas familiares que prevalecem nos delírios em virtude de sua conformidade com a estagnação que as psicoses produzem no eu e na realidade; nas neuroses, os complexos preenchem uma função causal: incidências e constelações familiares que determinam*

> *os sintomas e as estruturas de acordo com os quais as neuroses dividem, introvertem ou invertem a personalidade. (pp. 8'42-1.)*

O motivo dessa disparidade está na permanência do ponto de vista central da tese de 1932, ou seja, a causalidade específica da psicose é, tal como antes, vista como aquela relação de determinação a partir da discordância com a dimensão social e não pode, portanto, ser reduzida à influência dos complexos. Como anota Simanke (2002):

> *se, nas psicoses, eles [os complexos] fornecem apenas a forma, é porque a determinação efetiva tem que ser recuada a uma configuração social que é transpsicológica e que pode constituir um sujeito cujo caráter normal ou psicótico está na dependência daqueles critérios de assentimento e concordância do grupo social, no sentido em que isto foi estabelecido na Tese [de doutorado]. (p. 215)*

Ainda aí, essa ordem externa (porém não heterogênea e, portanto, não reducionista) de determinação precisa ser subjetivada pelo indivíduo, seja ele neurótico, seja ele psicótico; isto é, o indivíduo a decanta, através das imagos, em representações do *eu*, do outro e do mundo. Trata-se do modo de passagem do determinismo social a um determinismo propriamente psíquico. Caso contrário, teríamos apenas, mais uma vez, uma sociologia que passaria ao largo da singularidade. Ao contrário das prescrições comteanas – as quais Lacan segue no momento de considerar a família como célula constituinte da sociedade –, seu objetivo é abordar, pela teoria, o indivíduo, desenvolvendo assim um espírito mais durkheimiano.[18] De todo

---

18 Para uma defesa da influência de Durkheim sobre esse primeiro momento da obra de Lacan, ver Zafiropoulos (2003).

modo, estando o olhar voltado para uma localização sociológica da constituição, o ponto decisivo da explicação resvala mais uma vez para o lado do caráter vago de uma reação subjetiva – aqui vista como a consequência da dinâmica das identificações às imagos, centralizada no estágio do narcisismo. Como essa dinâmica é ainda impossível de ser descrita a partir de determinantes precisos, a explicação do processo que produz o indivíduo são não se distingue, em sua forma geral, daquele que resulta em uma psicose, e a doença é justificada a partir de uma questão não de natureza, mas do grau elevado de rigidez nas fixações, bem como com o período da história do sujeito em que elas foram produzidas:

> *A diferença entre o normal e o patológico reside, portanto, apenas na maior ou menor flexibilidade destas "representações em que o eu se estabiliza", decorrentes de um ponto de fixação mais ou menos regressivo e da consequente atualização de um estágio mais ou menos arcaico do eu na sintomatologia da psicose. (Simanke, 2002, p. 218)*

Em meio a todos esses problemas, o que mais interessa destacar entre estes pontos é aquele relacionado à questão com que abri o percurso aqui proposto, a saber, o conflito entre determinação e subjetividade. Esse conflito não se altera e, aqui, o impasse permanece o mesmo. Se o que interessa é colocar em jogo o sujeito de modo a impossibilitar sua objetivação, o *eu* é incapaz de suprir essa demanda, pois, no espelho, reconhece-se apenas a própria imagem como um objeto. Como o próprio Lacan (1975) dirá um pouco depois: "Se o ego é uma função imaginária, não se confunde com o sujeito. O que é que chamamos de um sujeito? Muito precisamente, aquilo que, no desenvolvimento da objetivação, está fora do objeto" (p. 218). Com o desenvolvimento da teoria do estádio do espelho, a imagem recebe deveras uma valorização a partir de seus poderes formativos e se desvencilha um pouco mais da perspectiva da interioridade. Nela, em função do tratamento kojèviano da dialética do senhor e do escravo que trabalha a formação do desejo do sujeito desde a sua relação com a alteridade, a estrutura reacional não se distingue do próprio processo de constituição subjetiva, não havendo separação, nem no curso da vida do sujeito, nem teoricamente, entre uma coisa e outra; o sujeito não é algo que anteceda a sua captura pela imagem; nasce dessa captura, ele *é* o outro que se apresenta como parceiro na relação imaginária de encantamento e fascinação:

> *é Kojève e sua leitura de Hegel quem dá aqui a Lacan o meio para formular a ideia de que a estrutura reacional do sujeito não está ligada à situação que a permitiu de maneira ocasional, mas de maneira essencial, na medida em que ela já a contém em si mesma. O sujeito não é anterior a este mundo de formas que o fascinam: ele se constitui em primeiro lugar por elas e nelas. O exterior não está lá fora, mas no interior do sujeito, o outro está nele (...). (Ogilvie, 1987/1991, pp. 110-1)*

Todavia, isso acontece ao preço da qualificação do registro imaginário como lugar da produção de um engano que, embora efetivo na constituição do mundo e da realidade, nega ao *eu*, como seu produto, qualquer perspectiva de autenticidade. A imago possui o valor positivo da constituição do *eu*, mas também o valor negativo de fomentar a alienação. Segundo a teoria do estádio do espelho, se a origem da capacidade de dizer "eu" reside no momento em que a criança é capturada por uma imagem essencialmente alheia, sua identidade própria nunca poderá deixar de ser algo que lhe vem de fora, do horizonte da alteridade. Dessa forma, o *eu* encontra sua constituição na mesma operação que lhe condena a uma condição de alienação; ele é formado na experiência especular pela identificação com a *Gestalt* de uma imagem exterior e discordante. Nas palavras de Lacan (1946/1966b): "o primeiro efeito da imago que se apresenta no ser humano é um efeito de alienação do sujeito. É no outro que o sujeito se identifica e até mesmo se experimenta de início" (p. 181); "essa relação erótica em que o indivíduo humano se fixa numa imagem que o aliena em si mesmo, eis aí a energia e eis aí a forma nas quais tem origem esta organização passional que ele chamará de seu *eu*" (p. 113). Com efeito, o reconhecimento da necessidade de reformular, nesse ponto, a teoria do imaginário, toma lugar nas páginas iniciais do *Discurso de Roma*, que falam da inaptidão da imagem para retirar o sujeito de seu alheamento, visto que o retorno da imagem especular só restaura sua condição na medida em que o captura em uma objetivação que o conduz a um "estatuto renovado de sua alienação" (Lacan, 1953/1966f, p. 251). A analista deve, então, levar o sujeito à destruição de todas as miragens nas quais ele não pode apreender sua verdade: o sujeito "reconhece aí seu eu (isto é, um objeto), mas não seu desejo (isto é, ele mesmo), enquanto não é nenhum objeto" (Borch-Jacobsen, 1991b, p. 305).

Por extensão, na perspectiva da clínica, figurada paradigmaticamente no texto *Intervenção sobre a transferência* (Lacan, 1951/1966e), não há outra saída para o encaminhamento dialético do tratamento senão o vislumbre dessa imagem refletida na superfície do espelho. O que cabe a Dora[19] é reconhecer a si mesma na cena que produz,

---

19 Dora é um dos cinco grandes casos clínicos publicados por Freud (1905/1989c) e foco do comentário lacaniano no texto mencionado. Trata-se de um caso de histeria, cujo valor para a teoria psicanalítica deve-se sobretudo ao lugar que ocupa no desenvolvimento do conceito de transferência – isso em função precisamente do fato de esta não ter sido bem conduzida por Freud. Gay (1988/1989) comenta a esse respeito: "O malogro, evidentemente, admitido ou não, constitui a marca distintiva desse caso, mas – paradoxalmente – é exatamente esse malogro que constitui sua importância decisiva para a história psicanalítica" (p. 238). Além disso, ele introduz a ideia de que a neurose é o negativo da perversão, contém

como se fosse necessário tomar posse de sua própria identificação. No entanto, a aquisição do conhecimento sobre a própria implicação na cena imaginária não chega a indicar uma saída da captura pela imagem, restando evidente uma tensão entre a revelação de uma verdade e a reedição da alienação que se reproduz a cada novo nível da análise. O atravessamento da espessura da imagem é sempre realizado *a partir* da própria imagem.

Em *Para além do "princípio de realidade"*, há uma breve abordagem do processo do tratamento nas páginas intituladas "Descrição fenomenológica da experiência psicanalítica" (Lacan, 1936/1966a, pp. 82-5). Aí, Lacan aponta a reconstituição da "unidade da imagem" como objetivo da técnica: "o analista age de modo que o sujeito tome consciência da unidade da imagem que nele se refrata em efeitos díspares, conforme ele a encene, a encarne ou a conheça" (p. 85). A analista, sendo o espelho mais vazio possível da fala da paciente, deve retornar sua interpretação com o delineamento da imagem que o sujeito age e repete sem o saber. Trata-se de fazer aparecerem as identificações que se estabeleceram ao longo da vida do indivíduo induzindo uma *"paranoia dirigida"* (Lacan, 1948/1966c, p. 109) na presença do psicanalista, lugar no qual o outro constituinte pode aparecer como imagem reconhecida e localizada historicamente:

> *Assim, ligada ao real por sua projeção na imagem do dito psicanalista, a imagem é adequadamente desassimilada do real* pela *nomeação que lhe devolve seu estatuto próprio de imagem. Por isso, de "difusa e partida" que era, ela se eleva no sujeito à consciência de sua* unidade, *ou seja, ao sucesso do espelho: o sujeito finalmente se reconhece nele. (Julien, 1990/1993, p. 24)*

---

uma apresentação renovada da histeria e desdobra longos comentários sobre o uso de sonhos no processo de análise.

O sujeito se reconhece em uma unidade mediante uma espécie de identificação resolutiva sob a imago vislumbrada como causa psíquica. Assim como no exemplo de Dora, tal como comentado por Lacan, ele deve chegar a perceber que, ali onde vê o outro, deveria enxergar a si mesmo, implicando-se nas situações que denuncia. Mas, se até mesmo esse vetor de responsabilização se circunscreve dentro dos limites do espelho, o que pode significar tal reconhecimento senão a exacerbação da objetivação resultante? Como estipular os objetivos da prática psicanalítica se o que se presume é um aprisionamento totalizante, porque constitutivo, do *eu* por sua imagem? Se, afinal, a apreensão consciente dessa unidade do *eu* encontra-se, ela mesma, regrada pelo princípio narcísico? O que poderia a analista fazer diante disso, senão devolver essa imagem ao sujeito – mesmo que em níveis cada vez mais elaborados – e, dessa forma, perpetuar sua objetivação e sua alienação? Eis o lugar em que o impasse se exibe do modo o mais acirrado. A forma de resolução do conflito que se apresentava à psicanalista conduzia à inevitável reinstauração da identificação imaginária, sendo ela, por princípio, ineliminável, uma vez que era precisamente o espelho o próprio fator de definição da subjetividade. Pensar a análise como desenvolvimento dialético das imagens do sujeito refletidas na analista como espelho puro só conduz, enfim, à sua crescente objetivação sob a forma do *eu*. Nesse sentido, escreve Borch-Jacobsen (1991a):

> *Na realidade, não há como separar-se do círculo encantado do espelho, visto que ele é o próprio círculo do* sujeito em geral, *tal como Lacan o entende durante esse período. O "ego" é certamente uma alienação do "sujeito", mas este "sujeito" recebe de volta apenas uma definição especular; na verdade, ele é o "ego" em seu caráter de ser incapaz de conhecer a si mesmo (desalienar-se)* exceto *sob o modo da visão de si mesmo* [self-vision] *(que é*

> *o modo da alienação, do ser-fora-de-si [*being-out-of--oneself*]). (p. 82)*

A clínica do imaginário permite operar uma inversão na posição subjetiva diante do saber, mas encontra-se presa aos limites de uma identificação positivada no espelho: as tentativas de fugir à alienação não fazem mais do que agravá-la. Esse conflito, é o próprio Lacan (1975) quem o reconhece e o menciona no *Seminário 1*, valendo-se, para isso, da figura de outro psicanalista que, então, aparece como representante dos conflitos presentes em sua interpretação anterior do fenômeno psicanalítico e que agora já está ultrapassada.[20] Seu alvo pode ser indicado como a denúncia, mediante crítica da obra de Michaël Balint, das petrificações em que incorre a relação dual. No entanto, por trás de Balint, o que se adivinha é que Lacan procede a uma revisão das suas próprias posições anteriores, centradas na viabilização consciente da imagem especular. Julien (1990/1993) sustenta essa interpretação ao considerar que a presença de Balint nesse seminário deve ser vista como algo que cumpre a função de "alter ego" para o desenvolvimento de uma autocontestação, de uma "retificação que incide sobre dois pontos essenciais: a análise é um processo que 'reconstitui' e 'restaura' a imago narcísica, e este sucesso da imago se realiza graças a uma transferência do tipo 'imaginária' sobre a pessoa do analista" (p. 34). A relação dialética, mormente restrita à dialética do senhor e do escravo, valorizada a propósito de Dora, é aqui denunciada justamente no que conduz a um impasse comparável ao que se cristaliza na relação imaginária.[21] Na sessão

20 Entenda-se "ultrapassada" como ir além dos limites de determinado contexto sem, no entanto, deixá-lo totalmente de lado; submeter certo nível de raciocínio a outro que lhe seja anterior do ponto de vista explicativo, preservando-o em segundo plano. Não implica, portanto, a acepção do verbo "abandonar". Será, aliás, sempre nesse sentido que farei uso desse termo.

21 Para Julien, a função desempenhada por Balint seria igualmente a de Daniel Lagache no comentário que Lacan a ele dedica em 1958. Borch-Jacobsen tam-

18, a correlação é estabelecida. Do ponto de vista do senhor, o fato de ele ser reconhecido pelo escravo é desprovido de valor, pois este, por sua vez, é alguém que o próprio senhor não reconhece como ser humano. "A estrutura de partida dessa dialética hegeliana aparece, pois, sem saída. Vocês veem por aí que ela não deixa de ter afinidade com o impasse da situação imaginária." (Lacan, 1975, p. 248) Na verdade, trata-se aí da condução às últimas consequências – e agora com a garantia de que a teoria não se desvanecerá juntamente com a colocação do impasse, uma vez que a consideração do simbólico já está estabelecida – do tema do estádio do espelho, cujas considerações já apontavam, bem ao lado da captura afetiva, a destruição do outro como sua única saída, o que, de certa forma, pode ser entendido exatamente como a inexistência de uma saída.

O postulado de uma relação intrínseca entre agressividade e identificação narcísica compõe a tese IV do artigo *A agressividade em psicanálise* cuja enunciação reproduzo aqui: "A agressividade é a tendência correlativa a um modo de identificação que chamamos narcísico e que determina a estrutura formal do eu do homem e do registro de entidades característico de seu mundo" (Lacan, 1948/1966c, p. 110). A síntese representada na imagem especular contrasta com as sensações corporais experimentadas pela criança, sensações que lhe anunciam uma fragmentação. Assim, essa discrepância é vivida primeiramente como rivalidade porque a

bém vislumbra o mesmo processo de autocrítica no *Seminário 1*. Todavia, não é possível concordar quando este autor defende que a denúncia do impasse é destinada à dialética como um todo e não apenas à dialética do senhor e do escravo, no que ela representa a posição imaginária. Ele afirma: " [a] dialética como um todo (ainda identificada, como Kojève sustentaria, unicamente com a dialética do senhor e do escravo) era agora caracterizada como 'impasse' imaginário" (Borch-Jacobsen, 1991a, p. 89). É, ao contrário, bastante explícita e frequente a menção a uma dialética simbólica, cujos termos são, aliás, definidores da própria essência do projeto lacaniano da década de 1950 e cujo próprio centro é sua diferenciação com a relação dual.

unidade do reflexo (ou da imagem alheia) sublinha a falta de uma unidade real desejada. A identificação primária – a que se processa no estádio do espelho – "estrutura o sujeito como rival de si mesmo" (p. 117) porque sua forma é a da alienação de si na imagem totalizada do corpo como imagem exterior e contraposta à sensação de desorganização e desmembramento. Como explica Evans (1996):

> *no estádio do espelho, a criança vê seu reflexo no espelho como uma totalidade, em contraste com a descoordenação no corpo real: esse contraste é experimentado como uma tensão agressiva entre a imagem especular e o corpo real, uma vez que a totalidade da imagem parece ameaçar o corpo de desintegração e fragmentação. (p. 6)*

Além disso, existem dois outros pontos que determinam a agressividade como algo que decorre necessariamente da identificação:

1. Identificar-se com o outro significa querer tomar seu lugar, adquirir para si as qualidades que o descrevem, o que, levado às últimas consequências, significa suprimir sua existência (Evans, 1996, p. 6);
2. A dialética da identificação com o outro implica uma competição entre os sujeitos pelo mesmo objeto, porque o desejo humano é sempre um desejo alheio, ou seja, um objeto só emerge como alvo para o desejo do sujeito se já for almejado por outro: a forma do estádio do espelho, diz Lacan (1948/1966b), "se cristalizará, com efeito, na tensão conflituosa interna ao sujeito, que determina o despertar de seu desejo pelo objeto do desejo do outro: aqui, o concurso primordial se precipita em concorrência agressiva, e é dela que nasce a tríade do outro, do eu e do objeto" (p. 113).

Assim, a constituição do *eu*, mimetizando a imagem de outro *eu* ao ponto em que ela seja desconstruída, não pode deixar de mimetizar também sua própria destruição. A negação do outro termina por se transmutar em negação de si mesmo. Julien (1990/1993) comenta esse ponto do seguinte modo:

> *Cada vez o outro é mesmo minha própria imagem no espelho, mas eu não me reconheço nela. (...) a tensão erótico-agressiva do espelho (...), com sua incessante oscilação* (ou *o excluo* ou *ele me exclui*)*, encontra finalmente sua* resolução *através do golpe imobilizador do: excluindo-o, eu me excluo. (p. 24)*

Toda essa reflexão é, então, reiterada no seminário mencionado, em que a teoria do simbólico funciona como uma espécie de lastro para o reconhecimento das contradições em que incorre a aplicação pura (na ausência de um plano explicativo diferenciado e sobreposto) do esquema imaginário à clínica. Não apenas no nível da teoria, mas também no do desenvolvimento subjetivo, a interferência do simbólico é o fator capaz de oferecer uma solução: "Na origem, antes da linguagem, o desejo só existe no único plano da relação imaginária do estado especular: projetado, alienado no outro. A tensão que ele provoca é então desprovida de saída. Isto é, ela não tem outra saída – Hegel nos ensina isso – a não ser a destruição do outro" (Lacan, 1975, p. 193). Lacan desenvolve, então, os impasses da *Verliebtheit* como os impasses da restrição da relação intersubjetiva ao binômio. A ambivalência do *enamoramento narcísico* se perde em uma infinita oscilação entre os polos opostos do outro exageradamente querido ao ponto da fantasia que põe em cena sua ingestão e do outro exageradamente odiado ao ponto de ofuscar, para o sujeito, a possibilidade de sua própria existência. Para Julien (1990/1993):

> *Este é o narcisismo da* Verliebtheit: *nestas circunstâncias, somente uma relação dual pode se estabelecer, onde o pulsional se organiza segundo a alternativa: comer – ser comido; expulsar – ser expulso; ver – ser visto. Não há lugar para "um novo sujeito" (*Ein neues Subjekt, *diz Freud) com o terceiro momento pulsional do ativo refletido, que é o* fazer-se... *(p. 34)*

Lacan, ao criticar a relação de objeto como paradigma da relação dual, diz bem categoricamente, no *Seminário 3*, que insistir nesse ponto como técnica – ou seja, subscrever, na interpretação, os elementos imaginários – corresponde a transformar a transferência em um passo na direção do enlouquecimento:

> *O manejo atual da relação de objeto, no quadro de uma relação analítica concebida como dual, funda-se no desconhecimento da autonomia da ordem simbólica (...). (...) resulta desse desconhecimento que aquilo que, no sujeito, demanda fazer-se reconhecer no próprio plano da troca simbólica autêntica (...) é substituído por um reconhecimento do imaginário, da fantasia. Autenticar assim tudo o que no sujeito é da ordem do imaginário é, propriamente falando, fazer da análise a antecâmara da loucura, e nós só temos é que admirar que isso não conduza a uma alienação mais profunda (...). (1981, p. 23)*

Nesse sentido, é a própria condução ao extremo da análise das consequências possíveis das diretrizes do imaginário que acaba por tornar perceptível a necessidade de trabalhar a incidência de outro registro de funcionamento: o *pathos* então revelado, explica Julien (1990/1993, pp. 34-5), indica a sobreposição de uma outra dimensão que responde pela regulação da primeira, abrindo um terreno de primazia da palavra sobre o espelho. Assim é que à pergunta "será que o objetivo da análise é atingir a completude do imaginário pelo estabelecimento do ideal do eu?", Lacan, "a partir de 1953, corrigindo suas primeiras posições, toma o partido de responder: não. (...) O valor está alhures: não na completude da imagem narcísica, mas no reconhecimento do desejo pela nomeação, enquanto o desejo do sujeito é o desejo do Outro" (Julien, 1990/1993, pp. 37-8). Percebe-se, dessa forma, o saldo de desacerto quando se toma o semelhante como a instância fenomenologicamente destinatária do discurso do sujeito, a saber, o desprezo de duas coisas fundamentais: a função transcendental da alteridade inerente ao funcionamento da linguagem e o caráter sumamente mais escorregadio do que estabilizado da subjetividade. Julien (1990/1993) escreve, então:

> *Assim, Lacan responde a si mesmo. Ele se retifica, respondendo nessa época então a seu "amigo" Balint e a seu "colega" Lagache:*
>
> *1. Longe de constituir ou de restituir a* imago, *a análise produz uma "despersonalização", sinal de uma barreira contra um limite a alimentar, mas de passagem deste (...).*
>
> *2. Longe de ser apenas imaginária, projeção sobre este espelho vazio que é o analista em seu eu, a transferência é* simbólica, *enquanto inscrição em outro lugar, lugar este que é o da palavra: desde que um sujeito fale a outro, faz existir o Outro (...). (p. 38)*

Desse modo, a negatividade do imaginário é, sobretudo, a da agressividade, do "ou" exclusivo, e não daquela que mais tarde vai fazer referência à instabilidade da posição sujeito.[22] Mesmo assim, é

22 Como veremos no terceiro capítulo.

possível pensar que haja entre ambas uma espécie de vínculo genealógico. Esta segunda presença, mais essencial, do negativo na teoria do sujeito é como que secretada pela negação imaginária, ainda que não seja operacionalizada nesse nível. Tudo se passa como se, do (não) reconhecimento de si na imagem devolvida pela analista, se desprendesse o contato com a impossibilidade do reconhecimento, como se o próprio sentido da captura especular secretasse o ponto cego do desejo como lugar da verdade em oposição às fixações do *eu* como lugar da alienação. A lógica do progresso das miragens acaba por trazer em si a ideia de que identificar-se com uma imago alienante corresponde à constatação do fracasso do reconhecimento de si e da opacidade do desejo quando, sob a condição da consideração de um segundo nível – simbólico –, torna-se possível *reconhecer uma imagem como alienante* conferindo-lhe um lugar estrutural. Também ao próprio sujeito é conferido um lugar estrutural, pois sua presença tem agora suas condições de possibilidade deslocadas *da positivação de uma identificação positivada para a positivação (da posição face ao Outro) de uma identificação impossibilitada.* É nesse sentido que a crítica da restrição ao nível imaginário permite agora uma reavaliação do que se passa no caso Dora:

> *Vou tomar agora um exemplo que já lhes é familiar, já que voltei vinte vezes a ele – o caso de Dora.*
>
> *O que se negligencia na análise é evidentemente a fala como função de reconhecimento. A fala é essa dimensão pela qual o desejo do sujeito é integrado de modo autêntico no plano simbólico. É somente quando formulado, quando nomeado diante do outro, que o desejo, seja ele qual for, é reconhecido no sentido pleno do termo. Não se trata da satisfação do desejo, nem de não sei qual* primary love, *mas, exatamente, do reconhecimento do desejo. (Lacan, 1975, p. 207)*

A bem da verdade, é preciso observar que os elementos disponibilizados pelo texto *Intervenção sobre a transferência* não permitem sua total identificação com a teoria do imaginário, sendo possível nele enxergar uma posição de transição, desde que adequadamente salientado que isso se afirma em incisos e contextos, e não propriamente nos termos que regulam o cerne da teoria da constituição do sujeito e da prática clínica. De fato, ater-se aos primeiros conduz – a meu ver, equivocadamente – a retroagir para 1951, para o início do "retorno a Freud". É o que faz Zafiropoulos (2003, pp. 29-31), afirmando que o próprio Lacan assim o teria situado ao analisar posteriormente seu percurso intelectual. É importante reconhecer que Lacan de fato:

1. Localiza, em 1951, o início de seu ensino (Lacan, 1971, p. 5), fazendo, com isso, uma referência aos anos de seminário que ele mesmo concordara em deixar de fora das *Éditions Seuil*, estabelecendo o livro de número 1 no ano letivo de 1953-1954;
2. Busca, em *Intervenção sobre a transferência*, conferir um lugar apropriado ao discurso analítico (Lacan, 1972, p. 8).

Esses dois gestos não são, todavia, suficientes, como ainda veremos, para caracterizar o projeto de retornar a Freud. De todo modo, o que Zafiropoulos utiliza para sustentar esse argumento é, em contrapartida, um trecho de *A coisa freudiana* – ou seja, uma conferência na qual Lacan se nomeia arauto desse projeto –, trecho em que ele faz referência aos quatro anos de dedicação ao comentário de textos freudianos (1955/1966h, pp. 403-4; cf. Zafiropoulos, 2003, p. 125). Sendo a conferência datada de 1955, a subtração de quatro anos nos oferece, de fato, o ano de 1951 como início desses comentários. O problema é que nada nessa constatação nos permite enxergar aí um suposto estabelecimento, por parte de Lacan, do início da propagação do movimento de "retorno". Do fato dele dizer, no contexto de uma conferência que descreve sua proposta, que começou seu comentário de texto em 1951, não se segue que ele mesmo entenderia essa data como aquela em que teria se lançado a elaborá-la e a divulgá-la.

Por certo, poderíamos identificar alguns aspectos do movimento de "retorno" em 1951. Em especial, dois:

1. A ênfase na atenção a ser dispensada a um comentário direto e minucioso do texto freudiano e a insistência na heterodoxia retrógrada dos pós-freudianos;
2. O destaque para um papel explicativo do jogo de trocas de mulheres (do qual Dora seria um dos objetos), claramente inspirado em Lévi-Strauss:

> *Assim como para toda mulher, e por razões que estão no próprio fundamento das trocas sociais as mais elementares (as mesmas que Dora formula nas queixas de sua revolta), o problema de sua condição reside, no fundo, em se aceitar como objeto do desejo do homem, e, para Dora, é esse o mistério que motiva sua idolatria pela Sra. K... (...). (Lacan, 1951/1966e, p. 222)*

No entanto, esses aspectos significam que um caminho ainda está sendo preparado, justamente pela tensão entre a teoria do estádio do espelho e a antropologia estrutural. O fato de haver uma alusão à obra de Lévi-Strauss a propósito da questão da troca simbólica – ou até mesmo a citação direta muito precoce (Lacan, 1949/1966d, p. 95) de um de seus artigos[23] – não corresponde, por si só (ou seja, de uma maneira independente do curso mais geral dos conceitos), a uma visada propriamente lévi-straussiana, quer dizer, estruturalista.

---

23 Exatamente: *A eficácia simbólica* que também foi publicado em 1949. (Lévi-Strauss, 1949b/1975).

Quando o que está em jogo é perscrutar, dentro dessa rubrica, o sentido do deslanchamento de um novo movimento teórico – tal como descrito por Lacan (1969), por exemplo: trata-se, "no nível do retorno a Freud, da dependência do sujeito com relação a algo verdadeiramente elementar e que tentamos isolar sob o termo '*significante*'" (p. 1) –, deixa de ser possível tomar esse comentário sobre Dora como ponto de partida (ainda que Lacan porventura o tivesse designado posteriormente para esse lugar), uma vez que, aí, o que é posto em jogo como operador teórico-clínico central ainda é, claramente, o instrumental da teoria centralizada na imago. Interessa, para a presente análise, o movimento dos conceitos, e não as declarações deslocadas e superficiais. O percurso de constituição do sujeito ainda não é determinado pelo Outro, mas pela alienação na imagem do outro, e ainda não são lançadas as bases para a admissão da noção de inconsciente. Isso fica muito claro em trechos explicativos do conflito de Dora, tais como o seguinte:

> *Para ter acesso a esse reconhecimento de sua feminilidade, ser-lhe-ia preciso realizar essa assunção de seu próprio corpo, sem o que ela permanece exposta ao desmembramento funcional (para nos referirmos ao aporte teórico do* estádio do espelho*), que constitui os sintomas de conversão.*
>
> *Ora, para realizar a condição desse acesso, ela só teve como único intermediário aquilo que a* imago *original nos mostra ter-lhe oferecido uma abertura para o objeto, a saber, o parceiro masculino com quem sua diferença etária lhe permitiu identificar-se nessa alienação primordial na qual o sujeito se reconhece como* eu *[je]..." (Lacan, 1951/1966e, p. 221)*

Indiscutivelmente, a alienação primordial constituinte da subjetividade é imputada ao registro imaginário. Do fato de ela ter convergido de Dora para uma imagem masculina (a de seu pai), decorrem todos os seus sintomas, de forma que o contexto do circuito social de trocas aparece como algo com que o sujeito se depara *após já ter atravessado a identificação* – como, aliás, podemos perceber na seguinte descrição de Zafiropoulos (2003):

> *o mal-estar de Dora explica-se totalmente pela espécie de desarmonia fundamental existente entre o registro primordial das suas identificações – o do estádio do espelho que a situa do lado homem –, e a mensagem inconsciente que ela recebe do Outro*[24] *social (sua rede), ordenando-lhe a retomar seu lugar de mulher no circuito de troca onde seu destino a convoca. (p. 119)*

Se o problema para Dora reside na impossibilidade de se aceitar como objeto de desejo de um homem, isso se deve a um motivo que, na ordem das razões, lhe é anterior e que se encontra abrigado pela contingência de sua identificação imaginária original.

Enfim, em 1951, já existia, para Lacan, a constatação da má interpretação de Freud por seus discípulos, mas ainda não haviam sido equacionadas as bases teóricas para a defesa de uma nova via que pudesse se afirmar "freudiana", via esta necessariamente devedora da reinterpretação da noção de inconsciente ainda por se apresentar. Atravessando o caso Dora, a reflexão atinge, portanto, o problema de fundo: se fazer ciência do sujeito é o que se quer, então sua verdade terá que ser procurada em outro lugar. É preciso, consequentemente, pensar algo além do espelho e do imaginário; a "verdade do sujeito" não pode residir na alienação especular. Quando Narciso diz à sua própria imagem "tu és eu mesmo", ainda que uma

---

24 A rigor, não faz muito sentido usar "Outro", com maiúscula, quando a referência é 1951.

verdade seja aí desencerrada, trata-se de uma verdade que continua a enganá-lo. Logo, que o *eu* lacaniano seja sempre objeto, efeito da determinação imaginária, impossibilitado de afirmar-se sujeito, pode significar, como explica Simanke (2002), o mais importante "fracasso" da teoria do imaginário:

> *talvez essa seja a principal limitação interna de sua teoria do imaginário: ela não chega a cumprir aquilo a que se propõe, isto é, dar conta do problema da constituição do sujeito, cuja solução é exigida pelo programa de pesquisa que se elaborou desde a Tese. (pp. 307-8)*

A partir daí, será necessário estabelecer uma diferenciação entre o *eu* e o sujeito, o primeiro restrito à ordem imaginária e imbuído de um teor de formação sintomática e o segundo, sujeito do inconsciente, revestido pela verdade do desejo. Nesse movimento, não há como deixar de perceber a influência direta do insumo filosófico mais proeminente nessa época. Basta lembrarmos que Kojève (1947), além de propor distinguir o *je* do *moi*, definia a essência do ser humano do seguinte modo: uma negatividade negadora, um vazio irreal, um nada revelado...[25] Impossível não enxergar aí os mais adequados elementos para o lugar interrogativo configurado pela condução da teoria lacaniana: um lugar para a subjetividade, plenamente capaz de se distinguir das objetivações egóicas, devido justamente ao seu caráter negativo. "Desejar o desejo do outro" significa aí mergulhar em uma relação com o não ser próprio e definidor do humano.

---

25 Roudinesco (1993/1994, pp. 118-20) menciona o projeto de artigo que, em 1936, esses autores tinham em comum. Seria chamado de *Hegel e Freud: ensaio de uma confrontação interpretativa* e dividido em três partes: 1 – Gênese da consciência de si; 2 – A origem da loucura; e 3 – A essência da família. O texto, todavia, não foi levado a cabo. Mais por Lacan do que por Kojève, que chegou a rascunhar as primeiras páginas sobre a formação da consciência.

A abertura então requisitada pela clínica vai ao encontro das descrições disponibilizadas neste outro nível: o filosófico, que também exerce aí, ao lado do diálogo com a experiência e do movimento mais estritamente interno da teoria, a função de fomentar o nascimento, no pensamento de Lacan, da necessidade de pensar um sujeito descentrado; um sujeito para quem identificar-se corresponde à instauração de constantes deslocamentos e que, dessa forma, não poderá se esgotar na assimilação a uma essência, qualquer que seja ela:

> *Se o Desejo "reconhece a si mesmo" em outro Desejo, isso acontece apenas na medida em que o último "revela" ao Desejo sua própria não identidade a si mesmo – ou, se quisermos, isso acontece porque o Desejo do outro não "revela" nada ao Desejo; ele revela o próprio nada do Desejo. Por conseguinte, esse espelho não reflete nada – e, portanto, não é mais um espelho, mas antes um buraco, um vazio, uma vertigem, impetuosamente tentando fugir de toda "consciência de si". (Borch-Jacobsen, 1991a, p. 92)*

Diferentemente de Borch-Jacobsen – cujas linhas acabamos de ler –, que argumenta que o reconhecimento imaginário passa a ser um impasse *porque* nasce o sujeito descentrado, diríamos, antes, que o sujeito descentrado ganha alento nesse contexto *devido a esse* impasse, o que constitui uma inversão de relevância na perspectiva pela qual se apreende o desenvolvimento da teoria. Essa hipótese será desenvolvida adiante – no Capítulo 2 –, quando teremos a oportunidade de pensar detalhadamente como essa subjetividade descentrada aparece e se incumbe de um papel principal na obra lacaniana. Veremos ainda, ao longo deste livro, que conceitos como *Édipo*, *falo*, *Outro* e objeto *a* podem ser lidos, no campo lacaniano, como vieses do esforço de fazer dialogar o desejo e o significante, isto é, acompanharemos o concurso da negação assim herdada de

Kojève – e, em dimensão mais essencial, "apanhada" como uma espécie de resto da clínica do imaginário –, com a ciência e o inconsciente tal como fornecidos pelo enquadre estruturalista.

Enfim, após esse itinerário, o reflexo imaginário exibe sua impotência de princípio para cumprir a missão que lhe fora confiada e, sem sair de cena – pois encontrará na teoria outro lugar que não aquele de definição última da subjetividade –, assiste ao surgimento em primeiro plano da realidade volátil de um desejo, cuja função é a de negar a realidade.

Consequentemente, o próprio desenvolvimento da teorização sobre o *eu* no contexto do narcisismo e do estádio do espelho agencia a eliminação do antigo projeto de construção de uma psicologia e a instalação de novas perguntas sob os mesmos princípios de pensamento: o que pode ser essa subjetividade para além do *eu* e do espelho? Como seria possível pensá-la? Como encontrar, fora da psicologia, um espaço para tratar daquilo que tradicionalmente era seu objeto de direito? E ainda: como, através dessas respostas, legitimar um uso não internalista do conceito de inconsciente?

1.2 Características do estruturalismo que favoreceram a aproximação

Tem-se mesmo a impressão de uma incrível convergência histórica ao se analisar esse período de transição da obra lacaniana: que seus impasses teóricos tenham se encontrado, temporal e geograficamente, com um tipo de racionalidade que, a princípio, lhe era totalmente exterior, oriundo de outras paragens e de inquietações inteiramente diversas. Afinal, o que poderia ser mais bem-vindo nesse momento do que se deparar com uma reflexão-ferramenta que, além de pretender fazer ciência e de designar a si mesma como igualmente anti-individualista, ainda fomentasse um uso completamente novo e apropriado à sua visada do conceito de inconsciente? O que poderia ser mais adequado do que uma ideia-conceito como a de estrutura, que preservava o viés do concreto ao mesmo tempo que referendava o antirrealismo – ao situar esse concreto em um plano virtual – e que prometia a linguagem como alternativa às metafísicas do psicologismo? Significava um novo alento, um novo fôlego para o antigo projeto. Significava, da perspectiva do próprio Lacan, simplesmente poder começar a ser freudiano. Os impasses do imaginário encontram-se imediatamente com as vias epistemológicas abertas, diante da novidade do pensamento de Lévi-Strauss,[26] pela perspectiva do simbólico e, se Lacan mergulha nessa aventura, há aí menos um mero encantamento com aquilo que Deleuze (1972/1981) qualificou como um "ar livre do tempo" do que o reforço de seus próprios princípios teóricos e a possibilidade de seus objetivos se tornarem muito mais passíveis de êxito do que antes. Desse modo, os motivos que caracterizaram sua entrada autoral tanto na psiquiatria quanto na psicologia foram rigorosamente os mesmos que o coagiram a sair delas, e a mesma e originária procura por uma cientificidade própria aos fenômenos subjetivos será o pivô da sua passagem à teoria do simbólico. Esta é considerada capaz de exprimir a verdade do sujeito, porque é disso mesmo que ele é feito. O simbólico se apresenta como uma ordem de determinação homogênea à subjetividade que, no entanto, a ultrapassa e que, portanto, é capaz de oferecer tanto um fator não reducionista – pois essa exterioridade é a própria completude (a reiteração daquele fato total, inspirado em Marcel Mauss, da tese de doutorado de 1932) do fenômeno humano

26 Embora Zafiropoulos compreenda de modo distinto, como vimos anteriormente, o momento de início do "retorno a Freud", ele salienta a importância de se perceber a obra de Lévi-Strauss como determinante desse processo: "Nessa lógica, podemos então considerar o retorno a Freud como um momento de mutação ou de metáfora que faz prevalecer na clínica de Lacan a versão lévi-straussiana das regras da função simbólica sobre a versão durkheimiana da vida familiar" (2003, pp. 20-30).

no que ele remete à sociedade e ao sistema da linguagem – quanto um fator anti-individualista, uma vez que, exatamente, seu ponto de partida é exterior ao indivíduo. Além do mais, o estruturalismo promove de maneira simultânea o alcance dessa verdade, a chance de manejá-la e a possibilidade de formalizá-la, e, assim, não haverá distinção entre clínica e teorização:[27] a cadeia simbólica que entra em jogo na clínica é a mesma de que o pesquisador lança mão para articular seu discurso, o qual elege o próprio discurso como objeto de sua teorização.[28] A partir desse movimento, o significado de ciência passa a convergir para a expectativa de formalização, submetendo a esse ideal o estudo do concreto – herança de Politzer preservada sob o viés do discurso como dado imediato.

Tendo, no sentido que vimos acima, malogrado o programa de pesquisa aglutinado na noção de imago, era preciso então efetivar um modo de pensar o funcionamento subjetivo que não sucumbisse aos mesmos descaminhos. Nesse novo projeto – que, insisto, herda a preocupação e os princípios das fases anteriores –, o polo da determinação é solidário ao estruturalismo, que, trabalhando o inconsciente como pura forma localizada no concreto do discurso, permite o acesso de Lacan a esse conceito tão central na psicanálise e que fora até então desprezado. No polo da subjetividade e do desejo, trata-se de continuar fazendo valer o referencial kojèviano – trazido

27 Lacan afirma, por exemplo, em *S.I.R.*: "Não podemos nos impedir de pensar que a teoria da psicanálise (e ao mesmo tempo a técnica, *que formam uma única e mesma coisa*) tem sofrido uma espécie de estreitamento e, para dizer a verdade, uma degradação" (1956b, p. 1, grifo meu). E confirma essa ideia em 1960: "a teoria [/*théôria*/] (...) não é, como nosso emprego da palavra o implica, a abstração da *praxis*, nem sua referência geral, nem o modelo, seja qual for a forma que possamos imaginar para ela, daquilo que seria sua aplicação. Ela é, em seu aparecimento, a própria *praxis*" (Lacan, 1960/1961, p. 70).

28 Em *Intervenção sobre a transferência* já era, aliás, claro que teorizar o discurso significava imediatamente promover as possibilidades operacionais da clínica.

a lume já no artigo sobre os complexos familiares (Lacan, 1938a), mas que agora vem preencher uma função mais específica e central.

A convergência entre esses dois referenciais – não obstante se situem nos pontos antinômicos da analítica e da dialética – é viabilizada especialmente pela teoria da linguagem, encontrada em ambos. Pois é possível destacar um nível de lógica comum ao discurso entendido por Kojève como "assassinato da coisa" e como "presença da ausência de uma realidade"[29] e à teoria linguística do valor e da arbitrariedade do signo, nível no qual a prevalência do significante, tão somente distinguido por sua presença no conjunto de elementos congêneres, pode se ligar à função negadora da realidade atribuída à linguagem (Borch-Jacobsen, 1991a, p. 193). A ideia de que "não há nenhuma significação que se sustente a não ser por remeter a uma outra significação" (Lacan, 1957/1966, p. 498) traz em si mesma uma outra: que um signo só torna algo presente mediante a ausência (ou, no vocabulário de Kojève, a "morte") da coisa à qual ele se refere. Em outros termos, a impossibilidade da linguagem adequar-se às coisas e referir-se apenas a seu próprio sistema é perfeitamente pensável como a negação que o *eu* exerce sobre o não eu, mediante palavras como desejo, fundando a realidade estritamente como a "Realidade-da-qual-se-fala" (Kojève, 1947, p. 449).[30] Não podemos

---

29 "O entendimento conceitual da realidade empírica é equivalente a um assassinato." (Kojève, 1947, pp. 372-3)

30 Borch-Jacobsen (1991a) indica essa convergência. Mas, ao fazê-lo, afirma que o estruturalismo só forneceu a Lacan a possibilidade de uma baliza científica, a ser confiada a uma filosofia do sujeito pré-existente a tal expediente: "esses empréstimos da linguística estrutural tomam lugar à sombra de uma filosofia do sujeito e da linguagem, que lhes precede, e à qual eles não trazem nada além de um tipo de 'garantia' científica coerciva" (p. 193). Na verdade, isso precisa ser equacionado de outro modo, pois, por um lado, o estruturalismo leva à teoria lacaniana muito mais do que a qualidade científica: leva, no mesmo ato, o próprio conceito de inconsciente. Por outro, durante a teoria do imaginário – fase a que Borch-Jacobsen se refere como sendo a precedente –, Lacan ainda não levava às últimas consequências a concepção de sujeito como negatividade,

nos esquecer de que o jogo de presença/ausência – que, em Kojève, é a presença do discurso como ausência da coisa – é a estrutura mais básica dos rearranjos dos elementos dos mitos analisados por Lévi-Strauss a cada nova atualização. Além do mais, o próprio movimento de transposição desses elementos é atribuído exatamente a uma operação de negação como sua causa. Nas palavras de Lacan (1956a), a fórmula lévi-straussiana da interpretação dos mitos é explicada como segue:

> *um* a, *de início associado a um* b, *enquanto um* c *é associado a um* d, *troca com ele, na segunda geração, seu parceiro, mas não sem que subsista um resíduo irredutível sob a forma da negativação de um dos quatro termos que se impõe como correlativo à transformação do grupo (...). (p. 2)*

Tudo acontece como se, resguardada obviamente a compleição de suas próprias preocupações, Lacan precisasse encontrar um caminho possível para um diálogo inusitado entre Lévi-Strauss e Kojève, modulando um a partir do outro, para conseguir ler Freud, uma vez que não há passagens diretas entre as noções freudianas de inconsciente e de desejo e as mesmas noções tal como trabalhadas

---

procurando inclusive construir uma psicologia, em muito, bastante tradicional. Por último, como já observamos, tal filosofia do sujeito não é prévia ao dispositivo estruturalista, mas torna-se necessária *a partir* de seu encontro com os impasses que a teoria do imaginário vinha produzindo internamente. Como vimos, a necessidade de conferir centralidade ao sujeito era presente muito antes do modelo linguístico. Isso era mesmo o interesse central do projeto de Lacan, sem o qual ele não faz nenhum sentido. Ou seja, a problemática filosófica não é a causa da reintrodução do sujeito, como sugere Borch-Jacobsen, mas sua consequência: Lacan recorre à filosofia porque, com isso, encontra elementos que alimentam a operacionalização do raciocínio sobre tal referência.

no pensamento lacaniano.[31] A necessidade de promover uma sobreposição dessas camadas de racionalidade é apresentada de maneira implícita, porém paradigmática, na seguinte passagem de *Algumas reflexões sobre o eu*:

> *O objeto do desejo do homem (...) é essencialmente um* objeto desejado por outro. *Um objeto só pode tornar-se equivalente a outro, devido ao efeito produzido por esse intermediário, fazendo com que seja possível que os objetos sejam* trocados e comparados. *Esse processo tende a diminuir a significação especial de qualquer objeto particular, mas ao mesmo tempo dá a ver a existência de objetos sem número. (1951/1953, p. 2, grifos meus)*

Aí vemos a convergência do tema kojèviano do desejo, como desejo do outro, e do tema lévi-straussiano da troca simbólica:[32] esta, ao efetivar as funções da linguagem, pode ser entendida como a supressão do objeto no estabelecimento do reconhecimento do outro cujo desejo é o meu próprio, desejo sempre inconsciente não porque habitasse minha obscura interioridade, mas porque mora no espaço virtual no qual se desenrola a cena das minhas relações infinitamente inapreensíveis com o mundo. A psicanálise lacaniana possui raízes nesse terreno híbrido em que, sempre que possível, a linguagem será pensada dialeticamente e a dialética sofrerá a sobredeterminação do poder simbólico.

Não que isso torne os dois pontos de vista propriamente compatíveis entre si – é claro que cada um deles possui sua própria lógica.

---

31 Vou abordar, no segundo capítulo, a interdependência entre os dois temas e a forma pela qual eles, com efeito, passam a ser praticamente sinônimos.

32 Temos ainda a seguinte fórmula no *Seminário 4*: "O nada por nada *é o princípio da troca*" (Lacan, 1994, p. 194).

Não se trata aqui de sugerir a dissimulação desse fato. Mas, no que interessa para a compreensão do contexto epistemológico da obra em questão, é preciso perceber que é do alto da tensão inseparável desse ponto de confluência de pensamentos, a princípios díspares, que Lacan articula recursos na coerência de seu próprio raciocínio e afirma, por exemplo, em meio a uma discussão da metáfora, que "o significante e o significado estão sempre numa relação que podemos qualificar de dialética" (1981, p. 254) para, em seguida, explicitar que o que está em jogo é o tema da linguagem: "Não se trata de uma nova trituração da relação sobre a qual repousa a noção de expressão na qual a coisa, aquilo a que nos referimos, é expressa pela palavra, considerada como rótulo. É precisamente para dissolver essa ideia que faço meu discurso" (p. 254).[33] Mais tarde, a propósito de *O pensamento selvagem* (Lévi-Strauss, 1962/1997), Lacan atribuiria à psicanálise exatamente esse lugar de interseção, ou mesmo de superação da dicotomia:

> *Se aqui, com efeito, temos de abordar aquilo de que se trata nessa obra, é a fim de assinalar o tipo de progresso que constitui o uso da razão psicanalítica na medida em que ela vem precisamente responder a essa hiância diante da qual mais de um dentre vocês permanece momentaneamente paralisado, aquela que Claude Lévi-Strauss indica, ao longo de todo o seu desenvolvimento, na oposição entre aquilo que ele chama de razão analítica e a razão dialética.*[34] *(Lacan, 2004, p. 43)*

---

33 Retornaremos a esse problema da confrontação entre dialética e estrutura no Capítulo 3.

34 Convém ter em mente, na leitura desse comentário de Lacan, que a dialética a que Lévi-Strauss se refere em *O pensamento selvagem* é, conforme ele mesmo declara, sobretudo aquela apresentada por Sartre em *Crítica da razão dialética*, dessa forma remontando diretamente à leitura kojèviana.

Nesse sentido, o "outro" que aparece na frase "o desejo é o desejo do outro" ganha a modulação do Outro da linguagem, agregando valor simbólico a uma fórmula até então restrita ao imaginário. No encontro entre o estruturalismo e a leitura kojèviana de Hegel, torna-se possível relacionar o desejo com o sistema simbólico via constituição do sujeito.

Enfim, é a partir do contexto de necessidade de ressignificação da teoria da imago ao lado da presença marcante dos elementos de *uma certa* dialética[35] que o estruturalismo entra em cena. O que Lacan fazia imediatamente antes de proclamar seu "retorno a Freud" na conferência *S.I.R* (1956b) era justamente aplicar as indicações da antropologia estrutural, oriundas dos estudos dos mitos e da feitiçaria,

35 Kojève confere à sua posição a denominação de "ontologia dualista", pois nela o ser não pode possuir o mesmo significado quanto à natureza e à história, restringindo-se a esta a incidência da dialética. O ser natural contenta-se em ser o que é: permanência, perpetuação da identidade entre fim e começo. Aí, não há acontecimentos, porque nada se submete a nenhum tipo de ação; a natureza não produz o novo, ela simplesmente se reproduz. Em oposição a isso, situa-se o ser histórico, definido pela negatividade da ação desejante que só se revela no ser humano e que possui a capacidade de estabelecer uma relação privilegiada com o nada. Temos, assim, uma realidade bipartida: "O mundo (no sentido de uma totalidade daquilo que é) possuiria então duas partes. Na parte natural, as coisas são como são e o devir é cíclico. Na parte histórica, nada permanece como é, nenhuma identidade se mantém" (Descombes, 1979, p. 48). Tal antagonismo – que talvez faça valer a figura de uma interversão (*Umschlagen*) que não atinge a *Aufhebung* (sobre a diferença entre as duas, ver Fausto, 2003) – equivale a um abandono da filosofia da natureza que, de acordo com a análise de Safatle (2006), corresponde exatamente a um trato não dialético da "irredutibilidade do sensível ao conceito" (p. 44), trato estranho à estrutura lógica da dialética hegeliana. Para Safatle, trata-se de reencontrar essa estrutura em Lacan às costas de Kojève. Para uma crítica do Hegel de Kojève, ver Arantes (1991) e Macherey (1991). Este último define o projeto kojèviano como uma insólita síntese entre Heidegger e Marx, sob o pretexto da *Fenomenologia do Espírito*. Ele diz, por exemplo, que: "Foi nisso que residiu toda a astúcia da *démarche* de Kojève: ele conseguiu vender, sob o nome de Hegel, o filho que Marx poderia ter tido com Heidegger" (p. 319).

a uma das cinco grandes psicanálises, a partir do que, na esteira de Lévi-Strauss, a neurose passa a ser alcunhada de "mito individual" (Lacan, 1953/1978b). A "eficácia simbólica" da neurose do Homem dos Ratos é explicada pelo jogo de combinações estruturais entre duas situações – a posição do pai e a do filho –, uma sendo a repetição rearranjada da outra. Haveria um mito familiar a determinar o "mito individual do neurótico", ou seja, algo que se transferiria de uma geração a outra, pois, apesar de se deslocarem, os elementos da cena neurótica seriam os mesmos e estariam envolvidos nos mesmos tipos de conflitos. "Tudo se passa como se os impasses próprios à situação original se deslocassem para um outro ponto da rede mítica, como se o que não está resolvido aqui se reproduzisse sempre lá" (Lacan, 1953/1978b, p. 299). Com isso, seria possível constatar a mesma inversão de sinais presente na análise que Lévi-Strauss fez do mito de Édipo, cujos elementos, dispostos em colunas que apresentam suas possibilidades de arranjo, traduziam uma compreensão inédita ao tornar possível afirmar que ele carrega consigo a expressão de um impasse entre a crença na autoctonia do ser humano ou em sua geração a partir do encontro homem/mulher: "o mito de Édipo oferece uma espécie de instrumento lógico que permite lançar uma ponte entre o problema inicial – nascemos de um único ou de dois? – e o problema derivado, que se pode formular, aproximadamente: o mesmo nasce do mesmo ou do outro?" (Lévi-Strauss, 1955/1975e, p. 249). O que permite a aquisição dessa interpretação (a síntese da análise) e, portanto, garante o potencial heurístico da análise estrutural, é a abertura para uma nova visualização dos elementos-componentes das colunas dispostas de tal forma que se tornaria evidente a estrutura das relações: "a superestima do parentesco consanguíneo está para a subestima deste, como o esforço para escapar à autoctonia está para a impossibilidade de consegui-lo" (Lévi-Strauss, 1955/1975e, pp. 249-50). Lacan pode, então, a partir dessa análise, defender que é por causa dessas permutações na estrutura do mito familiar, ou seja, da forma como ele é subjetivado, que o sujeito padece de uma neurose. A ênfase na estrutura do mito do indivíduo neurótico permitia aí, tal como ocorria na análise lévi-straussiana, a dedução de uma nova interpretação, que consistia na ideia de que o sentido do Édipo seria um sentido que teria a morte por referência e que possuiria uma configuração quaternária (a mãe, a criança, o pai e a morte seriam os seus elementos estruturais). Da conferência *O mito individual do neurótico* sobressai, pela primeira vez na obra lacaniana e ainda de modo não muito explícito, a ideia de que a estrutura consiste em uma ordem simbólica imbuída de autonomia, ou seja, a ideia de que a combinatória dos elementos simbólicos funciona de maneira automática para significar o sujeito, seus sintomas e seu mundo, o que será uma das premissas fundamentais do lacanismo dos anos 1950.

Toda a crítica que Lacan vinha desenvolvendo contra o conceito freudiano de pulsão – então confundido com o de instinto[36] – encaixa-se nos preceitos da análise estrutural. Mais tarde, no *Seminário 4*, ele explicitaria aquilo que fundamentalmente estivera em jogo, ao lembrar que, nesse tipo de estudo, a posição de partida teria sido iluminada por uma observação de Hocart[37] e retomada por Lévi-Strauss, repudiando o fato de se colocar o campo da afetividade, visto como tumultuado demais para que pudesse dar origem a qualquer tipo conhecimento, na base das interpretações psicológicas, em vez de valorizar, como seria recomendado, o campo do que é propriamente intelectual:[38] "Disso resulta, diz este autor de modo bastante formal, que, aos defeitos inerentes à escola psicológica... se acrescenta assim o erro de acreditar que, de ideias claras, pudessem

36 Por exemplo, no artigo sobre os complexos familiares (Lacan, 1938).

37 Antropólogo britânico também estudioso dos sistemas de parentesco.

38 "A partir de Hocart (...) lamentar-se-á que a psicologia moderna tenha se desinteressado, muito frequentemente, dos fenômenos intelectuais, preterindo-os pelo estudo da vida afetiva" (Lévi-Strauss, 1955/1975e, p. 238).

nascer de emoções confusas" (Lacan, 1994, p. 406). De forma análoga, o erro explicativo fundamental da psicanálise teria sido, até aí, alegar que as moções pulsionais seriam o lugar causal dos sintomas: "Remete-se, assim, a uma pulsão confusa aquilo que se apresenta no paciente sob uma forma articulada de modo muito geral" (p. 406). Nesse seminário, cujo objeto clínico de comentário é o caso do pequeno Hans, Lacan defende que o mecanismo da fantasia, por apresentar um caráter claramente articulado, inclusive nos tipos de necessidade e de funções que produz, deve-se não à injunção de emoções sempre vagas e difusas, mas à obediência às leis de um jogo que ultrapassa em muito a criança: o jogo do significante. "Nossa perspectiva nos fornece, ao contrário, a noção de que o jogo do significante se apossa do sujeito, tomando-o de um modo que ultrapassa tudo aquilo que o sujeito possa intelectualizar a esse respeito, mas que não é menos o jogo do significante com suas leis próprias" (p. 407). Tal mecanismo só pode ser conhecido caso seja submetido, precisamente, às lições do estudo estrutural dos mitos, cujo primeiro preceito seria, então, considerar os elementos significantes sob sua estrita dependência recíproca, ou seja, atentando para a série de oposições combinatórias que eles definem. Apenas dessa forma – totalmente avessa à ideia de um inconsciente do instinto, visto como "ilusão decisivamente denunciada por Claude Lévi-Strauss" (Lacan, 1960/1966u, p. 831) – é que seria possível apreender a lógica dos sintomas do menino: "O que vemos surgir no pequeno Hans não são termos que teriam equivalência afetiva ou psicológica aproximada, como se diz, e sim agrupamentos de elementos significantes que se transpõem progressivamente de um sistema em outro" (Lacan, 1994, p. 408).

A força de que se investe esse movimento de apropriação da noção de estrutura é tal e sua localização no desenvolvimento do raciocínio lacaniano é tão perfeita que deixa de ser surpreendente aquilo que, para um leitora inadvertida desse desenrolar cronológico de impasses sobre impasses, apareceria mesmo como um despropósito: a imago, em cujo lugar eram depositadas tamanhas esperanças conceituais, surge agora, alguns anos depois, totalmente usurpada de qualquer papel causal último pela cadeia significante como a única instância responsável pela efetividade na determinação do sujeito. Por exemplo, no *Seminário sobre "A Carta Roubada"*, lemos:

> *Mas nós formulamos que é a lei própria a essa cadeia que rege os efeitos psicanalíticos determinantes para o sujeito, tais como a forclusão (*Verwerfung*), o recalque (*Verdrängung*), a própria denegação (*Verneinung*) – precisando com a ênfase que convém que esses efeitos seguem tão fielmente o deslocamento (*Entstellung*) do significante que os fatores imaginários, apesar de sua inércia, neles só figuram como sombras e reflexos. (Lacan, 1955/1966g, p. 11)*

Nessa passagem, é possível ver o quanto o estruturalismo é assimilado por Lacan, em face do que a imago, antes ponto convergente da explicação, acha-se agora – no caso, sob a denominação de conjunto de "fatores imaginários" – totalmente relegada ao campo dos efeitos, ou seja, ao lugar daquilo que comparece como fenômeno, ele mesmo sujeito a um outro tipo de determinação. Em 1959, o autor retorna a esse ponto, de forma emblemática, ao reiterar que "(...) nenhuma formação imaginária é específica, nenhuma é determinante nem na estrutura nem na dinâmica de um processo" (1959/1966r, p. 546).

O exercício de aplicação do método da antropologia estrutural à neurose já era anunciado por Lévi-Strauss, como se, por vezes, ele descrevesse de forma explícita a tarefa a ser realizada por um psicanalista que quisesse aproximar sua reflexão do estruturalismo, providenciando inclusive a expressão "mito individual" como o objeto genuíno da psicanálise.[39] Nos artigos *O feiticeiro e sua magia* (1949/1975a), *A eficácia simbólica* (1949/1975b), *Introdução à obra de Marcel Mauss* (1950) e *A estrutura dos mitos* (1955/1975e),[40] são frequentes os embates diretos com a teoria psicanalítica, a propósito seja dos poderes do xamã, seja da influência das organizações míticas sobre o psiquismo individual, havendo inclusive no primeiro deles uma menção elogiosa ao estádio do espelho, menção com a qual o autor explicita a constituição eminentemente alienada do indivíduo considerado normal. A despeito da variação do tom da abordagem – ora mais crítico, ora meramente ressaltando as analogias entre os objetos das duas disciplinas –, o que se torna evidente é que, de certa forma, Lévi-Strauss espera a reverberação resoluta de suas teses no campo inaugurado por Freud. O conjunto desses textos pode mesmo ser considerado, pelas diretrizes que providencia, uma espécie de programa para o que Lacan passa a realizar subsequentemente. Por exemplo:

> *Esta forma moderna da técnica xamanística que é a psicanálise tira, pois, seus caracteres particulares do fato de que, na civilização mecânica, não há mais lugar para o tempo mítico, senão no próprio homem. Desta constatação, a psicanálise pode recolher uma confirmação*

---

39 Ver também, sobre esse ponto, *Um inconsciente para o sujeito* (Simanke, 2002, capítulo 6, pp. 431-523).

40 Embora só tenha sido publicado em 1955 – ou seja, em data posterior à da conferência de Lacan sobre o Homem dos Ratos (de 1953) –, esse artigo compila o conteúdo do curso do antropólogo na *École Pratique des Hautes Études*, durante os anos de 1952 a 1954. Zafiropoulos (2003) confere destaque ainda para *As estruturas sociais no Brasil central e oriental* em função de sua exposição da permutação de elementos na estrutura a propósito das relações de parentesco entre os Xerente e os Bororo, ressaltando uma semelhança entre o esquema dessas permutas no nível do mito e o esquema L, de Lacan (pp. 193-4). Ver Lévi-Strauss (1952/1975, p. 147).

> *de sua validade, ao mesmo tempo que a esperança de aprofundar suas bases teóricas e de melhor compreender o mecanismo de sua eficácia, por uma confrontação de seus métodos e de suas finalidades com os de seus grandes predecessores: os xamãs e os feiticeiros. (Lévi-Strauss, 1949/1975b, p. 236)*

Prática resultante das inflexões que sofre o mito em função das tendências individualistas da sociedade contemporânea, a psicanálise pode ter seus termos definidores dispostos de uma forma tal que, quando invertidos, desvelam a semelhança de estrutura com a cura xamanística, entendida sob o viés da eficácia simbólica:

> *[Também na cura xamanística] trata-se de suscitar uma experiência, e, na medida em que esta experiência se organiza, mecanismos situados fora do controle do sujeito se ajustam espontaneamente, para chegar a um funcionamento ordenado. O xamã tem o mesmo papel que o psicanalista: um primeiro papel – de auditor para o psicanalista, e de orador para o xamã – estabelece uma relação imediata com a consciência (e mediata com o inconsciente) do doente. (...) O doente atingido de neurose liquida um mito individual, opondo-se a um psicanalista real; a parturiente indígena supera uma desordem orgânica verdadeira, identificando-se com um xamã miticamente transposto.*
>
> *(...) De fato, a cura xamanística parece ser um equivalente exato da cura psicanalítica, mas com uma inversão de todos os termos. Ambas visam provocar uma experiência; e ambas chegam a isto reconstituindo um mito*

> *que o doente deve viver ou reviver. Mas, num caso, é um mito individual que o doente constrói com a ajuda de elementos tirados de seu passado; no outro, é um mito social, que o doente recebe do exterior e que não corresponde a um antigo estado pessoal. (Lévi-Strauss, 1949/1975b, pp. 229-30)*

Esse longo trecho merece atenção porque, nele, tudo se passa como se Lévi-Strauss estivesse, de uma forma muito clara, antecipando algumas diretrizes da tarefa a que Lacan vai se dedicar em seguida. Aí vemos que, mesmo no antropólogo, a releitura da noção de inconsciente a partir da nova compreensão do mito conduzia diretamente à necessidade de revisar a base epistemológica da psicanálise, e ainda que o primeiro passo para essa reflexão deveria ser, exatamente como Lacan faria em 1953, o recobrimento da neurose pela ideia de "mito individual". Com efeito, o que lemos na conferência sobre o Homem dos Ratos não é outra coisa senão a continuação, agora por parte da psicanálise, das linhas publicadas pelo etnólogo:

> *A comparação com a psicanálise nos permitiu esclarecer certos aspectos da cura xamanística. Não é certo que, inversamente, o estudo do xamanismo não seja solicitado, algum dia, para elucidar aspectos ainda obscuros da teoria de Freud. Pensamos particularmente na noção de mito e na noção de inconsciente. (Lévi-Strauss, 1949/1975b, p. 233)*

A recepção dessa mensagem por Lacan providencia, pouco a pouco, suas próprias inversões, mas o início desse percurso, desse caminho pelo qual Lacan se tornará freudiano, não pode ter seu sentido apreendido por outro caminho. Um pouco mais tarde,

Lacan confirma esse movimento ao declarar, em intervenção a uma palestra do antropólogo, que a análise estrutural é:

> *altamente apreciada em seu brilho, visto que, como Lévi-Strauss não o ignora, tentei quase de imediato, e com, ouso dizê-lo, um pleno sucesso, aplicar-lhe a grade aos sintomas da neurose obsessiva; e especialmente à admirável análise que Freud forneceu do caso do "Homem dos Ratos", isto numa conferência que intitulei precisamente o "mito individual do neurótico". (Lacan, 1956a, p. 2)*

Foi com *As estruturas elementares do parentesco* que Lévi-Strauss (1947/1976) iniciou a transposição do método fonológico para a antropologia. Nesta obra, encontramos, segundo Lemaire (1977/1979), os princípios básicos do estruturalismo:

> *– Detrás das aparências, o tangível se mascara com uma lógica interna. (...)*
>
> *– A pesquisa teórica, abandonando a experiência imediata, constitui o meio de acesso às estruturas de base.*
>
> *– O método estruturalista de pesquisa calca-se nos modos de estudo adotados em linguística estrutural. (p. 40)*

Há aí, de fato, conforme apresenta Ricoeur (1963/1970), a reiteração, substituído o terreno, das três principais inovações da fonologia: os sistemas de parentesco se situam em nível inconsciente, seus elementos só são significantes na medida em que se diferenciam entre si, constituindo pares de oposição, e são entendidos em termos de sincronicidade. Mas não é o simples aparecimento das três características da organização que autoriza o uso do modelo linguístico na antropologia. Ou melhor, se elas aparecem, é porque existe uma razão que lhes é anterior. O que garante essa passagem é, sobretudo, o fato de o parentesco ser considerado um verdadeiro sistema de comunicação, tal como qualquer língua. Segundo Lévi-Strauss (1953/1975d), a cultura consiste em regras que governam todas as formas de comunicação, ou seja, regras que produzem, a seu ver, os três principais níveis de comunicação (ou de trocas): mulheres, bens e mensagens. Ele diz:

> *Em toda sociedade, a comunicação se opera ao menos em três níveis: comunicação de mulheres, comunicação de bens e serviços, comunicação de mensagens. Por conseguinte, o estudo do sistema de parentesco, o do sistema econômico e o do sistema linguístico oferecem certas analogias. Todos os três dependem do mesmo método; diferem somente pelo nível estratégico em que cada um escolhe se situar no seio de um universo comum. (p. 336)*

Tal seria, portanto, a fundamentação do princípio de generalização que garantiria a passagem das considerações sobre fatos linguísticos às especulações sobre fatos sociais: os fenômenos da vida social são do mesmo tipo dos fenômenos linguísticos; também o parentesco é um sistema arbitrário de representações no qual o significante, como elemento linguístico diferencial, prevalece sobre o significado: "Como a linguagem, o social é uma realidade autônoma (a mesma, aliás); os símbolos são mais reais do que aquilo que simbolizam, o significante precede e determina o significado" (Lévi-Strauss, 1950, p. 170).

Por aí se pode começar a constatar o quanto Saussure, filtrado por Lévi-Strauss, inspira o pensamento de Lacan, ou seja, o quanto o linguista influencia e até mesmo determina diretamente o olhar que Lacan debruça sobre o signo – veremos adiante os desvios que esse olhar implica – e a maneira como, a partir daí, realiza uma redefinição do conceito de inconsciente. Pois este não seria apreensível de uma nova maneira se não tivesse tido lugar a junção do significante à noção de mito providenciada pelo antropólogo.

Mas, se o estruturalismo nasce do *Curso de linguística geral* (Saussure, 1916) e nele o signo resguarda espaços de igual poder e valor tanto para o significante quanto para o significado, de onde surge a necessidade de, contra Saussure, fazer preponderar dessa forma o significante? O motivo encontra-se vinculado a uma célebre frase de Gaston Bachelard, considerado o pai epistemológico do estruturalismo. Ele dizia *"il n'y a science que du caché"*,[41] ideia então traduzida, a partir do instrumental da linguística, por "a estrutura simbólica é o registro da efetividade sob a lógica meramente aparente do fenômeno". O aspecto que a caracteriza como inconsciente é a inexistência de fenômenos desprovidos de razões não fenomênicas, isto é, a estrutura é sempre virtual e oculta sob os efeitos que produz, sem deixar de ser, ela mesma, os seus próprios efeitos. Ou seja, Lévi-Strauss, ao querer atingir a estrutura funcionando por trás dos fenômenos – em outras palavras, a razão escondida sob a aparência –, o fazia, mediante os ensinamentos de Troubetzkoy e Jakobson, situando-a na dimensão virtual, porém concreta, da movimentação recíproca de um conjunto de elementos simbólicos diferenciais que configuram um funcionamento de sistema. A grande aposta é que, por trás do fenômeno e por meio dele, é possível descobrir a lógica de um sistema que o regula – exatamente o inconsciente. Assim é que Lacan (1975) afirma: "Em toda análise da relação intersubjetiva, o essencial não é o que está lá, o que é visto. O que a estrutura é o que não está lá" (p. 249).

Em total consonância com a origem saussuriana do estruturalismo, Lacan (1953/1966f) anunciaria sua compreensão do significante:

---

41 Algo como "só existe ciência daquilo que se oculta".

"o que define como pertencente à linguagem um elemento qualquer de uma língua é que ele se distingue como tal, para todos os usuários dessa língua, no suposto conjunto constituído pelos elementos homólogos" (p. 274). O que importa na consideração do significante não é que ele se conjugue com um significado, mas que seu lugar seja referenciado ao conjunto dos outros significantes que compõem a língua. Esta não é um depósito de precipitados semânticos, mas esse conjunto de elementos a cuja estrutura se devem os efeitos de linguagem que seriam, a seu modo de ver, análogos às formações do inconsciente.

Deleuze (1972/1981), seguindo o que entende ser uma intuição de Proust, caracterizou a dimensão virtual da estrutura afirmando que ela seria "(...) real sem ser atual, ideal sem ser abstrata" (p. 283). De acordo com ele, se a *intelligentsia* estava até então condicionada a pensar em termos de uma distinção ou correlação dialética entre as duas grandes ordens do real e do imaginário, o estruturalismo representa, sobretudo, a descoberta e o reconhecimento dessa terceira categoria, que agora submete as outras ao seu domínio. O simbólico é a referência e a chave explicativa de todos os fenômenos; ele implica um nível mais "profundo" de análise e, portanto, não é redutível ao real nem ao imaginário, os quais nada podem explicar, pois são constituídos, eles mesmos, a partir do simbólico como princípio. A estrutura se refere a elementos atômicos formais – que não possuem conteúdo, realidade, imagem, essência, significado, nem sequer forma –, dispostos em séries e combinações determináveis, que explicariam tanto a constituição da totalidade do fenômeno, quanto as possibilidades de variação entre os próprios elementos constituintes. O conteúdo dos seus elementos não é especificado, nem a natureza de seus vínculos, mas eles demarcam funções e resultados a partir de suas relações. Assim, o que define o elemento simbólico da estrutura é simplesmente um critério de posição. Seu sentido só pode ser estabelecido a partir daí: "Os elementos de uma estrutura não têm nem designação extrínseca, nem significação intrínseca" (Deleuze, 1972/1981, p. 276). Isso significa que os lugares precedem as coisas e os seres. O átomo da estrutura só produz significação na medida em que representa uma posição com relação a outras posições que não são locais em extensões reais ou imaginárias. O próprio espaço é estrutural – um espaço que, como diz Deleuze, é inextenso, pré-extensivo, constituído como ordem de vizinhança. Se é possível vislumbrar eventos imaginários, que nos aparecem como que refletidos na superfície de um espelho quase sempre mal polido, é tão somente porque eles são secundários à estrutura. Assim, o estruturalismo não promove um ideal quantitativo de ciência, mas almeja sua cientificidade por meio de um princípio topológico e relacional de formalização que torna secundária – embora não dispensável – a recorrência ao empírico, já que os lugares na estrutura prevalecem sobre os objetos que os preenchem. Seu ponto de partida epistemológico pode então, ainda seguindo Deleuze, ser definido como uma *topologia transcendental*, ou seja, como um sistema de relações entre posições que, localizado sob o empírico, o determina, constituindo assim a sua verdadeira razão de ser.

A estrutura é, assim, aquilo que permite não mais conceber o fato social nem como coisa, nem como ideia.[42] Nesse espírito, Lévi-Strauss

---

42 Era isso o que fascinava Merleau-Ponty no conceito de estrutura: a expectativa de, através dele, superar impasses herdados da filosofia cartesiana, desde que atravessado por uma "história estrutural" (ver Merleau-Ponty, 1965/1984b, pp. 183-192; 1960/1984a). Neste último – *De Mauss a Claude Lévi-Strauss* – ver especialmente a p. 195, a nota de Marilena Chauí na p. 193 e a p. 205, na qual lemos: "Com a noção de estrutura estabelece-se hoje um regime de pensamento cuja fortuna responde a uma carência humana em todos os domínios. A estrutura, presente fora de nós nos sistemas naturais e sociais, e em nós como função simbólica, indica para o filósofo um caminho fora da correlação sujeito-objeto que domina a filosofia de Descartes a Hegel. Em particular, permite compreender como estamos numa espécie de circuito com o mundo sócio-histórico, o homem sendo excêntrico a si mesmo e o social só encontrando seu centro nele".

(1950), na *Introdução à obra de Marcel Mauss*, empenhava-se em interpretá-lo a partir dos estudos dos linguistas para os quais tratava-se de "distinguir um dado puramente fenomenológico, que a análise científica não pode determinar, de uma infraestrutura mais simples do que ele, e à qual esse dado deve toda a sua realidade" (p. 173). Embora esse artigo seja dedicado justamente à tese de que Mauss fora, quanto a certos aspectos, um precursor da antropologia estrutural, nele surge um exemplo de como privilegiar a estrutura em detrimento do fenômeno quando o autor analisa os motivos pelos quais seu antecessor não teria seguido adiante em sua intuição original e renovadora da disciplina, impedindo de se concretizar, de uma vez por todas, o projeto estrutural. O último desenvolvimento teórico do prefácio de Lévi-Strauss consiste em relacionar diretamente um dos mais antigos ensaios de Mauss (1902), o *Esquisse d'une théorie générale de la magie*,[43] com alguns dos pilares da linguística estrutural. Esse ensaio está fundamentado na noção de *mana*, termo polinésio utilizado, segundo o prefaciador, cada vez que se revela uma defasagem entre significante e significado. Para explicar-lhe o sentido, Mauss apela a sentimentos e crenças (categorias que, do ponto de vista de Lévi-Strauss, não podem ser explicativas, pois pertencem à ordem do que deve ser explicado) quando, na verdade, seria necessário referir-se à ordem de um sistema. Assim, o *mana* seria um tipo de resposta universal requerida sempre que a humanidade se encontrasse diante de uma situação específica:

> *estes tipos de noções intervêm, um pouco como símbolos algébricos, para representar um valor indeterminado de significação,* em si mesmo desprovido de sentido, *e, portanto, susceptível de receber seja que sentido for, cuja única função é preencher uma distância entre o*

43 Escrito na companhia de Henri Hubert, arqueólogo e sociólogo francês.

> *significante e o significado ou, mais exatamente, assinalar o fato de que, em tal circunstância, em tal ocasião, ou em tal forma de manifestação, uma relação de inadequação se estabelece entre significante e significado (...). (Lévi-Strauss, 1950, pp. 182-3, grifo meu)*

Eis a crítica a Mauss: em seu próprio pensamento, o *mana* ocuparia o lugar de uma função mágica. Ele atribuiria ao pensamento indígena propriedades que pertenceriam antes à sua própria forma de pensar. Recorrer ao *mana* como explicação significa, para Lévi-Strauss, reduzir a antropologia à descrição da concepção que o próprio indígena faz de sua realidade, significa transformar uma disciplina que deveria ser científica em uma "fenomenologia verbosa", em uma "mistura falsamente ingênua em que as obscuridades aparentes do pensamento indígena seriam alegadas para encobrir as confusões, de outro modo demasiado manifestas, do pensamento do etnólogo" (p. 184).

A troca é o centro da questão. Para Lévi-Strauss, existe uma contradição que é própria ao pensamento simbólico, o qual define o domínio do social. Essa contradição consiste em o símbolo nunca designar um referente, ele apenas remete a outros símbolos infinitamente; consiste em que o ser humano só é capaz de perceber as coisas através do crivo de sua relação com o outro, ou seja, através da comunicação já submetida à estrutura, da intersubjetividade, da linguagem, da troca, enfim; consiste na inexistência de uma continuidade entre simbólico e real, entre palavra e coisa. O autor explica:

> *A troca não é um edifício complexo, construído a partir das obrigações de dar, de receber e de restituir, à custa de um cimento afetivo e místico. É uma síntese imediatamente dada ao (e pelo) pensamento simbólico que, na*

> *troca, como em qualquer outra forma de comunicação, supera a contradição, que lhe é inerente, de perceber as coisas, assim como os elementos do diálogo, simultaneamente, através da relação de si com outrem, os quais estão destinados por natureza a passarem de um ao outro. (Lévi-Strauss, 1950, p. 185)*

Ou seja, o símbolo é aquilo que fundamenta a relação de si com o outro, ao mesmo tempo que passa de si para o outro. Dito ainda de outro modo, visto ser este um ponto importante a ser retomado na discussão sobre o Édipo no segundo capítulo, é a partir da estrutura de significantes que são "apreendidos" não apenas o ser próprio e o do outro, mas também os próprios significantes, na mesma medida em que isso seja o fundamento que circula entre os sujeitos envolvidos.

Assim, a noção de *mana*, no caso da magia, e a de *hau*, no caso do dom, que são da ordem do pensamento inconsciente, exercem a função de tamponar essa contradição, tornando possível o próprio funcionamento do sistema simbólico como um todo ao superar, de alguma forma, dois tipos de oposição: a oposição entre pensamento e realidade e a oposição entre o *eu* e o outro. Tais noções só podem ser compreendidas corretamente se essa função for vislumbrada, o que não teria ocorrido com as especulações de Mauss. O *mana* é "a expressão consciente de uma função semântica, cujo papel é permitir ao pensamento simbólico exercer-se apesar da contradição que lhe é própria" (p. 188). É necessário ter sempre em conta o caráter relacional do pensamento simbólico, ou seja, o fato de ele se afirmar como uma relação de troca. Assim, dizer que a função simbólica é o fator explicativo primordial significa dizer que a troca também o é. Esse raciocínio, Mauss não teria alcançado. No entanto, Lévi-Strauss conclui que suas observações não se opõem à obra maussiana. Antes, requer que suas especulações sejam complementares ao pensamento de Mauss e defende que ele mesmo as teria desenvolvido se tivesse sido capaz de pensar a partir de uma lógica simbólica, portadora das leis da linguagem.[44] Exatamente da mesma forma que Lacan dirá, de Freud, que ele só não alcançara a definição estruturalista de inconsciente porque não tivera acesso à obra de Saussure e que, em função disso, permaneceu preso à "tentação" mais imediata de, por vezes, fornecer ao afeto um lugar explicativo. A seu ver, recorrer ao afeto sob a égide do concreto constitui uma falácia, pois lançar mão da noção de um sentimento ao qual não temos acesso direto não produz senão abstrações sobre abstrações; não se trata, no campo da psicanálise, de uma questão "de algo que se pareça com essa psicogênese ideológica que conhecemos e que não é superada pelo recurso peremptório à noção totalmente metafísica, sob sua petição de princípio de apelo ao concreto, que veicula derrisoriamente o nome de afeto" (Lacan, 1958/1966n, p. 689).

O "retorno a Freud" – se significa, para Lacan, colocar-se na contramão do viés adaptacionista que a psicanálise, a despeito da

---

44 Para uma crítica da crítica de Lévi-Strauss a Mauss, ver Fausto (1997). Através de uma avaliação cujo princípio se situa na dialética moderna (em seu sentido mais exato, i. e., de acordo com a lógica de Hegel e, no caso, tal como recebida por Marx), Fausto conclui que Mauss e Hubert teriam, na verdade, apontado para além da "terra prometida" pelo estruturalismo, por terem vislumbrado, dentro da ideia de que o social pode ser pensado em termos de juízo, uma possibilidade de apreensão da sua estrutura mais rica do que a de Lévi-Strauss. Mais exatamente, os autores teriam começado a compreender a estrutura de um juízo analítico-sintético: ao apresentarem o juízo mágico como uma espécie de "síntese *a priori*" – que Fausto percebe como um tipo de "juízo de Reflexão", que já se apresenta como "juízo do Devir" –, Mauss e Hubert teriam se aproximado de dar conta, no sentido lógico, do movimento do sujeito ao predicado, ou seja, da fluidez intrínseca ao objeto. No caminho para essa conclusão, o autor empreende uma análise comparativa entre o inconsciente pressuposto pela dialética e o inconsciente pressuposto pelo estruturalismo: em ambas as racionalidades, ele é visto como movimento de totalização no qual prevalece uma analogia com a linguagem; mas, no primeiro caso, tal aproximação se dá no sentido do fluxo de significações, enquanto, no segundo, trata-se de pensar um sistema de oposições que conforma uma lei, transformando assim a linguagem em língua.

virulência original, vinha adquirindo sobretudo nos desenvolvimentos que tiveram lugar nos Estados Unidos – não se define por um esforço exegético sobre a obra de seu fundador. Uma leitura do texto freudiano que tome como ponto de partida suas próprias premissas e seu sentido interno não parece, em nenhuma medida, exigir a absolutização de uma referência à linguagem. No entanto, alguns psicanalistas lacanianos costumam negligenciar essa observação básica. Na opinião de Joël Dor (entrevistado por Dosse, 1991/1993a, p. 144), um dos mais conhecidos, por exemplo, Lacan teria mesmo *elucidado* o sentido das tópicas freudianas. É, ao contrário, bastante óbvio que o inconsciente providenciado pelo estruturalismo não corresponde àquele descrito na primeira tópica freudiana, como sistema que possui conteúdo e modo de funcionamento específicos, respectivamente os representantes de pulsão e o processo primário (Freud, 1915), a não ser que esses termos sejam deslocados de seu sentido propriamente freudiano. A meu ver, o importante nessa diferença não é o argumento de que Freud teria impossibilitado a estratégia lacaniana ao reservar a representação de palavra aos sistemas pré-consciente/consciente – sendo aí a própria condição para que uma representação se torne consciente, pois que é capaz de conferir ao processo psíquico uma menor intensidade e de impedir a ocupação direta da representação de objeto desprazerosa –, enquanto no inconsciente só haveria representações de objeto.[45] Do ponto de vista de Freud, inclusive, se houvesse representação de palavra no inconsciente, a neurose não existiria, uma vez que ela é justamente a impossibilidade de nomear um estado afetivo, porque este se encontra recalcado, isto é, na neurose, o afeto habita determinado sistema psíquico, ao passo que toda possibilidade de

45 Uma representação de palavra pode, no entanto, ser tratada como representação de coisa, quando um elemento verbal aparece no sonho, por exemplo. Mas, nesse caso, ela é utilizada como marca residual de uma percepção, e não como expressão verbal de um pensamento (cf. por exemplo, Freud, 1917/1989f).

nomeá-lo implica um sistema distinto. Entre os dois sistemas não há uma mera exclusão, mas uma negociação mediante relações dissociativas e diferenciadoras, relações que constituem toda a dinâmica psíquica. Bowie, por exemplo, afirma a partir daí que, se Lacan defendeu que ser fiel ao espírito freudiano significava aderir à importância da linguagem e identificar o inconsciente com a ordem simbólica, Freud teria apontado para um sentido oposto ao estipular, dessa forma, a distribuição dos tipos de representação entre as instâncias psíquicas. Teria ele, assim, suposto, para o inconsciente, a ausência da linguagem e relacionado as possibilidades científicas da psicanálise com o silêncio das pulsões: "onde Freud erigiu barreiras contra a linguagem dentro de seus modelos mentais, Lacan a princípio parece lhe permitir cruzar todas os limiares" (Bowie, 1991, p. 53). Ante esse tipo de objeção, que procura desautorizar sua interpretação da obra freudiana, Lacan já encontrara sua resposta. Afirma contra os

> *que pretendem argumentar contra nós com a ligação que Freud estabelece entre o sistema pré-consciente e as lembranças verbais que não se deve confundir a reminiscência dos enunciados com as estruturas da enunciação, as ligações de* Gestalt, *mesmo fortalecidas, com as tramas da rememoração – enfim, que, se as condições de representabilidade fazem infletir o inconsciente segundo suas formas imaginárias, é preciso uma estrutura comum para que um simbolismo, por mais primitivo que se o suponha no inconsciente, possa, e esse é seu traço essencial,* ser traduzido *num discurso pré-consciente. (1958e, p. 677)*

E refere-se em seguida à carta de número 52, que Freud endereçara a Fliess, aquela na qual sobressai a função dos traços mnêmicos (ou de recordação).[46] O que fica claro no trecho citado é que, quando Lacan diz que o inconsciente é estruturado como uma linguagem, está se referindo menos à presença da palavra como tal do que às *condições de funcionamento do inconsciente*, as quais, do seu ponto de vista, coincidem com as da enunciação, e à combinatória estruturante dos elementos simbólicos – que recebem o nome de "significantes", sem se restringirem aos lexemas, e que inclusive estariam mais próximos da ideia de traço mnêmico que da de palavra.[47] É por isso que o termo usado por Lacan é "significante". Se se quer falar com precisão, não poderia ser signo ou símbolo, já que estes não permitem o desvencilhamento do significado – e, consequentemente, não prometem a eliminação da entificação[48] –, tendo em vista a valorização da pureza de um traço que, enquanto tal, só remete à existência dos outros traços no sistema. Mas tampouco, nesse momento, o termo poderia ser "traço", pois este, por sua vez, não engendra por si só uma ideia

---

46 Nessa carta, a referida relação aparece da seguinte forma: "Vb |*Vorbewusstsein* (*pré-consciência*)| é o terceiro registro, ligado à representação de palavra e corresponde a nosso ego oficial. Os investimentos provenientes de Vb tornam-se conscientes de acordo com certas regras; essa consciência secundária do pensamento é posterior no tempo e, provavelmente, está ligada à ativação alucinatória das representações da palavra, de modo que os neurônios da consciência sejam também neurônios perceptivos e desprovidos de memória em si mesmos" (Freud, 1985/1986, p. 209, tradução modificada). E no artigo sobre o inconsciente: "a representação consciente abrange a representação de coisa mais a correspondente representação de palavra, e a inconsciente é apenas a representação de coisa" (Freud, 1915/1989e, p. 198).

47 Laplanche e Pontalis chamam as representações de objeto de "significantes pré-verbais": "Como se articulam as representações de palavras com esses significantes pré-verbais que as representações de coisa já são?" (1967/1992, p. 451).

48 No *Seminário 5* (1998), Sessão 3, Lacan defende que a entificação – a transformação dos seres em coisas fixas e estagnadas – é a remissão ao significado mediante o erro das identificações verbais e que privilegiar o significante equivale a opor-se a ela.

de representação, necessária àquilo que o autor quer trabalhar.[49] De todo modo, o significante pode ser qualquer tipo de insígnia, de sinal distintivo (porventura uma palavra) que, juntamente a outros sinais e de acordo com as relações múltiplas e sobredeterminadas que estabelecem entre si (relações sobretudo de simultaneidade [metáfora] e de sucessão [metonímia]), articulam um lugar para o sujeito e seu desejo inconsciente. Relações que são, para Lacan, as condições de possibilidade para a articulação de um discurso na consciência – esse, sim, expresso especialmente na sequência gramatical sujeito-verbo-predicado. É assim que Lacan afirma, no *Seminário 7*, que Freud:

> *compreendeu admiravelmente e formulou a distinção a ser feita entre a operação da* linguagem como função *– isto é, no momento em que ela se articula e exerce, com efeito, um papel essencial no pré-consciente – e a* estrutura da linguagem, *segundo a qual se ordenam os elementos colocados em jogo no inconsciente. Entre elas, estabelecem-se essas coordenações, essas* Bahnungen, *esse encadeamento, que domina sua economia. (1986, p. 30, grifo meu)*

Enfim, o argumento mencionado acima e representado por Bowie confunde significante com representação de palavra e procura identificar o lugar do primeiro com o lugar que a segunda ocupa na metapsicologia freudiana.

Contudo, desfazer essa confusão não significa instaurar a possibilidade da equivalência entre inconsciente lacaniano e inconsciente

49 Veremos, no entanto, no Capítulo 2, como o significante acaba por se encaminhar para uma identificação com o traço.

freudiano. Trata-se antes de pensar a discrepância por outra via, subjacente e mais fundamental, qual seja, a das diferenças e mesmo das oposições, entre, digamos assim, as epistemologias subentendidas no pensamento de cada um dos autores. Tomar os sonhos, os atos falhos e os chistes como resultantes da movimentação da cadeia significante no espaço intermediário entre o nascimento do desejo e o Outro enquanto estrutura do discurso não pode equivaler a uma *elucidação* dos mecanismos supostos por Freud sob esses mesmos fenômenos, simplesmente porque, *do ponto de vista epistemológico*, o olhar inteiro é um outro olhar, desde os princípios assumidos (que, no caso de Freud, passavam por assumir um monismo materialista e uma epistemologia empirista) até o estabelecimento dos elementos responsáveis pela causalidade psíquica. A ideia de traço mnêmico habita um contexto tão diverso daquele em que se insere a afirmação de que o inconsciente se encontra estruturado como uma linguagem, que qualquer aproximação entre ele e o conceito de significante só pode ser entendida como uma proposta *nova*, a ser aquilatada a partir dos contextos díspares. Para uma justa abordagem da obra lacaniana, cabe considerar que, embora ela reafirme o poder subversivo da psicanálise, seu valor não se localiza na suposta reinstauração do "verdadeiro sentido" da obra freudiana, mas, inversamente, no sentido que ela mesma inaugura, providenciando questões originais ou respostas de outras ordens aos problemas transmitidos por Freud.

O inconsciente estruturalista que aí se encontra em jogo é designado por Ricoeur (1963/1970), no mesmo espírito do transcendental apontado por Deleuze, como um inconsciente kantiano, que, no entanto, não faria referência a um sujeito transcendental.[50] Esse inconsciente categorial e combinatório determina uma ordem ignorada ao estabelecer conexões entre os sistemas sociais e "categorias

50 Isso para o caso de Lévi-Strauss. Em Lacan, o problema da suposição de um sujeito transcendental é, naturalmente, mais complexo e será abordado no terceiro capítulo.

primordiais que funcionam como categorias numênicas" (Dosse, 1991/1993a, p. 51).[51] Entre esse espírito inconsciente e a natureza, é postulada uma isomorfia que garantiria as possibilidades de compreensão do sistema considerado. Ricoeur lembra que, em *Antropologia estrutural* (1958), bem antes de *O pensamento selvagem* (1962), onde esse ponto atinge seu clímax metafísico, Lévi-Strauss já falara de uma identidade entre as leis do mundo e as leis do pensamento. Se as leis do mundo são fundamentalmente sincrônicas e as do pensamento também e na mesma medida, podemos encontrar no método estrutural um princípio metafísico que institui uma relação não histórica entre observador e sistema, ao mesmo tempo que garante a potência explicativa do estruturalismo e seu ideal de cientificidade – já que a relação de compreensão é entendida como algo absolutamente objetivo em última instância. Em uma primeira

51 Em *O cru e o cozido*, Lévi-Strauss (1971/1991) subscreve essa análise de Ricoeur: "Reconhecemos perfeitamente esse aspecto de nossa tentativa nas palavras de Ricoeur, quando a qualifica, com razão, de 'kantismo sem sujeito transcendental'" (p. 20). Em seguida, acrescenta nota citando Ricoeur para concordar que o inconsciente em questão é "um inconsciente mais kantiano do que freudiano" (p. 20). Muito mais tarde, em *A oleira ciumenta* (1985/1986), o autor dá continuidade à reflexão sobre essa discrepância, criticando Freud por passar ao largo da fundamentação do sentido (as relações formais - de posição -, e não semânticas) e procurando alocar a própria pulsão na gramática do mito. Lévi-Strauss aí exprime assim a relação de subordinação da pulsão ao esquema: "Não nego as pulsões, as emoções, o fervilhar da afetividade, mas não concedo a essas forças torrenciais uma primazia: elas irrompem num cenário já construído, arquitetado por imposições mentais. Ignorando-as, retornaríamos às ilusões de um empirismo ingênuo, com uma única diferença: o espírito seria passivo diante de estímulos internos em vez de externos, tabula rasa transportada do âmbito da cognição para o da vida afetiva. Um esquematismo primitivo sempre impõe uma forma aos transbordamentos desta última. Em seus ímpetos mais espontâneos, a afetividade procura abrir caminho por entre obstáculos que são também marcos; opõem-lhe resistência, mas marcam os caminhos possíveis, cujo número limitam, e que comportam paradas obrigatórias" (p. 249). Para um comentário desse último aspecto, cf. Alvares (2007).

fase do método,[52] trata-se de promover uma espécie de interiorização do objeto, com base na identificação do etnógrafo com a comunidade indígena. Essa identificação é afiançada pela suposição de um solo comum a todas as subjetividades, cuja natureza é a própria função simbólica. O segundo passo consiste na objetivação do que ocorreu na identificação subjetiva. Aqui, a experiência do pesquisador deve ser remetida "a uma rede de relações que pode ser considerada objetivamente, como uma coisa, um elemento da realidade social, reafirmada aí como de uma consistência equiparável à do mundo físico" (Simanke, 2002, p. 440). Assim, o principal instrumento do etnógrafo é sua própria subjetividade, com a ressalva de que ela deve ser submetida a um processo de objetivação que, no entanto, nunca chega a esgotá-la. O que importa ressaltar é que a transição do subjetivo ao objetivo é governada exatamente pelo conceito de inconsciente. A existência da função simbólica, onipresente tanto na dimensão cultural quanto na totalidade das experiências individuais, assegura a identificação inconsciente com as outras subjetividades. Desse modo, somente quando o foco da análise se volta para o nível da infraestrutura inconsciente mais elementar é que ela pode se tornar, no entender de Lévi-Strauss, uma análise científica. A infraestrutura inconsciente significa um filtro existente *a priori*, ao qual se submete o empírico: "A mente humana exerceria, então, a este nível, constrições internas, pré-construídas, pelas quais ela estruturaria os conteúdos da experiência sensível" (Aragão, 1991, p. 150). Nas palavras de Lévi-Strauss (1950):

> *[a oposição entre o eu e o outro] deve ser superada num terreno, que é também aquele onde o objetivo e o subjetivo se encontram, queremos dizer o inconsciente. Por um lado, com efeito, as leis da atividade inconsciente estão*

52 Cf. Lépine (1979).

> *sempre fora da apreensão subjetiva (podemos tomar consciência dele, mas como objeto); e, por outro lado, no entanto, são elas que determinam as modalidades desta apreensão. (p. 168)*

O inconsciente será, assim, entendido como um conjunto de estruturas regidas por leis intemporais, presentes tanto no pensamento primitivo quanto no ser humano civilizado:

> *entendemos que o poder traumatizante de uma situação qualquer não pode resultar de seus caracteres intrínsecos, mas da aptidão de certos acontecimentos que surgem num contexto psicológico, histórico e social apropriado para induzir uma cristalização afetiva que se faz no molde de uma estrutura preexistente. Em relação ao acontecimento ou à particularidade histórica, essas estruturas – ou, mais exatamente, essas leis de estrutura – são verdadeiramente intemporais. No psicopata, toda a vida psíquica e todas as experiências ulteriores se organizam em função de uma estrutura exclusiva ou predominante sob a ação catalítica do mito inicial; mas esta estrutura, e as outras que nele são relegadas a um lugar subalterno, se encontram também no homem normal, primitivo ou civilizado.* O conjunto dessas estruturas formaria o que denominamos de inconsciente. *(Lévi-Strauss, 1949/1975b, p. 234, grifo meu)*

Estranho a conteúdos psíquicos, pulsões, afetos e representações, o inconsciente que Lévi-Strauss deseja que ganhe terreno na psicanálise é conceitualizado exclusivamente em termos de uma forma vazia. Superando qualquer definição psicológica, sua realidade é a da lei de estrutura, e sua função é ser o campo da atualização do sistema simbólico:

> *O inconsciente deixa de ser o inefável refúgio das particularidades individuais, o depositário de uma história única, que faz de cada um de nós um ser insubstituível.* Ele se reduz a um termo pelo qual nós designamos uma função: a função simbólica, *especificamente humana, sem dúvida, mas que, em todos os homens, se exerce segundo as mesmas leis;* que se reduz, de fato, ao conjunto destas leis. *(Lévi-Strauss, 1949/1975b, p. 234, grifo meu)*

Dessa forma, como estrutura, o inconsciente apresenta-se sob o modo do conjunto das condições da representação que, se regulam o pensamento estabelecendo seu modo de funcionamento, não podem ser por ele apreendidas *no momento que o regulam*, fazendo com que o processo inconsciente seja estruturalmente inconsciente, e não de forma contingente – ou seja, ele é estranho à consciência de maneira absoluta. É por esse motivo que Lacan (1998) afirma: "em si mesmo, o desejo é articulado [na linguagem] (...). Isso não quer dizer, no entanto, que ele seja articulável [na fala]. Justamente porque se trata essencialmente do laço com o significante, ele nunca é plenamente articulável em um caso particular" (pp. 329-30). O desejo é articulado por significantes que, por presidirem o modo pelo qual o sujeito enuncia o que quer que seja, escapam necessariamente à objetivação no nível imediato dessa enunciação.[53]

---

53 Safatle (2000) explica melhor esse ponto: "Em suma, o caráter estrutural do inconsciente lacaniano deriva do fato de a impossibilidade lógica da regra que articula a estrutura poder ser apresentada e fundamentada no interior desta mesma estrutura. Não podemos esquecer que a regra tem uma posição absolutamente peculiar no interior de todo sistema estruturado. De um lado, ela é aquilo que o articula. Mas, por outro, ela é exatamente aquilo que não pode

O que interessa assinalar agora é que temos com isso uma maneira de pensar o que é o inconsciente que prescinde da ideia de "representação inconsciente", ou seja, que abre mão precisamente daquilo que mais desagradava a Lacan na apresentação freudiana da questão.

É exatamente na esteira dessas diretrizes[54] que então se fazem acompanhar de Kojève, no que diz respeito ao sujeito e à sua relação com o outro, e de Heidegger, no que concerne à temporalidade, que Lacan pronuncia seu *Discurso de Roma*, alcunha atribuída à conferência que inaugura os termos de seu novo empreendimento e que recebe o título de *Função e campo da fala e da linguagem em psicanálise*. Ainda mais que a abertura para a antropologia, bem como, de certa forma, para a linguística,[55] já se achava cultivada desde a leitura de Politzer. Pois a crítica que o autor endereça à perspectiva da terceira pessoa, por suas implicações de abstracionismo e mentalismo, conduz, como assinalei no primeiro item deste capítulo, à concessão de um relevo especial à narrativa e à efetividade do relato:

---

ser articulado no interior do mesmo. Até porque a condição de existência de elementos do tipo X não pode ser ela também um elemento do tipo X" (pp. 72-3). Assim, Lévi-Strauss (1971/1991) escrevia, por exemplo: "Ocorre com os mitos o mesmo que com a linguagem: se um sujeito que aplicasse conscientemente em seu discurso as leis fonológicas e gramaticais, supondo-se que possuísse o conhecimento e o talento necessários, perderia quase que imediatamente o fio de suas ideias. Do mesmo modo, o exercício e o uso do pensamento mítico exigem que suas propriedades se mantenham ocultas, senão colocar-nos-íamos na posição do mitólogo, que não pode acreditar nos mitos, pois se dedica a desmontá-los" (pp. 20-1).

54 Essa influência decisiva de Lévi-Strauss no movimento de aceitação do conceito de inconsciente é desenvolvida por Simanke (2002, pp. 431-523) e sugerida por Gabbi Jr. (1998) e Roustang (1986/1988).

55 *"Politzer havia cortado a teoria psicanalítica de sua base biologista e, insistindo nas noções de* drama *(...) ou da* narrativa *(...), preparava assim a inscrição da psicanálise* 'dans le champ de la parole'". (Prado Jr., 1990b, p. 17).

> *A resposta de Politzer já indicava o caminho a ser trilhado por Lacan: o fato psicológico não é um dado imediato. Antes, ele é* constituído *pela narrativa que o sujeito faz ao outro (...). (...) O valor da psicanálise estava, então, na percepção de que uma ciência da subjetividade seria, necessariamente, uma lógica da enunciação. (Safatle, 2000, p. 61)*

Na conferência programática, Lacan afirma o inconsciente como o discurso do Outro – como aquilo que, desde a intersubjetividade cuja característica precípua é ser atravessada pela linguagem, determina o comportamento do sujeito sem que a isso ele possa aceder com o uso de sua consciência –, e o modo de relação do sujeito com esse discurso é ordenado pela natureza do tempo, pensada como uma relação entre um presente vivido em função do futuro da morte como realidade inevitável e um passado constantemente reconfigurado sob os elementos desse presente. Todo o texto se desenvolve em torno de uma tese central, pela primeira vez defendida e desdobrada em suas consequências para os campos teórico, epistemológico e prático da psicanálise. A tese tem sua condição de possibilidade no encontro com a racionalidade estruturalista em geral e com o pensamento lévi-straussiano em particular e conhece um caminho inovador e insuspeitado a partir dessa data. O objetivo do *Discurso* é claro: uma defesa original de que a justa compreensão do empreendimento freudiano só pode ser alcançada quando se reconhece nela a centralidade efetiva da linguagem. Isso deve ocorrer a partir de quatro pontos interconectados que compõem o alicerce da promulgação do "retorno a Freud" e que conduzem à tese de que o campo da psicanálise se identifica com o campo da linguagem – os limites desta "definem os limites da psicanálise no sentido de que fora desse campo a psicanálise não pode funcionar" (Muller & Richardson, 1982, p. 75). São eles:

a) A linguagem é o elemento da experiência psicanalítica;

b) A linguagem é o material constituinte do ser humano;

c) O inconsciente é a própria estrutura da linguagem e o texto desconhecido que determina a subjetividade para além da consciência;

d) A psicanálise, ao estabelecer seu parentesco com o paradigma científico inaugurado pela linguística estrutural, vê assegurado para si um lugar legítimo no rigor da ciência moderna.

A partir disso, o essencial do *Discurso* pode então ser formulado em outras palavras: a estrutura da linguagem, sendo o próprio inconsciente, se articula na fala do sujeito que, em sua historicidade e finitude, entra, com o psicanalista, em um processo de troca dialética que se direciona para a verdade de seu desejo. Isso só foi possível – apesar de haver outros elementos que também entram em jogo, reforçando e ampliando a configuração teórica de base – graças ao que era então apresentado por Lévi-Strauss. É o próprio Lacan quem o testemunha:

> *Numa disciplina que só deve seu valor científico aos conceitos teóricos que Freud forjou no progresso de sua experiência, mas que, por serem ainda mal criticados e por isso conservarem a ambiguidade da língua vulgar, são favorecidos por essas ressonâncias, não sem incorrer em mal-entendidos, parecer-nos-ia prematuro romper a tradição de sua terminologia.*
>
> *Mas parece-nos que esses termos só podem se esclarecer ao estabelecermos sua equivalência com a linguagem atual da antropologia ou mesmo com os mais recentes problemas da filosofia, onde, muitas vezes, a psicanálise só tem a se beneficiar. (1953/1966f, pp. 239-40)*

O lugar em que o inconsciente se manifesta são as descontinuidades do discurso transubjetivo:[56] "O inconsciente é o capítulo de minha história que é marcado por um branco ou preenchido por uma mentira: é o capítulo censurado" (p. 259). O sentido dessas descontinuidades pode ser recuperado por meio de uma exegese, porque a verdade nelas contida não deixa de ganhar inscrição em lugares como o corpo – no qual o sintoma revela possuir "a estrutura de uma linguagem" (p. 259) –, as lembranças da infância, o vocabulário, o estilo de vida, as tradições e lendas, as distorções do discurso consciente etc. Quando a continuidade do discurso do analisando é interrompida, descerra-se o inconsciente como terceiro termo da situação; ele não é uma individualidade pulsional recôndita, mas um elemento do discurso concreto transindividual: "O inconsciente é essa parte do discurso concreto, enquanto transindividual, que falta à disposição do sujeito para restabelecer a continuidade de seu discurso consciente" (p. 258). Com essa leitura do fenômeno, Lacan entende ter enfim superado o paradoxo que ele vê residir na noção de inconsciente quando relacionada com uma realidade individual – questão que remonta ao problema, já sublinhado, da expressão "representação inconsciente". Aqui, ele diz que Freud, ao usar a expressão "pensamento inconsciente", conjuga termos contrários e tanto o saberia que, no caso do Homem dos Lobos, desculpou-se por isso com um *sit venia verbo*. Que não são contrários nos limites do psiquismo individual é justamente a tese que Freud procurou defender com sua obra,[57] mas é importante para a presente pesquisa sublinhar que, nessa passagem, Lacan confirma sua movimentação em torno do conceito de inconsciente:

---

56 Ou melhor, ele não é um "lugar", mas o fato da intersubjetividade.

57 Pode ser conveniente observar, de passagem, que a suposta contradição analítica da expressão não significa que ela não encontrasse guarida em outros contextos. A possibilidade de existirem representações inconscientes era reconhecida por Wundt e vigorava, portanto, na própria origem da psicologia como disciplina acadêmica formal (ver Araújo, 2003, p. 71).

só agora, ao haver encontrado uma leitura intersubjetiva, distante da realidade biológica individual, torna-se possível designar para esse conceito um lugar em um pensamento que desde a origem já recusa o recurso à biologia. Tudo se passa como se Lacan tivesse se defrontado com uma abordagem da linguagem de sorte que ela pudesse substituir exatamente o lugar que ele entendia ser designado por Freud para a biologia, ou seja, ele defende a necessidade de eliminar os fundamentos biológicos da apreensão dos fenômenos humanos em favor da linguagem:

> *o objeto humano, o mundo dos objetos humanos, permanece inapreensível como objeto biológico. Ora, acontece que, nessa conjuntura, esse fato deve ser estreitamente – até mesmo indissoluvelmente – relacionado com a submissão, a subdução do ser humano pelo fenômeno da linguagem. (Lacan, 1998, p. 50)*

Então, a expressão "pensamento inconsciente" deixa de ser contraditória, porque a realidade do discurso é transindividual. O objeto da psicanálise não é uma realidade individual, mas a realidade intersubjetiva concreta e autônoma do discurso; o inconsciente não é um continente de representantes pulsionais que existiriam preservados em algum lugar dentro dos limites da psique: "o inconsciente não está em não sei qual bolsa psíquica na qual existiria num estado inconstituído, mas, na verdade, ele está nas latências do discurso" (Lacan, 2013, p. 173). O inconsciente é um conteúdo sem continente, que não foi, nem é: que apenas terá sido em um instante suposto, porém inapreensível porque, em relação a ele, chegamos sempre muito cedo ou tarde demais: "O que se realiza na minha história não é o pretérito imperfeito daquilo que era, uma vez que ele não é mais, nem mesmo o pretérito perfeito do que foi naquilo que sou, mas o futuro anterior do que terei sido para aquilo em que estou me tornando" (Lacan, 1953/1966f, p. 300). Logo, instrumentalizado pela linguagem, cuja performance permite designar o futuro anterior como o tempo verbal da existência do sujeito – tal como, à frase gramatical, o ponto final atribui um sentido transitório apenas retroativamente –, o inconsciente pode passar a fazer jus ao viés antissubstancialista: reside totalmente na estrutura através da qual se constrói uma enunciação e nos efeitos por ela produzidos; assim, ele é algo singular, porque determina a urdidura subjetiva do desejo, e, apesar de não remeter à miragem de uma coletividade, é simultaneamente social, porque é sinônimo, em última instância, da estrutura do discurso humano em geral, uma vez que sua subsistência como sistema de operações é consequência direta da relação humana com a linguagem e expressão de sua faculdade para a simbolização, de modo que a verdade mais íntima é também, em certos aspectos, uma verdade universal.

Que a linguagem é a lei não só do inconsciente, mas do próprio ser humano, é então a bandeira do projeto lacaniano relativo à década de 1950. "Reconhecimento" e "dom" são as palavras-chave para indicar o sentido em que esse lema é empunhado. Na primeira, reside todo o desdobramento dos temas dialéticos, que têm na figura de Kojève seu emblema, e dos temas fenomenológicos, oriundos especialmente da leitura de Heidegger e já intensamente trabalhados na fase anterior. Na segunda, reverberam os ensinamentos da antropologia estruturalista. As leituras de cada uma dessas matrizes não adquirem significado separadamente, pelo contrário: se interconectam de modo bastante íntimo, chegando, às vezes, a se manifestar em um mesmo golpe de pensamento. É o caso, por exemplo, da reflexão a respeito do livro *Do Kamo: a pessoa e o mito no mundo melanésio*, de Maurice Leenhardt. Aí, Lacan (1953/1966f) pretende ter encontrado elementos para confirmar que "a lei do homem é a lei da linguagem, desde que as primeiras palavras de reconhecimento presidiram às primeiras dádivas" (p. 272). A seu ver, essa pesquisa antropológica, ao mostrar que, para os melanésios, a mesma palavra utilizada para designar "fala" servia igualmente para designar as dádivas, o ato de doar, os objetos doados, a fabricação desses objetos e a instituição das dádivas como signos, expressa a essência da relação de identidade entre reconhecimento, dádivas e palavras. Lacan, seguindo a temática levantada na obra de Mauss pelo termo *hau*, sustenta que essas dádivas são em si mesmas símbolos, pois, tal como indica a etimologia que remete à téssera, os símbolos são "significantes do pacto que constituem como significado" (p. 272). As dádivas são símbolos não do objeto doado em uma relação representativa fixa com um significado inconsciente – e é por isso que esses objetos são sempre supérfluos, abundantes, alheios a qualquer intenção pragmática –, mas da própria troca simbólica, do ato que funda a condição coletiva da humanidade que, de outra forma, não poderia existir. Para o autor, a troca simbólica das dádivas na neutralização do significante – isto é, em sua separação do significado – representa a existência da linguagem como lei do ser humano. Em consonância com a racionalidade estruturalista, Lacan vê nisso a verdadeira essência da linguagem, ou seja, no fato de que o significante remete não ao significado, mas a um sistema inconsciente de trocas simbólicas, ao ato necessário da permutação. Assim, se Lacan prefere o "no início era o verbo" de São João ao "no início era o ato" de Goethe (que, por sua vez, era preferido por Freud), é preciso lembrar que esse verbo já é em si ato.[58] Aliás, é o ato humano por excelência, porque a fala, ao instituir um pacto, consiste no ato simbólico de reconhecer e estabelecer uma ordem de existência.

No ser evanescente da palavra, que se descola das relações diretas com a atualidade, o símbolo descobre o conceito: "Para que o objeto simbólico, libertado de seu uso, transforme-se na palavra libertada

58 Identificação já providenciada por Lévi-Strauss (1947/1976a): "a concepção da palavra como verbo, como poder e ação, representa realmente um traço universal do pensamento humano" (p. 534).

do *hic et nunc*, a diferença não é a qualidade, sonora, de sua matéria, mas seu ser evanescente, onde o símbolo encontra a permanência do conceito" (Lacan, 1953/1966f, p. 276). A palavra, "a presença de uma ausência", indica, por sua existência, a falta do objeto e, com isso, engendra o conceito que é a própria coisa. O lugar no qual a coisa existe concretamente não é o mundo dos objetos em sua realidade, digamos assim, crua, nem o mundo das peças contra as quais nossos corpos se chocam, mas o mundo das palavras. É aí que as coisas adquirem efetividade, pois somente ao atravessar a troca simbólica é que algo pode se elevar à condição de organizador das relações entre os homens. Assim, se o conceito é a coisa e é a palavra que gera o conceito, então a coisa só *é* depois da palavra e não antes dela: "É o mundo das palavras que cria o mundo das coisas, inicialmente confundidas no *hic et nunc* do todo em devir" (p. 276).

Mas, se Lacan costuma, como já sabemos, privilegiar radicalmente o significante em detrimento do significado,[59] por que parece aqui ater-se ao conceito, algo mais próximo, *à primeira vista*, do significado? É que justamente essa aproximação apressada não sobrevive a uma segunda visada: a ideia de conceito – que, nesse contexto, remete ao pensamento hegeliano –, mediante uma manobra que atravessa em um mesmo gesto a filosofia de Heidegger, o estruturalismo e a análise freudiana do *Fort-da*,[60] passa a ser sinônima da palavra, ou seja, do significante, no outro lado do signo, o qual, por suas funções

59 Investigaremos mais detalhadamente o sentido desse movimento no Capítulo 2.

60 Em *Além do princípio do prazer*, Freud (1920/1989h) comenta uma brincadeira infantil na qual um menininho empenha-se em atirar para trás de cortinas um carretel de linha, de forma a fazê-lo desaparecer de seu campo de visão, ao mesmo tempo que emite o som "o-o-o-ó". Algumas (poucas) vezes, essa primeira ação é seguida de uma outra, que consiste em puxar de volta o carretel, ação que, por sua vez, é alegremente acompanhada da pronúncia "*da*" (que, em alemão, significa "ali"). Freud relaciona o "o-o-o-ó" da criança à palavra alemã "*fort*" (que se traduz por "embora", tal como na expressão "ir embora") e a brincadeira em si, ao fato doloroso das intermitentes ausências maternas.

e características, aponta para a finitude da existência humana. Nesse ponto, o argumento implícito é, mais ou menos, como segue: se o idealismo identifica o real ao conceito e a operação teórica em jogo consiste em identificar conceito a palavra, então torna-se possível trabalhar com a ideia de que a própria palavra seja idêntica ao real. O objetivo desse movimento consiste exatamente em deslocar a linguagem de um polo atrelado ao significado para outro que busca confirmar sua essência metafórica.[61]

Tendo esse deslocamento em vista, Lacan volta-se, então, à análise do *Fort-da*, muito recorrente em sua obra ao longo dos anos 1950 – ele receberá novos desenvolvimentos, novas reflexões, mas de modo geral, o cerne de seu valor e de seu sentido permanecerá sendo este que é apresentado aqui no *Discurso*. Existe aí um cruzamento de matrizes conceituais que Lacan faz explodir em um procedimento característico desse texto, bem como de muitos outros que produzirá depois. O jogo simbólico infantil analisado por Freud é um paradigma do momento original, de nascimento da fala sobre a falta, em que a palavra se revela como a presença de uma ausência, ou seja, a palavra torna a coisa presente por significar a ausência dessa coisa mesma, na medida em que a anula. O objeto tem então sua realidade destruída no processo de simbolização, que gesta o desejo e a dialética, própria à existência humana, entre presença e ausência, símbolo e coisa, *eu* e outro, identidade e diferença etc.: "(...) o símbolo se manifesta inicialmente como assassinato da coisa e essa morte constitui no sujeito a eternização de seu desejo" (Lacan, 1953/1966f, p. 319). No instante em que a criança nomeia a oposição presença/ausência da mãe por uma oposição fonética, nasce, de uma só vez, todo o universo de sentido da linguagem que se sobrepõe ao universo das coisas. Tal como no artigo sobre a família, intensamente

61 Veremos, no entanto, em que outro sentido o significante passa a convidar a um afastamento do conceito, no Capítulo 2.

influenciado por Kojève, há, nessa nova interpretação do *Fort-da*, a forte presença do mote hegeliano.

O que acontecia ali? A referência ocorria no contexto da discussão do masoquismo primário, que era então visto como um resultado do movimento de identificação com o outro, pois o surgimento da agressividade, seja ela ativa, passiva ou reflexiva, dar-se-ia a partir da dinâmica dos complexos, e não da atividade pulsional. Tratava-se de mais um passo no caminho para suprimir o parentesco do "instinto de morte" com a biologia, percurso que tivera início com a definição desse "instinto" a partir de dois pontos do complexo de desmame: a inscrição no psiquismo da interrupção da relação biológica e a sublimação malsucedida da imago materna. Três outros pontos juntavam-se a essa definição:

1. O instinto de morte, sob a forma do masoquismo primário, teria sua gênese explicada a partir do processo de identificação com o outro;
2. O complexo da intrusão carregaria o poder dessa tendência à morte, também porque aproximaria o sujeito de uma inevitável sensação de despedaçamento corporal, que acompanharia a construção da noção de corpo próprio;
3. O poder traumático desse complexo teria origem não somente nesses seus próprios movimentos, mas também na retomada de todos os conflitos mortíferos vividos a propósito do complexo de desmame: "A imagem do irmão não desmamado atrai uma agressão especial apenas porque repete no sujeito a imago da situação materna e, com ela, o desejo de morte." (Lacan, 1938a, pp. 8'40-9) Assim, o sujeito, ao observar seu irmão sendo amamentado e identificar-se com ele, reviveria seu próprio desmame, reeditando a tendência à morte que fora aí experimentada; tendência que, nesse momento, surgiria sob a forma da agressividade contra si mesmo e contra esse outro, que ocupa um lugar que um dia fora seu.

A grade kojèviana servia, diretamente, para fechar a reformulação do conceito de masoquismo primário:

> *Se se quiser acompanhar a ideia que indicamos acima e designar a fonte do desejo de morte no mal-estar do desmame humano, será reconhecido no masoquismo primário o momento dialético em que o sujeito assume, por suas primeiras brincadeiras, a reprodução desse mesmo mal-estar e, com ela, sua sublimação e sua ultrapassagem. (Lacan, 1938a, pp. 8'40-9)*

Assim, em 1938, o *Fort-da* era entendido, a partir da questão da dominação e da dialética do senhor e do escravo (paradigma do processo de identificação e da dinâmica das posições ativa e passiva), como o momento em que a criança reencenava seu mal-estar para exercer sobre ele alguma espécie de controle e, assim, superar sua condição que era de estrita passividade, o que significa que, nesse momento, Lacan valorizava apenas *uma* das possibilidades de interpretação desse jogo infantil trabalhadas por Freud, em *Além do princípio do prazer* (Freud, 1920/1984).

Ocorre que agora, em 1953, outro motivo hegeliano, que então não se encontrava presente, passa a ser intensamente valorizado: a dialética entre palavra e coisa ou entre palavra e conceito. Essa mudança de estratégia deve-se, claro, ao fato de que, no *Discurso*, os temas hegelianos se apresentarem no contexto de um diálogo com aqueles disponibilizados pelo estruturalismo. Lacan (1953/1966f) parece elaborar explicitamente esse enriquecimento de sua interpretação no trecho a seguir:

> *Agora podemos discernir que o sujeito domina aí não apenas sua privação, assumindo-a [essa era a explicação*

> *fornecida em 1938], mas que eleva seu desejo a uma potência secundária. Pois sua ação destrói o objeto que ela faz aparecer e desaparecer na* provocação *antecipatória de sua ausência e sua presença. Ela negativiza assim o campo de forças do desejo para se tornar, em si mesma, seu próprio objeto. (p. 319)*

A abordagem estruturalista da linguagem permite, então, pensar essa elevação do desejo à segunda potência, cujo significado é que, ao passar para a linguagem, o objeto deixa de existir em sua realidade específica e a ação, pela repetição do jogo, torna essa ausência presente, transformando-se ela mesma, por esse movimento, no novo objeto do desejo. Dessa forma, o *Fort-da* passa a ser paradigmático de toda condição de fala. Se, como afirma a linguística estrutural, toda língua é composta de um conjunto de oposições binárias de fonemas, o *Fort-da* constitui exatamente uma dessas oposições – aliás, um exemplo privilegiado delas, pois é representativo de um momento primordial: esse instante em que a criança procura controlar a ausência da mãe é o momento do nascimento do símbolo e a ocasião em que o desejo se torna humano. Desde esse ponto, a criança sofre não mais de uma necessidade, mas de uma falta-a-ser. Acede à condição de "derrelição", estado de abandono, de desamparo, que é tido por constitutivo do ser humano; doravante, irremediavelmente impedido de embarcar em encontros diretos com os seres, encontros que marcariam a chamada (e suposta) "felicidade animal". A criança percebe a radical alteridade da mãe e deseja ser o objeto de seu desejo, ser reconhecida por ela ou, segundo o lema kojèviano, seu desejo é o desejo do desejo do outro, e não de um objeto. Nos símbolos *Fort* e *da*, o desejo da criança é fragmentado e articulado segundo a comunidade linguística em que ela vive; em outras palavras, a estrutura da linguagem, como discurso do outro, determina os caminhos da fala.

Ainda a propósito do *Fort-da*, é preciso, do ponto de vista de Lacan, superar os possíveis laços que a obra freudiana pudesse esboçar com o campo da biologia e, em razão disso, indicar a direção que deve tomar uma correta interpretação da função da morte em psicanálise. É para a realização dessa tarefa que o expediente heideggeriano granjeia, nesse momento, sua maior importância. A repetição envolvida na operação simbólica da instauração dos fonemas não é representativa de um masoquismo primordial como queria Freud, mas da experiência da condição de finitude que a criança vive em sua separação da mãe. Aí, ela prova a limitação de sua própria realidade. O que se faz presente no que Freud chamou de compulsão à repetição e que o autor, em dívida com Clérambault,[62] traduz por "automatismo de repetição", é, para Lacan, a historicidade como condição primeira da experiência humana no sentido do ser-para-a-morte, descrito por Heidegger. No *Discurso*, essa reflexão apresenta tamanha extensão que a morte se mostra como o signo maior da primeira experiência de linguagem, tanto em função de ser a primeira experimentação que a criança tem de sua própria finitude quanto em razão do "assassinato" da coisa exigido pelo uso da simbolização na fala. Encontra-se inevitavelmente implicada na ordem simbólica: "quando queremos alcançar no sujeito o que havia antes dos jogos seriais da fala, encontramos isso na morte, de onde sua existência retira tudo o que tem de sentido" (Lacan, 1953/1966f, p. 320). É a partir da estrutura ontológico-existencial do *Dasein*, e não da pulsão – o *Trieb* ainda é traduzido por instinto e acusado, sem esperança de absolvição, por causa de seus parentescos com a biologia –, que, na visão de Lacan, devem ser compreendidas a morte e a repetição na psicanálise:

> *o instinto de morte exprime essencialmente o limite da função histórica do sujeito. Esse limite é a morte, não*

62 Gaëtan Gatian de Clérambault, psiquiatra francês.

> *como fim eventual da vida do indivíduo nem como certeza empírica do sujeito, mas, segundo a fórmula que dele forneceu Heidegger, como 'possibilidade absolutamente própria, incondicional, insuperável, certeira e, como tal, indeterminada do sujeito'; entendamo-lo: do sujeito definido por sua historicidade. (Lacan, 1953/1966f, p. 318)*

Em poucas palavras, o *Fort-da* é emblemático da relação e da concomitância que Lacan vê existirem entre a experiência humana da morte, a fundação do desejo e o nascimento da linguagem. O momento em que a criança se torna um ser humano, retirando-se do campo da necessidade para se instalar no campo de um desejo que lhe estampa a todo momento a sua própria finitude, é o mesmo em que ela se torna capaz de falar.

Pelo que vimos antes, no pensamento lacaniano desse período, a ordem simbólica é a instância última de determinação tanto do mundo (o mundo das palavras cria o mundo das coisas) quanto do sujeito (o acesso à linguagem humaniza o desejo: "O homem fala, pois, mas porque o símbolo o fez homem" [Lacan, 1953/1966f, p. 276]). Para fundamentar melhor essa segunda parte do raciocínio, Lacan recorre a *As estruturas elementares do parentesco*, reafirmando as teses básicas de Lévi-Strauss (1947/1976). Este autor dispõe como epígrafe de tal obra um provérbio sironga – que diz que, em troca de um parente tomado por aliança, deve-se oferecer uma coxa de elefante –, representativo da submissão inconsciente da vida em comunidade às regras do parentesco, a qual possui a mesma forma da submissão do ser humano às leis da linguagem: "À aliança preside uma ordem preferencial cuja lei (...) é para o grupo, como a linguagem, imperativa em suas formas, mas inconsciente em sua estrutura" (Lacan, 1953/1966f, p. 276). Nesse sistema, em que Lévi-Strauss vê a regulação de todas as operações de troca, existe uma lógica combinatória, matemática, que é sinônima da ordem simbólica, ou seja, sinônima do inconsciente. A lógica da ordem inconsciente das estruturas de parentesco e a proibição do incesto aí implicada traduzem-se, no terreno da psicanálise, no conceito de *complexo de Édipo*.[63] Este não é um acontecimento psicológico determinado pela configuração familiar burguesa, mas um fenômeno humano universal consequente à relação entre a estrutura inconsciente da aliança e da linguagem e a proibição do incesto como fato cultural primordial. Lacan afirma que ele recobre todo o sentido da psicanálise. Determinante nessa leitura é a aproximação providenciada por Lévi-Strauss entre interdição do incesto e ordem simbólica, entre lei e linguagem. Em função justamente desses termos, o complexo de Édipo será reinterpretado por Lacan e por isso agora assume uma centralidade inexistente anteriormente: víamos antes – e isso é muito claro no artigo sobre os complexos familiares, por exemplo – o chamado *complexo de intrusão* assumindo esse lugar central, o qual era, precisamente, o palco do espelho e, consequentemente, da imagem. De fato, o Édipo é agora entendido como o nó capaz de unir os temas psicanalíticos à antropologia estrutural e de resumir a presente proposta: ler a psicanálise a partir da linguagem. Ele cristaliza, sob a forma de efeitos psíquicos, as injunções exercidas pela estrutura simbólica sobre a forma como se ordenam, na sociedade, as relações sexuais e o nascimento de uma criança. O Édipo é, portanto, o ponto em que se encontram, fora do alcance da consciência, a linguagem e o corpo na geração do desejo; ele marca:

> *os limites que nossa disciplina atribui à subjetividade: a saber, aquilo que o sujeito pode conhecer de sua participação inconsciente no movimento das estruturas complexas da aliança, verificando os efeitos simbólicos, em sua existência particular, do movimento tangencial*

63 Ao qual retornaremos no próximo capítulo.

> *rumo ao incesto que se manifesta desde o advento de uma comunidade universal. (Lacan, 1953/1966f, p. 277)*

O ser humano é inconsciente do funcionamento dessa estrutura e, em função dessa ilusão, crê na liberdade de suas escolhas. Atualizando uma espécie de pensamento objetivo, não sabe que, na verdade, essas escolhas são determinadas por uma lei primordial que, sobrepondo-se à natureza, funda o reino da cultura, garantindo a continuidade do ciclo das trocas de bens, palavras e mulheres, segundo a tríade lévi-straussiana.[64] É a ordem simbólica com sua causalidade estrutural que produz as relações entre os sujeitos, seus sintomas, seus sonhos, suas angústias, suas histórias, enfim; seu poder é o único que "está em condições de instaurar a ordem das preferências e tabus que atam e tramam, ao longo das gerações, o fio das linhagens" (Lacan, 1953/1966f, p. 277). O Édipo é o lugar privilegiado da manifestação da forma pela qual os símbolos envolvem o ser humano em uma rede total que determina seu destino.

Sob o crivo do estruturalismo, a psicanálise deve ainda procurar assegurar para si a legitimidade de um lugar na ciência moderna. Tudo se passa como se a qualidade científica do método da linguística estrutural – que consiste no fato de que os elementos de um mesmo sistema se definam rigorosa e reciprocamente – pudesse ser transmitida, em primeiro lugar, para a antropologia estrutural, escrevendo "leis" de variação dos elementos, e, em seguida, por essa via, para a psicanálise. O sentido em que se faz uso do termo "lei" pretende ser

64 Merleau-Ponty (1960/1984a) explica: "Os sujeitos que vivem numa sociedade não têm necessariamente conhecimento do princípio da troca que os governa, assim como o sujeito falante não precisa, para falar, passar pela análise linguística de sua língua. A estrutura é, antes, praticada por eles como óbvia. Por assim dizer, ela 'os tem' mais do que eles a têm" (p. 196).

o mesmo que ele possui ao ser empregado nas chamadas ciências exatas, como a física, por exemplo:

> *O inventário da mitologia americana (...) mostra que mitos, aparentemente muito diferentes, resultam de um processo de transformação que obedece a certas regras de simetria e de inversão: os mitos se refletem uns nos outros segundo eixos cuja lista se poderá fazer. Para dar conta do fenômeno, é-se obrigado a postular que as operações mentais obedecem a leis,* no sentido em que se fala de leis do mundo físico. *(Lévi-Strauss, citado por Fausto, 1997, pp. 142-3, grifo meu)*

Os seres humanos obedecem, sem saber, às leis da troca, para usar uma expressão de Merleau-Ponty (1960/1984a), "quase como o átomo observa a lei de distribuição que o define" (p. 206).

Segundo Lacan, a psicanálise sempre havia procurado obter tal lugar no seio da ciência, mediante o viés equivocado das relações com o saber médico e com o método experimental. A seu ver, o caminho para essa realização é, na verdade, doravante, o da formalização. A função simbólica, por meio do trabalho da antropologia estrutural, instaura uma nova ordem científica, e o psicanalista é capaz de aí se encontrar porque sua tarefa consiste exatamente em praticar essa função: "Praticantes da função simbólica, é surpreendente que nos desviemos de aprofundá-la, a ponto de não reconhecer que é ela que nos situa no cerne do movimento que instaura uma nova ordem das ciências, com uma nova referência à antropologia [*avec une remise em question de l'anthropologie*]" (Lacan, 1953/1966f, p. 284). Nisso, o papel da linguística estrutural é de extrema importância, tanto porque apontou à antropologia a possibilidade do rigor quanto, e principalmente, porque inaugurou um retorno à verdadeira ciência, na qual as chamadas "ciências humanas" não são mais subordinadas às ciências experimentais, superando a era positivista. Essa disciplina é ainda mais oportuna na medida em que promove, aos olhos de Lacan, um acesso direto a Freud, pois, como o autor expôs em sua reflexão sobre o *Fort-da*, a matematização dos pares de oposição dos fonemas conduz tanto à doutrina freudiana quanto ao nascimento da linguagem para o sujeito:

> *A forma de matematização na qual se inscreve a descoberta do* fonema, *como função dos pares de oposição formados pelos menores elementos discriminativos captáveis da semântica, leva-nos aos próprios fundamentos nos quais a doutrina derradeira de Freud aponta, numa conotação vocálica da presença e da ausência, as fontes subjetivas da função simbólica. (Lacan, 1953/1966f, pp. 284-5)*

É preciso, portanto, instrumentalizar a psicanálise com a linguística, da mesma forma que fizera a antropologia estrutural, e, a partir de uma teoria geral do símbolo, configurar um novo quadro para as ciências no qual tenham lugar central as ciências da subjetividade. Essas, nomeadas "conjecturais", não são menos consistentes do que as ciências exatas, "pois a exatidão se distingue da verdade e a conjectura não exclui o rigor" (Lacan, 1953/1966f, p. 286).

Lacan encontra, desse modo, os elementos para reescrever a psicanálise e formular a tese fundamental desse texto, sendo também a tese fundamental de todo o seu projeto relativo a essa época. A dualidade implicada nas relações imaginárias, na operação de identificação com uma imagem, é, a partir de então, mediante o movimento que incorpora o conceito de inconsciente à doutrina e que afasta o autor de suas pretensões de construir uma psicologia suplementada pela referência ao registro simbólico, este que abriga a autenticidade do desejo e do sujeito. É o próprio autor quem revela ter sido Lévi-Strauss o guia desse seu percurso: "Não é patente que um Lévi-Strauss, ao sugerir a implicação das estruturas da linguagem e da parte das leis sociais que rege a aliança e o parentesco, já conquista o próprio terreno em que Freud assenta o inconsciente?" (Lacan, 1953/1966f, p. 285).

Há, no último capítulo d'*As estruturas elementares*, um trecho muito esclarecedor por indicar uma afinidade central entre o olhar que essa obra providencia e aquele que Lacan efetivava já desde o início de sua aventura teórica, exibindo provavelmente uma das chaves fundamentais de sua aproximação com o estruturalismo. Trata-se do relevo conferido, na obra lacaniana, ao ponto de vista da constituição (ao qual se deve a postura antirrealista), que, tendo antes atravessado sucessivamente o círculo funcional de Uexküll, a forjadura dos complexos a partir das imagos e a forma cativante da imagem especular, passa agora a aparecer concentrado na função da linguagem. Nesse capítulo, Lévi-Strauss (1947/1976) cita Cassirer, por sinal também leitor de Uexküll, a partir de uma obra de título *Le langage et la construction du monde des objets*, para concordar que a origem da realidade é a linguagem:

> *A linguagem não entra em um mundo de percepções objetivas acabadas, para associar somente a objetos individuais dados e claramente delimitados uns com relação aos outros, 'nomes', que seriam sinais puramente exteriores e arbitrários. Mas a linguagem é um mediador na formação dos objetos, em certo sentido é o denominador por excelência. (p. 534)*

O aparecimento desse tipo específico de tratamento da linguagem, no momento que se inaugura o novo método para as "ciências humanas", sem dúvida fortalece o rumo da abordagem lacaniana do estruturalismo, porquanto funciona como um dispositivo capaz de inserir a nova perspectiva na série dos elementos reivindicados para dar conta do modo da constituição subjetiva. Dessa maneira, as formas constituintes do sujeito e de seu mundo apresentarão, em primeiro plano, o paradigma do funcionamento da linguagem, e não mais o da imagem – que, sem desaparecer, passa para segundo plano, no que as formas que fascinam o sujeito encontrar-se-ão submetidas, elas mesmas, ao novo tipo de determinação:

> *a regulação do imaginário depende de algo que está situado de modo transcendente (...), o transcendente aqui não é outra coisa senão a ligação simbólica entre os seres humanos.*
>
> *(...) é a relação simbólica que define a posição do sujeito como vidente [*voyant*]; é a fala, a função simbólica que define o maior ou menor grau de perfeição, de completude, de aproximação, do imaginário. (Lacan, 1975, p. 161)*

Por esse caminho, a imagem é então submetida a uma determinação simbólica. Mas não se trata aí, como revela o "esquema L" (reproduzido na sequência), nem de uma relação de oposição, nem da redução de um registro ao outro. Por um lado, o lugar da enunciação sempre exige que a fala que tem origem no sujeito atravesse o *eu* em sua ligação com o outro e, em contrapartida, a própria relação entre sujeito e Outro sofre um corte pela presença do imaginário – observe-se que a linha que vai de "A" (Outro) a "S" (sujeito) torna-se pontilhada ao cruzar a outra linha que representa a relação de nível imaginário entre "a" (eu, *moi*) e "a'" (outro, semelhante, imagem especular).

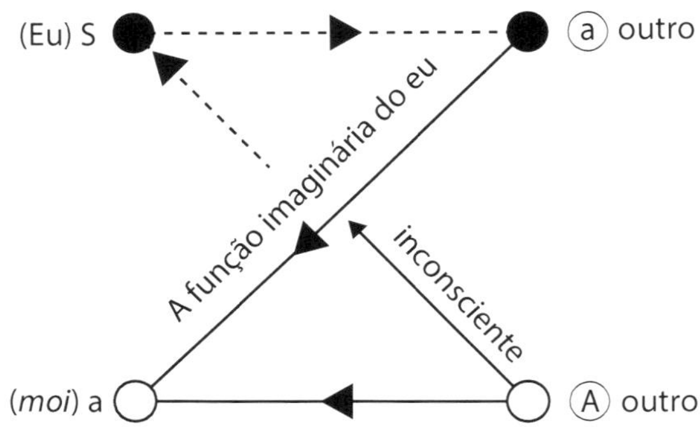

Figura 1 A função imaginária do eu e o discurso do inconsciente. Fonte : Lacan (1985, p. 142).[65]

Essa característica da enunciação especifica uma função imaginária da linguagem – o " muro da linguagem" –, indicativa de que seu pertencimento ao simbólico não descreve seu funcionamento completo:[66] os " verdadeiros sujeitos" – A_1, A_2 –, diz Lacan (1978a):

> *estão do outro lado do muro da linguagem, lá onde, em princípio, jamais os alcanço. Fundamentalmente, é a eles que viso cada vez que pronuncio uma fala verdadeira, mas sempre atinjo "a", por reflexão. Viso sempre aos sujeitos verdadeiros e tenho que me contentar com as sombras. O sujeito está separado dos Outros, os verdadeiros, pelo muro da linguagem. (p. 286)*

Por aí também se pode dizer que há uma resistência do imaginário, um obstáculo ao acesso ao significante, que, sendo irredutível,

65 LACAN, J. (1978a). *Le séminaire. Livre II: Le moi dans la théorie de Freud et dans la technique de la psychanalyse (1954-55).* Éditions du Seuil.

66 "Há alguma coisa que não é eliminável da função simbólica do discurso humano, e é o papel nela desempenhado pelo imaginário" (Lacan, 1978a, p. 352).

contribui para manter o nível simbólico inconsciente. Na verdade, como percebemos pelas observações de Lévi-Strauss, o que faz o nível simbólico ser inconsciente é uma característica estrutural que pertence à própria lógica de seu funcionamento. Mas, uma vez que, para Lacan, esse registro convive com o imaginário, a forma pela qual ambos se conjugam permite estabelecer esse tipo de relação, que, no plano da consideração da causalidade, é secundário, porém efetivo. Pois a própria lógica desse muro, devendo ser obviamente, uma lógica do funcionamento da linguagem, é atribuída a uma estratégia de nomeação; ou seja, a uma distribuição de lugares que, como tal, é prerrogativa do registro simbólico:

> *É a partir da ordem definida pelo muro da linguagem que o imaginário assume* sua falsa realidade, *que é, de todo modo, uma realidade verificada. O eu, tal como o entendemos, o outro, o semelhante, todos esses imaginários são objetos (...) porque são nomeados como tais num sistema organizado que é o do muro da linguagem. (Lacan, 1978a, p. 285, grifo meu)*

Tudo se passa como se a linguagem abrigasse, de uma só vez, duas funções opostas: uma de revelação da verdade, devida ao seu caráter simbólico (de remissão ao Outro), e outra de obstáculo à verdade, remetida ao recobrimento desse primeiro plano pelo imaginário (que, no entanto é, ele mesmo, determinado pelo simbólico), ou seja, pelo fato de que uma enunciação sempre exige a travessia pela imagem do outro:[67] " Quando nos servimos da linguagem, nossa relação com o outro funciona o tempo todo nesta ambiguidade. (...) a linguagem é feita tanto para nos fundamentar no Outro quanto para nos impedir radicalmente de compreendê-lo" (Lacan, 1978a, p. 286).

67 É o que se expressa no par fala plena/fala vazia.

Em todo caso, as observações sobre o primado do simbólico nos permitem agora entender melhor – analiticamente – o lema "o inconsciente é o discurso do outro". O sujeito gramatical da sentença equivale à novidade que o estruturalismo permitiu introduzir: o inconsciente é a estrutura oculta organizadora última daquilo que se manifesta no plano da aparência; a primeira parte do predicativo do sujeito é índice da vigência do paradigma da linguagem – certamente da linguagem em seu conceito estruturalista, mas sem abrir mão de certas tonalidades fenomenológicas – como condição de possibilidade da novidade; e, por fim, sua segunda parte, isto é, que o inconsciente seja o discurso *do outro*, manifesta a permanência do ponto de partida externo da constituição.

O *Discurso de Roma* encerra, enfim, um programa em que muito do que é assunto pertinente à psicanálise – sonhos, desejo, inconsciente, tempo, sintoma, loucura, neurose etc. – acha-se redefinido a partir de novos instrumentais que se cruzam e se fecundam reciprocamente, sobretudo os que têm origem em Kojève, Heidegger e Lévi-Strauss. Entre eles, a referência estruturalista ocupa lugar central, pois foi ao dela se aproximar que Lacan pôde finalmente enveredar de vez na psicanálise e reclamar para si a realização de um "retorno a Freud" que permitiria essa disciplina ter finalmente garantido o seu lugar no domínio científico. Dadas as outras influências, essa leitura de cunho estruturalista já nasce matizada, de forma que fala e linguagem acham-se acompanhadas da história na função de delimitar todo o terreno da psicanálise:

> *Seus meios são os da fala, na medida em que ela confere às funções do indivíduo um sentido; seu domínio é o do discurso concreto, na medida em que ele é o campo da realidade transindividual do sujeito; suas operações são as da história, na medida em que ela constitui a emergência da verdade no real. (Lacan, 1953/1966f, p. 257)*

Não temos nem mais imago como a promessa de cientificidade, nem psicologia como disciplina a ser construída, mas a linguagem e o corpo teórico da psicanálise como vigas de um novo projeto que, no entanto, não abandona os princípios do anterior – princípios que Lacan sempre considerou como os únicos possíveis aliados na construção de uma ciência consequente do sujeito: uma concepção problematizada da realidade, cujo "em si" corresponda a um nível já simbolizado, e uma visão do indivíduo como algo irredutível a uma causalidade biológica e impossível de ser recortado de seu contexto, que é, em primeiro lugar, o de suas relações com os outros indivíduos. O inconsciente assim entra em cena por viabilizar, sob a regulação do significante, o modo da constituição do sujeito (interesse central de sua teorização): "O inconsciente é um conceito forjado sobre o rastro daquilo que opera para constituir o sujeito" (Lacan, 1960/1966u, p. 830). É por causa dessas convicções que Lacan reafirmará, ao longo da obra que produz durante a década de 1950, o lugar cardinal da função simbólica: ela é a "(...) única capaz de dar conta daquilo que podemos chamar de determinação no sentido, na medida em que se trata aí da realidade fundamental da experiência freudiana" (1998, p. 10). Do concreto de Politzer ao real virtual da estrutura, o princípio admitido é o mesmo. Quando a ideia de estrutura providencia a teorização de uma ordem de determinação para além da psicologia e de sua perspectiva individualista, quando essa ordem de determinação, dada sua virtualidade, não pressupõe uma concepção ingênua da realidade nem se fundamenta sobre critérios biológicos, e, sobretudo, quando, mediante essas perspectivas, ela traz consigo uma maneira nova de pensar o fenômeno do inconsciente que diz respeito às condições de representabilidade ao invés de supor representações inconscientes, Lacan se depara com um instrumental apto a guarnecer o seu programa de pesquisa com um novo fôlego. Com ele, torna-se possível efetivar a perspectiva externalista que abre mão da noção de interioridade psicológica, sem que seja preciso promover o social como paradigma de adaptação – coisa que ocorria, como vimos no início desse capítulo, com sua tese de doutorado e que Lacan passa agora a ter como alvo de suas críticas a propósito das vertentes psicanalíticas da relação de objeto, da psicologia do ego e do culturalismo.

Como pontuamos anteriormente, Lacan já precisava do inconsciente antes de se encaminhar para o estruturalismo – em função de sua apresentação ineliminável no fenômeno psíquico.[68] O que acontece agora é que ele encontra não apenas a possibilidade de admitir isso em acordo com seus princípios epistemológicos, mas também a forma do inconsciente – o funcionamento significante – e ainda a sua causa: é o fato da linguagem que divide o sujeito. Isso autoriza a saída dos impasses cultivados na imago, por um lado, perspectivada à luz de um horizonte de completude e de totalização e, por outro, fundada sobre o jogo da oscilação entre a necessidade de afirmação da existência do outro como *suporte* da identificação e a não menos necessária negação do outro como *resultante* da identificação, o que não pode deixar de ser negação de si mesmo. No cerne dessa nova forma de enxergar a questão – claramente tributária da obra de Lévi-Strauss –, ele insere a função do desejo como o que faz a estrutura funcionar.

Claro que isso não é o ponto inaugural de uma relação com a psicanálise. Antes, Lacan já recorria a ela, sobretudo em sua função de resguardar a dimensão do sentido, por enfatizar a linguagem como meio, como algo proveniente de uma intersubjetividade. Cabe assinalar que esse direcionamento se harmoniza com a perspectiva social requerida desde a tese de doutorado. Mas tratava-se aí de um recurso que, de acordo com o delineamento mais geral do programa

---

68 Bairrão (2003), mais uma vez, bem resume esse ponto: "É na perspectiva de, ao mesmo tempo, salvaguardar a fenomenalidade dos efeitos inconscientes e a inobjetivação do inconsciente, que Lacan mobiliza a noção de estrutura" (p. 128).

de pesquisa lacaniano, exigia a evitação e a crítica de uma noção que, se não recobre toda a extensão da obra freudiana, é seguramente responsável por seu fundamento. O que acontece é que, se antes Lacan se dirigia a Freud a partir de um solo demarcado pela psicologia, agora ele vai inverter, digamos, o posto de observação, olhando para a psicologia por meio da psicanálise, fazendo da segunda o seu campo de investigação e, da primeira, uma ilusão desnecessária. Somente após essa inflexão, o ponto de vista do anti-individualismo pode se tornar um antipsicologismo contumaz.

Nesse diálogo, não se trata de aderir dogmaticamente ao estruturalismo (até porque Lacan redefine, de acordo com as exigências de seu "objeto" e de seu próprio percurso, as ferramentas encontradas), mas de nele encontrar um novo instrumental, uma nova racionalidade, que vai permitir acossar o problema da irredutibilidade do inconsciente em outras bases, porém preservando a fidelidade aos pontos de partida. Se ele entra nessa conversa é por ser possível levar adiante seu próprio pensamento. O estruturalismo, para Lacan, não é uma moda intelectual, mas a necessidade lógica de um encaminhamento da reflexão sobre a relação entre subjetividade e linguagem. Assim, se meu objetivo foi detalhar os principais aspectos da transição da teoria centralizada na imago para a teoria centralizada no significante, é preciso bem assinalar que essa transição não deve ser entendida como ruptura: não há uma solução de continuidade, mas a condução de um caminho teórico a novas margens e limites. A questão é a mesma, assim como a forma de abordá-la – o viés externalista adverso a abstrações e que aposta em um encaminhamento científico. Talvez seja por isso que Lacan (2004) afirma, no seminário sobre a angústia:

> *Não creio que haja dois tempos no que ensinei algum dia, um tempo que estaria centrado no estádio do espelho e no imaginário e, depois disso, nesse momento de nossa*

> *história que é demarcado pelo relatório de Roma, na descoberta que eu teria feito, subitamente, do significante. Peço aos que se interessarem pela questão que assim me foi colocada que se reportem a um texto (...) que se intitula* Formulações sobre a causalidade psíquica *(...). Verão aí coisas que lhes provarão que não é de agora que o entrejogo dos dois registros tem sido trançado intimamente por mim. (p. 40)*

Essa declaração coloca um grave questionamento: ela não desautorizaria a interpretação que realizei até aqui? Afinal, se meu objeto de comentário são o discurso e a escrita de Lacan, devo, antes de qualquer outra coisa, considerar sempre em primeiro lugar o que neles encontramos. Mas, tendo em vista que quero privilegiar a coerência de um comentário que se pretende apoiado sobre uma ampla pesquisa de textos, não tenho outra forma de entender essa afirmação a não ser considerar que ela tem o objetivo de salientar a manutenção do eixo básico de pesquisa, enfatizando o fio de continuidade na reflexão de Lacan sobre a linguagem. Não há dúvida de que o encontro da imagem com o significante foi preparado antes de 1953, como, aliás, procurei salientar.[69] Mas, apesar de ter que me colocar, nesse momento, de certa forma, contra uma fala do próprio autor que comento – o que, convenhamos, pode soar bastante estranho –, espero ter mostrado que, ao contrário do que Lacan afirma aqui, é possível perceber – e isso de forma muito clara – dois momentos distintos, reveladores de configurações cujas diferenças não são, de forma alguma, irrelevantes, apesar de não configurarem um corte em termos de princípios. Aqui talvez seja mais importante ser fiel à coerência do movimento conceitual, a cuja construção assistimos em cada texto e em todos tomados conjuntamente. Por outro lado,

69 Insistirei nesse ponto adiante.

a declaração em pauta não pode ser negligenciada, e analisarei a seguir em que exatamente se baseia esse nível de continuidade – comentário capaz de assegurar em que sentido o trecho antes citado não contradiz o rumo da leitura aqui proposta.

Com vistas a melhor fundamentar esse ponto, recuperemos o texto a que Lacan se refere no último excerto transcrito. Em *Formulações sobre a causalidade psíquica* (1946/1966b), a crítica à teoria organicista da loucura formulada por Henri Ey[70] passa por um relevo concedido à linguagem que resulta, ainda através do "fenômeno de conhecimento" (estamos em 1946), da concepção de que "a loucura é vivida inteiramente no registro do sentido", não sendo, portanto "separável do problema da significação para o ser em geral, isto é, da linguagem para o homem" (p. 166). Seguem-se, então, duas páginas (pp. 166-7) sobre a forma pela qual a função da linguagem é considerada. Em consonância com a recusa originária de qualquer ponto de vista realista, Lacan (1946/1966b) afirma: "Nenhum linguista e nenhum filósofo poderia mais sustentar, com efeito, uma teoria da linguagem enquanto sistema de signos que duplicasse o das realidades, definidas pelo comum acordo das mentes sãs em corpos sãos" (p. 166). Mas a sequência mostra que esse rumo do raciocínio sobre a linguagem encontra-se totalmente recoberto por um viés estritamente fenomenológico – como, aliás, não poderia deixar de ser nesse momento – segundo o qual ela – lugar onde "se justificam e se denunciam as atitudes do ser" (p. 167) – se liga à verdade mediante a intenção, a revelação e a tensão entre particular e universal. Ao mesmo tempo, o que se sobrepõe à palavra como "nó de significação" (e não como signo) são "os efeitos psíquicos do modo imaginário".[71]

Retornando a um texto ainda anterior, podemos tentar apreender qual a camada de preocupação que subjaz a essa indicação da

70 Psiquiatra francês com quem Lacan trabalhou.

71 Título do item 3 do texto citado.

linguagem. Em *Para além do "princípio de realidade"* (1936/1966a), Lacan, leitor de Politzer, já a destacava como o dado mais imediato da experiência psicanalítica (p. 82), ressaltando, porém, o caráter teoricamente problemático de seu manuseio:

> *Do que ela [a linguagem] significa, quão complexo é o problema quando o psicólogo a relaciona com o sujeito do conhecimento, isto é, com o pensamento do sujeito. Qual a relação entre este e a linguagem? É ele apenas uma linguagem, porém secreta, ou é ela apenas a expressão de um pensamento puro, não formulado? Onde encontrar a medida comum aos dois termos desse problema, isto é, a unidade da qual a linguagem é o signo? Estará contida na palavra: o substantivo, o verbo ou talvez o advérbio? Na espessura de sua história? Por que não nos mecanismos que a constituem foneticamente?*[72] *(...)* Como escolher uma referência que, quanto mais elementar a supomos, mais nos parece mítica? *(grifo meu)*

Com esse trecho, podemos então muito bem discernir o que se passa. Já existia, como afirmava Lacan no *Seminário 10*, uma atenção (convém insistir, de cunho fenomenológico) para a presença da linguagem, mas é somente quando tem início a influência da estrutura que se torna possível tomá-la de vez por alicerce seguro, isto é, de um modo que deve ser concreto e objetivo e cujas relações com o "mítico" são de outra ordem.

De fato, a atenção que Lacan dedicava à linguagem já era antiga e se radicava, em verdade, na configuração epistemológica de sua tese de doutorado. Mas, nisso, nada nos impede de dizer o seguinte:

72 Não deixa de ser surpreendente essa presença, como hipótese, da fonética.

se a partir de 1953 o inconsciente é um conceito operacional chave, antes ele era rejeitado por ser teoricamente impossível, o que não pode ser visto como algo adjacente, senão como característica a justificar a existência efetiva de dois momentos distintos na doutrina, ainda que tal distinção não se deva a uma ruptura nos princípios assumidos para a reflexão.

O interesse de mostrar esse percurso é que ele torna possível perceber que as teses de Lacan não são "colhidas" no estruturalismo, mas desenvolvidas no encontro com este, a partir da configuração anterior de seu pensamento. Esse encontro, no entanto, não tem caráter acessório – ele contribui fortemente para a demarcação do novo terreno, fornecendo, além de uma noção não substancialista de inconsciente (a ser trabalhada em seu próprio contexto), o acesso a elementos de uma forma diferente de pensar e, sobretudo – no sentido de fomentar o andamento da teoria –, o surgimento de novos impasses. Assim, se, por um lado, é a lógica interna à teoria que dispõe os recursos dialógicos, por outro, isso não significa que essa lógica interna possa ser acompanhada sem a consideração desses campos exteriores; o que se toma por insumo, ao longo do processo, acaba produzindo efeitos capazes de reformular, em diversos graus e sentidos, a consistência da lógica inicial.

É importante lembrar que havia outros indícios na obra de Lacan em sua fase anterior que favoreciam um contato com a racionalidade estruturalista, como constituindo um solo oportuno, uma disponibilidade prévia, para que a novidade fosse vista com simpatia. Esses indícios se agrupam em duas aberturas: uma propriamente epistemológica e outra relativa ao objeto eleito para o estudo.

No caso do primeiro tipo, a linha de continuidade se resolve em torno da frase "o real é racional", de referência hegeliana. Quando Lacan reproduzia essa afirmação, em 1951 (com *Intervenção sobre a transferência*), por exemplo – antes de expor o seu programa de leitura da psicanálise a partir do estruturalismo –, já apresentava uma epistemologia de viés bachelardiano adequada a receber as diretrizes vindouras. Esse *background* receptivo à filosofia estruturalista da ciência remonta ainda a 1936, quando, no texto *Para além do princípio de realidade*, ele fazia referência a Meyerson, químico cujas incursões pela filosofia impõem o neologismo "epistemologia" para a tradução de *Wissenschaftslehre* (Fichant, 1973/1974, p. 124). As teses de Meyerson, apesar de privilegiarem o objeto em detrimento de suas relações, estipulavam o real não como o mundo do dado, mas como ordem recôndita, sendo, todavia, a única responsável pela determinação de tudo aquilo que a percepção recebe apenas como aparência. Diz Roustang a respeito de Meyerson: "O real é o que está situado fora de nós, é o substrato dos fenômenos. Ele está por trás das aparências e independe de nossa consciência; é o ser sob o parecer" (1986/1988, p. 51).[73] Identificar o real, já dessa forma pensado, com a estrutura é o passo que apresenta, então, como ganho, a possibilidade de estipular uma objetividade não sujeita às ilusões do imaginário.

No caso do segundo tipo de preparação para o acolhimento do estruturalismo, já existia (cabe insistir) uma espécie de abertura para a centralização do papel da linguagem, abertura patrocinada por aquilo que, da fenomenologia, orientava o modo de pensar de Lacan em torno da questão do sentido. Dessa ligação, algo subsistirá sempre: a ideia de que o sujeito é, senão o responsável ativo pela geração do sentido, ao menos o lugar (o "suporte") de sua produção – ideia essa que, indispensável à psicanálise, não pode ser reportada a um estruturalismo *tout court*.

Foucault, tendo vivido intensamente a passagem da hegemonia da fenomenologia ao domínio do estruturalismo na França,[74] explica

73 Tanto Meyerson quanto Bachelard preparam a aceitação do estruturalismo. Há, no entanto, importantes divergências entre eles, assunto para o qual remetemos a leitora a Fichant (1973/1974).

74 Sobre essa passagem, cf. Descombes (1979).

que foi mesmo ao redor do problema da linguagem que ela se deu, essencialmente. Um acontecimento importante nessa virada, de acordo com ele, diz respeito aos cursos de Merleau-Ponty, cujos esforços em abordar a natureza da linguagem acabaram por familiarizar o público com a obra de Saussure, até então praticamente desconhecida da comunidade filosófica mais geral – à exceção dos filólogos e linguistas, é claro. Ele relata que:

> *o problema da linguagem veio à tona e pareceu que a fenomenologia não era capaz de dar conta, tão bem quanto uma análise estrutural, dos efeitos de sentido que podiam ser produzidos por uma estrutura de tipo linguística, estrutura em que o sujeito no sentido da fenomenologia não intervinha como aquele que confere o sentido. (Foucault, 1983/2000, p. 311)*

Em seguida, ao referir-se à psicanálise e a Lacan em particular, situa-o na mesma sorte de oposição, afirmando que seu tratamento para a questão do inconsciente resulta na desqualificação do sujeito fenomenológico. Bem, por certo, "o inconsciente não podia ser encaixado em uma análise de tipo fenomenológico" (Foucault, 2000, p. 311), o que é mais do que claro, mesmo se nos ativermos a Freud. Trata-se meramente de uma questão de definição tanto de "inconsciente" quanto de "fenomenologia": quando supomos que existe um funcionamento psíquico inconsciente, fazemos isso justamente porque tal funcionamento não é de imediato acessível a uma consciência; não se submete a uma apreensão fenomenológica, portanto. Mas o que acontece é que a ideia de sujeito com a qual Lacan trabalha preserva paradoxalmente, mesmo em sua fase mais estruturalista, *algo* de seu sentido fenomenológico – caso que já constatamos com respeito à teoria do imaginário. Ele precisa preservá-lo. Caso contrário, não faria mais sentido fazer teoria psicanalítica, muito menos clínica. Exige-se aí o disparate, frente à fenomenologia, de se pensar um sujeito que é suporte de um sentido fundamental, mas que não é abordável fenomenologicamente. No próprio *Discurso de Roma*, sua delimitação já começava a ser apontada: "O sujeito vai muito além daquilo que o indivíduo experimenta 'subjetivamente': exatamente tão longe quanto a verdade que ele pode atingir" (Lacan, 1953/1966f, p. 265). Trata-se, por conseguinte, de um sujeito suposto à verdade, mas não de ponderar aquilo que se lhe dá à compreensão ou à vivência imediata. Começamos a enxergar por aqui o que o pensamento psicanalítico vai herdar de problemas ao se confrontar com a estrutura.

1.3 Estrutura X sujeito: novos destinos do impasse

Certo é que, se por um lado o estruturalismo permite a superação dos impasses da teoria do imaginário e responde a diversas lacunas, por outro, não deixa, por causa disso, de fundamentar novos embaraços. Até aqui, vimos o sentido epistemológico de que ele se reveste em face das bases de sustentação do projeto de pesquisa levado a cabo por Lacan. O problema é que o tipo de formalização avançado com o estruturalismo, e traduzido em uma extensiva determinação exercida pelo significante sobre o sujeito, reatualiza, desenvolvendo seu clímax, o paradoxo de difícil manuseio já mencionado. Isso significa que a determinação e a subjetividade são dispostas como os polos de uma tensão aparentemente indissolúvel e que qualifica a obra em questão como um dos destinos daquilo que constitui o cerne das "ciências humanas", isto é, do conflito entre o ideal de ciência e a manutenção da textura do fenômeno ao qual ele se aplica na medida em que tal fenômeno possa ser dito exatamente "subjetivo". De uma parte, Lévi-Strauss (1950, p. 163) providencia, com sua antropologia estrutural, as condições para que o conceito de inconsciente, até então explicitamente descartado por Lacan como noção impossível ou estéril, seja não somente abraçado, mas imbuído de tamanha força teórica que se torna o ponto de convergência de todas as suas reflexões, passando a designar a psicanálise como o campo de inserção de seu pensamento. Isso porque o antropólogo torna possível recobrir o inconsciente com uma chave linguageira, portanto cultural, segundo a qual ele passa a ser sinônimo do funcionamento intersubjetivo da estrutura da ordem simbólica, operação que inevitavelmente exige que a mensagem freudiana seja desvencilhada de seus próprios termos. Encontram-se aí preenchidos os requisitos capazes de tornar aprazíveis aos olhos de Lacan um conceito, um princípio, uma linha de pensamento. Em função dessa convergência de espírito, o inconsciente lévi-straussiano surge como um conceito capaz de iluminar o que se passa na experiência psicanalítica, na medida em que, mediante o não sabido, ela se depara com o desejo e com o sintoma; oferece uma nova luz, que instiga o pensamento e põe em tela novas linhas de força. Tudo se passa, a partir daí, como se Lacan se perguntasse: o que pode ser o sujeito, uma vez suposta a objetividade de sua constituição na referência concreta da linguagem através do jogo dos significantes?

Imediatamente vemos que, por outro lado, em que pesem os equacionamentos positivos possibilitados pelo encontro com a racionalidade estruturalista, é visível sua consequência problemática: ela conduz a uma estrita incompatibilidade com a posição que deve ser preservada para o sujeito em suas potencialidades mais significativas. O movimento autônomo da estrutura – nem coisa, nem ideia – exige uma ordem própria de consideração, que passa ao largo da subjetividade ou até mesmo solicita seu cancelamento. Dizia Lévi-Strauss (1971/1991) nesse sentido: "Não pretendemos (...) mostrar como os homens pensam nos mitos, mas como os mitos se pensam nos homens, e à sua revelia. E talvez (...) convenha ir ainda mais longe, abstraindo todo sujeito para considerar que, de um certo modo, os mitos se pensam entre *eles*" (p. 21). Assim, se o estruturalismo viabiliza a tarefa de restabelecer o âmbito do sentido – como Lacan declarava na abertura de seu seminário de 1953-54: "nossa tarefa aqui é reintroduzir o registro do sentido, registro que é preciso, ele mesmo, reintegrar a seu nível apropriado" (1975, p. 8) –, ele o faz ao preço de simplesmente ameaçar, da mesma feita, sua contraparte, qual seja, a manutenção da subjetividade como o único lugar onde esse sentido pode se alojar, o que na psicanálise lacaniana significa sustentar em um corpo, que viabiliza o discurso, a verdade de um desejo inconsciente.

No *Discurso de Roma*, Lacan (1953/1966f) denunciava a radical alienação vivida pelo sujeito na modernidade: nos desmembramentos das objetivações do discurso científico, ele perde seu sentido. Essa situação é aí pensada como um traço da civilização científica que se manifesta de pronto na experiência analítica e que conforma um dos paradoxos residentes na tensa relação entre fala e linguagem. A ciência apresenta-se como álibi para que o sujeito se esqueça de sua própria condição:

> *Ele colaborará eficazmente com a obra comum em seu trabalho cotidiano e preencherá seu lazer com todos os atrativos de uma cultura profusa, que (...) dar-lhe-á meios de esquecer sua vida e sua morte, ao mesmo tempo que de desconhecer, numa falsa comunicação, o sentido particular de sua vida. (Lacan, 1953/1966f, p. 282)*

Quanto mais se aproxima do conhecimento científico, mais o sujeito se distancia de sua própria verdade. Nesse sentido, a doutrina psicanalítica, por exemplo, forneceria, com suas produções teóricas míticas, tais como os conceitos de *Eu*, *Isso* e *Supereu*, mais uma ocasião, pensa Lacan nesse momento, para a alienação do sujeito, contribuindo para a espessura do muro de linguagem que coloca resistência à liberação da fala plena. Dito de outra forma, o paradoxo é que, não obstante o discurso tenda a objetificar o sujeito e a linguagem a tornar cada vez mais espessa sua função de barreira, é pelo discurso e com a linguagem que a análise vai almejar instaurar uma fala verdadeira. Mas, ao denunciar isso, é para um movimento de seu próprio pensamento que Lacan acaba apontando, e o risco apresentado não lhe é menos estranho, pois, da mesma forma, o seu esforço, a essa altura, é o de construir uma ciência do sujeito, que se torna privado de sua condição quando objetivado em um discurso científico. Eis o problema central relacionado a essa noção que envolve todo o seu projeto teórico e que atinge o ponto mais agudo de seu caráter aporético justamente quando se filia à racionalidade estruturalista, pois, a partir dela, o sujeito é dito como algo determinado pelo poder do significante. É claro que, em face do conhecimento desses termos, o sujeito resta como questão importante a ser trabalhada posteriormente, até mesmo como o principal problema que a inauguração do "retorno a Freud" lega aos anos subsequentes.

Do trecho citado de *Discurso* – cuja exploração serve, no mínimo, para demonstrar o quanto Lacan era, a valer, sabedor do problema com que lidava – até meados de 1958, época em que começa a surgir a noção de uma "falta no Outro", são frequentes as explorações do tema. A título de exemplificação, cito apenas, no texto sobre *A carta roubada*:

> *Se o que Freud descobriu e redescobre de forma cada vez mais abrupta, possui um sentido, é que o deslocamento do significante determina os sujeitos em seus atos, em seus destinos, em suas recusas, em suas cegueiras, em seus sucessos e em suas sortes, não obstante seus dons inatos e seus valores sociais, sem considerar o caráter ou o*

> *sexo, e que por bem ou por mal seguirá o caminho do significante, como armas e bagagens, tudo aquilo que é do dado psicológico. (Lacan, 1955/1966g, p. 30)*

E no segundo ano do *Seminário*: "No meio (...) do funcionamento da razão, o sujeito acha-se, desde o início, não sendo mais do que um peão, impelido ao interior desse sistema, e excluído de toda participação que seja propriamente dramática, e por conseguinte trágica, na realização da verdade" (Lacan, 1978a, p. 201).

Fica muito claro a partir daí que o sujeito é visto como o *produto* do funcionamento do simbólico. Ele vem apenas ocupar, como o diz o autor, um lugar no jogo que já apresenta suas próprias leis (Lacan, 1978a, p. 227). A exposição d'*A carta roubada* não visava a mostrar outra coisa, nem as explorações da cibernética no *Seminário 2*: o simbólico, cujo fundamento seria a insistência repetitiva, teria efeito de alienação; "ele é causa do fato de que o sujeito se realiza sempre alhures e de que sua verdade lhe está sempre velada em algum lugar" (p. 245).

Ora, se o interesse vital do projeto lacaniano desde seus primórdios é resguardar um sentido do sujeito como sujeito do sentido e, não custa insistir, fabricar não uma sociologia, mas uma teoria psicanalítica, não é evidente que a racionalidade estruturalista só pode ser convidada a tomar parte na disputa *cum grano salis*? Por outro lado, uma aproximação à acepção lévi-straussiana de inconsciente, além de atribuir um único sentido à via da determinação, exige um tal afastamento da forma como Freud o pensou que não resta espaço para aspectos tão fundamentais de sua teoria, como o afeto, por exemplo, e, durante bastante tempo ainda, a pulsão, só admitida à força da reconfiguração de seu sentido. Como declara Roustang em entrevista a Dosse (1991/1993z): "A operação lacaniana tem que ser dupla, isto é, perfeitamente contraditória. Por uma parte, cumpre-lhe manter a subjetividade, (...) e, por outra esvaziar essa subjetividade de toda encarnação, humanização, afetividade etc., para fazer dela um objeto matemático" (p. 281). O processo em jogo ao longo da evolução da teoria será justamente evitar esse esvaziamento. A linguística traz à psicanálise a perspectiva de uma *objetividade* que, contudo, tem que ser, nesse momento, impedida de resvalar em uma *objetalidade.*[75] Diga-se a propósito que, se o sujeito fosse assim tão implacavelmente decretado pelo significante, a clínica seria uma prática fadada à esterilidade: não poderia pleitear efeito nenhum, pois nem analista, nem analisando – como sujeitos que são – teriam como interferir de algum modo nos desígnios cegos dos significantes, e a psicanálise ver-se-ia totalmente reduzida a uma teoria da determinação, "a ser apenas uma produtora de conhecimento, uma espécie de etnologia aplicada aos indivíduos" (Roustang, 1986/1988, p. 49). Lembremos que, nessa mesma fase da obra, o recurso à noção de sujeito é sempre atrelado à ideia de algo capaz de atribuir sentido à multiplicidade da experiência. Pelo início do *Seminário 2*, lemos a seguinte amostra: "Dou-lhes uma definição possível da subjetividade formulando-a como sistema organizado de símbolos que pretende cobrir a totalidade de uma experiência, animá-la, dar-lhe seu sentido" (Lacan, 1978a, p. 56). Assim, sob um uso exclusivamente estruturalista da linguagem, o sujeito é irrevogavelmente impensável.[76] A não ser que um dos termos da equação – sujeito e estrutura (ou ambos) – seja repensado. As coisas

75 Veremos, ao final do percurso deste livro, que o desenvolvimento do conceito de objeto *a* vai operar uma total inversão dos valores atribuídos a cada um desses termos.

76 É o que também observa Žižek (1988/1991): "O problema dessa segunda etapa [a etapa estruturalista] é que, nela, o sujeito – como sujeito do significante, irredutível ao eu imaginário – é no fundo *impensável*: de um lado temos o eu imaginário, lugar da cegueira e do desconhecimento, ou seja, o eixo a-a'; de outro, um sujeito totalmente assujeitado à estrutura, alienado, sem resto e, nesse sentido, des-subjetivado" (p. 77).

pareciam se apresentar de forma que abrir uma porta significava fechar a outra. De duas, uma: ou se infla o viés científico da determinação diante do sujeito que passa a ser um sopro inócuo – aquela encruzilhada de influências que Lacan repudiava em sua tese de doutorado –, um mero joguete do significante que não alardearia, então, mais nenhum motivo para se conservar o sentido visceral do termo; ou se faz questão desse sujeito insistente e irredutível e, com isso, a teoria passaria, à primeira vista, necessariamente, a professar um psicologismo que não deixaria esperanças nem ao desejo de aproximação com o concreto, nem à vontade de se afirmar como ciência.

Quando as circunstâncias parecem assim não apresentar nenhuma saída, Lacan inventa a sua. Sendo-lhe fundamental pensar a psicanálise como uma disciplina científica que não se submeta ao resultado da objetivação do sujeito, a tentativa inicial será reconsiderá-lo, fornecendo-lhe uma nova definição, e os resultados disso serão indispensáveis à teoria, mesmo quando o problema passar a receber outras soluções. E o próprio desenlace desse primeiro passo exigirá a revisão do segundo termo da equação, trazendo a lume uma ideia modificada, mais especificamente psicanalítica, de estrutura.

1.4 Estruturalista?

Até o momento, avancei, de um lado, por uma análise dos motivos que impeliram Lacan a se interessar pelo estruturalismo e a utilizá-lo como ferramenta de pensamento e, de outro, iniciei uma abordagem do tipo de problemas que essa aproximação gera, inevitavelmente. Contudo, todo esse estudo esbarra em uma indagação que ainda não foi levantada e que não pode deixar de ser aqui considerada: Lacan foi um pensador estruturalista? Isso que, à primeira vista, pode parecer se revestir de obviedade, na verdade guarda uma complexidade inusitada, que faz da resposta rápida uma atitude desencaminhadora. Quando percorremos a bibliografia relativa ao tema, essa indagação se apresenta com uma frequência que se justifica, como vimos acima, tanto pelas consequências que uma resposta a ela pode acarretar quanto pela dificuldade que ela implica. Dificuldade que se reflete na disparidade dos pontos de vista apresentados. Vejamos alguns desses pontos de vista de um modo breve, mas que nos permita mapear certo terreno:

- Dosse (1991/1993a; 1991/1993b), ao se dedicar a escrever uma história do estruturalismo, situa Lacan em seu eixo central, como um de seus principais representantes.
- Nesse mesmo livro (p. 364), o autor cita Sartre, que concorda com a inclusão, pois, do seu ponto de vista, em Lacan, o descentramento do sujeito estaria amarrado a um desapreço pela história.[77]
- Lemaire (1977/1979) é categórica em sua afirmação: "Jacques Lacan é estruturalista. Ele o frisou nas suas entrevistas. Ele assinou com seu próprio nome a entrada da psicanálise nesta corrente de pensamento, nesse método de pesquisa aplicável a diferentes disciplinas do saber, mas, mais precisamente, às ciências do homem" (p. 40).
- Fink (1996), em oposição, diz que a definição fornecida para a ordem simbólica, por incluir a suposição de algo impossível de ser simbolizado, prova que o autor não é estruturalista.
- Na mesma direção, Miller afirma que Lacan se dissocia do estruturalismo porque a estrutura que aí se encontra "é coerente e completa, ao passo que a estrutura lacaniana é antinômica e descompletada" (entrevistado por Dosse, 1991/1993a, p. 146).

---

77 Que tal observação é equivocada, nós já o vimos com o comentário do *Discurso de Roma* (Lacan, 1955/1966f).

- Cunha (1981) também declara que Lacan não pode receber esse tipo de caracterização, porque, em seu pensamento, a linguagem deixa de ser apenas modelo teórico para tornar-se o próprio fundamento do ser em uma teoria do sujeito.
- Safatle (2003) entende que Lacan, mesmo na fase em que mais faz uso da estrutura, não pode ser visto como um estruturalista clássico porque não estaria interessado apenas no modo de constituição do sujeito, mas, sobretudo, em reconhecer que o desejo do sujeito é um desejo que elege por objeto a própria lei que o constitui.[78]
- Frank (1984/1989) reserva a Lacan um lugar no rol dos "neoestruturalistas", entendidos como representantes de um movimento que já se posiciona de maneira crítica diante do estruturalismo clássico, radicalizando algumas de suas perspectivas e abandonando outras.
- Milner (2002), um pouco na mesma linha de Frank, situa Lacan como "hiperestruturalista", com o argumento de que sua posição seria de "exclusão interna", pois ele teria levado as teses estruturalistas às últimas consequências ao procurar construir a teoria da "estrutura qualquer", que seria uma teoria da estrutura "em si mesma", dissociada da referência ao estruturalismo (p. 149). Para esse autor, pela "linguisteria" e pela autonomização do conceito de letra, Lacan "se inscreve nesse paradigma por uma tese que dele o separa" (p. 145).

Não pretendo avaliar criticamente cada um desses posicionamentos. Minha aproximação ou distanciamento em relação a cada um deles ficarão claros – assim o espero –, seja de forma explícita, seja de forma tácita, na sequência do livro. Mas, para encontrar uma resposta própria (que não pode ser simples) a essa pergunta insistente, é preciso fazer antes alguns reparos. Antes de mais nada, é preciso

78 Retomaremos esse ponto no Item 2.13 sobre o desejo do próximo capítulo.

discutir o que fica subentendido quando indagamos se determinado autor foi ou não estruturalista. A meu ver, há no mínimo três modos coerentes de trabalhar a questão:

1. Se pensarmos que "ser estruturalista" significa seguir seu "fundador" nos princípios, no método e nas consequências, sem dúvida devemos responder que Lacan não o foi, apesar disso ter sido seu ponto de partida: "Como nós mesmos fazemos do termo estrutura um emprego que cremos poder autorizar pelo de Claude Lévi-Strauss, é para nós uma razão pessoal (...) não tomar esse emprego como genericamente confuso" (Lacan, 1958/1966q, p. 648) – e todo o presente capítulo procurou defender e fundamentar essa tese. O comentário e a crítica de Lacan ao relatório de Daniel Lagache acerca da estrutura da personalidade bem revelam que ele entende ser importante discernir entre forma e estrutura; poderíamos mesmo dizer que eles seriam uma espécie de aplicação direta, ao campo da psicologia, da ideia que Lévi-Strauss desenvolve na crítica que endereça Vladimir Propp.[79] A tese principal dessa crítica é que a estrutura é o próprio conteúdo, sendo sua disposição propriedade do real:

> *Ao inverso do formalismo, o estruturalismo recusa opor o concreto ao abstrato, e não reconhece no segundo um valor privilegiado. A forma se define por oposição a uma matéria que lhe é estranha; mas a estrutura não tem conteúdo distinto: ela é o próprio conteúdo, apreendido*

79 Esse texto de Lévi-Strauss é posterior ao comentário de Lacan sobre Lagache, o que, no entanto, não impossibilita o raciocínio.

> *numa organização lógica concebida como propriedade do real. (Lévi-Strauss, 1960/1993, p. 121)*[80]

Lacan, por sua vez, afirma que a necessidade de pensar em termos de topologia deve-se, justamente, ao fato de que a estrutura não é a forma, como se o primeiro termo, ao aparecer no título do trabalho de Lagache (*Psicanálise e estrutura da personalidade*), pudesse ser substituído pelo segundo sem perda de sentido. A oposição que este estabelece entre uma estrutura aparente e outra que seria distante da experiência como seu modelo teórico desconhece um terceiro tipo de estrutura:

> *os efeitos que a combinatória pura e simples do significante determina na realidade na qual ela se produz.* Pois o estruturalismo é ou não aquilo que nos permite formular nossa experiência como o campo em que isso fala? *Se sim, 'a distância da experiência' da estrutura desaparece, uma vez que opera nela não como modelo teórico, mas como a máquina original que nela põe em cena o sujeito. (Lacan, 1958/1966q, p. 649, grifo meu)*

O que fica claro nesse trecho é que a estrutura não é um modelo da realidade (papel que competia antes à forma), mas a própria realidade em sua lógica efetiva. O que está de acordo com a definição fornecida pelo estruturalismo que, por sua vez, se alinha à filiação bachelardiana, dando a ver a genealogia epistemológica. Como explica Fichant (1973/1974): "Se é verdade que 'só há ciência daquilo que é oculto', é preciso que renunciemos a imaginar esse oculto como uma espécie

80 Por esse motivo, Merleau-Ponty (1960/1984a) afirmava: "Por princípio, a estrutura não é uma ideia platônica" (p. 197).

de modelo reduzido do mundo usual das coisas, de onde a discussão sempiterna sobre a realidade do mundo sensível vai inferir seus pobres exemplos" (p. 137). Mas, por outro lado, não há, no pensamento de Lacan, nenhuma forma de retorno a um naturalismo tal como o que se pode verificar em *O pensamento selvagem* (Levi-Strauss, 1962/1997).[81] Além disso, como já indiquei, a ideia de estrutura será, a partir de determinado momento, totalmente repensada, de forma que o movimento de afastamento de Lacan com relação a Lévi-Strauss ficará patente.

2. Se tomarmos como ponto de partida da resposta a ideia de que "ser estruturalista" corresponde a teorizar um tipo de determinação da aparência (o sujeito aí incluído) que tem origem em uma estrutura simbólica, isto é, em uma organização autônoma de significantes que exibe suas próprias leis, então podemos dizer que Lacan o foi estritamente, com a ressalva de limitar essa inclusão até por volta do ano de 1957, quando a estrutura subjetivada sob a forma do Outro começou a mostrar sua diferenciação com relação às diretrizes estruturalistas clássicas. Seria, talvez, mais apropriado dizer aqui que, até essa data, Lacan *tentou* repensar a psicanálise a partir do estruturalismo[82] – são provas disso os tratamentos sucessivamente conferidos aos sonhos, à psicose, ao caso do pequeno Hans, aos chistes etc. –, encontrando-se impedido de completar esse envolvimento devido às resistências do próprio objeto que uma teoria psicanalítica possui por direito. A partir de 1957, tudo se passa como se ele não abandonasse simplesmente a estrutura em proveito de alguma outra base, mas como se a subvertesse pelo lado de dentro, produzindo uma *estrutura não estruturalista*

81 Esse ponto será analisado no próximo capítulo.

82 Será o assunto do segundo capítulo.

absolutamente necessária à lógica do desenvolvimento da teoria. Mas, cabe frisar, se ele a subverteu, foi porque, exatamente, esteve por um período do lado de dentro, fazendo valer o raciocínio até o ponto em que ele se tornou impossível por si mesmo, e, se de fato encontraremos aí uma estrutura descompletada, como apontava Miller (Dosse, 1991/1993a), isso só passa a ocorrer a partir de determinado momento da obra e por motivos que precisam ser investigados.

3. Mesmo tendo em conta o movimento assinalado no item anterior, se supusermos que "ser estruturalista" é uma qualificação que acusa o uso dessa racionalidade não de modo lateral ou apendicular, mas de uma forma que a indica como componente intrínseco da delimitação dos problemas centrais de dado pensamento, conformando mesmo algumas das curvas definidoras de sua desenvolução, sem no entanto ser responsável pela totalidade de seu escopo, então a afirmação "Lacan foi estruturalista" converte-se em algo totalmente legítimo. Creio ser esse o sentido que se sobressai quando ele próprio afirma que sua "formulação teórica particular" é "qualificada de estruturalista" (Lacan, 1966w, p. 98).

No entanto, é preciso bem sublinhar, nada disso significa condescender com a ilusão do rótulo, uma vez que essas três respostas revelam antes outra coisa: o olhar não pode ser homogêneo e pensar a posição da *estrutura do estruturalismo* na obra lacaniana, seja ela de adesão, de recusa, de reformulação ou de distanciamento, exige a consideração da movimentação interna da teoria em seus diversos momentos. É fato que rótulos, apresentados em si mesmos, não são de nenhum interesse, apenas forneceriam a impressão apressada à pesquisadora de que "compreendera" algo da obra analisada, estancando o acossamento da investigação mais do que enriquecendo-a ou impulsionando-a. E somente após essa reflexão, é que podemos dizer: "Lacan foi estruturalista" e "Lacan não foi estruturalista" são proposições que, isoladas, encontram-se totalmente desprovidas de sentido. O que importa é atentar para a construção específica que torna possível a fecundação de determinado universo conceitual por outro. A obra de Lacan, tal como qualquer grande obra, possui sua própria *démarche*, responde às suas próprias questões, e a perspectiva do diálogo deve ter seu sentido, antes de mais nada, a ela submetido. Nela, reside o volume do pensamento que interessa abordar, pensamento que tentativas sumárias de categorização tendem irremediavelmente a não perceber. Desse ponto de vista, seu modo de funcionamento próprio, em si mesmo, não pode ser dito estruturalista. Assim como não pode ser dito kantiano, hegeliano, heideggeriano ou mesmo freudiano. A sua lógica é muito simplesmente lacaniana, o que não nos impede de nela descobrir movimentos conceituais que poderiam receber, sob determinados aspectos, tais adjetivações. Mas é a sua densidade específica que a faz possuir um valor próprio no nível do pensamento. Portanto, não é, absolutamente, na direção do rótulo que faço aqui uso do termo "estruturalismo", mas antes, na tentativa de perscrutar com a devida paciência o sentido (novo) com o qual tal referência foi capaz de contribuir, tanto nos elementos que disponibilizou a uma assimilação jamais passiva quanto nos conflitos que tornou incontornáveis. Nesse sentido, concordo com Delacampagne (1995/1997) quando ele afirma que "se o pensamento de Lacan se aparenta incontestavelmente com o estruturalismo, supera-o de tantas maneiras que só se pode acompanhá-lo, em sua complexidade, reconstituindo etapa por etapa a sua gestação" (p. 242).

1.5 Continuidade da investigação

Ensaiar apreender o movimento interno da teoria lacaniana em alguns de seus aspectos é, ainda hoje, uma tarefa que se justifica por si mesma. Diante das dificuldades próprias ao estilo e das camadas discursivas superpostas – que são possuidoras, conforme defende o autor, de efeitos de formação e que tornam pertinente a questão do acesso à obra –, é preciso visar à inteligibilidade de um jogo implícito, ou seja, tentar entender a engrenagem da teoria, o modo pelo qual funciona, as resistências com que se depara e os propósitos servidos pelos conceitos que a compõem. Apesar do horizonte cronológico aqui assumido, o tempo do pensamento não é objetivo. Não se saberia reto, contínuo. É antes ziguezagueante, dando a ver que um problema articulado aqui pode desaparecer por um longo período da superfície do texto para retornar ali, iluminando inclusive o processo efetivado entre os dois pontos. Contudo, sem que se pretenda com isso a apresentação linear de uma linearidade inexistente, é possível discernir – e a esse favor pretendo continuar argumentando – a existência, ao menos no tocante à questão enfocada, de um fio relativamente bem definido, constituído de impasses gerados sobre impasses, que se desdobra no tempo e que, apesar de produzir suas arestas – por sua vez prenhes de um valor próprio –, persegue até as últimas consequências e sem concessões o desfile de um mesmo dilema. Nesse sentido, creio poder mesmo transpor para essa leitura da obra de Lacan (1978a) o objetivo que este declarava possuir ao ler Freud: "Para nós, não se trata de sincronizar as diferentes etapas do pensamento de Freud, nem mesmo de conciliá-las. Trata-se de ver a que dificuldade única e constante respondia o progresso deste pensamento feito das contradições de suas diferentes etapas" (p. 178).

Com as páginas desse primeiro capítulo, o problema que temos em mãos é investigar o destino da estrutura na obra de Lacan: em que sentido ela é apropriada, em que ponto e por que ela se esgota como referência e a que isso dá lugar.

Sem dúvida, o responsável maior pela inserção de Lacan no panorama estruturalista foi Lévi-Strauss. Sem ele, e sem seu remanejamento radical do emprego do termo "inconsciente" em sentido que encontrava um lugar epistemológico exemplarmente coerente com o espírito do projeto lacaniano, a linguística estrutural muito provavelmente não teria apresentado, por si só, atrativos suficientes para a justificação do trabalho de releitura da psicanálise. Mas, tendo sido essa a via de entrada, a etapa seguinte foi voltar a atenção para o detalhamento de dispositivos que, informados por um modo de pensar estruturalista, permitiriam abordar as formações do inconsciente.[83] Pois, quando Lacan (1957/1966m) diz que o inconsciente "não é o primordial nem o instintivo e, de elementar, só conhece os elementos do significante" (p. 522), a *fundamentação* do encontro reside no conceito de inconsciente, e não no de significante, e o trabalho com o segundo só se justifica pelo interesse depositado no primeiro. Ou seja, é fundamental ter em conta que os elementos da linguística só surgem porque seus lugares são condicionados pela elaboração de um discurso psicanalítico. Mais uma vez, é importante fazer essa observação para pontuar o descabimento da atitude que julga a obra lacaniana como uma espécie de paixão súbita pela "voga" intelectual de sua época. Constatar esse movimento corresponde a afirmar que o psicanalista chega à linguística *após* ter conhecido o destino que ela recebera nas mãos de Lévi-Strauss, algo não desprovido de implicações na conformação de seu interesse, direcionando desvios fundamentados. Corresponde ainda a dizer que Lacan recebe o ensino de Saussure sob o crivo da fonologia estrutural, mais representada pelos trabalhos de Roman Jakobson, uma vez que foi através do encontro com esse autor que o antropólogo forneceu novas bases para sua disciplina. É preciso ter em vista, portanto, que o interesse de Lacan pela linguística é, antes de mais nada, um interesse lévi-straussiano. Assegurado esse ponto, no recurso ao estruturalismo para a abordagem das operações inconscientes, os elementos que se encontram em jogo têm origem nos trabalhos – às

---

83 O texto mais representativo da primeira etapa é o *Discurso de Roma*; já a segunda pode ser demarcada entre 1954 e 1957, com destaque para o *Seminário 5* e *A instância da letra no inconsciente ou a razão desde Freud.*

vezes convergentes, às vezes divergentes – desses dois principais autores: Lévi-Strauss e Saussure. Acrescente-se a isso, na determinação do sentido da assimilação, o papel maior exercido pelos interesses específicos da psicanálise. No que segue, tentarei desenrolar a presença desses fios nos enunciados lacanianos, na medida em que eles nos permitam perceber as motivações teóricas de base.

2. Inflexões da estrutura na psicanálise

Releiam, no Curso de linguística, uma das numerosas passagens nas quais Saussure se empenha em delimitar (...) a função do significante, e vocês verão (...) que todos os meus esforços, finalmente, deixaram a porta aberta àquilo que chamarei menos de diferenças de interpretação do que de verdadeiras divergências na exploração possível daquilo que ele abriu com esta distinção tão essencial entre significante e significado.

Lacan, *Seminário 9*, Sessão 2

2.1 Como o Curso de linguística geral *aparece em Lacan*

O papel desempenhado pelo *Curso de linguística geral* (Saussure, 1916) no capítulo da história das ideias destinado às ciências humanas é algo de bastante singularidade não apenas por ter sugerido uma enorme abertura de método, capaz de inaugurar a vigência – em alguns contextos, literalmente hegemônica – de um novo paradigma, cuja fecundidade é inquestionável, mas principalmente por tornar possível, no nível de operações concretas e não no do conceito abstrato,[1] uma nova forma de pensar a própria questão da identidade do ser, de consequências aparentemente paroxísticas para a filosofia. Pois é o trabalho saussuriano do signo o elemento fornecedor da imagem da diferença a si como designador de essência. O que é o signo? É o elemento da língua definido em sua totalidade apenas por tudo aquilo que os outros elementos da língua – reduzidos ao conjunto dos outros signos – não são. Um componente da língua não pode ser considerado simplesmente a união de um significante com um significado, porque essa forma de colocá-lo gera a ilusão de tomar o signo pela origem do sistema, enquanto ocorre, segundo Saussure,[2] justamente o oposto. Apenas tomando a totalidade

---

1 "Os signos de que a língua se compõe não são abstrações, mas objetos reais; é deles e de suas relações que a Linguística se ocupa; podem ser chamados *entidades* concretas dessa ciência" (Saussure, 1916, p. 119).

2 A expressão "segundo Saussure" remete aqui apenas ao ensino do mestre genebrino *tal como estabelecido por seus alunos* na publicação de 1916. Como é sabido, o *Curso de linguística geral* não foi escrito por Saussure, mas por Charles Bally e Albert Sechehaye, com base em anotações feitas por alunos entre 1907 e 1911. Atualmente, temos acesso a fontes mais fidedignas para o estudo do pensamento do linguista. De acordo com Bouquet e Engler (2002/2004), elas mostram, aliás, que o estilo de sua teorização era significativamente menos categórico, trazendo a discussão sobre os fundamentos para o nível do detalhe, e que o alcance de sua obra era de proporções maiores. Segundo esses autores, a publicação de 1916 enfatiza o campo de uma epistemologia programática – isto é, os termos que apostam na construção de uma ciência –, negligenciando o encaminhamento crítico ou a chamada epistemologia da gramática comparada, bem como a filosofia da linguagem que privilegiava o aspecto semântico tanto quanto o fonológico. Os manuscritos que revelam semelhante envergadura só foram, porém, publicados *depois* que a fecundação das ciências humanas em geral pelas inovações dos estudos sobre a língua já havia ocorrido: em 1957 surge *Les sources manuscrites du Cours de linguistique générale de Ferdinand de Saussure*, obra cujo conteúdo editado é ainda prioritariamente, como indica o título, referido ao *Curso*; em 1968 vem a lume a edição crítica do *Curso*, trazendo as notas dos alunos e alguns manuscritos; descobre-se, somente em 1996, um

do sistema como ponto de partida é que faz sentido discriminar a unidade de cada termo. Trata-se, dessa forma, de fazer valer o conceito mais fértil do *Curso*:

> *A ideia de valor (...) nos mostra que é uma grande ilusão considerar um termo simplesmente como a união de certo som com certo conceito. Defini-lo assim, seria isolá-lo do sistema do qual faz parte; seria acreditar que é possível começar pelos termos e construir o sistema fazendo a soma deles, quando, pelo contrário, cumpre partir da totalidade solidária para obter, por análise, os elementos que encerra. (Saussure, 1916, p. 132)*

A língua deve ser então entendida, antes de mais nada, como um sistema de termos – as menores unidades pertinentes –, cuja interdependência é o principal fator de determinação: o valor de cada termo só depende da presença sincrônica de todos os outros. Assim, o princípio da subsistência de um signo enquanto está dentro do sistema é o princípio de sua oposição a todos os demais,[3]

---

conjunto de manuscritos que constituem um esboço de livro sobre a linguística geral (publicados em 2002, ao qual se dirige o prefácio de Simon e Bouquet aqui referido). Tendo em vista que o interesse desta pesquisa não repousa sobre uma exegese da obra de Saussure, mas sobre aquilo que Lacan dele retoma para proceder a uma releitura da psicanálise, que data do início dos anos 1950, o foco da análise não pode ser outro senão o *Curso de linguística geral*. Ou seja, o pensamento de Saussure, *para Lacan* – no período aqui estudado –, de fato correspondia aos elementos editados por Bally e Sechehaye, no que se tornou a vulgata consagrada do *Curso*.

3 Para uma exposição clara e objetiva de como essa estratégia se atualiza na especificidade do trabalho da linguística, ver Milner (2002, pp. 35-6). Na fonologia, as características distintivas que definem as oposições fônicas são: nasalidade, ponto de articulação, labialidade, abertura. Ver Dosse (1991/1993b, p. 80).

produzindo a pura diferença como único designador de sua presença. Acompanhemos um comentário de Milner (2002) a esse respeito:

> *de modo discreto, quase oblíquo, Saussure introduzia um novo tipo de entidades do qual a tradição filosófica não fornecia exemplos. Ser e ser um, essas propriedades encontravam-se ligadas até então:* "Omne ens est unum", *escrevia são Tomás. A entidade linguística, tal como a descrevia Saussure, não existia senão por suas diferenças; seu ser era, portanto, atravessado pela multiplicidade de todas as outras entidades da mesma língua: ele não era mais, propriamente falando, uma unidade; havia, portanto, seres que não eram* um *ser ou cuja unidade era definida de outra forma: era a unidade de um entrecruzamento de determinações múltiplas e não uma unidade centrada ao redor de um ponto íntimo de identidade a si. (p. 37)*

A entidade linguística assim pensada convoca a filosofia a um novo desafio: como pensar um ser que simplesmente não pode ser nomeado dessa forma – "um ser"? Uma nova imagem do pensamento? Novos instrumentos para o pensamento? Levar o pensamento para fora do campo conceitual ou pensar o que ainda pode ser o conceito ao atravessarmos a ideia clássica de identidade? O manejo saussuriano do signo e a estratégia empregada para defini-lo convidam, de fato, a novos caminhos. Na psicanálise, Lacan traduz o desafio sobretudo no esforço de pensar o sujeito, pois é aí, como veremos adiante, no terceiro capítulo, que pulsam mais intensamente os paradoxos da não-identidade a si.

À luz dessa observação, perseguirei o emprego lacaniano do estruturalismo à psicanálise não para explicar mais uma vez os detalhes de mecanismos, já tão intensamente explorados,[4] mas para tentar apreender seu sentido com respeito à marcha do projeto teórico.

Lacan reconhece a afirmação da diferença como essência do elemento discreto da estrutura, mas, para ele, essa propriedade é exclusiva do *significante*. De saída, temos então o já clássico problema: qual o motivo do enorme destaque para apenas uma das partes do signo? Com efeito, trata-se da principal divergência entre Lacan e Saussure, ponto que aglutina todos os demais.[5] Tal disjunção, que revela a essência da manobra, como vimos no capítulo precedente, já se encontrava presente nos trabalhos de Lévi-Strauss e traduz, deveras, algo do cerne do projeto estruturalista. Para esse autor, existe uma inadequação, inerente à linguagem, entre os dois componentes do signo, e essa assimetria indica uma superabundância de significantes, diante da qual haveria uma escassez de significados. Isso porque, se o que conta no significante é unicamente seu valor de oposição a todos os outros significantes, a origem da linguagem não pode ter sido progressiva: o simbolismo é disruptivo. Devido à exigência da anterioridade do sistema, houve um momento antes do qual não existia nenhum significante e depois do qual todos os significantes tornaram-se possíveis de uma só vez. Apenas o ato de correlacionar significados a significantes apresenta, para Lévi-Strauss, uma continuidade, e é isso que define o progresso do conhecimento. Dessa subtração resulta um excesso infinito de significantes para os quais ainda não foram estabelecidos significados. Esses "significantes flutuantes" constituem o resto, a sobra da contradição da operação simbólica, da qual o *mana*, por exemplo,

4 A bibliografia a este respeito é extensa. Apenas para citar algumas referências nas quais esse tipo de análise pode ser encontrado, menciono as seguintes obras: Dor (1985/1989); Dosse (1991/1993a); Evans (1996); Fink (1995/1998); Goeppert e Goeppert (1973) ; Lemaire (1977/1979); Masotta (1985/1988).

5 Especialmente: a recusa do recorte isomorfo entre significante e significado e a introdução da noção de sentido diacrônico (ver Arrivé, 1986/1994, p. 98-106).

representa uma manifestação. O autor inspira-se no "fonema zero" de Jakobson para falar, a propósito do *mana*, de um "valor simbólico zero": forma pura, vazia, sobre a qual se podem acoplar diversos significados – quaisquer significados – e que atualiza a própria condição de funcionamento do sistema simbólico.[6] Lévi-Strauss (1950) relaciona significante com estrutura e significado com sentido, afastando-se do esquema original de Saussure, visto que, para este autor, tratava-se apenas da oposição entre som e conceito, indistintos em sua copertinência ao sistema.

Dessa forma, se Lacan privilegia o significante em detrimento do significado, já havia encontrado em Lévi-Strauss os elementos para assim proceder, como reconhece na seguinte passagem:

> *Se eu quisesse caracterizar o sentido em que fui apoiado e conduzido pelo discurso de Claude Lévi-Strauss, diria que é no destaque que ele destinou (...) a isso que chamarei a função do* significante, *no sentido que este termo tem em linguística, na medida em que este* significante, *não direi apenas que se distingue por suas leis, mas que prevalece sobre o significado ao qual ele as impõe. (Lacan, 1956a, p. 1)*

De fato, subscrever um conceito de inconsciente enquanto estrutura simbólica dentro de um contexto de programa científico é algo que exige esse segundo passo: requer, como explicava Deleuze (1972/1981), uma dissociação entre um plano de essência (plano determinante, atinente à estrutura) e outro de aparência/aparição (plano determinado, que diz respeito ao fenômeno).[7] Lembremos aqui

6 Veremos adiante esse valor aplicado por Lacan ao falo e ao Nome-do-Pai.

7 Cabe registrar que Iannini (2000, p. 81; 2004-05, p. 41) providencia uma interpretação diferente da que apresento aqui, ao defender que, para Lacan,

o trecho do primeiro capítulo que mencionava o teor bachelardiano do projeto estruturalista. É justamente assim que Lacan dá seguimento ao comentário acima: "Claude Lévi-Strauss nos mostra por toda parte onde a estrutura simbólica domina as relações sensíveis" (Lacan, 1956a, p. 1). Mas chega o momento de melhor precisar a questão: exatamente em que esse deslocamento importa a Lacan? Quais as linhas de força que ele põe em jogo? Pois é preciso observar que, embora Lévi-Strauss defenda tal primazia, suas investigações não parecem demandar o manejo direto dessa terminologia, nem exigem um trabalho conceitual direto do significante.

Em primeiro lugar, observo a presença, na definição saussuriana do signo, de um teor psicológico. A língua é tomada como materialidade *psíquica*:"o signo linguístico é uma entidade psíquica de duas faces (...) chamamos signo a combinação do conceito e da imagem acústica" (Saussure, pp. 80-1). E o que o linguista entende aí por "psíquico" não se encontra desvinculado de uma ideia neuropsicológica de associação: "os termos implicados no signo linguístico são ambos psíquicos e estão unidos, em nosso cérebro, por um vínculo de associação" (pp. 79-80). Ou seja, vemos aí exatamente aquilo que Lacan já vinha se empenhando em criticar. Para Saussure, significante e significado, valorados equitativamente, só existem um em função do outro, com o primeiro sendo o representante psíquico da matéria sonora e o segundo, o conjunto das ocorrências do primeiro.[8] Se o significado é o caso em que o significante aparece, quanto a este, não é teoricamente possível abstraí-lo, uma vez que não será

---

a estrutura corresponderia aos *efeitos* da combinatória significante, e não à combinatória em si.

8 Em alguns momentos, Saussure também dá margem para que o significado seja pensado como o conceito da coisa. Porém, a atitude de tomá-lo por conceito puramente linguístico – o conceito implicado por um termo é a totalidade de suas ocorrências – é a mais frequente e também a mais coerente com o espírito de seu projeto. Milner (2002, pp. 28-9) explica esse ponto.

jamais utilizado na ausência de um contexto. Quebrar esta paridade atribuindo maior valor a seu elemento mais formal, literalizando-o para melhor afastá-lo da carga de "impressão psíquica", significa, nesse sentido torna-lo coeso com a ideia de que a psicanálise não é coextensiva à psicologia (Lacan, 1957/1966, p. 514). Significa subtrair o caráter psicológico residual presente na concepção saussuriana de representação e assegurar a via para a apreensão do inconsciente na dimensão do discurso concreto. Por isso, cumpre deixar claro o banimento da referência neurológica: "é preciso saber renunciar à exigência ingênua que pretenderia submeter sua origem [da determinação simbólica] às vicissitudes da organização cerebral que, na ocasião, a reflete" (Lacan, 1956/1966l, p. 468). Tomar as associações "ao pé da letra", no nível concreto da retórica, com o que fornecem a metáfora e a metonímia, torna desnecessário o recurso a "não sei qual hiperespaço psicológico" (Lacan, 1994, p. 443). Discutindo o caso do pequeno Hans, Lacan comenta que as associações manifestas em sua fala são assim nomeadas:

> *porque querem a todo custo que isso se passe em algum lugar nos neurônios cerebrais. Quanto a mim, não sei nada com relação a isso. Como analista, pelo menos, não quero saber nada sobre isso. Esses dois tipos de associações chamados de metáfora e metonímia, encontro-os ali onde estão, no texto desse banho de linguagem no qual Hans está imerso. (pp. 443-4)*

Supor esse espaço psicológico é assim, para Lacan, algo no mínimo desnecessário se a analista, restringindo-se ao nível do discurso, já tem aí acesso aos elementos operacionais de que precisa. Para dizer de outra forma, em Lacan, o significante não pode ser tomado como uma "impressão psíquica" que ameaçaria devolver o inconsciente a um substancialismo psicológico.

O cancelamento da pressuposição recíproca entre os dois termos – que exige o desaparecimento da elipse e das duas flechas em sentido contrário que completavam a imagem gráfica do signo em Saussure – quer dizer, no limite, que o significante, no que interessa à fundamentação da ordem simbólica, deixa de ser um componente do signo. Ele tem subsistência própria na tarefa de representar o sujeito para outro significante, enquanto ao signo resta a função imaginária de representar algo para alguém. A partir daí, uma teoria do signo não recobre nem engloba uma teoria do significante. Ao contrário, a primeira pertence a uma teoria do imaginário – apenas nesse campo são legítimas as questões de compreensão, conceito, conhecimento – e, como tal, encontra-se submetida, durante esse período da obra lacaniana, à regulação do simbólico, do qual faz parte a segunda e ao qual se restringe, por oposição, a questão da verdade (do desejo e, portanto, do sintoma):

> *À diferença do signo, da fumaça que não existe sem fogo – fogo que ela indica convocando, eventualmente, seu apagamento –, o sintoma só é interpretado na ordem do significante. O significante só tem sentido por sua relação com um outro significante. É nessa articulação que reside a verdade do sintoma. O sintoma representava, de modo vago, alguma irrupção de verdade. Na realidade, ele é verdade, por ser feito da mesma madeira de que ela é feita, se afirmarmos materialisticamente que a verdade é aquilo que se instaura a partir da cadeia significante. (Lacan,1966c, pp. 234-5)*

A psicanálise é o lugar privilegiado da manifestação dessa primazia; nela, a verificação de qual significante se vincula a tal sintoma denuncia a forma e a posição pelas quais o sujeito se relaciona à própria existência do significante (forma e posição descritas pelos termos neurose, psicose ou perversão):

> *Somente a psicanálise está em condições de* impor ao pensamento *essa primazia ao demonstrar que o significante prescinde de qualquer cogitação, até mesmo das menos reflexivas, para exercer reagrupamentos insuspeitos nas significações que subjugam o sujeito, e mais ainda: para se manifestar nele com essa intromissão alienante da qual a noção de sintoma adquire na análise um sentido emergente – o sentido do significante que conota a relação do sujeito com o significante. (Lacan, 1956/1966l, p. 467)*

Em segundo lugar, temos uma inflexão epistemológica não desprovida de relação com o que acaba de ser descrito: a disposição do par de noções "coletivo/individual". A escolha de Saussure quanto ao isolamento da língua no lugar de objeto situa a linguística como ciência porque, além de atender a diretrizes aristotélicas (princípio da unicidade do objeto e da homogeneidade do domínio, princípio do mínimo e do máximo e princípio da evidência),[9] assegura a delimitação de um campo de repetibilidade – "a língua permite

---

9 Ver Milner (2002). O primeiro princípio já é evidente por sua enunciação; o segundo reza que um número máximo de teoremas deve ser deduzido de um número mínimo de axiomas, cuja expressão é realizada por um número mínimo de conceitos primitivos; o último princípio prescreve que todos os axiomas e conceitos primitivos devem ser evidentes, dispensando definições e demonstrações. Milner explica como eles se organizam quando aplicados à linguística saussuriana: "Do ponto de vista desse modelo, a organização geral do Curso se resume facilmente: o objeto da linguística é a língua. Os axiomas se reduzem a um só: 'a língua é um sistema de signos'. Os conceitos primitivos se reduzem a um só: o conceito de signo. Desse axioma único, reputado evidente, e desse conceito único, não definido, seguem-se todos os teoremas da ciência linguística" (p. 23).

a construção de um domínio homogêneo de entidades repetíveis" (Milner, 2002, p. 24) – pela via da impressão de seus elementos em cada cérebro da coletividade. Já a fala não possui elementos do coletivo, constituindo-se como expressão absolutamente individual e espontânea. Não há, portanto, nenhuma ideia de determinação da língua sobre a fala, e esta apenas recebe da primeira seus limites, o limite da matéria a partir da qual ela se torna possível. A isso se resume o seu modo de relação. Ora, é evidente que o projeto lacaniano exige discordância nesse ponto – ou seu interesse não repousa justamente nesse campo de interseção descartado por Saussure? Então, se Lacan privilegia o significante, é porque precisa localizar a princípio, no fato "coletivo"[10] – traduzido pelo "tesouro dos significantes" e, durante certo período, pela vigência da intersubjetividade –, uma instância de determinação do fato individual. Tal instância, pelos motivos alegados nos parágrafos acima, não é a língua, mas a rede isolada de um de seus elementos:

> *A primeira rede, a do significante, é a estrutura sincrônica do material da linguagem, na medida em que cada elemento seu adquire emprego exato por ser diferente dos outros (...).*
>
> *A segunda rede, a do significado, é o conjunto diacrônico dos discursos concretamente proferidos, que reage historicamente à primeira, assim como a estrutura desta comanda os caminhos da segunda." (Lacan 1955/1966h, p. 414)*

10 É preciso observar, no entanto, que "coletivo" aqui significa que todos estamos submetidos à incidência do significante e que as interações sociais são igualmente dependentes dele, e não que ele seria formado pelo somatório dos indivíduos, porque essa idéia não faz nenhum sentido no quadro lacaniano. Emprego esse termo aqui apenas para realizar uma comparação entre os dois autores quanto a essa oposição.

Com isso, Lacan instala uma equivalência entre a segunda rede, dos significados, e o nível que deve sofrer a determinação, isto é, a fala, distinguindo-a como a reação diacrônica à regência sincrônica dos significantes. Por isso, a oposição que interessa se estabelece entre fala[11] (*parole*) e linguagem (*langage*), diferentemente da oposição de Saussure, que era entre fala e língua (*langue*).[12] Ou seja, trata-se de pensar, a exemplo de Lévi-Strauss, a ordem simbólica ao invés de uma língua concreta particular.

Por esses motivos, Lacan, certamente ciente do texto do *Curso de linguística geral*, reage a contrapelo de suas advertências. Escrevem os alunos de Saussure (1916) "A entidade linguística só existe pela associação do significante e do significado; se se retiver apenas um desses elementos, ela se desvanece; em lugar de um objeto concreto, tem-se uma pura abstração" (p. 119). Então, se Lacan retém apenas um dos termos, sem que isso se torne abstração – não pode se tornar; sabemos que era isso que ele mais quer evitar –, é porque aí não se trata mais, evidentemente, de entidade linguística. É em seu nível que a separação dos dois elementos ou a localização de um em função do outro não se sustenta. Mas, se a preocupação teórica não incide sobre a língua e se apoia em premissas diversas, então ela possui necessariamente um sentido diferente e deve ser julgada de outra forma.

Por outro lado, isso continuaria sendo abstração aos olhos de um autor cuja presença na teoria lacaniana já conhecemos. Pois, para Politzer, esse termo significa descrever a ação do sujeito empregando, na descrição, a terceira pessoa:

---

11 Na verdade, qualquer tipo de enunciação – não necessariamente verbal.

12 De um modo geral, para Saussure, a linguagem é constituída pela dicotomia dialética entre língua e fala, pela tensão entre um objeto social e um ato individual. A fala é o ato de seleção, combinação e atualização dos componentes da língua (cf. Barthes, 1993/1964).

> *[A abstração] começa por destacar o sonho do sujeito de quem o sonho é, considerando-o não como* feito *pelo sujeito, mas como* produzido *por causas impessoais: consiste em aplicar aos fatos psicológicos a atitude que adotamos para a explicação dos fatos objetivos em geral, isto é, o método da* terceira pessoa. *Enfim, a abstração elimina o sujeito e assimila os fatos psicológicos aos fatos objetivos, ou seja, aos fatos em terceira pessoa. (Politzer, 1928/1998, p. 59-60)*

Lacan reconhece muito explicitamente o passo de distanciamento, no que prova estar advertido desse tipo de consequência. Comentando a presença do pai na frase "ele não sabia que estava morto", enunciada por um filho a propósito de um sonho que tivera com o pai falecido,[13] ele discorre:

> *Com todo rigor,* contrariamente à opinião de Politzer, *está exatamente aí o sujeito da enunciação; é em terceira pessoa que nós podemos designá-lo. Isso não é dizer, obviamente, que não possamos nos aproximar dele na primeira pessoa, mas, precisamente, sabe-se que, ao fazê-lo, e na experiência mais pateticamente acessível, ele se dissimula (...). (Lacan, 1961-62, p. 27, grifo meu)*[14]

13 Caso mencionado por Freud na *Interpretação dos sonhos* (1900/1989b, p. 430) e que Lacan retoma diversas vezes a partir do *Seminário 6* (2013).

14 Embora o *Seminário 9* já se refira a um contexto de ultrapassagem ou de subversão da estrutura, é claro que há alguns fios da reflexão que permanecem e que são de ajuda para o esclarecimento do momento ao qual me refiro agora. A própria revisão da racionalidade estruturalista empreendida por Lacan tem origem no desenvolvimento de sua reflexão desse período e não em uma ruptura com ela, como se o autor precisasse encontrar um novo ponto de partida. Por outro lado, o movimento que quero comentar não é discernível de forma pura

Essas observações só podem revelar uma coisa: a abstração passou a ter um sentido diferente daquele que movia o espírito da tese de 1932. É, de fato, contraditório exigir um discurso que trate da determinação sofrida pelo sujeito e, ao mesmo tempo, que esse discurso se atenha à primeira pessoa. Não parece haver outra forma de tratar tal determinação a não ser empregando a terceira pessoa, mas isso não quer dizer, de forma alguma, que Lacan abra mão da crítica ao abstracionismo: ele agora equivale a supor um lugar metafísico para o que se fala em terceira pessoa sobre o sujeito. A abstração aqui seria romper com o minimalismo metodológico e remeter a algo além do nível do discurso concreto os elementos de construção de uma teoria do sujeito através do inconsciente. A única coisa à qual temos acesso direto é o discurso e ter acesso ao discurso é ter acesso ao sujeito.[15] Não é descartada a hipótese do inefável, mas mesmo um discurso místico ou delirante, por exemplo, deve ser recebido a partir daquilo que de fato é falado, não do que poderíamos supor que estaria sendo intuído para além da fala. Na oposição fala *versus* inefável, optar pelo significado seria optar por aquilo que não podemos conhecer, porque a isso não temos acesso. A única coisa a que efetivamente temos acesso é ao significante no nível da enunciação; se supuséssemos que a fala se refere a um significado, estaríamos nos reportando a algo que não podemos conhecer:

---

na superfície dos textos e descreve oscilações: uma linha de argumentação não necessariamente arrasta consigo todas as outras e, em alternativa, não raro é dependente da manutenção de determinado conceito ou de um raciocínio. Essa ponderação encontrar-se-á subentendida em todas as outras vezes que, ainda no contexto de "aplicação" da estrutura, forem feitas referências a textos já indicativos, por outros motivos, de seu esgotamento nos termos estruturalistas mais clássicos.

15 Veremos, no Capítulo 3, como o desenvolvimento da estruturalização do significante complica as condições desse acesso, trazendo novamente para primeiro plano o risco do abstracionismo e do reducionismo – reivindicando, dessa forma, revisão da ideia de estrutura.

> *não temos que julgar o que ele [o místico ou o delirante] articula, a saber, sua fala, a partir daquilo de que ele não pode falar. (...) é infinitamente mais fecundo apreendê-la [a fala] como tal e tentar aí articular a ordem que ela expõe, sob a condição de que tenhamos referenciais corretos (...). Se partíssemos da ideia de que a fala é essencialmente feita para representar o significado, ficaríamos imediatamente perdidos, porque isso seria recair nas oposições precedentes, ou seja, no fato de que não conhecemos o significado. (Lacan, 1998, p. 152)*

Por isso, nesse momento, o isolamento do significante, conquanto exija um discurso na terceira pessoa, não só não resvala no abstracionismo, como a intenção que abriga é de que venha mesmo a funcionar como o principal instrumento para evitá-lo.

Se Saussure entendia o signo como "entidade psíquica", de fato não tinha razões para especular uma superioridade lógica do significante sobre o significado, tampouco para pensar a relação entre ambos sob a forma de "algoritmo". Não há nada em sua abordagem sobre o signo que conduza, mesmo que implicitamente, por si mesma à separação significante/significado. Obviamente, o estruturalismo não é a aplicação reta do *Curso de linguística geral* ao campo do que se convenciona chamar "ciências humanas", mas uma reformulação da ideia de estrutura exigida pela saída do domínio da linguística. Então, quando Lacan diz que o modelo S/*s* (significante sobre significado) merece ser atribuído a Saussure, a despeito de não ser apresentado dessa forma por ele, está desenvolvendo sua própria apreensão do tema – como tal, criadora e já investida de diretrizes lévi-straussianas. Trata-se de uma forma de possibilitar "um estudo exato das ligações próprias ao significante e da amplitude da sua função na gênese do significado" (Lacan, 1957/1966m, p. 497).

Daí a necessidade de pensar a barra como separação, abaixo da qual o deslizamento dos significados responde à composição da cadeia significante. Designar tal modelo como "algoritmo" atende à consideração do caráter lógico dessa composição, da aposta na existência de leis que governam, em número finito de etapas, o problema da significação, tida por resultado – "sombra", "ressonância" (Lacan, 1981, p. 295) – do significante como elemento estruturante, e não apenas invólucro.

2.2 Posição do Seminário 2

Tendo em vista as duas motivações para desviar elementos do esquema de Saussure – sem os quais ele se apresentaria estéril à psicanálise –, podemos afirmar que *o estruturalismo em Lacan se manifesta pela transformação da diferença implicada nos significantes no ponto radical de determinação da subjetividade.* O momento mais intenso desse desenvolvimento – depois do qual tudo passa a ser revisto – são o texto sobre a *Carta Roubada* e o *Seminário 2*, em que assistimos ao esforço de descrever o funcionamento de uma linguagem formal na tentativa de mostrar como seus padrões de repetição circunscrevem uma posição de sujeito. Em ambos, temos a insistência na ideia de que o mundo dos signos – uma ordem simbólica primordial exemplificada pela cibernética e verdadeiro verbo a que se refereria São João em seu Evangelho para falar da origem (João 1: 1) – funciona independentemente da existência de seres humanos e sem relação com produção de significação.

> *Nós nos encontramos, então, diante desta situação problemática: que há, em suma, uma realidade dos signos dentro dos quais existe um mundo de verdade completamente desprovido de subjetividade, e que, por*

> *outro lado, há um progresso histórico da subjetividade manifestamente orientado para o reencontro da verdade, que está na ordem dos símbolos. (Lacan, 1978a, p. 329)*

No *Seminário 2*, a significação seria o resultado dos cortes exercidos por nós no andamento dos signos, em momentos de inserção do tempo nessa cadeia primitiva que, apenas ao receber um "lastro" imaginário, pode tornar-se linguagem humana. Essa vinculação ao imaginário faz então a linguagem apresentar resistência à restituição de um texto simbólico puro e integral, no qual o sujeito pudesse plenamente se reconhecer. Noção ainda insuficientemente elaborada, o inconsciente reduz-se ao fato de o ser humano encontrar-se jogado à linguagem: "Essa exterioridade do simbólico em relação ao homem é a própria noção de inconsciente" (Lacan, 1956/1966l, p. 469). Ele é essa máquina de linguagem primitiva, esse simbólico puro que se comporta de modo autônomo, inacessível, porque todas as suas manifestações são impregnadas de imaginário. É muito difícil discriminar, nessas lições de 1954-1955, como se dispõem as relações de atividade e passividade. O ser humano é dependente do funcionamento da máquina da linguagem formal, mas esta, para adquirir significação, passa a ser dependente de um corte temporal que só pode ser exercido pelo ser humano (Lacan, 1978a, sessão 22). Se a lei do símbolo determina o ser humano, como pode *o ser humano* conferir-lhe sentido? Lacan (1978a) diz que é ele quem traz o sentido (p. 380) e que "o sentido é que o ser humano não é o senhor dessa linguagem primordial e primitiva. Ele foi jogado aí, inserido aí, está preso em sua engrenagem" (p. 353). A impressão que se tem ao percorrer tais lições e então passar para a produção que se segue é de que elas representam um momento particularmente confuso da elaboração teórica, em que o modo de relacionamento do símbolo com o desejo ainda está paulatinamente se tornando mais claro para o próprio autor. Avançaremos com ainda mais precisão a ideia de que o motivo da dificuldade está relacionado ao próprio impasse do empreendimento: tais oscilações refletem imediatamente a necessidade de revisar e reelaborar a razão estruturalista para que algo de suas lições faça sentido em um discurso sobre o sujeito.[16] Mas o resultado dessa reelaboração, como veremos adiante, será ela deixar de ser exatamente uma razão estruturalista. Com efeito, os problemas legados pelo *Seminário 2* são o material de trabalho dos anos seguintes: urge construir uma teoria de como se constitui a significação em conjunto com uma teoria do desejo que forneça uma explicação de como se forma um posicionamento subjetivo frente à existência da linguagem. Para essa tarefa, o estruturalismo pode fornecer elementos, mas não a resposta.

Um exemplo de peso nesse sentido é a eliminação da existência do significante, independentemente do sujeito. No *Seminário 9*, temos a insistência na sua origem comum: "o sujeito não é senão isto, a consequência disto: que há significante, (...) o nascimento do sujeito se atém a isso: que ele só pode se pensar como excluído do significante que o determina" (Lacan, 1961-62, p. 274). E, na definição de significante, que se tornou canônica – aquilo que representa um sujeito para outro significante –, temos que um produz o outro, inevitavelmente,[17] mas que o produz como seu próprio suporte.

---

16 Haveria aí um esgotamento "natural" desse projeto exemplificado pelo *Seminário 2*, especialmente devido a seus ares reducionistas. Stein (1997), defendendo o caráter performativo da linguagem como nova possibilidade epistemológica para a psicanálise, ao comentar essa fase da obra lacaniana, afirma que "praticamente em todas as tentativas de desconstruir o lugar epistêmico do freudismo ou da psicanálise, revela-se o encanto do reducionismo" (p. 33). No Capítulo 3, será desenvolvida essa discussão dos riscos da sobreposição do significante ao sujeito. Mas, por outro lado, ao longo desse percurso, ficará mais clara a impossibilidade, para Lacan, de se restringir ao performativo na linguagem.

17 Como lemos também nos seguintes trechos do *Seminário 11*: "*o significante é a primeira marca do sujeito*" (Lacan, 1973, p. 60); "*o significante, produzindo-se no campo do Outro, faz surgir o sujeito de sua significação*" (p. 188).

Por aí, não há separação possível entre geração de desejo (implicando um posicionamento subjetivo) e negação da coisa (prerrogativa do significante). O surgimento de um sujeito é consequência certa da presença do significante.

Se essa análise tem algum sentido, é preciso então afirmar com todas as letras aquilo que já está presente de forma tácita: ao contrário do que se desenvolve no *Seminário 2*, mesmo que seja possível teorizar um mundo originário de significantes, existente por si mesmo e sem relação com o ser humano – ser de fala e de desejo –, mesmo que tal especulação não incorra em absurdos, o fato é que ela não apresenta nenhum interesse para a psicanálise.

2.3 Ponto de vacilação da fala

O que interessa à psicanálise é aquilo que o movimento dos significantes pode dizer do desejo. Já sabemos que ele não veicula um significado, mas, se não veicular um sujeito, nada pode esclarecer de sua presença e de sua constituição. Por isso, a função da analista é a de exercer um corte no discurso: instalando a barra entre significante e significado, o corte dá a ver como um sujeito se implica no primeiro, surpreendendo a estrutura simbólica conformadora do desejo por cancelar o peso das formações imaginárias. O corte, ao libertar o significante da fixação imaginária, pode mostrar a quais outros significantes ele se liga e quais as coordenadas que compõem o caráter necessário dessa ligação: "Esse corte da cadeia significante é único para verificar a estrutura do sujeito como descontinuidade no real" (Lacan, 1960/1966t, p. 801). O sujeito é uma ruptura simbólica na plenitude imaginária. Dessa forma, o ponto em que uma fala interessa à psicanálise é o ponto de vacilação, pelo qual ela se reporta a algo além de si mesma e em que o automatismo simbólico que constitui o inconsciente desmascara não a presença do semelhante, mas a do Outro como destinatário da mensagem. Esse é o "paradoxo de conceber que o discurso na sessão analítica só vale por tropeçar ou mesmo se interromper" (p. 801). É nesse nível que pode ser apreendida a produção do sujeito, e o domínio cotidiano do imaginário só serve para obscurecê-lo, para tamponar aquilo que poderia ser dito pela repetição: "Só pode consistir em método psicanalítico aquele que procede à decifração dos significantes sem considerar nenhuma forma de existência pressuposta do significado" (Lacan, 1958/1966p, pp. 747-8).

Assim, para Lacan, não faz nenhum sentido imaginar que o objetivo de um percurso de análise pudesse ser um processo de conscientização de elementos inconscientes. Em primeiro lugar, isso só alcançaria uma nova cristalização imaginária dos significantes, como tal, produtora de novas ilusões narcísicas e ameaça a uma identificação da prática psicanalítica com uma prática de sugestão ou mesmo de persuasão. Em segundo, se o comportamento é determinado pela movimentação de elementos inconscientes – e, portanto, tanto o pensamento quanto a fala (funções que estariam envolvidas nesse processo) a supõem –, uma tal conscientização seria, por princípio, inoperante: jamais se encontraria habilitada para estancar o próprio processo que a constitui. Na verdade, antes mesmo de ser inoperante, ela é impossível. Trata-se de fazer valer a característica transcendental do inconsciente lévi-straussiano: se o inconsciente é *condição* da representação e da consciência, esta não pode se apresentar como nível apropriado para sua atualização. Ora, isso não significaria nada menos do que a possibilidade (flagrantemente ilógica) de que algo pudesse funcionar exatamente de uma forma *dissociada* de suas próprias condições de funcionamento:

> *Um psicanalista deve assegurar-se nessa evidência de que o homem está, desde antes de seu nascimento e para-além de sua morte, preso na cadeia simbólica, a qual fundou a linhagem antes que nela se bordasse a história; deve habituar-se à ideia de que é em seu próprio ser (...) que ele é, com efeito, apanhado como um todo – mas à maneira de um peão – no jogo do significante. E, isso,* desde antes que suas regras lhe sejam transmitidas *(...). (Lacan 1956/1966l, p. 468, grifo meu)*

Mesmo que as regras do jogo venham a ser transmitidas, por se tratar de regras de linguagem, a própria transmissão está necessariamente submetida à mesma regulação: falar delas não é menos jogar. Falar, ainda que se trate de um discurso sobre a própria linguagem, supõe a aplicação de uma gramática cuja condição de efetivação é que ela mesma permaneça em espaço virtual.[18] Não é possível falar sem sujeição a esse nível, bem como não é possível tornar-se consciente de um processo inconsciente que regula qualquer possibilidade de conscientização.

Assim, a produção de sentido não se encontra na dependência de uma aplicação da consciência sobre um material significante qualquer, transformando-o em significado. O sentido é algo sempre aberto, sendo sua condição a do "por vir", pois seu direcionamento espera a pontuação do significante que surge em seguida na cadeia. A "intencionalidade" dos significantes significa que eles vão se combinar automaticamente, conforme as metáforas e metonímias virtualmente possíveis no sistema.

---

18 Trata-se de uma tese caracteristicamente estruturalista, cuja força é patente tanto em Lévi-Strauss (como já vimos), quanto em Saussure.

2.4 Modos de articulação da estrutura

Dizer que esse campo virtual (o inconsciente) articula-se como cadeia é, se não um pleonasmo, uma observação estritamente analítica. No pensamento da estrutura, *significante*, *articulação* e *cadeia* são termos não apenas interdependentes, mas à beira da sinonímia, de modo que não há articulação que não seja articulação de significantes. "No início, é como significante que se articula o que quer que seja, nem que seja uma cadeia de pelos" (Lacan, 1986, p. 268). Não há significante sem a constituição de uma cadeia cujos eixos de organização são dois, e apenas dois, sendo um vertical e outro horizontal:

> *não há cadeia senão de significantes; não há organização de significantes a não ser em cadeia. Daí, enfim, a metáfora e a metonímia: sobre uma cadeia significante, essas duas relações e somente elas podem ser definidas; reciprocamente, uma cadeia significante é um conjunto sobre o qual podemos definir as relações de metáfora e metonímia, e somente elas. Isso exige, evidentemente, que essas relações, descobertas nas línguas, não sejam próprias às línguas, mas extensíveis a toda espécie de cadeia. (Milner, 2002, pp. 144-5)*

Isso significa que, seja qual for a estrutura, só existem, para um elemento qualquer nomeado significante, dois vetores associativos: com o significante seguinte da cadeia em um eixo de contiguidade e com o significante que poderia vir a ocupar o seu lugar, substituindo-o em função, sem que isso gere, obviamente, a anulação de suas diferenças. Por que esses dois eixos? Porque a atualização dos elementos estruturais sugere simultaneamente a formação da série e a remissão ao conjunto dos elementos, ao sistema como um todo.

Já vimos anteriormente que a estrutura como totalidade dá origem à discriminação de seus componentes, não o contrário. Por outro lado, a atualização de uma diferença significante reclama a próxima, se presumido o dinamismo como característica da estrutura.[19]

2.5 Realidade

Ou ligação com o sistema ou ligação com o significante seguinte no fluxo da atualização: a isso se resumem as referências cabíveis à unidade estrutural mínima. Ela determina o significado e, desdobrando uma incidência perlocucionária, cria "uma ordem de ser nova" (Lacan, 1975, p. 263), mas sua única forma de relação com a realidade se restringe ao modo da negação. Lacan recorre ainda a Agostinho para desenvolver a ideia de que uma significação só remete a outra significação:

> *para tudo que é propriamente da linguagem, enquanto ela é humana, isto é, utilizável na fala, nunca há univocidade do símbolo. Todo semantema possui sempre vários sentidos.*
>
> *Donde desembocamos nesta verdade absolutamente manifesta na nossa experiência, e que os linguistas bem conhecem, de que toda significação não faz nada mais do que reenviar a uma outra significação. (p. 272)*[20]

---

19 A ênfase no caráter dinâmico do sistema/estrutura é mais mérito de Jakobson do que de Saussure (ver Dosse, 1991/1993a, pp. 75-81), bem como cabe ao primeiro a associação dos dois vetores com as figuras da retórica e ainda a indicação de suas relações com mecanismos descritos por Freud na *Interpretação dos sonhos* (ver Jakobson, 1954/1999).

20 Ver também Lacan (1957/1966m, p. 498).

Para Lacan, não há definição ostensiva porque indigitar ingenuamente a realidade não é um ato capaz, por si mesmo, de garantir com exatidão o que está sendo apontado. Mesmo quando nos empenhamos em ligar, com o gesto indicador, um nome a um espaço discreto do real, não escapamos da ambiguidade própria tanto ao nome quanto ao ato da indicação, que exigem, ambos, a referência à totalidade da linguagem, pois a ela compete a discriminação de seus respectivos lugares estruturais. Não há indicação em estado bruto: ela já surge de um mapeamento linguístico que abre o contexto do espaço do objeto como objeto a ser reconhecido (conforme o desejo inconsciente). Não há objeto em estado bruto: a linguagem, quando pretende "atingir a realidade", já encontra nela algo de sua própria natureza:

> *o que é apreensível no nível do discurso concreto sempre se apresenta, em relação ao engendramento do sentido, numa posição de ambiguidade, visto que a linguagem volta-se para objetos que já incluem em si mesmos alguma coisa da criação que receberam da própria linguagem. (Lacan, 1998, p. 50)*

Não existe uma significação que se reduza a uma indicação purificada da realidade porque "há uma propriedade original do discurso com relação à indicação" (Lacan, 1981, p. 155). Uma significação só significa por remeter a todas as outras; uma indicação qualquer já pressupõe os objetos ascendidos à linguagem: "O sistema da linguagem, em qualquer ponto em que vocês o tomem, não atinge jamais um indicador diretamente dirigido a um ponto da realidade; é toda a realidade que é recoberta pelo conjunto da rede da linguagem" (p. 43). Essa exigência da presença virtual de toda a estrutura em qualquer atualização significante, essa ideia de que "a significação só se realiza a partir de uma captação das coisas que é global" (p. 414), é o primeiro passo que outorga ao conceito do Outro o caráter de ponto necessário no desenvolvimento da teoria.

Jamais designando diretamente um referente na realidade, a existência da linguagem possui um teor de fatalidade por cavar um fosso entre o ser humano e as coisas sensíveis, abolindo estruturalmente qualquer possibilidade de imanência: "o significante só manifesta a presença da diferença como tal e nada além disso. Logo, a primeira coisa que ele implica é que a relação do signo à coisa seja apagada" (Lacan, 1961-62, p. 58). Mediadora incontornável, não é possível passar à experiência ou à sensibilidade à revelia da pregnância da linguagem. Não há coisas sem nomes, não há objeto não associado a significante e, portanto, negado para ser incluído em cadeia sob a forma de sua ausência que é, afinal, a sua verdadeira forma de existência: "É o mundo das palavras que cria o mundo das coisas, inicialmente confundidas no *hic et nunc* do todo em devir, dando seu ser concreto à essência delas" (Lacan, 1953/1966f, p. 276). O *Seminário 6* aplica a esse contexto o conceito de castração, chamando a atenção para "o que tem de castrado tudo o que, do ser vivo, tenta se aproximar do ser vivo quando este ser vivo é evocado pela linguagem" (Lacan, 2013, p. 148), movimento teórico que, aliás, converge com a teoria freudiana do objeto do desejo como algo essencialmente perdido.

Nesse sentido, o isolamento do significante com relação ao significado garante a permanência de uma ordem explicativa do desejo radicalmente divorciada de um trato realista.

2.6 Verdade

Tal distância entre realidade e discurso é forte ponto de conjunção com o pensamento de Kojève, com o momento em que ele procede a uma identificação entre erro e verdade:

> *A verdade é mais do que uma realidade: é uma realidade* revelada; *é a realidade* mais *a revelação da realidade pelo discurso. Há, portanto, no seio da verdade, uma* diferença *entre o real e o discurso que revela. Mas uma diferença se* atualiza *sob a forma de uma* oposição, *e um discurso* oposto *ao real é, precisamente, um erro. Só há, portanto, realmente uma* verdade *lá onde* tenha havido *um erro. (Kojève, 1947, p. 463)*

A verdade *é* o próprio descompasso entre realidade e discurso. É, portanto, de outro ângulo, a verdade da impossibilidade da verdade, porque nada da "realidade" terá lugar na linguagem. Dessa forma, a verdade, cuja forma é necessariamente discursiva – como tal, recoberta pela inépcia própria a qualquer discurso – em um sentido importante, não se distingue do erro. Esse é, por sinal, o raciocínio que subjaz à declaração de que a verdade possui estrutura de ficção. Aproximando verdade e poesia ao comentar a obra de Gide, Lacan observa: "Há tão pouca oposição entre essa *Dichtung* e a *Wahrheit* em sua nudez que o fato da operação poética deve nos deter, antes, neste traço que se esquece em toda verdade, a saber, que ela se mostra numa estrutura de ficção" (Lacan, 1958/1966p, pp. 741-2). O discurso não possui meios de sair de si mesmo, e não podemos dar as costas à linguagem para "ver" o que há por trás – essa visão é estruturalmente impossível. Mas, ainda que fosse postulada sua possibilidade, o visto não se descolaria de uma nova nomeação. O "para além da cortina", caso não encontrasse outro nome, seria ainda no mínimo indicado exatamente por esta expressão ("o para além da cortina") como único resto acessível à razão e desligado do imediato da sensação ou do sentimento. Encontrar-se capturado pelas tramas do discurso implica que a relação com o mundo das coisas seja a relação com um mundo perdido. Dizer que "o ser da linguagem é o não ser dos objetos" (Lacan, 1958/1966p, p. 627) é expressar a verdadeira significação da barra no esquema do signo apresentado pelo autor. Ela materializa, em última instância, essa ideia, de inspiração kojèviana, de que a verdade reside no erro. Por outro lado, a crença enganadora no domínio das coisas como mundo de fato é um resultado dessa mesma linguagem castradora: "é claro que a linguagem não é feita para designar as coisas. Mas esse logro é estrutural na linguagem humana e, em certo sentido, é sobre ele que está fundada a verificação de toda verdade" (Lacan, 1975, p. 272). A noção de mundo se reduz, assim, à reiteração, na estrutura, de uma potência para ser dito. Faz parte da própria estrutura da linguagem coagir o sujeito a acreditar no objeto como imagem de um mundo real e acessível, o que é apenas outra forma de dizer que o significante determina o significado, que o simbólico determina o imaginário. É o que explica Bairrão (2003) na seguinte passagem:

> *Não é que o homem recorra aos contornos das coisas perdidas para fazer letras. Ficciona as coisas como perdidas a partir do princípio do significante. É de lá que o traço, mera matéria bruta da letra, é retroativamente significado como cópia de parte destacada do mundo. (p. 242)*

O que seria, então, o erro se tomarmos essa palavra no sentido tradicional de oposição ao caminho da verdade, de atitude mal orientada? Essa ideia não deixa de apresentar certo valor operatório quando passa a corresponder à tentativa de fixar o sujeito, à guisa de conhecimento, em forma positiva e objetivante.

Quando Lacan passa a admitir a noção de inconsciente sob definição estruturalista, a equação *fenômeno "psíquico" = fenômeno de conhecimento* sofre um deslocamento no sentido de que as possibilidades do conhecimento ganham uma radicalização da valoração negativa que já possuíam com a qualificação de fenômeno paranoico: devido à incidência do funcionamento inconsciente, todo conhecimento só pode ser desconhecimento – como o objeto poderia ser acessível ao pensamento se nem o pensamento é acessível a si mesmo? [21] –, o que lega à teoria a necessidade de redefinir seus objetivos e talvez de redefinir a própria noção de teoria e sua relação com o ideal de ciência – tanto que este sofre oscilações notadamente no *Seminário 2*, constituindo mais um ponto a defini-lo como um momento da elaboração teórica, cujos contornos ainda se apresentam visivelmente mal definidos. Ali, o autor primeiramente associa a noção de libido ao ideal da física, no que diz respeito à sua função de unificação da disciplina psicanalítica, para em seguida separar os dois domínios teóricos com a justificativa de que a psicanálise se opõe à perspectiva de ligação lógica entre passado e futuro que não deixa margem para a ação, no sentido de uma realização que implica o novo. De seu ponto de vista, a física cala os astros ao transpô-los para um regime matemático construindo um saber fundamentado no objetivo de formalização. Para a psicanálise, a situação não é análoga, porque não pode ambicionar a simbolização de seu objeto se esta tem por efeito torná-lo silente. É visível que a reflexão subjacente a essas considerações corresponde a um ato de questionar-se quanto aos impasses gerados pela intensa aproximação, que então tem lugar, com o ideal de ciência presente no estruturalismo. Por estar imbuído da experimentação crítica desses impasses é que Lacan anuncia e desenvolve tal aproximação ao mesmo tempo que se debate com suas consequências, chegando a mencionar apenas no condicional a localização da psicanálise no âmbito científico: "*Se estivéssemos operando no mundo da ciência*, se fosse suficiente alterar as condições objetivas para obter efeitos distintos, se o desejo sexual seguisse ciclos objetivados, não nos restaria nada a fazer senão abandonar

---

21 O desenvolvimento detalhado dessa questão é o eixo principal dos livros de Bairrão (2003; 2004).

a análise" (Lacan, 1978a, p. 263, grifo meu). Tal questionamento não desaloja o ideal de ciência, mas, no ano seguinte, o repõe mais decididamente inserido no estruturalismo. Nesse momento – *Seminário 3* –, o desejo de ciência é depositado na busca pela estrutura; fazer ciência é desconfiar do fenômeno, ainda que procurando nele mesmo a estrutura que o fundamenta e garante sua razão:

> *não temos essa confiança a priori no fenômeno por uma simples razão; trata-se do fato de que nossa démarche é científica e de que o próprio ponto de partida da ciência moderna é não se fiar nos fenômenos e procurar por trás algo de mais subsistente que os explique. (Lacan, 1981, p. 163)*

A realidade do fenômeno é expressão do caráter racional da estrutura. Há um parentesco entre psicanálise e física pelo viés antiempirista que retorna aqui. Trata-se da equivalência da lei com uma fórmula que, por se constituir de significantes, encontra-se descolada da significação: "Extrair uma lei natural é extrair uma fórmula insignificante. Menos ela significa alguma coisa, mais satisfeitos ficamos" (p. 208). A psicanálise preserva, no entanto, sua distinção, porque se encontra envolvida, a partir da matematização da série responsável, por tornar "pensável" (p. 270) o que disse Freud, com a consideração necessária da presença da subjetividade no real. As fórmulas significantes que lhe interessam são aquelas que, ao contrário da física, não apenas não excluem a pergunta "quem fala?", mas são as únicas capazes de responder pela estrutura desse sujeito. Trata-se aqui de mais um momento de aprofundamento do conflito determinação *versus* subjetividade: "A psicanálise deveria ser a ciência da linguagem habitada pelo sujeito" (p. 276). Ela ocupa, então, a estranheza de um lugar que simultaneamente se inscreve no científico e o questiona. Cabe a tal estranheza o encargo pelas constantes ressignificações do assunto ao longo da obra. Sem poder ser uma "ciência humana" – cujo objetivo se debateria com a tendência a fazer do ser humano uma coisa (Lacan, [1957-58]1998, p. 356), substancializando algo cuja essência é descrita pelo não substancializável. Ou seja, para Lacan, as ciências humanas tenderiam a tomar o ser humano como objeto – não lhe convém optar pela *doxa*: "nosso discurso deve ser um discurso científico. Dito isso, ocorre que, para atingir esse fim, os caminhos não são muito fáceis quando se trata de nosso objeto" (p. 251). Assim, o pensar psicanalítico deve diferenciar-se da compreensão, porque esta se atém ao fenômeno, abordando-o pela intuição como instrumento psicológico. Trata-se do privilégio do lógico da explicação em oposição à vivência da empatia:

> *Vocês conhecem a pretendida oposição do* Erklarën *e do* Verstehen. *Nisso, devemos sustentar que só há estrutura científica onde há* Erklarën. *O* Verstehen *dá lugar a todas as confusões. O* Erklarën *não implica de forma alguma uma significação mecânica, nem coisas dessa ordem. A natureza do* Erklarën *é o recurso ao significante como único fundamento de toda estruturação científica concebível. (Lacan, 1981, p. 216)*

Mas a psicanálise também deve ser diferenciada da física porque esta, apesar de buscar a razão inaparente do fenômeno, cala o sujeito ao eleger o sujeito do conhecimento, correlato presumido de seu objeto ingenuamente tomado por puro. A difícil tarefa da psicanálise, no meio desse engodo, é então procurar a razão do fenômeno (sendo ciência) no caso em que o fenômeno é o sujeito que fala (não sendo ciência nos moldes da física).

Em todo caso, física ou psicanálise, a ciência enquanto produção de fórmulas significantes descarta o realismo como ponto de partida:

> *Não se trata, portanto, daquilo que se chama vagamente de realidade, como se fosse a mesma coisa que a realidade das muralhas contra as quais nos chocamos; trata-se de uma realidade significante, que não nos expõe simplesmente botaréus e obstáculos, mas uma verdade que se verifica e se instaura por si mesma como orientando esse mundo, e introduzindo nele os seres, para chamá-los por seu nome. (Lacan, 1981, pp. 229-30)*

Tendo em vista que o objeto é constituído por referência ao funcionamento totalizado da linguagem, e não a pontos discretos que esta atingisse no real, seria, à primeira vista, plausível supor a presença de uma concepção pragmática da verdade. Com efeito, essa é a leitura de Dews (2003), para quem Lacan interpretaria a verdade como (1) o êxito pragmático de crenças compartilhadas linguisticamente sem, no entanto, ser reduzida a um valor instrumental porque (2) tal êxito estaria submetido a uma irredutibilidade transcendental que o impediria de ser regulado por um acordo tácito entre falantes. Quanto ao primeiro ponto, Dews o distingue por contraposição a Derrida: diante da origem linguística do objeto, não fica implicado:

> *que a referida distinção entre linguagem e realidade seja em última instância indefensável, como sugere o conceito de 'texto geral' de Derrida, visto que o sentido presumido de quaisquer termos particulares não pode ser inteiramente separado do êxito pragmático das crenças partilhadas por uma comunidade linguística. Noutras palavras, há uma interação contínua entre saber e sentido, em que novas descobertas – embora jamais sejam encontros não mediados com o real – podem desestabilizar interpretações existentes. (2003, p. 78)*

Quanto ao segundo, seria, evidentemente, mais bem percebido quando contrastado com a posição habermasiana:

> *para Lacan, a norma de afirmação da verdade possui um estatuto não empírico, apriorístico. Ela não é o resultado de um acordo entre parceiros envolvidos na comunicação, pois o estabelecimento de tal acordo pressupõe previamente a função da linguagem como enunciação da verdade. (2003, p. 82)*

Sustentarei, com Dews, o eixo transcendental da verdade em Lacan, mas não o eixo pragmático, pois, nesse contexto, ele está mais relacionado com a realidade do que com a verdade, ponto que impede uma aproximação mais certeira com as filosofias pragmáticas. O conceito lacaniano de verdade não possui tom pragmático, porque, em sua perspectiva, a concepção de linguagem é sempre recoberta por diretrizes kojèvianas responsáveis por indicar os rumos de tal conceito. O fato de o objeto ser construído a partir da linguagem – ainda que, nesse momento, ela também se traduza na dimensão da intersubjetividade – não significa que os vetores dessa constituição sejam os usos compartilhados desse objeto, mas, antes, sua relação com a negatividade do desejo orientada pelos direcionamentos autônomos e arbitrários (do ponto de vista do sujeito falante) do significante. O problema na interpretação de Dews parece ser a ausência da indicação de que esse nível epistemológico em Lacan é inseparável do funcionamento do desejo e que, nisso, a verdade é sempre algo de negativo. Assim, ela não pode sofrer redução pragmática. É pela via dessa abordagem específica, mas não necessária, do uso que Lacan faz do termo "verdade" que Dews realiza uma aproximação (improvável) entre a teoria lacaniana e um tipo de discurso pautado na convenção (sustentado por referência a Apel).[22] A realidade pode ser vista como o produto de um uso compartilhado da linguagem, na medida em que tal uso se restringe a um nível imaginário, mas não é aí que podemos situar a verdade. Esta deve ser apreendida em seu valor simbólico próprio, indissociável da ideia de negação e da efetividade do inconsciente que imediatamente ameaçam a manutenção tanto da noção de "compartilhamento" quanto da de "uso". Nesse sentido, a verdade não tem a ver diretamente com a realidade, embora ambas devam sua constituição ao funcionamento simbólico. Essa dívida se situa, todavia, de lados opostos: a realidade como produto imaginário,

---

22 Isso fica claro quando o autor comenta a tensão, descrita por Lacan, entre o ato de mentir e seu necessário acompanhamento por um horizonte de verdade. Ele diz: "um universo social no qual a maior parte dos integrantes mente seria impossível sob fundamentos transcendentais: a expectativa universal de mendacidade seria simplesmente dissipada em uma revisão dos schemata interpretativos destinados à maximização da verdade. Desse modo, Lacan salienta aqui uma assimetria elementar entre verdade e falsidade, pois uma mentira funciona somente no interior de uma relação intersubjetiva estruturada pela assunção normativa elementar de que a finalidade da comunicação lingüística consiste em dizer a verdade. Se uma declaração considerada verdadeira em determinado momento é uma declaração cuja exigência de verdade tenha sido (provisoriamente) acolhida ou sustentada, uma mentira não é uma exigência de falsidade que tenha sido igualmente validada, mas antes uma declaração feita com a intenção de criar uma ilegítima exigência de verdade. Assim sendo, *a possibilidade da mentira pressupõe uma convenção segundo a qual a finalidade da linguagem consiste em dizer a verdade*, enquanto nenhuma convenção é exigida para o sucesso de uma finta ou de uma armadilha [estes, fenômenos do registro imaginário]" (Dews, 2003, pp. 80-1, grifo meu). Faltaria ressaltar que "dizer a verdade", por motivos já abordados aqui, é sempre algo da ordem do "mal-entendido". Assim, as razões que impossibilitam a fundamentação do estatuto da mentira, segundo Lacan, no terreno da convenção são as mesmas que impedem o arrolamento de sua teoria da verdade no campo das teorias pragmáticas. Elas podem ser resumidas em torno da presença necessária da negação no horizonte transcendental do discurso. O horizonte da verdade suposto à enunciação da mentira não tem a ver com o estabelecimento de convenções, mas com a própria lógica, sempre equívoca, de funcionamento do discurso.

sempre devedora da ilusão de completude secretada pela imagem especular; a verdade como essência negativa do simbólico.

Avançando um pouco mais sobre a relação entre linguagem e realidade, tudo isso significa que a segunda é secretada como realidade perdida pelo funcionamento da primeira. A realidade não é algo cuja existência prévia ofereceria resistência a uma linguagem cujo projeto de assimilação estaria fadado ao fracasso. Se este fosse o ponto de partida, seríamos obrigadas a concordar com a crítica de Merquior (1991):

> *O pressuposto subjacente é que o que chamamos ingenuamente de correspondência à realidade repousa apenas numa língua compartilhada, que impõe às coisas um ajuste conformista a significados sociais manipulados ou inconscientes em vez de compreender sua verdadeira natureza (que é, em todo caso, apenas função das nossas 'interpretações ativas'). O problema é que não se pode dizer "não há mímese" a partir dessa premissa. (p. 281)*

Ou seja, o problema passaria a ser como afirmar que não há correspondência (ou imitação) entre linguagem e coisa se não há como compará-las, se não há nenhum ponto de referência, nenhum acesso à realidade por meio da linguagem. Realmente, se não podemos sair da linguagem, é impossível, por princípio, formular uma hipótese sobre a existência da realidade que lhe seja externa. Não teríamos acesso a nenhum termo de comparação que, exterior à linguagem, fosse capaz de indicar a independência da realidade necessária à afirmação da ausência de correspondência.

Mas ocorre justamente que não é dessa forma que funciona o raciocínio, pois a realidade é pensada como posterior à linguagem, negada *após* o nome, e não como dado prévio:

> *pelo simples fato de que ele é fala, o discurso funda-se na existência, em algum lugar, desse termo de referência que é o plano da verdade – da verdade enquanto distinta da realidade, o que faz entrar em jogo o possível surgimento de novos sentidos introduzidos no mundo ou na realidade. Não são os sentidos aí presentes, mas sentidos que a verdade faz surgir neles, que ela literalmente introduz neles. (Lacan, 1998, p. 18)*

Não se trata, portanto, de uma questão de presença ou ausência de correspondência, mas de impossibilidade de imanência, de incapacidade de alhear-se da manifestação do significante. Quando o próprio Lacan fala de ausência de correspondência, toda a forma pela qual se articula seu pensamento nos força a entender suas observações como elementos que se estruturam na direção de assinalar a *ausência da questão da correspondência.*

Pensar a verdade como negatividade a partir da linguagem é algo que torna muito singular a posição lacaniana, despojando-a, a uma só vez, do relativismo e do dogmatismo. Se, por um lado, "a descoberta de Freud é esta verdade de que a verdade nunca perde seus direitos e que (...) somente seu registro permite conceber essa duração inextinguível do desejo" (Lacan, 1956/1966l, p. 467), por outro, trata-se aí de uma verdade que jamais se torna positivada.

Atribuir à negatividade uma função descritiva do sujeito e de sua realidade é, portanto, *consequência* de uma análise do modo de funcionamento da linguagem, e não um *parti pris* metafísico: "é na medida em que o mundo do símbolo (...) anula a coisa existente que ele abre o mundo da negatividade, o qual constitui simultaneamente o discurso do sujeito humano e a realidade de seu mundo enquanto humano" (Lacan, 1975, p. 196). Tal função só adquire teor ontológico – aliás, nesse caso, contrário, por definição, a qualquer positivação metafísica – *a posteriori*; só se torna um pensamento sobre a essência ao afirmar a equivocidade do discurso, e não por uma escolha prévia a favor da ideia de negação. Para Lacan, a linguagem é logicamente anterior à ordem do ser: a "*ex-sistência*" não constrange à imanência, mas a algo que insiste *como falta* no rastro deixado pelo discurso. Anterioridade tão somente lógica, pois a insistência da essência negativa que corre por fora é imediata (sem mediação): uma vez que haja o simbólico, está no mesmo golpe fundado o espaço do ser.

O ato de catalisar uma significação pensando estar atingindo com isso um pedaço de real é um ato que pertence à ordem do mal-entendido, porque o que aí se estratifica é apenas uma outra significação, ou seja, algo cuja natureza pertence totalmente ao domínio do discurso. À significação opõe-se o sentido, sendo este por essência não cristalizável, aberto, porque está submetido a reformulações retroativas com o surgimento de novos significantes. Falar não pode nunca se abster de ser armadilha. Mas visar, além da fala, à estrutura simbólica é a aposta em uma verdade, de certa forma, purificada porque assimila sua condição. Toda verdade tem estrutura de ficção porque implica tornar presente no discurso o próprio erro que o fundamenta.

2.7 Crítica da compreensão e dissociação entre conhecimento e verdade

A consequência epistemológica vem acompanhada de uma insistente crítica da atitude de compreensão, inaugurando, quanto a este ponto, um caminho exatamente contrário ao de sua tese de doutorado, quando Lacan se esforçava para afastá-la do espiritualismo de Jaspers e para incluí-la em um quadro de abordagem objetiva da personalidade. Contra Dilthey, providenciar-se-ia sua explicação mediante a discriminação das relações de compreensão.

Sabemos que nenhum passo da teoria lacaniana é indiferente a uma reflexão epistemológica. Aqui, a concepção de linguagem abraçada denuncia a compreensão como equívoco do apego à segurança imaginária e a uma precipitação intelectual distanciadora da verdade; por isso "cada vez que vocês compreendem, é aí que começa o perigo" (Lacan, 2013, p. 40).

É preciso sublinhar a importância dessa modificação no pensamento lacaniano: antes, havia um total recobrimento entre paranoia e verdade/conhecimento, com toda abordagem de objeto tendo origem na rivalidade narcísica; já o ponto de vista do simbólico anuncia uma dimensão discursiva não delirante, desde que ceifada a vontade de compreender: "o importante não é compreender, é atingir o verdadeiro. (...) [Compreender] prova que temos todos alguma coisinha em comum com os delirantes" (Lacan, 1981, p. 59). Uma coisa merece ser destacada nessa passagem: doravante, é possível vislumbrar, para a verdade, um espaço não contaminado pelo delírio, a consequência sendo sua imediata dissociação do conhecimento e uma lucidez paroxística sobre o resultado da irredutibilidade da psicanálise enquanto disciplina teórica – um saber só pode se erigir em conhecimento se denegar a hipótese do inconsciente (Bairrão, 2003; 2004). A origem do objeto como produção imaginária continua a mesma. Mas a psicanálise, enquanto sustentação do inconsciente reformulado em termos de estrutura simbólica, abre um novo espaço para a verdade que, *enquanto verdade acessível*, está além do espaço do objeto e do fenômeno. Tal estratégia precisa, então, ressituar a descoberta freudiana não mais como objeto de um conhecimento, mas de um testemunho:

> *o isso que ele [Freud] nos propõe atingir não é isso que possa ser o objeto de um conhecimento, mas isso (....)*

> *que constitui meu ser, e sobre o qual ele nos ensina que eu testemunho tanto e mais em meus caprichos, em minhas aberrações, em minhas fobias e em meus fetiches, quanto em meu personagem vagamente policiado. (Lacan, 1957/1966m, p. 526)*

Testemunho: a verdade está sujeita a uma constatação em que o agente se encontra implicado, tanto como quem empreende a ação de constatar quanto, indo além do sentido estrito do termo, como quem reconhece tratar-se ali de uma verdade que, de alguma forma, lhe diz respeito. Vale para a teoria psicanalítica o mesmo que para qualquer teoria: a desvinculação entre linguagem e coisa que transforma o objeto em algo irrepresentável desautoriza a construção de uma teoria se entendida como acúmulo de conhecimentos:

> *O que interdita a possibilidade do conhecimento é a falta de um dos seus pilares: o objeto enquanto tal está em falta no psiquismo humano, e faltando introduz uma falta na própria possibilidade de definir o estudo do psiquismo como objeto (de uma ciência). (Bairrão, 2003, p. 106)*

Eis aí o ponto que verdadeiramente afasta Lacan da psicologia como vontade de produção de conhecimento acerca do psiquismo e que traduz, do ponto de vista do conhecimento, certo grau de pessimismo teórico, talvez alheio a Freud.

Esse movimento é extremamente reiterado durante toda a década de 1950. Nele, a dissociação entre conhecimento e verdade parece indicar uma dissociação entre conhecimento e ciência. O ideal de ciência continua presente de uma maneira muito forte – investido nas leis do significante –, mas o conhecimento é rechaçado como fenômeno ilusório e desencaminhador. Unir aquela verdade testemunhada à qualificação de ciência é o resultado inevitável da abordagem estruturalista do inconsciente. Com isso, a separação sujeito/objeto, necessária à ciência no plano metodológico, passa a ser alvo do próprio saber científico; a consequência sendo a necessidade de questionar tal separação: "Freud, com sua descoberta, colocou dentro do círculo da ciência esta fronteira entre o objeto e o ser que parecia marcar seu limite" (Lacan, 1957/1966m, p. 527). Em outros termos: o "conhecimento" psicanalítico implica a pergunta: "O que é conhecer?". Lacan insiste, a partir daí, na distinção entre sujeito da fala e sujeito do conhecimento.[23] O sujeito que a psicanálise dá a ver não é "o sujeito do conhecimento, o olho frente ao mundo real, mas o sujeito da fala, isto é, tal como ele emerge na dimensão da verdade" (1958/2003a, p. 182). Nessa insistência, ele demonstra, em fidelidade à perspectiva do concreto, que seu repúdio ao realismo ingênuo não lhe conduz a um apego ao idealismo, pelo contrário. Um dos motivos para nos atermos ao sujeito que fala em detrimento do sujeito que conhece é que o segundo é visto como ideal e problemático quando é suposto apenas como sombra e duplo dos objetos, ao passo que o sujeito da fala impõe-se necessariamente a partir da constatação direta do discurso, sem intermediações metafísicas. O objeto, se tomado como existente por si mesmo, é situado como embuste, e o conhecimento é posto em xeque pela revelação da posição secundária da realidade diante do desejo: "Freud fez desaparecer para sempre o bom sujeito do conhecimento filosófico, aquele que encontrava no objeto um status de toda confiança, diante do mau sujeito do desejo e de suas imposturas" (Lacan, 1959/1966s, p. 716).

Não compreender torna-se questão de método (Lacan 1994, p. 387) e evitar ser compreendido torna-se questão de estilo:

---

23 Por exemplo, em 1998 (p. 394; 476); 1979 (p. 146; 173) e por toda parte no *Seminário 6* (2013).

> *se eu me preparasse para ser muito facilmente compreendido, ou seja, para que vocês tenham por inteiro a certeza de entender, pois bem, em função mesmo de minhas premissas concernentes ao discurso inter-humano, o mal-entendido seria irremediável. Ao contrário, dada a maneira como acredito dever abordar os problemas, há sempre para vocês a possibilidade de estarem abertos a uma revisão do que é dito. (Lacan, 1981, p. 184)*

Lacan defende que a forma de falar sobre um assunto que se refere exatamente ao desejo implicado no ato de falar não lhe pode ser indiferente. Se o inconsciente se expressa na fala, o ato de falar sobre a fala deve estar advertido de sua presença, seja como estrutura subjetiva do desejo, seja como modulação do desejo de transmissão, não constituindo um discurso pretensamente eximido das condições que ele próprio profere:

> *meu estilo é o que é. (...) há também, nas dificuldades desse estilo (...), algo que responde ao próprio objeto de que se trata. Uma vez que se trata, com efeito, de falar de maneira válida das funções criadoras que o significante exerce sobre o significado – ou seja, não simplesmente de falar da fala, mas de falar no fio da fala, se podemos dizê-lo –, para evocar suas próprias funções, talvez se imponham necessidades internas de estilo (...). (Lacan, 1998, p. 30)*

Entre tais necessidades, são citadas a concisão, a alusão e a ironia, que podemos imaginar, respectivamente, ser pensadas como veículos da condensação, do deslocamento e da essência equívoca da linguagem em um de seus aspectos (aquele em que um dizer expressa o contrário do que pretende). São todas formas de privilegiar os possíveis encadeamentos virtuais entre os elementos da estrutura. No campo psicanalítico, insistir na fixação de um saber em conceitos corresponde a desconhecer o caráter fluido do inconsciente como virtualidade simbólica de infinitas, porém não aleatórias, vinculações entre significantes como nome da diferença estruturalizada. Assim, "os eixos deste estilo serão articulados através da tentativa de formalizar a discordância entre saber e ser. Um estilo que quer escrever uma discordância. É por isto que a clareza euclideana é estrangeira ao pensamento lacaniano" (Safatle, 2002b, p. 275). O estilo do discurso lacaniano deve ser apropriado à expressão da divergência sugerida pelo desacordo entre dito e sensibilidade, pelo inconsciente como um fora radical, absolutamente não sujeito a processos de conscientização, uma vez que resulta do fato da fala, das condições de que ela precisa para existir, indicando um espaço transcendental que sempre se desloca diante de qualquer enunciação, inclusive (e principalmente) no caso em que esta o toma por alvo. Para Lacan, uma formação pautada em uma "aprendizagem de conceitos", salvaguardados por uma suposta clareza de expressão, passa necessariamente ao largo daquilo que mais interessa no campo psicanalítico: a confrontação do sujeito com seu desejo. Trata-se, por exemplo, da via pela qual Foucault, em uma entrevista concedida à época do falecimento de Lacan, explora a hipótese de uma equivalência necessária entre a opacidade de estilo e a natureza do assunto abordado:

> *Penso que o hermetismo de Lacan é devido ao fato de ele querer que a leitura de seus textos não fosse simplesmente uma 'tomada de consciência' de suas ideias. Ele queria que o leitor se descobrisse, ele próprio, como sujeito de desejo, através dessa leitura. Lacan queria que a obscuridade de seus* Escritos *fosse a própria complexidade do assunto, e que o trabalho necessário para*

> *compreendê-lo fosse um trabalho a ser realizado sobre si mesmo. (1981/1999, p. 299, tradução modificada)*

Assim, em contrapartida, é no nível do estilo que se transmite algo daquilo mesmo que se perde subjetivamente com a presença do significante.[24] Falar do inconsciente é caminhar no limite do dizível, é encontrar-se condenada a aludir conhecendo o descontrole da alusão.

Retorna aqui, com outra camada de sentido, o fato de o significante se situar no encalço do conceito, fato agora emparelhado pela crítica da relação entre psicanálise e ciência. Nesse ponto da passagem da linguística para a psicanálise, é preciso envergar preceitos aristotélicos com o disparate de reter a ciência ainda que se trate do particular (ou do "individual"): "tudo o que é da ordem do inconsciente estruturado pela linguagem coloca-nos diante do seguinte fenômeno – não é nem o gênero nem a classe, mas somente o exemplo particular que nos permite apreender as propriedades mais significativas" (Lacan, 1998, p. 65).

Grosso modo, para Aristóteles, o conhecimento do particular, adquirido pela sensação, sofre de três deficiências interdependentes: não provê a causa, não se adéqua à tarefa demonstrativa e não é extensível a diversos particulares. No final do primeiro livro dos *Analíticos posteriores*, lemos, por exemplo, que não há:

> *arte demonstrativa do conhecimento adquirido por sensação. Mesmo que a sensação tenha por objeto uma qualidade, e não apenas uma quididade, temos de sentir pelo menos necessariamente tal coisa determinada, num lugar, e num tempo definidos. Mas o que é universal, o*

24 Ver Lacan (1966x, pp. 16-7), entrevista na qual isso que se perde já é nomeado: objeto *a*.

> *que se aplica a todos os casos, é impossível de perceber, pois o universal não é, nem algo de determinado, nem um tempo determinado, de outro modo não seria universal, porque designamos por universal o que é sempre e em toda parte. Como as demonstrações universais, e como as noções universais não são sensíveis, é evidente não haver ciência de sensação. (1987, p. 98)*

Há ainda um outro motivo que impede a ciência do particular e seu caráter aberto, assim descrito por Chauí (1994/2002): "não há como delimitar e definir completamente um particular que (...) é um termo cuja compreensão é infinita, adquirindo e perdendo incessantemente predicados ou propriedades" (p. 377). É condição da ciência (demonstrativa) a ordem do *necessário*, algo, por essência, alheio ao particular.

Em sentido contrário ao de tais direcionamentos, o que há no estruturalismo é uma determinação *necessária* do individual (isto é, da diferença individualizada, mas, claro, não submetida a uma identidade) pela estrutura – determinação que diz, em sua totalidade, o que a diferença "é". A psicanálise não se descreve nem pela opinião nem pela ciência do universal: "Opinião verdadeira não é ciência. E consciência, sem ciência, não passa de cumplicidade de ignorância. Nossa ciência só se transmite ao articular oportunamente o particular" (Lacan, 1958/1966p, p. 632). O estilo é o desdobramento de um fato universal: a relação impreterível do ser humano com a linguagem. Mas é um desdobramento absolutamente inapreensível por tal via, pois generalizar jamais se furta ao malogro quanto à hecceidade. Por outro lado, se neste caso fazer ciência é encontrar a razão de ligação entre significantes, e se o significante nada mais é senão a colocação em estrutura de *uma* diferença, então, no estruturalismo, pelo menos tal como aparece em Lacan, o genuíno da ciência é direcionar-se ao particular – o que, nesse caso, significa buscar a necessária presença do sujeito concomitante à diferença. Não que escamoteá-la, como na física, seja um passo ilegítimo, mas trata-se, do ponto de vista de Lacan, de um passo que restringe o valor de ciência por não levar o fundamento às suas últimas consequências. Sob esse ângulo, e tendo em vista as tensões existentes entre conhecer e fazer ciência, o conhecimento do particular não apenas é inútil para gerar conhecimento de outro particular; *é inútil para gerar conhecimento*, simplesmente porque conhecer é considerado, diante da admissão da hipótese do inconsciente, uma tarefa, afinal, impossível. Dado que se encontra salvaguardada a possibilidade da ciência, seria um erro enxergar apressadamente nesse contexto uma inflexão do ceticismo. Mais uma vez, trata-se de saber que a verdade do desejo pode ser expressa no significante, movimento ao qual se supõe uma estrutura, porque o inconsciente é como uma linguagem, mas não como conhecimento, o que suporia a objetivação e a substancialidade do sujeito. A solução passa por essa subversão da ideia de ciência, embora não seja, de forma alguma, uma solução, se entendida como absoluta, como dissolução dos impasses. Pois o problema é que, enquanto essa relação entre significante e sujeito for pensada como relação de determinação totalizada do primeiro sobre o segundo, o caminho continuará restaurando, com novas formas, o paradoxo envolvido na questão. Em que pese tal observação, há um ponto que se manterá firme: a travessia do estruturalismo deixa a herança sólida da "necessidade de passar por uma outra forma, distinta daquela da apreensão conceitual." (Lacan, 1998, p. 65) Ora, não seria o conceito justamente o instrumento da passagem malsucedida do particular ao universal? Não seria ele cúmplice da ilusão de compreensão? Assim:

> *Tendo em vista o terreno em que nos movimentamos, mais do que pelo uso do conceito, é por uma deturpação do conceito que somos obrigados a proceder. Isso em*

> *razão do campo onde se movem as estruturações de que se trata. (p. 65)*

Convém marcar ainda um detalhe talvez esclarecedor. A originalidade apresentada em semelhante equacionamento das questões epistemológicas, possibilitado pela racionalidade estruturalista, torna a psicanálise lacaniana imune à crítica direcionada por Althusser ao projeto politzeriano para a construção de uma psicologia concreta. Formulada em *Ler o capital*, sua argumentação incide, de acordo com Bernard (1973/1974), sobre esse ponto preciso: a perspectiva do concreto, ao sobrepor "ser" e "conhecer", terminaria por reproduzir exatamente a ideologia de que busca se desvencilhar, uma vez que propor objetos em um nível discursivo diferente daquele a que pertence o relato imediato, mesmo quando se tem em vista a descrição de situações, não é por princípio extirpável da definição mesma de qualquer empreendimento científico. Tratar-se-ia de um resultado inevitável ao próprio espírito da ciência, sem o qual ela não teria razão de existir. Na exposição fornecida por Bernard, lemos que:

> *De fato, o projeto científico implica uma construção de objetos que se revelam perfeitamente estranhos ao dado "concreto" fornecido pela percepção:* o conhecimento só existe "na abstração de conceitos". *Ao querer voltar ao concreto, Politzer condenou-se à esterilidade: seu projeto de "psicologia concreta" jamais pôde realizar-se. A virtude do termo "concreto" esgota-se em seu uso crítico sem poder dar origem a um conhecimento propriamente dito. (1973/1974, p. 42, grifo meu)*

Bernard explica ainda em que medida essa crítica seria injustificada: ela lança mão de uma ideia ingênua de abstração não atribuível a Politzer.[25] Em seguida, apresenta as diretrizes gerais da obra de Lucien Sève como aquela que assume exatamente a tarefa de, dando continuidade às pesquisas de Politzer, atestar a fertilidade de seu direcionamento, desafiando o parecer de Althusser. Contudo, apesar de ser considerada impertinente por Bernard, a crítica de Althusser serve muito bem aqui para iluminar, a contraexemplo, o que acontece com o questionamento lacaniano da ciência nesse momento. Pelas observações desenvolvidas no parágrafo anterior, percebemos que a nova caracterização da ciência da qual Lacan participa – e para cuja problematização ele contribui – exige uma disposição diferenciada dos termos "abstrato" e "concreto". Suas localizações e suas referências recíprocas aí são tais que a discussão pode ser conduzida a um terreno no qual a oposição entre os níveis do conceito e do particular – por razões outras que as da razão dialética – não é mais natural ou necessária. Essa análise é curiosa, porque o uso explicativo do significante, sendo uma abstração no sentido politzeriano, não é o mesmo mobilizado por Althusser para criticar Politzer. Nessa aposta, o estruturalismo requer de fato um distanciamento com relação a Politzer, na medida em que, em seus termos, o caminho de uma "ciência do particular" não é o da primeira pessoa, mas o caminho da diferença formalizada.

"Falar no fio da fala" é, portanto, uma atitude na qual convergem um afastamento da ilusão de compreender, uma coerência com a ideia da copertinência entre verdade e erro, um esforço de manifestação do estilo como revelador da estrutura subjetiva tal como articulada pela psicanálise e um exercício de pensar para além do conceito ou no seu limite. Tudo isso se encontra condensado na diferenciação entre as teorias do signo e do significante: a linguagem, na dimensão que

---

25 Já vimos que ela não incidia sobre a criação de conceitos, mas sobre o uso da terceira pessoa.

interessa – a do significante –, não significa mais, como nos textos anteriores, para alguém, mas para outro significante.

2.8 Valor transcendental do sistema simbólico

É a introdução do simbólico que permite o estabelecimento de um ponto de vista diferenciado quanto à constituição concomitante do grupo sujeito-objeto-outro-realidade. Tal como no artigo sobre a família (Lacan, 1938a), ela continua a ser defendida, mas a localização em segundo plano do crivo dualista em favor da efetividade da estrutura garante agora uma saída epistemológica mais interessante. Voltando a desaprovar indiretamente suas próprias posições anteriores ao criticar diretamente outros autores, Lacan (1998) comenta, no *Seminário 5*, uma distância com relação a Melanie Klein por causa de uma revisão de sua antiga tese de equiparação entre fenômeno de conhecimento e fenômeno paranoico. Ao perceber, ainda que de modo exemplar, a complexidade da relação da criança com o desejo do outro, Klein teria permanecido alheia à imposição do desejo do *Outro*. Ao formular o movimento de constituição do desejo "simplesmente no confronto da criança com o personagem materno, ela resultou numa relação especular" (Lacan, 1998, pp. 271-2), sem meios de sair do nível superficial e perigosamente psicológico da projeção que situaria a realidade como delírio subjetivo:

> *No final das contas, nada nessa dialética pode nos retirar de um mecanismo de projeção ilusória, de uma construção do mundo a partir de uma espécie de autogênese de fantasias primordiais. A gênese do exterior enquanto lugar do ruim permanece puramente artificial e submete todo o acesso posterior à realidade a uma pura dialética fantasiosa. (p. 272)*

Chamar a atenção nesse momento para a presença primordial do pai, enquanto figura do terceiro e da lei, traduz, nesse sentido, a necessidade de um campo transcendental para que seja possível pensar a formação da realidade sem resvalar nos polos opostos do realismo e do idealismo – sem a verificação de objetividades ingênuas, nem a atribuição de caráter psicológico à realidade que, perspectivada em função da linguagem, não deixa de ser o resultado de um processo racional extrapsicológico. De outro ângulo, embora a verdade habite o erro, retirando daí seu caráter negativo, esse erro é produto de um processo cuja estrutura pode ser definida. Mais tarde, em entrevista, Lacan confirmaria o seguinte comentário de Caruso (1969):

> *Pensava naquilo que você dizia há pouco (e que é um tema central em todos os seus escritos) sobre procurar uma saída que não seja somente um empiria, como no caso das investigações de Melanie Klein, e que, ao mesmo tempo, não seja o logos separado da empiria. Para dar um exemplo, pensei na música, que é simultaneamente som e estrutura (...) e naquilo a que Kant se referia com a noção de esquema transcendental. (pp. 113-4)*

A analogia com a música havia sido assinalada por Lévi-Strauss (1955/1975e, p. 244): articulando dois tempos, um reversível (sincrônico) e outro irreversível (diacrônico), a partitura musical,[26] pela interdependência que mostra existir entre harmonia e melodia, é reveladora da relação entre a estrutura e sua atualização. Ela bem se presta a esclarecer o valor transcendental da saída encontrada por Lacan a partir do estruturalismo. Trata-se de estimar o esquema,

---

26 Lacan a menciona, por exemplo, em *A instância da letra...* (1957/1966m, p. 503).

tido por racionalidade do significante, sem, no entanto, desprezar a experiência que, no caso, é a clínica:

> *admito que busquemos referências gerais para aquilo que descrevemos; devemos mesmo fazê-lo o tempo inteiro. Mas sempre sublinhei a necessidade de seguirmos tanto quanto possível a própria experiência. É apenas sob esta condição que teremos a oportunidade de fazer progredirem os conceitos da experiência analítica e seu manejo. (Lacan, 1994, p. 548)*

Na verdade, essa fonte, que é a experiência, possui, na psicanálise lacaniana, relações muito singulares com a teoria – relações que, em diversos pontos, as tornam indiscerníveis, uma vez que aquilo que se oferece na experiência não é objeto externo à teoria, mas a própria fala que a constitui em discurso exibidor da estrutura da fala. Tal como na partitura, a fala, enquanto atualização da estrutura, não é exterior a esta. Dessa forma, a epistemologia lacaniana, baseada no transcendental da estrutura concreta, certamente não é empirismo, mas também não é racionalismo, no sentido em que encontra seu esquema racional no próprio "dado" (da fala). Observe-se aí, o quanto a disposição dos elementos "dado", "empírico", "teoria" e "razão" se interpenetram, afastando o lacanismo das referências filosoficamente clássicas. Apesar disso, a inspiração kantiana, nesse momento, é clara e explicitamente sustentada por Lacan. Comentando a tradição da crítica, cujo ápice é ocupado pela obra de Kant e é interpretada como questionamento da condição da realidade diante dos instrumentos *a priori* da subjetividade, o autor localiza o estudo da fala em sua continuidade:

> *Esse é um ponto axial, do qual a meditação humana partiu novamente para reencontrar o que não era, de*

> *forma alguma, percebido nessa forma de pôr a questão no nível do discurso lógico e de interrogar a correspondência entre o real e uma certa sintaxe do círculo intencional na medida em que ele se fecha em cada frase. É justamente isso que se trata de retomar, por baixo e através dessa crítica [a kantiana], a partir da ação da fala nessa cadeia criadora em que ela é sempre suscetível de engendrar novos sentidos (...). (Lacan, 1998, p. 50)*

Haveria, portanto, um nível anterior ao trabalhado por Klein e que o justificaria em última instância. Esse nível é o racional explicativo do desejo por trás da compreensão como resposta a uma demanda:

> *Sustento que isso quer dizer, na sua forma mais segura – diria: na sua forma primária –, que a compreensão do que quer que seja que o sujeito articule diante de nós é algo que assim podemos definir, no nível do consciente: que, em suma, nós sabemos o que responder àquilo que o outro demanda. É na medida em que acreditamos poder responder à demanda que nos encontramos no sentimento de compreender.*
>
> *Sabemos, no entanto, um pouco mais sobre a demanda do que essa abordagem imediata; sabemos, precisamente, que a demanda não é explícita, que ela é mesmo muito mais que implícita, que ela se esconde do sujeito, que ela é como algo que deve ser interpretado. É aí que está a ambiguidade na medida em que nós, que a interpretamos, respondemos à demanda inconsciente no plano de um discurso que, para nós, é um discurso consciente. (Lacan, 1960/1961, p. 174)*

O plano da compreensão é o mesmo da projeção imaginária que fixa os objetos em objetos conhecidos, como se seu valor de realidade não fosse passível de questionamento. Sua verdade, inaparente, deve ser buscada na estrutura simbólica do desejo como estrutura da fala.

Notemos aqui que o simbólico pensado como estrutura – sob certo ângulo, exterior ao ser humano, transcendendo-o – introduz uma perspectiva oposta à ideia de realidade conformada subjetivamente, tal como defendida, por exemplo, por Bairrão (2003):

> *Das coisas tem-se o nome e nada (mais): a realidade é uma rede discursiva. O que aparece no lugar do objeto, como coisa, sempre vai se referir à estrutura da subjetividade.* A realidade em que se visualizara o fato das coisas é revelada como fantasia, ficção subjetivamente enformada. *A fidelidade à verdade não é tomada como adequação da representação às coisas, mas como deciframento do desejo. (p. 197, grifo meu)*

Interpretar Lacan dessa forma não seria fazê-lo voltar ao psicologismo rejeitado, visto que esse sujeito é completamente repensado fora dos padrões psicológicos, mas arriscaria comprometê-lo com elementos de um idealismo que ele repudia, além de aproximá-lo exatamente daquele ponto que o autor criticava em Melanie Klein. Sim, a realidade é uma rede discursiva e o objeto sempre implica a estrutura do sujeito, porém não porque esta seja o ponto de determinação, mas porque ambos são efeitos inalienáveis de outra estrutura. A estrutura que enforma a realidade como ficção não é a do sujeito, mas uma estrutura – do inconsciente, como linguagem – à qual ele também se encontra subjugado, tratando-se antes de uma ficção transcendentalmente formatada. É o que um outro fragmento da tese de Bairrão (2003) permite, aliás, entrever:

> *a partir da psicanálise não mais se confunda o sujeito (da ciência, em particular) com um olhar perante o qual se objetaria o mundo, mas se o reduza a um efeito de uma combinatória (pleonasticamente qualificável de significante) que, provocando o desejo, causa o sujeito. (p. 89)*

2.9 Ontologização do significante?

Em todo esse desdobramento da relação linguagem/coisa já se acham sugeridas as consequências de cunho ontológico, parcial e diretamente herdeiras do conceito saussuriano de valor. É, de fato, patente o quanto o caminho estruturalista corre o risco de ontologizar o simbólico. Para Roustang (1986/1988), esse teria sido o resultado da estrutura na psicanálise lacaniana: "fazer dele um substantivo, quando até então era um adjetivo, e uma substância, pois ele tem de suportar a si mesmo, já não sendo suportado por nada" (p. 26). Essa tendência à ontologização do simbólico, ao contrário do que diz Roustang na continuidade de seu texto, se faz presente em Lévi-Strauss de forma explícita e configura talvez a tensão interna mais importante de seu pensamento. Lévi-Strauss teria percebido, em sua teoria da estrutura, o encaminhamento rumo a uma espécie de, digamos assim, platonismo do significante e procurado corrigir esse resultado tornando novamente coextensivas a natureza e a cultura[27] – na contramão do primeiro capítulo d'*As estruturas elementares do parentesco*, que situava a posição paradoxal do incesto diante da oposição radical entre essas duas ordens[28] –, chegando a afirmar

27 Dizendo agora que a diferença se restringe ao plano metodológico (Lévi-Strauss, 1962/1997, p. 275).

28 Aí se lê, por exemplo: "É que a cultura não pode ser considerada nem simplesmente justaposta nem simplesmente superposta à vida. Em certo sentido substitui-se à vida, e em outro sentido utiliza-a e a transforma para realizar uma síntese de nova ordem" (Lévi-Strauss, 1947/1976, p. 42).

que o único significado dos mitos é a própria mente que os produz a partir do mundo do qual também faz parte.[29] Dessa perspectiva, o livro de 1962 representa o ponto mais apurado. Lemos nele que:

> *O próprio do pensamento selvagem é ser intemporal, ele quer apreender o mundo, como totalização sincrônica e diacrônica ao mesmo tempo, e o conhecimento que dele toma se assemelha ao que oferecem num quarto espelhos fixos em paredes opostas e que se refletem um ao outro (assim como aos objetos colocados no espaço que os separa), mas sem serem rigorosamente paralelos. Forma-se simultaneamente uma multidão de imagens, nenhuma das quais é exatamente parecida com as outras; por conseguinte, cada uma delas traz apenas um conhecimento parcial da decoração e do mobiliário, mas seu agrupamento se caracteriza por propriedades invariantes que exprimem uma verdade. O pensamento selvagem aprofunda seu conhecimento com o auxílio de* imagines mundi. *Ele constrói* edifícios mentais que lhe facilitam a inteligência do mundo na medida em que se lhe assemelham. *(p. 291, grifo meu)*

Ou seja, para Lévi-Strauss, nesse momento do desenvolvimento de sua reflexão, o pensamento selvagem – o pensamento humano,

29 Daí a afirmação de que a etnologia é, antes de tudo, uma psicologia (cf. Lévi-Strauss, 1962/1997, p. 150). Uma vez que estamos advertidas quanto à forma pela qual Lévi-Strauss entendia o funcionamento psíquico, sabemos que tal observação não remete a uma interioridade psicológica. Trata-se de uma psicologia *formal*: refere-se a esquemas conceituais universalizados de apreensão do mundo, como se o próprio mundo conhecesse a si mesmo através dos esquemas mentais do ser humano.

podemos dizer, já que o livro rejeita a tese de que haveria um "pensamento primitivo" distinto do civilizado (em termos de operações lógicas) e a ele inferior, estipulando que a *forma* do raciocínio é, em qualquer caso, a mesma quando aplicada a um universo que, além das propriedades físicas, reconhece propriedades semânticas (Lévi-Strauss, 1962/1997, p. 296) –, o pensamento selvagem é um espelho da natureza, e as distorções que impõe ao seu reflexo não atrapalham em nada a repetição da estrutura, haja em vista a identificação entre espírito e mundo: "Como o espírito também é uma coisa, o funcionamento dessa coisa nos instrui sobre a natureza das coisas: mesmo a reflexão pura se resume em uma interiorização do cosmos" (p. 276).

Quanto a Lacan, desde cedo estava bastante ciente desse direcionamento – e, inclusive, de seu próprio posicionamento rigorosamente oposto –, como vemos no seguinte relato, referenciado a seus diálogos pessoais com o antropólogo:

> *Lévi-Strauss está recuando diante da bipartição muito categórica que faz entre a natureza e o símbolo, e cujo valor criativo ele no entanto bem percebe, pois ela consiste num método que permite distinguir os registros e, ao mesmo tempo, as ordens de fatos. Ele oscila, e por uma razão que pode parecer-lhes surpreendente, mas que é perfeitamente confessada por ele – teme que, sob a forma da autonomia do registro simbólico, reapareça mascarada uma transcendência pela qual, em suas afinidades, em sua sensibilidade pessoal, ele só sente temor e aversão. Noutros termos, ele teme que depois de termos feito Deus sair por uma porta, o façamos entrar pela outra. Não quer que o símbolo, mesmo sob a forma extremamente depurada com a qual ele mesmo o apresenta, seja apenas uma reaparição de Deus sob uma máscara. (1978a, p. 48)*

Se Lacan, por seu turno, não pensa que o símbolo seja um reaparecimento de Deus pela porta dos fundos, é porque, fazendo valer a permanência de suas diretrizes politzerianas, pretende atingir o campo concreto e imediato da linguagem, tomando a estrutura pela lógica (inaparente, mediata) de seu funcionamento, inclusive na medida em que essa estratégia lhe permita manter a distinção entre natureza (biologia, acima de tudo) e cultura (o simbólico como o campo do sentido essencialmente humano). Tendo sido, desde o início, um antirreducionista e tendo visto na estrutura a verdade do fato total, esse direcionamento para o simbólico como instância última da causalidade não pode conduzir a um novo reducionismo ontológico. Diante da mesma questão, Lévi-Strauss regride, a partir da caracterização fornecida por Ricoeur[30] e do objetivo de "evitar a queda numa espécie de *Naturphilosophie*" (Prado Jr., 1990a, p. 55), a um naturalismo que supõe a identidade entre as formas da natureza e a razão humana, uma vez que esta se deve a um organismo que também compõe o mundo natural - um naturalismo que, sob essa indiferenciação entre sujeito e objeto, não se distingue de um idealismo, subentendendo da mesma forma uma metafísica, apesar do empenho em evitá-la. Vê-se bem que uma nova ontologia não é então poupada, sendo somente deslocada do símbolo para a natureza no estabelecimento de uma equivalência, no nível da isomorfia de estrutura, entre espírito e biologia. Já sabemos que talvez não houvesse nada que Lacan quisesse mais evitar do que um retorno desse vulto à biologia e, sendo assim, critica essa inflexão do pensamento de Lévi-Strauss, tomando-a exatamente como queda em um "materialismo primário":

> *Este mundo tal como é, eis o que concerne à razão analítica, aquela à qual o discurso de Claude Lévi-Strauss tende*

30 Lembremo-la: um kantismo sem sujeito transcendental.

> *a atribuir primazia. Com essa primazia, ele também lhe confere uma homogeneidade, no final das contas, singular, que é exatamente o que choca e perturba os mais lúcidos dentre vocês. Estes não podem deixar de discernir o que isso comporta de retorno ao que poderíamos chamar de materialismo primário, na medida em que, no limite desse discurso, o funcionamento da estrutura, aquele da combinatória tão poderosamente articulada pelo discurso de Claude Lévi-Strauss, só faria se aproximar da própria estrutura do cérebro, por exemplo, ou mesmo da matéria, e não representaria, segundo a forma dita materialista no sentido do século XVIII, nada além de um seu duplo (...). (1962-63/2004, p. 43)*

Esse materialismo culmina na identificação entre as leis do mundo e as do significante, como tal, impossível do ponto de vista de Lacan.[31] Ele então caminha, desta feita distanciando-se decididamente do antropólogo, para a continuação do desenvolvimento, não desprovido de problemas do ponto de vista transcendental, diretiva a ser encarnada sobretudo nos conceitos de Outro e de Coisa. Seu kantismo não pode, porém, ser sem sujeito transcendental (um sujeito como pura condição lógica da geração do sentido das representações), nem sem sujeito empírico (como sujeito ao *pathos*).[32]

Ao contrário do que afirma Roustang (1986/1988, p. 26), o simbólico para Lacan não pode, assim, deixar de ter relação com o social ou com a determinação do sujeito pelo outro e pelo Outro. Quando este explica que a relação que interessa não é a do ser humano com a linguagem enquanto fenômeno social (Lacan,

31 Ver *Seminário 10* (pp. 42-3).

32 Retornarei a esta questão no Capítulo 3.

1958/1966n, p. 689), está querendo enfatizar justamente a precedência da estrutura sobre o fenômeno – lembramos aqui, mais uma vez, a crítica de Lévi-Strauss a Marcel Mauss: "Mauss crê ainda possível elaborar uma teoria sociológica do simbolismo, quando a verdade é que é evidentemente necessário procurar uma origem simbólica da sociedade" (1950, p. 161). Mas isso não significa excluir o social da teoria, pelo contrário: trata-se, como vimos no primeiro capítulo, de sublinhar um panorama externalista no qual a intersubjetividade é trabalhada em outro plano que não o da aparência, que se restringe ao nível do imaginário. Dessa forma, mediante o estruturalismo lévi-straussiano, Lacan pode substituir o paralelismo de sua tese de doutorado – o que se passava entre o plano do psíquico e o do social – não por um novo paralelismo que tivesse lugar entre, de um lado, o psíquico e o social e, de outro, a estrutura simbólica; mas por uma determinação de mão única no sentido da estrutura sobre aquelas duas ordens representativas do domínio da aparência. Como explica Ogilvie (1987/1991), o antropólogo faz valer uma ideia de tradução em que a psicologia e a sociologia seriam inflexões externas de uma só realidade, da única realidade, a da estrutura: "Lévi-Strauss formula o termo 'tradução', para fazer valer a ideia de que o psiquismo individual e a estrutura sociológica são duas expressões de uma só realidade" (p. 67).

Não há, assim, na teoria lacaniana, ontologização do significante. Lacan mostrava, aliás, em sua crítica ao associacionismo (Lacan, 1936/1966a), que estava bem ciente da capacidade que uma teoria filosoficamente desprevenida possui para a produção de monstros especulativos – mesmo, e talvez principalmente, quando se pretende empírica. Os "seres de linguagem" não se acham imbuídos de uma existência substancial como consequência de sua determinação sobre o ser humano (Lacan, 1981, p. 199). O que ocorre é que certas diretrizes ontológicas são postas em sua dependência. O ser é secundário ao significante. Como citei acima, Lacan afirma que o significante cria "uma ordem de ser nova" (Lacan, 1975, p. 263), ou seja, o ser não é o significante – este, como diferença pura, a rigor, não pode mesmo se substanciar em sujeito verbal da conjugação "é" –, mas o que por este é produzido, ou melhor, o que adquire presença (embora negada) como resto de sua operação. Assim, o significante regula a própria existência da ontologia como campo de reflexão. Tal regulação não procede por via de representação de uma realidade que possua estatuto ontológico,[33] mas pelo fato de que sua articulação produz imediatamente duas ideias: a própria ideia de realidade (do lado imaginário, dos entes) e a de um campo exterior à linguagem (do lado real, do ser). Dito de outro modo, a interdependência ente/ser não é imediata, mas sujeita à presença primordial do significante.

Cassin (2005), discutindo a efetividade do verbo nos sofistas e afirmando que "é o 'logos' que faz os objetos serem, que dá a consistência e a existência" (§31), fala, a este propósito, de "contraontologização". No entanto, os pontos em que a teoria lacaniana toca a ontologia se referem mais ao real como aquilo que insiste de fora (ex-iste) do que ao nível dos objetos. O que é: o campo que acossa a linguagem graças ao fato de que o significante institui seus próprios limites, o não dizível constituído pelo dito como ameaça de inexistência do sujeito.[34] O discurso para no nível do ser quando atinge, para além da significação, o significante no real (Lacan, 1981, p. 157). O simbólico tem notícia desse campo quando se confronta com as margens que ele mesmo produz.[35] Guardada essa observação,

---

33 É o que observa Stein (1997): a subversão lacaniana da linguagem "consiste basicamente no seguinte: recusar a concepção da linguagem como representação de uma latente ontologia e expor a *linguagem univocamente como articulação*" (p. 30).

34 Mais tarde: o gozo, nome que recebe esse campo quando a referência é o sujeito.

35 A beleza de Antígona, discutida no seminário sobre a ética, seria um exemplo desse fenômeno.

a contraontologia ou a pré-ontologia[36] que encontramos em Lacan nesse período apresenta a peculiaridade do não dizer do originário, situando a essência em plano secundário, dependente – em sua instauração no nível da questão – da estrutura sem substância que, ao mesmo tempo, a nega.[37] Lacan (1973) expôs um pouco esse posicionamento no *Seminário 11*. Ele diz que:

> *é mesmo de uma função ontológica que se trata nessa hiância*[38] *pela qual acreditei dever introduzir, como lhe sendo a mais essencial, a função do inconsciente.*
>
> *A hiância do inconsciente, poderíamos dizê-la* pré-ontológica. *Insisti nesse caráter demasiadamente esquecido – esquecido de uma forma que não é desprovida de significação – da primeira emergência do inconsciente, que é de não se prestar à ontologia. O que, com efeito, se*

---

36 Baas e Zaloszyc (1988, pp. 28-9) trabalham a expressão pré-ontologia. Balmès (1999), na mesma direção, defende que Lacan mobiliza sequências ontológicas sem chegar a delimitar propriamente uma ontologia.

37 "É fundamentalmente a linguagem que introduz dimensão do ser para o sujeito e, ao mesmo tempo, esconde-a dele." (Lacan, 2013, p. 171)

38 Optei aqui pelo neologismo comumente utilizado nas traduções brasileiras para "*béance*", por acreditar que, ao substantivar o adjetivo "hiante", ele bem se aproxima do termo utilizado por Lacan que significa estado daquilo que é largamente aberto (ver Merlet, 2006, p. 151). Vejamos a definição: "Hiante: 1. *frm*. Com fenda ou buraco muito grandes. 2 *fig*. Com muita fome, faminto, esfomeado. *etim*. Lat. *hians, antis,* 'que tem a boca aberta; boquiaberto; aberto, fundido, rachado; ávido, part. pres. do lat. *hĭo, as, āvī, ātum, āre*' abrir a boca; fender-se, rachar-se; desejar" (Houaiss & Villar, 2001, p. 1526). Além disso, o termo *hiância* favorece, em alguns trechos, a preservação da estrutura original da sentença. Na frase que dá sequência à citação, por exemplo, temos "*la béance de l'inconscient*". Vertê-la por "a abertura do inconsciente" não deixaria de remeter ao gesto de abrir algo que se encontraria previamente fechado, o que não é o caso. Já a opção por "o intervalo do inconsciente" corre o risco de sugerir tempos alheios à incidência do inconsciente.

> *mostrou inicialmente a Freud, aos descobridores (...), o que se mostra ainda a quem quer que na análise acomode um pouco seu olhar àquilo que é propriamente da ordem do inconsciente – é que ele não é nem ser nem não-ser, mas algo de não-realizado. (pp. 31-2)*

O hiato do inconsciente é o pré-ontológico que desempenha função ontológica. Quer dizer, o inconsciente organiza o campo em que se torna possível um discurso "sobre" o ser que, dessa forma, jamais será realmente sobre ele.

Não sendo "*res*" de ordem alguma, o curioso – e fecundo – é que o significante possui materialidade.[39] A matéria, aquilo que produz efeito de verdade (*Wirklichkeit*),[40] reside no campo do significante. No nível das coisas, dos objetos, há apenas imagens, e o ser não comparece em seu registro. Quanto a esta função, a palavra não somente anula a coisa, mas usurpa seu lugar. O significante como diferença exige a concepção de uma matéria sem substância – ele produz efeitos concretos sem jamais se coagular em existência positiva.[41]

Nesse sentido, a introdução do registro simbólico significa a verificação de uma "descompressão ontológica" de segundo grau. Comentando a passagem do biológico ao imaginário na obra lacaniana, Prado Jr. (1990a) pondera:

> *Tudo se passa como se o instinto sexual – ou seja, uma estrutura ainda puramente biológica – provocasse uma*

39 A ênfase sobre esse aspecto conduzirá Lacan a, posteriormente, desenvolver mais a noção de "letra" sobre a de significante.

40 Lacan emprega o termo referindo-se ao vocabulário freudiano.

41 Muito mais tarde, Lacan dirá que um "realismo do nome", certamente referido ao real do nome e não à sua realidade, é mais interessante que um "nominalismo do Real" (1974-75, p. 108).

> *espécie de* descompressão ontológica, *responsável pela produção de fissuras (pensemos no sujeito que se projeta de 'mil maneiras',* através do real, *em direção a sua própria imagem especular) na superfície até então lisa do Ser de Parmênides, transformando-o num imenso espelho infinitamente fraturado. (p. 66)*

Remeter o espelho a uma fissura anterior por ser constituinte diminui ainda mais a pressão que supostamente exige a sobreposição de um teor ontológico à biologia. A operação de vácuo ontológico efetuada pelo simbólico é dupla e tende ao nada: descomprime a biologia e descomprime a imagem sem condensar, a partir disso, o ser em qualquer coisa positivada, quer no significante, quer na realidade.

2.10 Rumo ao dispositivo específico da psicose: três negações

Uma das questões que correm em paralelo ao deslocamento do conhecimento em sua relação com a verdade é, evidentemente, a definição em moldes estruturalistas da especificidade do mecanismo da psicose.

Sabemos não ser uma questão de menor peso, uma vez que tal afecção ocupa, no pensamento de Lacan, o lugar de prevalência que Freud destinava à neurose, devendo-se a ela a conformação da estrutura da personalidade na fase psiquiátrica inicial e a justificação última para a teorização de uma nova clínica. Seu interesse pela psicose é, inclusive, anterior a seu interesse pela psicanálise. Não é difícil perceber nesse momento a contribuição que o estruturalismo oferece à questão: sobre o fundo de uma teoria homogênea – a do simbólico como fator estruturante do sujeito – torna-se finalmente possível teorizar o mecanismo específico da psicose. O que o estruturalismo fornece a Lacan, especialmente no desenvolvimento de seu terceiro seminário, é uma teoria formalizada da determinação diferencial da psicose encaixada em uma teoria mais geral da constituição do sujeito. A localização da psicose sob a dependência do modo de operação de um dos elementos do Édipo – o Nome-do--Pai – torna sua diferença frente à neurose uma diferença de ordem estrutural, constituindo uma saída do círculo explicativo de sua tese de doutorado, que se achava baseado, ao fim e ao cabo, em critérios de assentimento social.[42]

Este encaminhamento pode, de saída, ser lido sob duas hipóteses:

1. A constituição da psicose torna-se fato contingente, não apresentando mais, por si mesma, nada de essencial a dizer acerca da verdade última da subjetividade em geral;
2. A operação em jogo na formação da psicose continua a descrever algo da condição do sujeito em geral – de forma que "seria ser louco por uma outra forma de loucura não ser louco", de acordo com a frase de Pascal citada por Lacan no *Discurso de Roma* (1953/1966f, p. 283).

É o próprio Lacan quem nos dissuade da primeira alternativa, com a insistência no posicionamento primordial da psicose em qualquer consideração de sujeito:

> *Se não somos capazes de perceber que há um certo grau, não arcaico, a situar em algum lugar do lado do nascimento, mas estrutural, no nível do qual os desejos são, propriamente falando, enlouquecidos; se para nós o sujeito não incluísse na sua definição, na sua articulação*

42 Como vimos no item 1 do primeiro capítulo.

> *primeira, a possibilidade da estrutura psicótica, jamais seríamos mais do que alienistas. (1961-62, p. 273)*

Mas, nesse caso, é preciso descobrir o caminho que permite a compatibilidade entre alguma proximidade na origem e o distanciamento necessário para o fornecimento de mecanismos estruturalmente diferenciados.

Esse caminho se explica pela análise das relações entre *Verwerfung* – *retranchement*[43] (supressão), *rejet* (rejeição) ou *forclusion* (forclusão),[44] segundo as sucessivas traduções fornecidas por Lacan –, *Bejahung* (afirmação) e *Außtossung* (expulsão), pois a teoria lacaniana da psicose nasce de um comentário do texto *A negação*, no qual Freud (1925/1981i) pensa a delimitação originária de um espaço psíquico por meio da operação intelectual do juízo como uma operação de desejo frente ao objeto da experiência de satisfação. Freud distingue duas espécies de juízo:

1. O juízo de atribuição, ligado ao eu-prazer inicial, pelo qual negar uma qualidade a uma coisa corresponde a situar tal

---

43 "*Rejet*" é a tradução utilizada em quase todo o *Seminário 3*. Nesse ano de ensino, "*retranchement*" é um termo muito pouco utilizado para *Verwerfung* (apenas nas sessões VI e XVI), mas fora o escolhido à época da discussão com Hyppolite. "*Forclusion*" é primeiramente utilizado na sessão 1 e apenas posteriormente escolhido como a melhor tradução (sessão 25, a última). Discutiremos adiante os possíveis motivos dessa eleição.

44 Bairrão (1998) apresenta "preclusão" como o termo que seria mais apropriado para verter "*forclusion*" ao português. Concordo quando o autor argumenta que ele manteria, na nossa língua, a presença do universo do Direito e, consequentemente, a referência ao sujeito, repercutindo de forma precisa no campo do Outro. No entanto, além do fato do galicismo já ter sido dicionarizado (ver Houaiss & Villar, p. 1371), tendo adquirido tanta ressonância que parece ter extrapolado o tecnicismo na psicanálise, apresenta a vantagem de manter a referência direta aos trabalhos de Édouard Pichon, que o inspiraram originalmente, preservando a etimologia do termo – *for* (fora), *clore* (fechar) (Macey, 1988, p. 39).

qualidade em um espaço externo ao eu. Primitivamente, ele liga o que é ruim (do ponto de vista da satisfação da pulsão) ao exterior e o que é bom ao que pertence a si mesmo no próprio momento de delimitação inicial desse "si mesmo". Como explica David-Ménard (2004):

> *dizer "S não é P" é separar um sujeito lógico de um predicado, o que quer dizer, por intermédio de um enunciado que diz respeito ao mundo, separar de si alguma coisa, ao passo que dizer "S é P" é admitir em si alguma coisa, ato pelo qual o si como espaço interno é constituído. (p. 196)*

A configuração inicial do *eu* é conduzida a partir dessa seleção que, pelo uso do pensamento, distribui entre dentro e fora aquilo que agrada e o que desagrada;

2. O juízo de existência, ligado ao eu-realidade, derivado, relacionado com a necessidade de averiguar a validade de uma representação (interna, outrora originada na percepção) como percepção renovada (externa), tentativa de reencontrar o objeto. Este juízo encontrar-se-ia igualmente implicado, como passo posterior, na questão da diferenciação interior/exterior:

> *do ponto de vista do jogo das pulsões, pronunciar juízos de existência não é simplesmente falar do mundo ou pronunciar-se sobre a referência de um enunciado, é tentar reencontrar na realidade exterior o objeto de satisfação cujo traço se inscreveu em nós e, verdadeiramente, constituiu nossos desejos – pelo reinvestimento desse traço – em sua especificidade. (David-Ménard, 2004, p. 196)*

Assim, mesmo nas etapas mais sofisticadas de um raciocínio qualquer, o juízo reitera a seleção regulada pelo movimento pulsional submetido ao ponto de vista da obtenção do prazer: "Julgar é o desenvolvimento posterior, conforme os fins, da inclusão no eu ou da expulsão para fora dele, originariamente governadas pelo princípio do prazer" (Freud, 1925/1989i, p. 256).[45]

Em seguida, Freud estabelece uma correspondência, por um lado, entre o ato de afirmar e as pulsões de vida e, por outro, entre o ato de negar e as pulsões de morte. Vejamos a frase em que isso aparece:

> *Sua polaridade [do julgar] parece corresponder à oposição dos grupos pulsionais que supusemos existirem. A afirmação [*Bejahung*] – como substituto da união – pertence a Eros; e a negação [*Verneinung*] – sucessora da expulsão [*Außtossung*] –, à pulsão de destruição. (p. 256)*

Lacan, então, toma o termo em alemão "*Bejahung*" para se referir ao momento mítico de uma afirmação originária[46] relacionada a um primeiro juízo de atribuição que separou o real, como o fora, de tudo aquilo que pode vir a fazer parte de cadeias significantes inconscientes.

---

45 Nesse ponto, o comentário de David-Ménard – que, aliás, preocupa-se em abordar os modos de incidência do desejo, tal como abordado pela psicanálise, sobre os dispositivos do pensamento conceitual (1990/1996; 1997/1998) – é ainda esclarecedor. Ela diz: "É sempre defendendo nosso corpo que apreendemos um elemento do Real. E o corpo que se defende através do pensamento é o mesmo que organiza a *Verneinung*" (2003, p. 165).

46 Para Lacan (1959/1966r, p. 558; sessão 11 do *Seminário 3*, pp. 163-178; sessão 4 do *Seminário 11*, pp. 43-51), essa percepção original é isolada como percepção de significante quando Freud, na carta 52, indica o signo *Zeichen* como seu conteúdo (ver Freud, 1985/1986, pp. 208-15).

É comum esse passo ser interpretado como o estabelecimento de uma anterioridade da afirmação com relação à negação (Evans, 1996, p. 17), porque, no texto de Freud, a negação utilizada no discurso pela via do uso da palavra "não" (*Verneinung*) tem essa afirmação originária do juízo de atribuição como sua condição lógica. Mas, se levarmos em conta que a contrapartida concomitante da afirmação é a expulsão e ainda que, para Lacan, a inscrição – afirmativa – de um significante não tem como não ser, por si mesma, uma espécie de negação,[47] tal anterioridade encontra-se sem fundamento. Afirmar um significante primordial, quando se tem em vista a forma com que é definido, ou seja, sua pertinência de essência a uma estrutura, é ao mesmo tempo negar todos os demais. Aliás, é exatamente essa simultaneidade que descreve o momento de criação do real como o fora da simbolização para o sujeito.

O que desponta nesse raciocínio é a necessidade de distinguir três tipos de negação:

- *Ausstossung*: negação que corresponde à expulsão no momento da *Bejahung*;

---

47 A dupla face – positiva e negativa – da operação de inscrição é sustentada por Lacan, muito explicitamente, por exemplo, no que segue: "Será que o um é anterior à descontinuidade? Não o creio e tudo o que ensinei nesses últimos anos tendia a subverter essa exigência de um um fechado – miragem à qual se vincula a referência ao psiquismo como invólucro, espécie de duplo do organismo no qual residiria essa falsa unidade. Vocês concordarão comigo que o um que é introduzido pela experiência do inconsciente é o um da fenda, do traço, da ruptura. (...) Onde está o fundo? Será a ausência? Não. A ruptura, a fenda, o traço da abertura faz surgir a ausência – como o grito, que não se perfila sobre fundo de silêncio, mas, ao contrário, o faz surgir como silêncio" (1973, p. 28). Aliás, como Lacan não deixa de observar com seu comentário sobre o psiquismo, convém destacar que essa forma de perceber a unidade é a única coerente com uma lógica não identitária a partir da qual ele quer, aqui, exercer o pensamento.

- *Verneinung*: a negação intelectual em que alguém rejeita um conteúdo recalcado pelo uso verbal do "não" (é nesta que Freud se detém em seu artigo);
- *Verwerfung*: a negação específica do mecanismo implicado na psicose.

O problema é que, para Lacan, o negado pela *Verwerfung* é a *Bejahung*, e isso dá margem para confundi-la com a *Ausstossung*, apesar de se tratar de operações extremamente diferentes e precisamente definidas em seus valores. Balmès, por exemplo, defende a existência dessa ambiguidade e dispõe, em função dela, dificuldades para definir "significação primordial" e entender o sentido do real por ela constituído. O autor argumenta ser necessário diferenciar, nos textos de Lacan, os elementos que contribuem para uma identificação entre *Ausstossung* e *Verwerfung* de outros que permitiriam sua distinção. Defende, nesse sentido, que "Se relemos com atenção a 'Resposta', não há dúvida de que *Verwerfung* (rejeição de um significante primordial) e *Außtossung* (expulsão do real) encontram-se muito mais confundidas do que claramente distinguidas" (Balmès, 1999, pp. 69-70). Balmès entende que esse caminho deve ser descartado, uma vez que a expulsão diz respeito a qualquer constituição de sujeito enquanto a forclusão concerne apenas à psicose. No entanto, talvez tal caminho não exista no texto lacaniano. Vejamos qual é a sentença, considerada indutora da leitura rejeitada, citada por Balmès: "O processo de que se trata sob o nome de *Verwerfung* (...) é exatamente o que se opõe à *Bejahung* primária e constitui como tal aquilo que é expulso" (Lacan, 1956/1966k, p. 387). Ora, ela pode, sem nenhum problema exegético mais complicado, ser entendida da seguinte forma: quando a *Verwerfung* se opõe à *Bejahung*, ela instaura outro tipo de expulsão, constitutiva do real na psicose e diferente da *Ausstossung*. O trecho "constitui como tal o que é expulso" refere-se àquilo que é expulso no desfecho psicótico, pois trata-se justamente de administrar o caráter específico dessa expulsão, na sua diferença com a outra expulsão que tem lugar quando surge o real para o sujeito neurótico.

As dificuldades relatadas como consequências são frutos do isolamento do texto, e são falsas dificuldades que, a meu ver, conduzem a mal-entendidos e debates desnecessários. Balmès (1999) as expõe da seguinte forma: "Que quer dizer 'simbolização primordial'? *Surgimento* originário do simbólico, enquanto distinto do real a partir de então excluído (...) ou assunção do simbólico já presente [déjà-là]?" (p. 69). E, adiante: "Qual real está em questão? Trata-se do real 'em geral', daquele no qual o discurso da física deverá alojar um saber, ou, antes, daquilo que vai constituir o real próprio para um sujeito (...)?" (p. 71). As duas pontas dessa questão se encontram interligadas. Ambas concernem à mesma atitude de não abordar os termos simbólico e real, de saída, a partir do espaço que eles mesmos abrem na obra lacaniana. Pois, aí, não há simbólico sem real, não há real sem simbólico, cada um sendo preservado em sua univocidade enquanto registro. *Bejahung* como simbolização primordial não significa gênese do simbólico, mas inscrição do simbólico no sujeito que a partir de então o faz existir como sujeito exposto ao recalque. Lacan a descreve como "admissão no sentido do simbólico" (1981, p. 21), o que parece implicar algo como um simbólico previamente dado fazendo-se admitir.[48] O simbólico "*déjà-là*", anterior ao ser humano, já discrimina, por sua própria existência, um real excluído, sendo a relação entre ambos sincrônica, não cronológica: o traço do simbólico é o mesmo traço que delimita o campo do real, e esse campo também é o mesmo, que se constitui como excluído na *Bejahung* ou na *Verwerfung*. Não há vários reais, há diversas formas de sua não inscrição através do simbólico. Por outro lado, não há um real da física distinto do real para o sujeito. Toda a discussão

48 Não podemos dizer "sendo admitido por um sujeito" porque, em se tratando do momento de sua constituição, torna-se difícil falar que existe aí um agente a quem atribuir essa ação.

que Lacan empreende sobre a condição epistemológica da física e da ciência em geral visa precisamente à defesa da presença do desejo em sua construção de saber, presença recalcada por sua delimitação. O real, apesar de possuir uma genealogia e de nos depararmos com momentos da obra em que a noção está sendo construída – nos quais, portanto, ela aparece de forma pouco clara –, em nenhum deles é pensado como subordinado a uma tipologia. Como quer que seja, suas descrições convergem para situá-lo como o fora do simbólico: "o real é (...) aquilo que resiste totalmente à simbolização" (Lacan, 1975, p. 80); mesmo campo, um só campo, passível de efeitos subjetivos, epistemológicos, ontológicos. Nessas discussões sobre a *Verneinung*, o termo já se envereda decididamente por esse sentido, solidificando a noção de algo expulso do simbólico (sendo exatamente para descrever isso que ele é empregado), e não de construção imaginária a partir do simbólico, aspecto este destinado à "realidade". Desde o anúncio de seu projeto em *S.I.R* (1956b), Lacan deposita também no real, juntamente aos outros dois registros, a expectativa de cobrir com eles todo o campo da experiência analítica. Isso mostra que ele não é excluído, apesar de não apresentar prevalência nesse momento em favor do desenvolvimento de uma reflexão sobre o simbólico. Jamais identificado com um realismo científico, ele já se aproxima das ideias de "absoluto" e de "ser", embora sua atividade própria sobre o simbólico, intimamente relacionada com a ultrapassagem, ou travessia, do estruturalismo, só venha a ser pensada mais tarde a partir de *das Ding* e após um percurso necessário pelo desenvolvimento do lugar do Outro na teoria.

Por aí se percebe que a distinção assunção/criação é uma falsa questão para uma teoria que estabelece o simbólico como fato de partida. "Simbolização primordial" só pode ser pensada como criação do ponto de vista do sujeito que então se constitui. Trata-se de uma questão de perspectiva, não de diferença de natureza. Ascender à linguagem, utilizando-a em registro ressonante ao Outro, é situar o simbólico "como se" ele tivesse sido criado por uma primeira afirmação mítica que inaugura o sistema das *Vorstellungen*. Mas, nesse sentido, ele não é criado em si, nem surge *ex nihilo*: o sujeito já nasceu banhado de linguagem. A questão é saber como isso vai atingi-lo, conformando o modo de sua relação estrutural com a totalidade da linguagem, a forma pela qual ela vai se tornar uma linguagem subjetivada.

A criação do simbólico em si, como origem geral e não como origem para um sujeito, não parece agregar muito interesse para Lacan. A existência da linguagem interessa como constatação de um fato, não do ponto de vista genético. O máximo que ele elabora nessa direção durante o período aqui em questão é o estabelecimento de pontos originais de inserção do simbólico em características de presença/ausência no real. Aqui, questões genéticas são realmente preteridas em favor de questões estruturais e, desse lugar, pensar a origem do simbólico seria pensar um momento sem simbólico – o que é impossível, em virtude da qualidade propriamente simbólica do pensamento.

Não é preciso, na verdade, fazer toda essa volta para chegar à conclusão de que a *Ausstossung* "é tão somente o reverso negativo de uma só e mesma operação, cujo lado positivo é *Bejahung*" (Balmès, 1999, p. 73). Tal afirmação pode ser encontrada de saída no texto lacaniano. Não se trata de uma hipótese de leitura cujo valor seria equivalente ao da hipótese da tendência, em alguns pontos, à indistinção entre *Ausstossung* e *Verwerfung*, porque esta pode ser descartada sem prejuízo ao rigor da pesquisa. Pelo contrário: tudo indica que apostar desde o início na distinção clara entre as duas operações é a forma mais coerente e plausível de lidar com o assunto.

Da mesma forma, toda a discussão que se segue no texto de Balmès sobre a qual operação – afirmação ou negação – atribuir anterioridade lógica baseia-se no esquecimento de que ambas, no nível do par *Bejahung/Ausstossung*, são *a mesma* operação, não havendo contradição entre o texto da discussão com Hyppolite, como publicado nos *Escritos* e como aparece no *Seminário 1* (Lacan, 1975). Balmès argumenta: "Esse texto [dos Escritos] parece contradizer exatamente aquele do *Seminário 1*. Não é, com efeito, a criação simbólica da negação que é referida ao nível originário da relação ao ser? Seria então a Bejahung que se encontraria em um nível derivado?" (1999, p. 77). Na verdade, ambas, não podendo ser separadas devido à lógica de seu funcionamento, se situam nesse nível originário. Aliás, é isso que se exprime no desenvolvimento posterior do significante como traço.

Se não entendermos esse debate - presente, sobretudo, nos comentários com Jean Hippolyte sobre a *Verneinung*,[49] no *Seminário 3* (1981) e no texto *Questão preliminar a qualquer tratamento possível da psicose* (1959/1966s) - como algo isolado, mas respondendo a questões principais da obra, é preciso lembrar a insistência de Lacan na função originariamente negativa da linguagem: a *Ausstossung* não pode ser algo posterior à *Bejahung*. A melhor forma de descrever a relação entre ambas é dizer que *Bejahung* é *Ausstossung* e vice-versa - no sentido de que o mito do fora é o mesmo mito do dentro, de que "nada existe senão sobre um suposto fundo de ausência" (Lacan, 1956/1966k, p. 392) -, cada termo designando apenas um aspecto diferente da mesma operação que inscreve um significante para um sujeito na mesma medida em que, para fazê-lo, o destaca do restante da cadeia. Essa operação, por sua vez, pode vir a ser rejeitada por uma outra, chamada *Verwerfung*, de forma que, se nesta não há *Bejahung*, também não há *Ausstossung*.

Nosso interesse nessa discussão com Balmès é que ela serve como *mise au point* de aspectos que agora permitem apresentar de uma forma mais direta a teoria lacaniana da psicose, tornada possível

49 Lacan (1956/1966j; 1956/1966k) e Hyppolite (1956/1966).

pelo diálogo com o estruturalismo. Pois então fica fácil entender que a *Verwerfung* é uma expulsão da *Bejahung* e, se assim o é, está fora de questão a existência, na psicose, da *Ausstossung* discutida acima. Todo sujeito, mesmo o psicótico, já nasce imerso no Outro, dependente da presença espalhada do simbólico, mas a aceitação do significante que representa a presença desse Outro como destino da fala pode não ocorrer. Nesse caso, a expulsão do significante específico, chamado Nome-do-Pai, é denominada *Verwerfung*.

2.11 Dispositivo específico da psicose: Verwerfung

Freud não relacionou uma teoria da psicose com o termo *Verwerfung* enquanto designador de sua operação metapsicológica, mas, ao discutir o fenômeno alucinatório do Homem dos Lobos, afirma que ele "suprimiu" a castração sem construir nenhum juízo sobre ela. É essa ação de suprimir que ele indica com o verbo *verwerfen*: "Tornou-se notória a tomada de posição inicial de nosso paciente frente ao problema da castração. Suprimiu-a [*verwarf*][50] e ateve-se ao ponto de vista da relação sexual pelo ânus" (Freud, 1918/1989g, p. 78, tradução modificada). "Suprimir" a castração é a tradução que Lacan fornece na resposta ao comentário de Hyppolite, elevando o termo a designador de uma operação metapsicologicamente específica, tal como o recalque. Freud explica o ato de "supressão" como algo que trata a castração como se ela jamais houvesse existido:

> *Quando disse que a suprimiu, o significado mais imediato dessa expressão é que ele não quis saber de nada sobre*

---

50 O termo que aparece na tradução espanhola que utilizamos é "*desestimó*" [desprezou]. Eu o substituí aqui por "suprimir" para acompanhar o comentário de Lacan, que é o ponto de interesse desta análise.

> *ela [a castração] no sentido do recalque.*[51] *Com isso, na verdade, não havia sido pronunciado nenhum juízo sobre sua existência, pois era como se ela não existisse.*[52] *(1918/1989g, p. 78, tradução modificada)*

Lacan (1956/1966k) cita ainda outra frase de Freud que se encaminha no sentido da distinção requerida: "Eine Verdrängung ist etwas anderes als eine Verwerfung [um recalque é algo diferente de uma *Verwerfung*]" (p. 387).[53] O Homem dos Lobos, quanto ao processo envolvido na formação da alucinação de seu dedo cortado, nada quer saber da ameaça de castração. Não no sentido de tê-la, de alguma forma, percebido para em seguida repudiá-la – como ocorre na combinação recalcado/retorno do recalcado, necessariamente prévia ao uso intelectual da negação –, mas no sentido mais radical de barrar qualquer forma de captação da castração, ou seja, qualquer forma de inscrição simbólica. Se assim é, torna-se então necessário

51 O termo empregado em espanhol é "*represión*".

52 Esse comentário é situado entre três correntes presentes no paciente quanto à castração: uma tendência a aceitá-la, outra a abominá-la e esta, "mais antiga e profunda, que simplesmente havia suprimido [*verworfenhatte*] a castração e na qual não estava em questão o juízo acerca de sua realidade objetiva" (Freud, 1918/1989g, p. 78, tradução modificada).

53 Na edição da Amorrortu, a referência dessa sentença é Freud (1918/1989g, p. 74). O autor utilizou o termo em outro contexto – bem anterior – de oposição ao recalque, contexto não observado por Lacan, pelo menos nesse momento, mas que poderia ter contribuído enormemente para sua argumentação. Nele, Freud liga *verwerfen* à psicose: "Em ambos os casos considerados até agora [*histeria e obsessão*], a defesa contra a representação inconciliável acontecia mediante sua separação relativamente a seu afeto. Mas a representação, ainda que debilitada e isolada [*isolieren*], permanecia dentro da consciência. No entanto, existe uma modalidade defensiva muito mais enérgica e exitosa que consiste em que o eu suprime [*verwerfen*] a representação insuportável juntamente com seu afeto e se comporta como se a representação jamais tivesse comparecido. *Ocorre que, no momento em que se obtém isso, a pessoa se encontra numa psicose que não admite outra classificação além de 'confusão alucinatória'*" (Freud, 1894/1989a, p. 59).

estipular para o caso a atuação de uma operação específica, diferente do recalque:

> *no sentido do recalque, sabe-se ainda algo daquilo de que não se quer mesmo, de certa forma, nada saber, e coube à análise ter nos mostrado que isso é muito bem sabido. Se há coisas de que o paciente não quer nada saber, mesmo no sentido do recalque, isso supõe um outro mecanismo. (Lacan, 1981, p. 170)*

Nesse outro mecanismo, a castração seria, digamos assim, apenas anúncio de uma experiência possível, se a palavra "anúncio" já não implicasse certa noção de sinal. Assim, enquanto a negação envolvida na *Verneinung* exclui algo que se inscrevera previamente, isto é, que fora de algum modo admitido, a negação executada pela *Verwerfung* nega algo que permanece sem qualquer relação com a qualidade da existência. Ela exige que se estipule uma forma de negação difícil de abordar, por se tratar de uma negação que não é simbólica. O que está sendo negado aí é a própria ingerência do simbólico como um todo. Isso significa, para Lacan, que, diferentemente da neurose, a psicose não é um puro fato de linguagem e, se a psicanálise visa a abordá-la, precisa especular o além do simbólico (Lacan, 1981, p. 19), o instante ideal e "contingente" em que ele pode ou não se tornar efetivo para um sujeito. É, de fato, complicado articular o que está em jogo aqui, e a dificuldade reside justamente em dizer como algo pode ser negado sem que tenha sido antes reconhecido. Mas, por outro lado, se nos ativermos a essa dificuldade, perceberemos exatamente por que não se trata aí de uma negação simbólica. Esta, sim, exigiria o reconhecimento prévio de algo a ser anulado, ao passo que a *Verwerfung* é não ter o reconhecimento. A presença da castração surge como fato de estrutura, sem algo – pontual – que a represente *enquanto estrutura*; ela é recusada antes que viesse, ela mesma, prover as condições que abririam um campo em que questões de reconhecimento tornar-se-iam possíveis.

Por isso a escolha de "*forclusion*" para traduzir *Verwerfung*. Termos como rejeição, supressão, repúdio – inicialmente utilizados – não deixam de possuir uma aproximação semântica forte com a negação nesse sentido que se quer evitar: negação de algo que no início se apresenta positivamente ao sujeito, isto é, negação já pertencente ao registro simbólico. Já *forclusion*, um termo do léxico jurídico que convenientemente carrega uma ideia de "enclausurar fora",[54] significando "perda da faculdade de fazer valer um direito, pela expiração de um prazo" (Merlet, 2006, p. 476), torna-se apropriado para indicar uma negação que não parte de uma iniciativa subjetiva, mas de um processo maior do que o sujeito, embora o implique, processo que lhe retira determinados direitos os quais chegara a possuir quanto à execução de uma ação qualquer. O uso que Lacan faz desse termo, apesar de ter sua inspiração original na tipologia da negação levada a cabo pela gramática de Jacques Damourette e Édouard Pichon – havendo sido, especialmente pelo segundo, já relacionada à teoria psicanalítica – e de ter seguido as pistas de René Lafforgue quanto à aproximação entre a psicose e, nesse caso, o procedimento chamado por ele de "escotomização",[55] ultrapassa ambas as contribuições sob aspectos cruciais. Quanto à gramática dos franceses, Lacan promove um uso da forclusão que sai do campo da negação intelectual; quanto a Lafforgue, toda a teoria que estamos expondo aqui mostra que a operação em questão sofreu, em suas

---

54 Ver nota 53 acima.

55 Ver Macey (1988, pp. 32-41). Lacan faz, ao longo de sua obra, diversas referências a essa gramática, sobressaindo-se a reflexão sobre o trato que ela disponibiliza para a negação expletiva em francês como índice do sujeito da enunciação. Quanto ao fato de ela estar ligada às fontes da teoria da forclusão por meio da distinção entre "negação forclusiva" e "negação discordancial", ver as sessões 5 e 6 do *Seminário 6* (2013, pp. 101-138). Já a "escotomização" encontra-se mencionada nas sessões 4 e 12 do *Seminário 3* (1981).

mãos, uma total ressignificação, com ampla modificação de seu solo epistemológico. No caso, a *Verwerfung* funciona como se retirasse do sujeito o direito de reconhecer sua castração e a presença do Outro. Essa escolha parece conter também a intenção de demarcar a ambiguidade do lugar da lei na operação. A *forclusion* é um processo legal, uma ação que tem origem na lei. Mas para recusar o acesso a um direito que antes fora legitimamente garantido. Ou seja, ela decorre da forma pela qual a lei já existe circulando na configuração edípica encontrada pelo sujeito ao nascer. Então, ela representa, de algum modo, o fato de que é da própria lei que nasce o obstáculo que impede que ela mesma seja acessada. Daí a importância dos comentários sobre a *Verneinung*: eles permitem, mediante o desenvolvimento do que Freud disponibilizou como juízo de atribuição, pensar esse momento mítico da iminência da simbolização, em que a captura do sujeito é ainda apenas uma possibilidade.

A hipótese de Lacan (1981) é que o significante cuja inscrição é recusada retorna na dimensão inapreensível própria ao real, como alucinação e proliferação imaginária: "tudo o que é recusado na ordem simbólica, no sentido da *Verwerfung*, reaparece no real" (p. 21). Retorna de fora, pelo automatismo de repetição característico do significante, mas de um fora que é um dentro recusado como corpo de significante: "Trata-se de um processo primordial de exclusão de um dentro primitivo, que não é o dentro do corpo, mas aquele de um primeiro corpo de significante" (Lacan, 1981, p. 171). O primeiro corpo de significante do sujeito psicótico, e a primeira concretização da linguagem em seu ser, reverbera do núcleo das cadeias significantes que o atravessam sem jamais chegar a fazer parte delas. Quanto aos motivos de tal destino, se residem em tempo anterior à simbolização, há pouca chance de que se prestem a um discurso: "Há aliás fortes probabilidades de que daqui a muito tempo não saibamos nada de seus motivos, precisamente porque isso se situa além de todo mecanismo de simbolização" (p. 96). Desses motivos, só podemos conhecer uma parte: aquela atinente ao arranjo concreto do drama edípico, porque, se ocorre ao sujeito convocar o Nome-do-Pai a partir de um lugar inicial de relação fechada com a mãe, é porque esta executou a função de indicá-lo, apontando para o lugar da lei, anterior ao seu próprio desejo:

> *Vocês devem compreender a importância da falta desse significante singular (....), o Nome-do-Pai, na medida em que ele funda como tal o fato de que existe a lei, ou seja, a articulação numa certa ordem do significante – complexo de Édipo, ou lei do Édipo, ou lei de interdição da mãe. É o significante que significa que, no interior desse significante, o significante existe. (Lacan, 1998, p. 147)*

Lacan destaca, quanto a isso, a importância do pai real. O lugar que ele ocupa frente à relação mãe-criança pode funcionar como obstáculo, compelindo a primeira a simbolizar a lei. Por isso, afirma que a inserção desse significante Nome-do-Pai, que traz a separação da mãe, é a garantia de que a lei possa aparecer de maneira autônoma (Lacan, 1998, p. 154), ou seja, como lei pura, reveladora de seu caráter simbólico, descolada do imaginário. Isso depende fundamentalmente da forma pela qual a mãe se dirige ao pai, ou seja, se abre ou não o espaço para a intromissão do corte simbólico:

> *não é unicamente da forma como a mãe se arranja com a pessoa do pai que conviria ocupar-se, mas da importância que ela confere à sua fala – digamos o termo, à sua autoridade –; dito de outro modo, do lugar que ela reserva ao Nome-do-Pai na promoção da lei. (Lacan, 1959/1966r, p. 579)*

Cabe à mãe, único Outro a que a criança tem acesso nesse momento, indicar a saída da relação simbiótica pela introdução do complexo de castração. De todo modo, se a castração é entendida como corte da linguagem sobre o ser, separando o acesso do real sob o modo da perda, sabemos que a recusa da castração é o esforço para evitar essa perda, um apego que Lacan chamará mais tarde de gozo, uma recusa a separar-se do jogo da demanda com a mãe. Nesse lugar, a criança permanece no nível imaginário da identificação fálica; na ausência do Nome-do-Pai, não há como ser gerada a metáfora paterna que conduziria o falo imaginário para o campo do recalcado, elevando-o a falo simbólico, condição para o surgimento da significação fálica, reguladora do deslizamento dos significantes na neurose:

> *A* Verwerfung *será, portanto, tomada por nós como* forclusão *do significante. No ponto em que (...) é chamado o Nome-do-Pai, pode então responder no Outro um puro e simples furo, o qual, pela carência do efeito metafórico, provocará um furo correspondente no lugar da significação fálica. (Lacan, 1959/1966r, p. 558)*

Desvenda-se, nesse raciocínio, uma sobreposição entre articulação simbólica e Édipo, na qual "Nome-do-Pai *sobre* Desejo da mãe"[56] – fato descritor do Édipo – é a substituição de relações imaginárias mais diretas pela intermediação irreversível do simbólico, ou seja, por uma metáfora mítica, primária, responsável pela ligação entre significante e significado. Aceitar a existência da castração é aceitar, de alguma forma, a inexistência de um mundo de coisas disponíveis a uma experiência imanente. Mas, para o ser humano, não existe tal possibilidade, e o que o sujeito psicótico ganha com a

56 Ver a *metáfora paterna* em Lacan (1959/1966r, p. 557).

recusa não é um acesso direto às coisas, mas um tipo diferenciado de remissão à totalidade da linguagem como destino da fala. A relação com o Outro é, nesse caso, da ordem de uma violência imaginária que assalta o corpo pelo deslizamento de significações desvinculadas do significante que representa a possibilidade da significação: "O que então se produz tem o caráter de ser absolutamente excluído do compromisso simbolizante da neurose, e se traduz, em outro registro, por uma verdadeira reação em cadeia no nível do imaginário" (Lacan, 1981, p. 100). Na ausência de uma mediação simbólica, produz-se uma mediação pela produção de imagens a partir de um significante que, excluído, reaparece no real. Tudo se passa como se o sujeito se dirigisse a um Outro sem significância, por faltar a metáfora que o representaria e garantiria a conexão de cada significante com os outros significantes e destes com a fabricação de significados, resultando no fato de que a pulsão, impedida de circular no simbólico, se projetasse na multiplicação de imagens. Isso faz surgir na realidade um excesso de significação:

> *Que é o fenômeno psicótico? É a emergência na realidade de uma significação enorme que não se parece com nada – e isso, na medida em que não se pode ligá-la a nada, uma vez que ela jamais entrou no sistema da simbolização – mas que pode, em certas condições, ameaçar todo o edifício. (Lacan, 1981, p. 99)*

O Outro não se encontra excluído de forma absoluta – talvez ele esteja mesmo presente em demasia. Ele se encontra excluído *sob um modo*. O que falta é uma representação de seu lugar ou de sua função, na medida em que poderia instaurar a anterioridade do simbólico em relação à geração de realidade e um descolamento entre o sujeito e o gozo. Devido à falta dessa representação do simbólico enquanto simbólico, o Outro aparece imaginarizado: "O Outro, com um

O maiúsculo, eu lhes disse que ele estava excluído enquanto portador do significante. Ele é tanto mais intensamente afirmado, entre ele e o sujeito, no nível do pequeno outro, do imaginário" (Lacan, 1981, p. 219). Mas a ausência de inscrição do simbólico enquanto estrutura não equivale a uma ausência absoluta do simbólico no universo psicótico. São provas disso sua produção discursiva e sua produção de delírio. O que acontece é que o significante aparece como que precipitado, hipostasiado, caído do lugar do Outro, descosturado de uma convergência fálica, e tendo que ser submetido a uma lógica imaginária:

> *É a falta do Nome-do-Pai nesse lugar que, pelo furo que abre no significado, põe em marcha a cascata de remanejamentos do significante de onde procede o desastre crescente do imaginário, até que seja alcançado o nível em que significante e significado se estabilizam na metáfora delirante. (Lacan, 1959/1966r, p. 577)*

Vemos aqui uma retomada da ideia freudiana de que o delírio seria um movimento de cura por parte do próprio sujeito psicótico. À falta da metáfora paterna, a "metáfora" delirante não passa de um esforço de fabricação da metáfora, tentativa desesperada de construção de sentidos que, por não estar presente a garantia de que algo possa verdadeiramente funcionar como sentido, são incapazes de substituir a metáfora paterna como representação de um lugar de linguagem ao qual se dirige a fala.

Por esse motivo, a realidade não é estruturada da forma comumente compartilhada pelas pessoas neuróticas:

> *Se admitimos agora, como um fato da experiência corrente, que não ter atravessado a prova de Édipo, não ter*

> *visto abrirem-se diante de si seus conflitos e impasses, e não tê-lo resolvido, deixa o sujeito com uma certa falha, com uma certa impotência para realizar essas justas distâncias que se chamam a realidade humana, é mesmo preciso sustentar que a realidade implica a integração do sujeito a um certo jogo de significantes. (Lacan, 1981, p. 283)*

Fica clara nesse trecho a atribuição de um papel "normativo" ao Édipo: compartilhar o sentido da realidade é ter atravessado a castração aceitando a imposição da linguagem como adiamento da satisfação da demanda. É dessa forma que o sujeito pode ter acesso ao mundo articulado por significantes e representado por essa característica: "é apenas pelas articulações simbólicas que a enredam a todo um mundo que a percepção adquire seu caráter de realidade" (Lacan, 1966k, p. 392).

O símbolo suprimido da *Bejahung* não passa à existência, uma vez que não entra no jogo de reconhecimento proporcionado pela fala. Ele *ex-siste*, o que significa que se torna efetivo a partir de um real puro, insistindo do lado de fora da estrutura e excluído das operações de substituição que esta poderia prover. Trata-se, na psicose, de uma falha na função de nomeação, inexistindo algo que separe o mundo para o sujeito, fornecendo-lhe a possibilidade de que, para si mesmo, ele também pudesse ser nomeado. Lemaire (1977/1979) explica esse ponto:

> *Uma falha grave no Édipo fixa a criança na relação imediata, priva-a de sua subjetividade e a torna incapaz de operar a substituição simbólica inerente à linguagem.*
>
> *Com efeito, dar um nome a uma coisa supõe que a distingamos como não sendo nós e que, por conseguinte,*

> *dispomos de uma subjetividade e de um significante dela. (p. 46)*

O sujeito psicótico não possui pontos de basta [*point de capiton*] – que são pontos de amarração de sentido, regulando a convergência das substituições de significantes – em número suficiente que lhe permitam habitar o simbólico, tal como faz o sujeito neurótico. Ao invés disso, ele é habitado pelo simbólico:

> *Como não ver na fenomenologia da psicose que tudo, do começo ao fim, se deve a uma certa relação do sujeito com essa linguagem, em um só golpe promovida ao primeiro plano da cena, que fala sozinha, em voz alta, com seu ruído e seu furor, bem como com sua neutralidade? Se o neurótico habita a linguagem, o psicótico é habitado, possuído, pela linguagem. (Lacan, 1981, p. 284)*

Para costurar a linha da cadeia significante, falta-lhe a linha do discurso dito racional que já abriga determinado número de referências compartilhadas e definidas pelo uso que delas é feito: é "o nível em que se produz o mínimo de criações de sentido, uma vez que, nele, o sentido já está dado de alguma forma. Na maior parte do tempo, esse discurso consiste apenas numa mistura dos ideais recebidos" (Lacan, 1998, p. 16). Aqui, recaímos na discussão sobre a existência de certo valor pragmático no raciocínio lacaniano. O que importa perceber é que ele não surge no nível da determinação, mas no nível do determinado, no qual se situam agora os critérios sociais. No trecho citado, ele é indicado diretamente, e vemos que está relacionado à criação da realidade e não da verdade, que não pertence ao discurso racional, mas à cadeia significante, ou seja, à determinação simbólica. É por isso que, nesse discurso de referenciais compartilhados, se situa a fala vazia.[57]

---

57 *Ibid.*

Além do mais, esse discernimento permite entender como pode ser atribuído um valor axial à racionalidade estruturalista para uma teoria da psicose: tudo se passa como se o Lacan da tese de doutorado tivesse permanecido restrito ao nível do discurso racional, socialmente distribuído, tendo que alojar no mesmo critério – a resposta subjetiva ao contexto – a explicação tanto da psicose quanto da personalidade em geral. E agora ele encontra algo que pode agir como fator de esclarecimento desse plano sociológico, revelando ser-lhe anterior. A determinação simbólica, pela "contingência" da inscrição de um significante, responde por ambas as causalidades, descrevendo um mecanismo para cada uma das afecções:

> *É num acidente desse registro e do que se realiza nele, a saber, na forclusão do Nome-do-Pai no lugar do Outro, e no fracasso da metáfora paterna que designamos a falha que confere à psicose sua condição essencial, com a estrutura que a separa da neurose. (Lacan, 1966r, p. 575)*

A admissão do registro simbólico mostra que é preciso ir além (ou aquém) do campo da realidade comungada para que se torne possível aquilatar a diferença entre neurose e psicose. O discurso psicótico não precisa ser ouvido como algo que tivesse origem em um afeto incomunicável porque a análise da sua relação com a linguagem permite desvendar a estrutura de seu delírio. Comentando o tratamento formal que Clérambault fornecera aos fenômenos elementares da psicose, Lacan formula uma observação diretamente inspirada na crítica que Lévi-Strauss endereçara a Marcel Mauss a propósito do trato dispensado ao *mana*:

> *O mérito de Clérambault é ter mostrado seu caráter ideicamente neutro, o que quer dizer, em sua linguagem, que está em plena discordância com as afecções do*

> *sujeito, que nenhum mecanismo afetivo é suficiente para explicá-lo, e, na nossa, que é estrutural. (1981, p. 284)*

Dessa forma, encontrando mais uma vez a razão inaparente, Lacan pode abster-se, em certo sentido, de pensar a constituição do mundo como fenômeno paranoico.[58] Por aí, tornou-se possível criticar a abordagem da escola kleiniana da questão, crítica na qual ele parece, de algum modo, reconhecer o paradoxo presente em sua própria teoria de 1932:

> *Aí está o que podemos realmente chamar de uma construção psicótica do sujeito. Um sujeito normal é, em suma, nessa perspectiva, uma psicose que deu certo, uma psicose venturosamente harmonizada com a experiência. (...) O autor de que vou falar agora, o sr. Winnicott, exprime-o exatamente assim num texto que escreveu sobre a utilização da regressão na terapêutica analítica. Nele, a homogeneidade fundamental da psicose com a relação normal com o mundo é absolutamente afirmada como tal. (Lacan, 1998, p. 216)*

A saída do impasse é apontada, em seguida, na necessidade de reconhecer aquilo que representa a estrutura simbólica:

> *Para completar a dialética kleiniana, é preciso introduzir essa noção de que o exterior, para o sujeito, é inicialmente*

58 Digo "em certo sentido", porque, se por um lado, fica resguardado o nível transcendental de instrução da verdade, por outro, é importante lembrar a permanência do papel formador do estádio do espelho e, mais fundamentalmente, observar que toda e qualquer fala tem origem no Outro, fatos não dissociados da fenomenologia da paranoia.

> *dado não como algo que se projeta a partir do interior do sujeito, de suas pulsões, mas como o espaço, o lugar onde se situa o desejo do Outro e onde o sujeito tem que ir encontrá-lo. (Lacan, 1998, p. 272)*

A constituição "normal" do sujeito continua abrangendo a ilusão imaginária, mas esse processo encontra, a uma só vez, seu limite e sua anterioridade em uma intersubjetividade peculiar: a relação do sujeito com o Outro simbolizado, sendo isso o que falta ao sujeito psicótico.

Esse outro tipo de intersubjetividade também permite a instauração da diferença entre transferência imaginária e transferência simbólica. Lacan, abertamente mais comprometido com o problema da eficácia da clínica do que Freud, sobretudo no que diz respeito à psicose, afirma, em *Questão preliminar*, que sua discussão da forclusão introduz "a questão do manejo da transferência no tratamento da psicose" (1966r, p. 590). Pelo que analisamos até este momento, fica claro que esse trabalho deve começar pelo isolamento da transferência imaginária. A ausência do Outro como lugar da lei indica que a relação do sujeito psicótico com a alteridade se reduz à interpelação do Outro como semelhante e imagem de si mesmo dissociada de sua própria representação.

É interessante observar que, desde a década de 1930, Lacan, ao sublinhar os vínculos da paranoia com os temas do complexo fraterno (o *duplo*, a *usurpação*, a *intrusão* etc.), ressaltava, a partir de sua escuta clínica, certa coincidência (então suposta) entre a eclosão da psicose e a falta do pai:

> *Essas conexões se explicam pelo fato de que o grupo familiar, reduzido à mãe e à fratria, configura um complexo psíquico no qual a realidade tende a permanecer*

> *imaginária ou, quando muito, abstrata. A clínica mostra que, efetivamente, o grupo assim descompletado é muito favorável à eclosão das psicoses e que nele se encontra a maior parte dos casos de delírio a dois. (Lacan, 1938a, pp. 8'40-11)*

Com a teoria do simbólico, ele transforma essa ausência *de fato* em ausência simbólica (não totalmente dissociada da primeira, como vimos acima), estruturalizando o que antes era constatação empírica, transpondo para o nível da função o que antes se abrigava no campo psicológico e transformando, assim, uma observação clínica – como tal, contingente – em critério lógico-teórico.

Tendo em vista todos esses aspectos da teoria, podemos tentar entender agora por que Lacan busca apoio na *Verwerfung* e não na *Verleugnung*, direcionando-se no sentido contrário de diversas pistas deixadas por Freud[59] quando trabalhava esse segundo termo, sobretudo a propósito do fetichismo. Lacan, evidentemente, considerou essa alternativa. Comenta-a na sessão XI do *Seminário 3*:

> *Aqueles que me fazem mais objeções me propõem, aliás, ir procurar, em outro texto de Freud, alguma coisa que não seria a* Verwerfung, *mas, por exemplo, a* Verleugnung

59 No próprio texto sobre a negação – do qual, dissemos acima, parte Lacan para construir sua teoria da psicose –, Freud só emprega o verbo *Verwerfen* em comentário da neurose obsessiva para dizer que aquilo que o paciente imagina ser o teor mais improvável de uma dada ideia obsessiva é, na verdade, seu sentido genuíno: "o que ele rejeita [*Verwirft*] com este fundamento, observado no tratamento, é o sentido correto da nova representação obsessiva" (1925/1989, p. 253, tradução modificada: em vez de "rejeita", a edição consultada usa "despreza" [*desestima*]). Termo em alemão consultado em Freud (1925, p. 218). Sobre a relação entre *Verleugnung* e psicose na obra de Freud, ver Simanke (1994b, pp. 201-14) e Laplanche e Pontalis (1967/1992, pp. 195-7; 436-8).

> *(...).Se escolho* Verwerfung *para me fazer compreender, isso é o fruto de um amadurecimento, meu trabalho me conduz a isso. (1981, p. 170)*

De fato, se considerarmos que a *Verleugnung* é, para Freud, indissociável da delimitação de um registro mnêmico da castração e que Lacan busca, ao contrário, isolar um mecanismo em que tal registro estaria ausente, então se torna compreensível que ele o procure em outro lugar. Como explica Simanke (1994b), sintetizando esse ponto:

> *Uma precisão que Freud se apressa em acrescentar é que não se trata de uma anulação completa da percepção, como se um estímulo visual tivesse incidido sobre o ponto cego da retina. Ao contrário, tanto é verdade que a percepção permanece, que um esforço enérgico é feito para renegá-la. Aqui tem-se uma situação algo análoga à descrita no texto sobre a* Verneinung. *Alguma forma de afirmação é suposta e surge como lógica e geneticamente anterior à ação, essencialmente negativa, dos mecanismos de defesa. (pp. 206-7)*

Enquanto o recalque e a *Verneinung* rejeitariam um representante de pulsão, a *Verleugnung* (recusa) teria por alvo um dado perceptivo, mas somente na medida em que dele se apresentasse algum registro, não podendo aparecer como "uma cegueira psíquica absoluta frente ao dado perceptivo" (Simanke, 1994b, p. 207).

Ora, o que está em pauta aqui não é nada mais do que o fato de serem tomadas, no raciocínio lacaniano, premissas diversas das freudianas, e a motivação de fundo para o deslocamento dos termos implicados é exatamente a camada de sentido sobreposta pelas exigências da estrutura. Trata-se de questionar o modo de submissão ao simbólico, de investigar que tipos de consequências podem ser atribuídos a acidentes nesse processo, de especular as interseções que pode haver entre patologias e a relação do ser humano à existência dos significantes. Pois, se Lacan partiu do pequeno texto sobre a negação, foi para tentar descrever um mecanismo de defesa que, de tão arcaico, antecedesse o requisito que é nele apresentado, procurando pensar uma operação que, anterior a qualquer forma de afirmação, descobrisse algo das condições da própria afirmação. Se é possível entrever, no comentário que Freud faz do Homem dos Lobos, um acontecimento psíquico que, diante da castração, se comporta com a total carência de registro, então ele de fato tem maiores chances de chegar a exprimir de maneira apropriada a relação entre simbólico e real, tornando-se capaz de armazenar um questionamento da ausência de inscrição da castração como fator discriminante da psicose. Dito de outro modo, se a *Verwerfung* isenta o aparelho da necessidade de qualquer traço da castração, ela é mais adequada para denominar a não *Bejahung* do que a *Verleugnung*, transformando a questão patológica em questão estrutural. Portanto, o que interessa averiguar não é se a leitura que Lacan fez de Freud foi uma leitura "bem-feita", que tentasse compreender o que o fundador da psicanálise "realmente quis dizer", mas o valor da teoria que ele próprio passa a disponibilizar.

Finalmente podemos retornar à questão da tendência de conjugar a psicose com algo arcaico da subjetividade de uma forma geral.[60] O percurso torna a questão surpreendente: como podemos voltar a falar disso se acabamos de dizer que o estruturalismo traz à psicanálise lacaniana a ocasião de pensar a psicose exatamente *em sua diferença*? Ocorre que é justamente por ser uma diferença que ela expõe uma condição geral, uma vez que se trata de uma diferença

60 É curioso perceber que, na linha teórica dos seminários, Lacan vá se deter na releitura do Édipo *após* ter se dedicado ao estudo da psicose.

que manifesta um momento primitivo. De todo modo, ela mostra que, antes de qualquer estrutura de sujeito, há cumplicidade entre real e simbólico, que primeiramente existe o mundo da linguagem, que este deve ser admitido pelo sujeito, que essa admissão é um fato fortuito e não necessário. Dito de outra forma, a psicose explica um aspecto da neurose (ter havido a *Bejahung*) na medida em que ela é a não *Bejahung* e traz à escuta psicanalítica o eco desse tempo anterior. O seguinte comentário de Lacan (1981) é bem elucidativo desse sentido:

> *Previamente a toda simbolização – essa anterioridade não é cronológica, mas lógica – há uma etapa, as psicoses o demonstram, em que é possível que uma parte da simbolização não se faça. Essa etapa precede toda a dialética neurótica que está ligada ao fato de que a neurose é uma fala que se articula, na medida em que o recalcado e o retorno do recalcado são uma só e mesma coisa. Pode, assim, ocorrer que alguma coisa de primordial quanto ao ser do sujeito não entre na simbolização, e seja não recalcado, mas rejeitado. (p. 94)*

Além de resguardar uma negação mais arcaica, livrando a *Verleugnung* para o mecanismo de defesa implicado na perversão, a *Verwerfung* se aproxima dos comentários de Freud sobre a projeção, sendo capaz de substituí-la. Às vezes envolvida com a defesa primária que produz a psicose, às vezes apenas com o nível de formação do sintoma psicótico,[61] a projeção apareceu, no caso Schreber, com uma estrutura bem parecida com a hipótese de Lacan para a forclusão. No contexto, Freud está se referindo a laços libidinais afetuosos abandonados que retornam do exterior como hostis:

61 Cf. Laplanche e Pontalis (1967/1992, pp. 378-9).

> *O que nos chama ruidosamente a atenção é o processo de restabelecimento que desfaz o trabalho do recalque e reconduz a libido às pessoas por ela abandonadas. Na paranoia, este processo se cumpre pelo caminho da projeção. Não era correto dizer que a sensação interiormente sufocada é projetada para fora; mas bem percebemos que o que fora cancelado dentro retorna desde fora. (1911/1989d, p. 66)*

Traduzir essa expressão para "o que é abolido no simbólico retorna no real" não revela apenas uma preferência por determinado vocabulário, mas dispensa, no limite, a oposição dentro/fora quando o ponto de referência é o sujeito, reservando-a como questão exclusivamente de ordem imaginária.[62] O fato de entender esse processo a partir da *Verwerfung* em vez da projeção dá continuidade à necessidade epistemológica de suprimir resquícios de psicologismo, possibilitando a coerência com o viés externalista na leitura da psicose.

Dessa forma, resgatando as duas hipóteses de leitura com as quais introduzi a questão da psicose, penso ser possível sustentar que o estruturalismo, além de promover pelo efeito deletério da não inscrição do Nome-do-Pai a via da construção de uma teoria da determinação específica da psicose, não a retira de seu lugar de privilégio no raciocínio lacaniano, estabelecendo, pela distinção simbólico/real, as conexões que fazem dessa patologia um fenômeno revelador das relações primeiras do ser humano com a linguagem.

Há ainda outro ganho que concerne àquela dissociação entre conhecimento e verdade. Afastada das intenções de compreensão e

---

62 Sobre a necessidade de substituir o termo "projeção" por fazer parte de um vocabulário psicológico, ver Lacan (1981, p. 58).

fundamentada na articulação significante, essa teoria estruturalista não precisa ser tomada como fenômeno de conhecimento no sentido que vinha sendo discutido. Ou seja, a inserção do simbólico apresenta uma teoria da paranoia que, nos moldes descritos pelo trato do caso Aimée, não precisa ser entendida, ela também, enquanto fenômeno de conhecimento.

2.12 Consistência do Édipo: símbolos zero para o desejo

Quanto ao que se passa do outro lado, do lado da neurose, o recurso à estrutura em psicanálise é responsável pela admissão da universalidade do Édipo, antes visto sob uma perspectiva sociológica. No texto sobre os complexos familiares, voltado para a historicidade das formações sociais, Lacan (1938b), sem elementos para sustentar essa universalidade fora do domínio da biologia e apoiado nos estudos de Malinowski,[63] entendia-o como um drama que deveria ser circunscrito ao seio do ambiente no qual fora descoberto, configurando a determinação social específica do ser humano moderno e da família conjugal (Lacan, 1938a, pp. 8'40-15).

Com a leitura estruturalista, o Édipo deixa de ser uma cena da família burguesa para dispor – em termos das relações primárias de passagem de um vínculo dual para as possibilidades metonímicas do desejo – o paradigma da entrada do ser humano na linguagem. A obra de Lévi-Strauss pavimenta o caminho não apenas para a admissão da operacionalidade do inconsciente mediante a própria noção de estrutura, como também para a hipótese de que sua incidência mesma requer a presença de uma Lei restritiva no campo sexual. Quando defende a proibição do incesto como consequência

---

63 Antropólogo polonês.

necessária das trocas sociais em qualquer sistema de parentesco – seja ele de troca restrita, seja generalizada – e como fenômeno de ligação/separação entre natureza e cultura, o antropólogo provê o ponto de partida para colocar uma questão essencialmente psicanalítica: como pensar a inscrição dessa Lei no sujeito e a produção de seus efeitos? Além disso, tendo em vista o que Freud dissera a respeito do "complexo nuclear das neuroses", que ganho teórico pode ser retirado de diretrizes que transportam a questão para um nível diferente do psicobiológico ou do social?

A forma como Lacan pensa a conformação do desejo na travessia do Édipo é absolutamente indissociável, ao lado de suas concepções sobre o acometimento do ser humano pelo registro imaginário, da ideia da regência da estrutura tal como articulada por Lévi-Strauss, acrescentando elementos decorrentes da especificidade do discurso psicanalítico: o Édipo é, para Lacan, uma configuração transcendental necessária, articulada por dois significantes específicos – o Nome-do-Pai e o falo –, configuração detentora de relações dialéticas com a presença da imagem do corpo próprio e do semelhante e atualizada em um drama efetivamente vivido. Por essa via,

> *desde seu retorno a Freud (...), Lacan troca de galáxia conceitual sobre a questão do pai, e troca o pai de família – que constituía a solução de 1938 –, pela versão simbólica do pai cujo valor é tanto mais convincente na medida em que ele está morto. (Zafiropoulos, 2003, pp. 218-9)*

Morto justamente porque a instância de aplicação da Lei simbólica que caracteriza a instauração da necessidade de separação da mãe não admite encarnação possível: uma vez que qualquer sujeito sofre seu jugo, não pode sair de seu campo de incidência para promulgar-se seu enunciador. Esse pai que instala o corte, para que fosse um pai vivo teria que estar no (ou ser o) limite da função simbólica, em vez de habitar a superfície de seu domínio, como ocorre com qualquer ser humano vivo. Se a universalidade do Édipo *é* a universalidade da função simbólica, então ele pode ser descrito como "esquema mínimo da experiência humana",[64] que, como tal, descreve a constituição do posicionamento subjetivo diante do Outro:

> *Aquilo que está em jogo na análise não é outra coisa – reconhecer qual função assume o sujeito na ordem das relações simbólicas que cobre todo o campo das relações humanas e cuja célula inicial é o complexo de Édipo onde se decide a assunção do sexo. (Lacan, 1975, p. 80)*

É também de dentro da obra de Lévi-Strauss que essa relação íntima entre assunção do sexo e função simbólica pode ser vislumbrada: tanto as preferências sexuais quanto o uso da linguagem são, como vimos no primeiro capítulo, subordinadas a trocas reguladas pela estrutura inconsciente. Dessa perspectiva, o desejo sexual não pode ser anterior à entrada na linguagem, pois, para Lacan, ambos exigem a mesma ocorrência lógica da castração, que, interpretada como separação irreversível efetuada pela palavra em relação à coisa

---

64 Por discordar dessa identificação, não obstante explicitada por Lacan (por exemplo, na última expressão citada), Zafiropoulos não pensa que a estrutura universalize o Édipo, defendendo que ele é apenas uma das modulações possíveis, culturalmente determinadas, da função do mito, essa, sim, universal: "Se Lacan (...) invoca a fala do pai morto e a exigência do simbólico, indica que a organização descrita por Freud (o complexo de Édipo) é apenas um caso de um sistema muito mais vasto, e que é menos necessário procurar a universalidade do complexo e de sua forma do que a da função simbólica e de sua ordem" (2003, pp. 56-7). Ou adiante: "não se trata mais aqui de destacar, de acordo com os termos de 1950, as 'condições sociais do Édipo' (...), mas tratar-se-ia de perceber a forma pela qual a evolução social reduz a interdição do incesto às modestas dimensões do drama edípico" (p. 168).

ou como impedimento absoluto à imanência, é a operação capaz de responder pela diferença entre a condição humana e a condição animal. A lógica do inconsciente é a lógica combinatória das estruturas simbólicas, e o que a psicanálise tem a fazer é encontrar os operadores conceituais que permitam entender como essa lógica se atualiza em uma posição desejante singular.

Semelhante tarefa recai primeiramente sobre as condições em que se encontra um recém-nascido: sem dominar a linguagem e entregue à sorte que um outro lhe destina, seus vínculos pulsionais com a mãe são registrados sob o regime imaginário cujas diretrizes, já o sabemos, não distinguem amor e ódio em uma tensão em que a afirmação de um *eu* implica a anulação de um outro. Ocorre que esse outro, primeira figura do Outro, já se encontra, por sua vez, submetido à regulação simbólica prescritiva da metonímia do desejo. A mãe direciona-se, em termos de libido, para outros alvos, alheios à criança, e, com isso, marca um movimento de presença/ausência – exemplificado paradigmaticamente no jogo do *Fort-da*. O que surge como símbolo desses outros alvos – ou como símbolo de que o desejo do outro (a mãe) é o desejo do Outro – é o falo, imagem sexualmente investida daquilo que falta a seu corpo e que se eleva à categoria de significante da presença do significante no Outro, ou seja, da presença de seu desejo: "ele é esse significante que marca o que o Outro deseja na medida em que ele mesmo, como Outro real, Outro humano, é, em sua economia, marcado pelo significante" (Lacan, 1998, p. 366). Sendo o desejo a resultante, no corpo, do fracasso da linguagem em traduzir uma referência à realidade, o falo representa sua não conformação a qualquer objeto e sua eterna remissão ao desejo do Outro, isto é, à própria Lei inconsciente decretada pela estrutura que torna o desejo indissociável do significante. Ele é, assim, "um símbolo geral dessa margem que sempre me separa de meu desejo e que faz com que meu desejo seja sempre marcado pela alteração que ele sofre por entrar no significante" (p. 273).

Não fosse o olhar da mãe para além da criança, pensa Lacan, esta ficaria presa ao circuito imaginário no qual a fragilidade da linha de diferenciação eu-outro engendra fantasias revestidas do pavor da inexistência pela figura da devoração. A não fixação na relação imaginária é a não assimilação da criança pela mãe ou o impedimento de que ela seja aprisionada em uma posição de objeto, especificamente a do pênis que falta à imagem materna. É por isso que Lacan fala, seguindo pistas kleinianas, de uma anterioridade da castração materna, a castração paterna sendo um substituto seu (Lacan, 1994, p. 515), cuja Lei seria mais cruel na medida em que, nos termos de Safatle (2006), seria sem transcendência: "a Lei materna (...) não tem enunciação transcendente alguma, já que ela está totalmente ligada ao apetite da mãe (...). Ela o faz entrar em um infinito ruim animado pela imaginarização impossível da falta materna" (p. 118). A castração paterna – na verdade, a única que carrega o sentido pleno da castração enquanto surgimento, para o sujeito, da ordem simbólica – "salva" a criança de uma não assunção à condição de sujeito, porque, ao pôr em jogo o falo como significante, instaura a mediação de possibilidades dialéticas, combinatórias e metonímicas, próprias ao registro simbólico, de lidar com os limites do eu, com a presença da alteridade e com o posicionamento no lugar da enunciação. Lacan (1994) diz que a castração paterna:

> *talvez não seja menos terrível, mas é certamente mais favorável que a outra porque é suscetível de desenvolvimento, o que não é o caso da deglutição e da devoração pela mãe. Do lado do pai, um desenvolvimento dialético é possível. Uma rivalidade com o pai é possível, um assassinato do pai é possível, uma emasculação do pai é possível. Desse lado, o complexo de castração é fecundo no Édipo, ao passo que não o é pelo lado da mãe.*

> *E por uma simples razão: é que é impossível emascular a mãe, uma vez que ela não tem nada que se possa emascular. (p. 513)*

Se é assim, o Nome-do-Pai metaforiza o Desejo-da-Mãe, não para impedir o desejo, mas para fornecer as próprias condições de seu surgimento. Pois não há desejo sem essa elevação da necessidade à demanda através da fala que o produz como resto. Ao atravessar o Édipo, a criança assume, segundo Lacan, o falo como significante de que o desejo (tanto o seu, quanto o da mãe) é desejo do Outro. Por isso, a castração que vem do pai afeta ambas: "Essa mensagem não é simplesmente o *Não te deitarás com tua mãe*, dirigido, já nessa época, à criança, mas um *Não reintegrarás teu produto*, dirigido à mãe" (Lacan, 1998, p. 202).

Interpretar a incidência do pai na relação mãe-criança como a incidência da Lei simbólica passa, é claro, por uma identificação de ambos com a ideia de autoridade, como vemos na seguinte passagem: "É no nome do pai que devemos reconhecer o suporte da função simbólica que, desde o limiar dos tempos históricos, identifica sua pessoa com a figura da lei" (Lacan, 1953/1966f, p. 278). Se a Lei é o que institui um corte em relação ao imaginário e é o pai que força, argumenta Lacan, com sua presença e voz, um intervalo entre a mãe e a criança, então estão dados os elementos para uma leitura estrutural do Édipo pela convergência das duas tendências no significante Nome-do-Pai. A equação entre metáfora, figura paterna, lei e autoridade – esta, no que segue, representada pelo "temor a Deus" – é o que justifica, para o autor, a centralidade do Édipo na psicanálise e na experiência humana em geral:

> *Por que esse esquema mínimo da experiência humana que Freud nos forneceu no complexo de Édipo preserva para nós seu valor irredutível e, no entanto, enigmático?*

> *E por que esse privilégio do complexo de Édipo? Por que Freud quer sempre, com tanta insistência, reencontrá-lo por toda parte? Por que há aí um nó que lhe parece ser tão essencial que ele não o pode abandonar na menor observação particular? – se não é porque a noção do pai, muito próxima daquela de temor a Deus, lhe dá o elemento o mais sensível na experiência do que chamei o ponto de basta entre o significante e o significado. (1981, p. 304)*

Como vimos na discussão sobre a psicose, a incidência do pai deve possuir uma dimensão empírica – que, aliás, não tem lugar se sua fala não for valorizada pela mãe –, mas, no momento em que ocorre, descola-se necessariamente da pessoa do pai ou de qualquer outra figura que tenha executado esse papel vinculado à lei, pois, a partir daí, ela se torna significante, Nome-do-Pai, indicando que o pai simbólico só pode ser um pai morto, inclusive para a instauração de um campo de visibilidade possível responsável pelas condições da presença do pai imaginário.

> *Para que o complexo de castração seja verdadeiramente vivido pelo sujeito, é preciso que o pai real jogue realmente o jogo. É preciso que ele assuma sua função de pai castrador, a função de pai sob sua forma concreta, empírica – eu quase diria degenerada (...). É na medida em que o pai, tal como ele existe, preenche sua função imaginária naquilo que esta tem de empiricamente intolerável, e mesmo de revoltante quando ele faz sentir sua incidência como castradora, e unicamente sob este ângulo – que o complexo de castração é vivido. (Lacan, 1994, p. 510)*

Que o fato do Nome-do-Pai se inscrever ou não pertença então à ordem do acontecimento, dependendo do valor atribuído pela mãe à fala de um pai como presença e da execução empírica de um papel, isso parece indicar uma espécie de retorno da contingência sobre a estrutura, ou seja, parece indicar que a resposta apresentada pelo vivido face às orientações encetadas pelo arranjo significante na estrutura acaba construindo retroativamente uma forma de regulação sobre o sujeito, ainda que levemos em conta que tanto a mãe que assim se dirige ao pai quanto este, no preenchimento de sua função imaginária, estão, por sua vez, agindo conforme a posição que ocupam em relação aos significantes falo e Nome-do-Pai. Mesmo resguardado esse aspecto, é do lado "empírico" que chegam à criança certos elementos que servem de via de manifestação (seja pela ausência) de significantes que são aqui considerados logicamente necessários. Isso é interessante de ser observado na medida em que se configura forçosamente como matéria de tensão entre as funções a serem atribuídas, em termos de determinação, a procedimentos transcendentais e a eventos cujas origens residem nos fatos, ainda que tais fatos também exijam a suposição de procedimentos transcendentais.[65]

---

65 Esse ponto certamente mereceria uma pesquisa específica: como a estrutura se relaciona com o acidente? É possível preservar algum sentido para a palavra contingência dentro da operacionalização de uma racionalidade estruturalista? Qual o lugar a ser ocupado pelo que é da ordem da facticidade? Aqui, não pretendo oferecer uma resposta, mas apenas indicar alguns encaminhamentos provisórios com os quais tento administrar a questão. Aparentemente, trata-se de um tipo especial de contingência, porém indispensável: não é pura por atravessar a estrutura, que só é recebida pelo sujeito ou que só se torna operante *após* já ter sido capturada pelo jogo dos significantes ou *após* já ter sido incluída no registro do Outro e que, portanto, só se efetiva retroativamente. É uma contingência *posterior* à determinação. Pensamos aqui na possibilidade do sujeito de se deparar com coisas (poderíamos, talvez, dizer "presenças") que não tiveram origem na determinação significante, mas que, mal surgidas, são imediatamente assimiladas por ela. Cabe notar que esse comentário se restringe

Em todo caso, a inscrição do Nome-do-Pai transforma o Édipo em um mito a ser vivido. Interpretado estruturalmente, ele é um mito universal (que, no entanto, se expressa em termos individuais), pois tudo o que pertence à ordem humana terá que se submeter a uma elaboração inconsciente do que significam e da forma como incidem no corpo os ganhos e as perdas decorrentes do uso compulsório da linguagem.

Para Lacan, o falo e o Nome-do-Pai abrem, segundo esses termos, o campo de significação possível do desejo da mesma forma que o *mana* abria o campo de significação possível da magia e o *hau* abria o campo do dom para os indígenas, representando a existência da contradição no nível da ordem simbólica. Lembremo-la: apesar da inadequação de partida entre significante e significado, existem

---

ao contexto teórico aqui analisado (o período de aplicação da estrutura), porque a sua ultrapassagem terá por consequência, através do conceito de objeto *a*, uma abordagem diferente da questão da presença: ela será resistência ao trabalho negativo do significante. Mas, enfim, caso essa contingência não seja estipulada nesse momento, a rigor e em última análise, os sintomas seriam forçosamente os mesmos para todos os sujeitos, uma vez que seria difícil imaginar como uma estrutura não passível de encontros com o novo ou com o diferente de si (algo ao menos provisoriamente não estrutural) poderia ser capaz de produzir sozinha a multiplicidade das experiências. Isso também significa que, quando Lacan fala de determinação do sujeito pelo significante, não se tem em vista um determinismo *stricto sensu* do tipo: para as mesmas causas obteremos sempre os mesmos efeitos. Mais uma vez, é preciso considerar, quanto a essa causalidade específica, o caráter *a posteriori* que o vetor estrutural assume para Lacan. Encontramos boas pistas para essa investigação em David-Ménard (2003). Mas a autora aí trabalha o encontro com o contingente em psicanálise quando se trata de pensá-lo depois do processo que já constituiu as identificações. A questão com a qual nos deparamos aqui é ainda anterior: qual o lugar a ser reservado para a contingência *na própria formação das identificações*, depois da qual os traços recebidos do Outro impõem o necessário ao sujeito? Esse ponto começará a receber, como veremos no terceiro capítulo, uma nova articulação a partir da consideração do papel daquilo que é próprio ao corpo na constituição do desejo, discussão preparada pelo item seguinte (2.13). No mais, retornaremos por diversas vezes a observações sobre a contingência.

pontos de vinculação entre eles que tornam o sentido possível e circulável entre os sujeitos na mesma medida em que a própria relação intersubjetiva encontra-se estruturada pelos significantes. Por esse mesmo motivo, tais significantes assinalam as condições de seu próprio funcionamento. O etnólogo explica: "vemos no mana (...) e noutras noções do mesmo tipo, a expressão consciente[66] de uma função semântica cujo papel é permitir ao pensamento simbólico exercer-se apesar da contradição que lhe é própria"[67] (Lévi-Strauss, 1950, p. 188). Imbuídos de "valor simbólico zero" (*ibid.*), o que quer dizer, em última instância, que eles são símbolos da própria existência do símbolo –, na teoria psicanalítica lacaniana, o Nome-do-Pai é o nome do fato de haver nome, a metáfora que torna todas as outras possíveis, e o falo, sua contrapartida, ou seja, o nome das consequências disso no nível da implicação corpórea no caráter intersubjetivo do desejo. Opondo-se à ausência de significação[68] – que, no caso, também seria ausência de desejo, sem implicarem, por si mesmos, nenhuma particularidade –, eles são símbolos "no estado puro":[69] valores puramente formais que só se vinculam ao empírico por suas contrapartidas imaginárias.

---

66 No caso, consciente para o psicanalista, em sua teoria.

67 Trecho já citado no primeiro capítulo.

68 Por analogia com o fonema zero, desenvolvido por Jakobson como o fonema que se opõe à ausência de fonema, Lévi-Strauss (1950) afirma: "a função das noções de tipo mana é a de se opor à ausência de significação sem comportar por si mesma nenhuma significação particular" (p. 189).

69 "Assim se explicam as antinomias, na aparência insolúveis, ligadas a esta noção, que tanto impressionaram os etnógrafos e que Mauss pôs a claro: força e ação; qualidade e estado; substantivo, adjetivo e verbo ao mesmo tempo; abstrato e concreto, onipresente e localizado. E, com efeito, o mana é tudo isto ao mesmo tempo; mas não será ele tudo isso precisamente por não ser nada disso: simples forma, ou, mais exatamente, símbolo no estado puro, portanto suscetível de se carregar de qualquer conteúdo simbólico, seja ele qual for?" (Lévi-Strauss, 1950, p. 188).

Zafiropoulos também estabelece essa correlação entre a teoria lacaniana do Édipo e o "significante flutuante" em Lévi-Strauss (1950, p. 188), mas o faz apenas com respeito ao Nome-do-Pai, ao dizer, por exemplo, que: "A assinalação do valor linguístico e inconsciente do 'significante flutuante' que permite ao pensamento simbólico exercer-se, é – a nosso ver – uma elegante definição daquilo que Lacan desdobrará a partir de 1953 sob a noção de nome do pai" (2003, p. 181). Elementos próprios à escuta psicanalítica (o símbolo fálico) e a insistência da ideia de que o desejo não é de objeto mas do desejo do Outro parecem exigir seu emparelhamento com o falo na distribuição da mesma função sob dois ângulos diferenciados. Essa sua caracterização era, de resto, assinalada por Deleuze. Após equiparar tanto o *mana* e seus equivalentes quanto o falo ao "objeto = x" ou casa vazia, ele afirma:

> *Pai, mãe etc. são elementos simbólicos tomados em relações diferenciais, mas o falo é outra coisa, o objeto = x que determina o lugar relativo dos elementos e o valor variável das relações fazendo de toda a sexualidade uma estrutura. É em função dos deslocamentos do objeto = x que as relações variam, como relações entre 'pulsões parciais' constitutivas da sexualidade. (1972/1981, p. 296)*

Com esse percurso, podemos agora entender uma proposição que bem ilumina o conjunto dessa discussão: "Trata-se assim da negação de uma determinação empírica que nos leva a uma transcendência que se conserva no interior de um princípio transcendental formalizado por um significante puro" (Safatle, 2006, p. 133). O desejo, descolado de uma conformação empírica e relacionado em seu cerne a uma falta que não pode ser recoberta por uma imagem, é, essencialmente, o movimento de transcender a si mesmo pela negação das coisas, dirigindo-se para fora, que é o desejo do

Outro, e o que regula tal movimento é um plano transcendental: a estrutura cujo funcionamento, por um lado, impõe uma regência precisa dos elementos simbólicos em suas combinações e alterações e, por outro, secreta significantes em estado puro que dizem de seu limite e de sua condição. É isso o que explica o caráter vazio da Lei do pai (Safatle, 2006, p. 119): ela diz respeito a esse campo formalizado que, guardando a verdade do sujeito ao responder por sua posição (de desejo) diante do Outro, é responsável pela constituição das fixações de objeto imaginárias que, por sua vez, se antepõem ao alcance dessa verdade. Se a linguagem é sempre incapaz de fornecer representações "adequadas" do que quer que seja, atualizando sempre o fracasso de uma suposta referência, e se o desejo é definido por uma operação de negação – pela qual, aliás, ele se identifica mesmo à linguagem –, então o falo, valor simbólico zero, não pode ser outra coisa senão a colocação em significante da impossibilidade de que o pênis, ou qualquer outro objeto que se apresente na condição de conteúdo representacional, viesse a fornecer esteio imaginário à sexualidade. Por isso, ele é tanto mais significativo quanto mais ausente;[70] ele é "apenas *a inscrição significante da impossibilidade de uma representação adequada do sexual no interior da ordem simbólica*. Ele é a inscrição significante da relação de inadequação entre o sexual e a representação" (Safatle, 2006, p. 130). Para Lacan, existe uma discordância fundamental inerente ao desejo sexual que lhe atribui um caráter essencialmente problemático. Trata-se aí de um outro nível de desdobramento do conflito entre subjetividade e objetividade, pois, situando-se em um lugar que ultrapassa a demanda de amor (processo que tenderia a preservar a dimensão da alteridade), o desejo sexual exige que um outro sujeito seja compelido a uma posição de objeto:

70 "O fato de que o falo é mais significativo na vivência humana por sua possibilidade de ser um objeto decaído do que por sua presença, eis o que designa a possibilidade do lugar da castração na história do desejo." (Lacan, 2004, p. 197)

> *há discordância entre o que existe de absoluto na subjetividade do Outro que dá ou não dá o amor e o fato de que, para que haja acesso a ele como objeto de desejo, é necessário que ele se faça totalmente objeto. É nesse desvio vertiginoso – nauseante, para chamá-lo por seu nome – que se situa a dificuldade de acesso na abordagem do desejo sexual. (Lacan, 1998, p. 384)*

Em outras palavras, o desejo sexual comporta a relação com a imagem do outro, imagem que o significante (ou a lógica simbólica que é a lógica do próprio desejo) nega e que, pelas tensões existentes na dinâmica imaginária, significa, a um só tempo, a própria anulação da alteridade. Se o próprio Outro aparece então como *instrumento* do desejo, o que temos aí é uma complicação ou uma reduplicação dos paradoxos constitutivos da nomeação que, como já sabemos, tem nele mesmo sua origem (no Outro ou na estrutura cuja subjetivação ele expressa). O desejo sexual aparece como pergunta dirigida a um Outro impulsionado à destituição de suas prerrogativas de sujeito ao mesmo tempo que qualquer possibilidade de nomeação desse desejo só poderia partir desse lugar que, com ele, *tende a ser* negado. É nesse contexto que Lacan (1998) afirma: "nem tudo é redutível à linguagem. (...) não existe palavra para exprimir uma coisa, uma coisa que tem um nome e que é justamente o desejo" (p. 383).

Assim, não obstante apareça na escuta clínica com uma recorrência que exige trato teórico, a justificação do lugar do falo na economia do desejo é, para Lacan (1994), de ordem lógica:

> *É por* razões inscritas na ordem simbólica, *transcendendo o desenvolvimento individual, que o fato de ter ou não o falo imaginário e simbolizado assume a importância econômica que possui no nível do Édipo. É isso que motiva*

> *ao mesmo tempo a importância do complexo de castração e a preeminência das famosas fantasias da mãe fálica (...). (pp. 265-6, grifo meu)*

Agora já sabemos a quais marcos conceituais essas razões são atribuídas. Símbolos zero, em terreno psicanalítico, adquirem tais designações, porque, neste, o logos *é* o desejo. O que circula na estrutura é sempre de ordem sexual; lógica *é* erótica. Mas, se o falo distingue, assim, o caráter puro do desejo e o Nome-do-Pai distingue a formalização e o esvaziamento da Lei; ou ainda: se o desejo é, então, algo desse modo dissociado do objeto, uma pura transcendência rendida à transcendentalidade, o que ele procura? A que ele se dirige? É possível, ainda assim, falar, a seu respeito, de uma satisfação?

2.13 Desejo de nada

Antes de responder a essas questões, detenhamo-nos mais um instante no comentário do desejo.

O que se sobressai, portanto, é sua desvinculação do objeto, tal como podemos verificar no seguinte trecho: "o sujeito não pode desejar sem que ele mesmo se dissolva e sem ver, devido exatamente a esse fato, escapar-lhe o objeto numa série de deslocamentos infinitos" (Lacan, 1978a, pp. 209-10).

Epistemologicamente, essa desvinculação deve ser remetida a dois fatores:

1. A ênfase nos aspectos estruturais cujas diretrizes a escolha de objeto específica vem apenas corroborar. Quer dizer, a escolha de objeto surge tão somente como efeito empírico de um condicionamento transcendental (ainda que precise ser estipulada, em determinados pontos, uma forma pela

qual esse condicionamento seja retroalimentado, conforme vimos acima, por aspectos "contingentes"). A estrutura indica a posição do sujeito face aos objetos, mas não dá lugar a uma determinação do sujeito que tivesse origem nestes. Lacan diz que a psicanálise nos permitiu descobrir:

> *o fato de o desejo humano não estar diretamente implicado numa relação pura e simples com o objeto que o satisfaz, mas estar ligado a* uma posição que o sujeito adota na presença desse objeto *tanto quanto a uma posição que ele adota fora de sua relação com o objeto, de tal modo que nada jamais se esgota, pura e simplesmente, na relação com o objeto. (Lacan, 1998, p. 320, grifo meu)*

2. A crítica da teoria do imaginário que já preparava a recepção da racionalidade da estrutura, uma vez que ela já era em si uma crítica da reificação da imagem (no caso, da imagem do objeto) em virtude de ela ser alienante.

Com a ordem simbólica, o desejo não é mais desejo do desejo do outro como semelhante especularizável, mas desejo do desejo do Outro,[71] ou seja, desejo da própria estrutura que o determina, ou, ainda em outras palavras, é desejo da Lei. Se observamos agora que o próprio desejo nada mais é do que a Lei posta em funcionamento,

---

71 Algo paradigmaticamente expresso no seguinte trecho:
"– se o desejo está, com efeito, no sujeito pela condição que lhe é imposta pela existência do discurso de fazer sua necessidade passar pelos desfilamentos do significante;
– se, por outro lado, (...) é preciso fundar a noção do Outro com O maiúsculo como sendo o lugar do desdobramento da fala (a outra cena, *eine andere Schauplatz*, de que Freud fala na *Traumdeutung*);
– é preciso afirmar que, caso de um animal presa da linguagem, o desejo do homem é o desejo do Outro" (Lacan, 1958/1966q, p. 628).

então vemos que ele é apenas o desejo de manter-se a si mesmo como desejo, ou seja, sem satisfação, algo contra o que se chocaria imediatamente qualquer ideia a seu respeito que convergisse para "desejo de objeto". É por esse motivo que Lacan (1978a) afirma que ele é revelado por Freud "como desejo de nada" (p. 246).

Então ocorre que essa relação desejante entre o desejo e a Lei que o constitui se expressa necessariamente de acordo com duas funções interdependentes: a da linguagem *e a da fala*. Para tratar da complexidade desse nó é que Lacan se dedica – mais especialmente ao longo do *Seminário 5* – a escrutinar a tríade necessidade-demanda-desejo. Aí vemos que a necessidade elevada à fala, constituindo a demanda, produz o desejo aquém e além desta e de um modo que, afinal, o diferencia radicalmente da demanda:

> *O desejo é definido por uma defasagem essencial em relação a tudo o que é pura e simplesmente da ordem da direção imaginária da necessidade – necessidade que a demanda introduz numa ordem outra, a ordem simbólica, com tudo o que ela [a necessidade] pode aqui introduzir de perturbações. (Lacan, 1998, p. 92)*

A expressão da necessidade na fala sob a forma de um apelo ao Outro receberá não apenas respostas negativas esporádicas a propósito da satisfação de necessidades específicas (a fome e a sede, por exemplo). Ela constitui, dentro da própria dialética da recusa – que então passa a ser mesmo necessária à estrutura do apelo[72] –, a dimensão desmedida da demanda, porque, a partir desse momento, ela se encontra vinculada à impossibilidade da presença perene do

72 "O mecanismo da demanda faz com que o Outro, por sua natureza, se oponha a ela. Poderíamos dizer ainda que a demanda exige, por natureza, para ser sustentada como demanda, que algo se oponha a ela." (Lacan, 1998, p. 87)

Outro, impedindo que algo venha atender ao que ela solicita. O apelo ao Outro pede o alimento ou a água, mas, para além disso, pede a presença e a atenção do Outro ou o seu amor. A demanda que chama por algo que venha aplacar a necessidade é a mesma que é demanda de amor e, se invoca a alteridade, o faz menos pela ideia de que ela é imprescindível para o provimento da satisfação do que pelo fato de esse chamado fazer parte das próprias premissas da linguagem:[73] esta funciona de forma tal que toda fala tem nela tanto seu ponto de chegada quanto sua origem; toda fala se dirige a ela e é emitida a partir de seu lugar. De acordo com aquilo que já começamos a vislumbrar ser o Outro no interior da arquitetura conceitual lacaniana, sabemos que tal solicitação esbarra em uma dupla infinitude: a do conjunto dos significantes ao qual se direciona (nível da linguagem) e a que concerne aos deslocamentos efetivados em sua própria expressão concreta (nível da fala). É assim que podemos ler a seguinte afirmação:

> *O sistema das necessidades entra na dimensão da linguagem para nela ser remodelado, mas também para se verter, ao infinito, no complexo significante, e é isso que faz com que a demanda seja, essencialmente, algo que, por sua natureza, se coloca como podendo ser exorbitante. (Lacan, 1998, p. 87)*

---

73 Ao contrário do que acontecia no texto sobre os complexos familiares (1938b), no qual o ponto de partida da função de comunicação era a negativização do estado de dependência em que o recém-nascido se encontrava a propósito de sua sobrevivência, Lacan (1958/1966p) agora pode dizer que os efeitos da presença do significante "são, antes de mais nada, os de um desvio das necessidades do homem pelo fato de que ele fala, no sentido de que, por mais que suas necessidades sejam submetidas à demanda, elas lhe retornam alienadas. Isso não é o efeito de sua dependência real (...), mas da conformação significante como tal e de ser do lugar do Outro que é emitida sua mensagem" (p. 690).

Além do mais, esse Outro com quem o sujeito se depara (na figura da mãe) já sofre, ele mesmo, o corte do desejo: ele ocupa para a criança um lugar na estrutura na mesma medida em que, por sua vez, é também um posicionamento de sujeito diante dela. Se pensarmos agora que o Outro é ainda uma apresentação da própria estrutura, podemos ter uma ideia da complexidade do entrecruzamento de níveis articulados em sua concepção. Condicionada por esses termos, a inevitabilidade da relação intersubjetiva sobrepõe-se às condições orgânicas transformando-as em via de invocação do próprio ser do Outro, colocando o desejo antes e depois de si mesma mediante seu caráter linguageiro. "Depois", porque nele se reencontra, de modo subvertido e retroativamente tendente ao desaparecimento, aquilo que se perdera da necessidade em seu atravessamento pela demanda (Lacan, 1998, p. 394). O desejo toma algo emprestado à necessidade – a imposição de uma condição absoluta ou de uma urgência –, restabelecendo o desvio que ela sofre quando de sua submissão ao significante.[74] "Antes", porque o desejo jamais se inscreve na demanda, sendo sempre a circulação significante que a condiciona e levando a necessidade a uma espécie de negação de segunda ordem:

> *uma vez que a necessidade já tenha passado pelo filtro da demanda no plano da incondicionalidade, é apenas a título de uma segunda negação, digamos assim, que reencontraremos, mais além, a margem do que se perdeu nessa demanda. O que encontramos nesse mais além é, precisamente, o caráter de condição absoluta que se apresenta no desejo como tal. (Lacan, 1998, p. 382)*[75]

74 Não é questão, portanto, de uma remissão ao pré-verbal.

75 Em outro lugar, Lacan (1958/1966p) explicita que essa segunda negação "não é uma simples negação da negação", porque o resíduo produzido pela obliteração da necessidade na demanda faz surgir a "potência da pura perda" (p. 691).

A natureza problemática do lugar do desejo deve-se, então, a esse ponto assim resumido por Lacan (1998):

> *Esse lugar está sempre para além da demanda, na medida em que a demanda almeja a satisfação da necessidade, e no aquém da demanda, na medida em que esta, pelo fato de ser articulada em termos simbólicos, vai além de todas as satisfações que invoca; na medida em que ela é demanda de amor, que visa ao ser do Outro, a obter do Outro essa presentificação essencial – que o Outro dê o que está além de qualquer satisfação possível, seu próprio ser, que é justamente o que é visado no amor. (p. 406)*[76]

Isso o leva a dizer que o desejo é o resultado da subtração da necessidade à demanda (Lacan, 1998, p. 382; 1958/1966p, p. 691). Ora, se a demanda é uma operação que descreve um nível de expressão da necessidade na fala como apelo à presença do Outro, que é a estrutura simbólica, então vemos que, se retirarmos da demanda o que se deve à necessidade, o que vai restar é o puro funcionamento do simbólico que então já terá atravessado o corpo. A necessidade, que deveria desaparecer ao ser aplacada por ter se elevado à fala, deixa, no entanto, atrás de si um "circuito insistente" (Lacan, 1998, p. 89).

Tal circulação, que persiste devido à sua localização sob e sobre a fala, é circulação recalcada, constituindo o próprio do inconsciente: "É preciso afirmar que é a incidência concreta do significante na

---

76 Ou ainda: "É no espaço virtual entre o apelo da satisfação e a demanda de amor que o desejo deve ocupar seu lugar e se organizar. É por isso que só podemos situá-lo numa posição sempre dupla em relação à demanda, ao mesmo tempo além e aquém, conforme o aspecto sob o qual consideremos a demanda – demanda em relação a uma necessidade ou demanda estruturada em termos de significante" (Lacan, 1998, p. 406).

submissão da necessidade à demanda que, recalcando o desejo na posição de desconhecido, dá ao inconsciente sua ordem" (Lacan, 1959/1966s, p. 709). Uma vez que haja mediação do Outro na gênese da demanda e em sua recepção, instaura-se uma disparidade entre o que é articulável no nível da fala e aquilo que permanece sub-reptício no desejo pela convergência das seguintes razões:

O desejo:

- traduz, em movimentos pulsionais, o processo metonímico de deslocamento de significantes, o qual é um pressuposto da enunciação;
- recupera o que se perdera da necessidade na demanda – a pura condição absoluta da urgência – na medida em que isso já não era passível de nomeação;
- captura o sujeito no cerne de uma falta que já presidia ao estatuto do Outro ao qual ele se dirige com sua fala, de modo que os significantes com os quais vai ter que se haver surgem a partir da própria castração e, portanto, não podem ser ditos.

Por isso, Lacan afirma que o sujeito só teria acesso direto a seu desejo se uma segunda fala, projetando-se sobre a sua própria, fosse capaz de suspender o corte que ele sofre pelo fato de falar. Ora, mas se o que é característico da fala é justamente o fato de se formar a partir da restrição imposta pela linguagem, então ela se encontra logicamente desabilitada para desempenhar tal tarefa: "Mas o desejo não é nada além da impossibilidade dessa fala que, por responder à primeira, só consegue reduplicar sua marca, consumando essa fenda (*Spaltung*) que o sujeito sofre por só ser sujeito na medida em que fala" (Lacan, 1958/1966p, p. 634). Essa impossibilidade de atualização do desejo na fala é o próprio desejo "puro". Uma fala, por mais autêntica que seja, só faz perpetuar a falta imposta pela condição da fala. E só há sujeito dentro dessa condição. O desejo procede, então, dessa finitude que é radical, estabelecendo um movimento que, visando encobri-la, só alcança a sua perpetuação. É nesse sentido que ele só possui objeto metonímico (Lacan, 1958/2003a, p. 179): o que importa é muito mais a metonímia em si do que o próprio objeto. Diz Lacan (1986):

> *o desejo nada mais é do que a metonímia do discurso da demanda. É a mudança [*changement*] como tal. Insisto nesse ponto – essa relação propriamente metonímica de um significante ao outro que chamamos de desejo, não é o novo objeto, nem o objeto anterior, é a própria mudança de objeto em si. (p. 340)*

Eis as linhas gerais do processo de substituição da posição originária do sujeito na necessidade – na qual ele ainda não se encontra instituído – pelas condições estruturais dispostas pelo significante que, inscritas no corpo e na história, conformam a particularidade de cada destino.[77] Por ele, relacionar-se ao Outro (ou fazer uso da linguagem e ser nela capturado) corresponde a dissolver o vínculo entre desejo e satisfação. Por ele, o desejo do ser humano tem seu sentido encerrado no desejo do Outro. Não porque este está em posição de determinar objetos adequados à sua satisfação, mas porque o seu primeiro (no sentido do que vem antes e no sentido do que é mais importante) querer é ser reconhecido pelo Outro.

Aquilo que aparentemente seria veículo de sua satisfação (isto é, o objeto) é, na verdade, uma face de aniquilamento, visto que a satisfação, na pretensão do estancamento do impulso, antepor-se-ia

77 "Se a análise tem um sentido, o desejo nada mais é do que aquilo que suporta o tema inconsciente, a articulação própria do que faz com que nos enraizemos num destino particular, o qual exige com insistência que a dívida seja paga; e ele volta, retorna e nos reconduz sempre de volta a uma certa trilha, à trilha do que é propriamente nosso *affaire*." (Lacan, 1986, p. 368)

(se isso fosse possível) ao movimento em direção ao Outro, que é o motor do inconsciente. Sem isso, nem mesmo a consideração do significante, tomada de forma isolada, faria sentido. Diz Lacan (1998) ao comentar a *Interpretação dos sonhos*:

> *não é no significante articulado, mesmo depois de feita a primeira decodificação, que se encarna o inconsciente. (...) O discurso inconsciente não é a última palavra do inconsciente. Ele é sustentado por aquilo que é verdadeiramente a mola última do inconsciente, e que só pode ser articulado como desejo de reconhecimento do sujeito. (p. 256)*

O desejo não se apresenta nos significantes do sonho. Ele *ex-siste* no sonho (Lacan, 1958/1966p, p. 629), não existe nele. Ou melhor, só se apresenta no sonho na medida em que se furta a essa apresentação no seu deslocamento infinito. Esse é seu caráter problemático, caráter que é o motor dialético da constituição onírica. É próprio ao desejo buscar reconhecimento ou apresentação e, por uma questão de essência, não a atingir como forma de manter-se em ato. É importante, nesse sentido, perceber o contorno conceitual de uma frase como a seguinte: "O desejo não tem outro objeto a não ser o significante de seu reconhecimento" (Lacan, 2013, p. 563) – lembrando que a função do significante é sempre executada através de uma anulação. O significante de reconhecimento do desejo simultaneamente marca o destino do sujeito e veda a sua cristalização, eternizando o deslocamento. Por isso, Lacan (1958/2003a) pode falar, sem ser contraditório, que o desejo se esquiva do reconhecimento: "Ele é desejo para além do reconhecimento a que o desejo se furta" (p. 179).

Um desejo cuja consistência é simbólica tem por "conteúdo" o reconhecimento, o que, do ponto de vista do imaginário, corresponde a dizer que ele é sem conteúdo, isto é, puro. "Como desejo de reconhecimento, ele é um desejo, talvez, mas, no final das contas, é um desejo de nada. É um desejo que não está ali, um desejo rejeitado, excluído" (Lacan, 1998, p. 327). Ele não está excluído por uma questão de contingência, não porque o sujeito não queira assumi-lo em função de uma verdade que rejeita – ele já é, aliás, defesa e não exatamente algo contra o que se defender[78] –, mas porque é impossível que o desejo se situe como assumido na fala devido à sua própria definição: o desejo é o que fica de fora do fato da necessidade ter que atravessar o significante, fato constitutivo da demanda. Ele é discurso (é articulado), mas não surge na fala (não é articulável): "O desejo do sonho não é assumido pelo sujeito que diz 'eu' [*je*] em sua fala. Articulado, no entanto, no lugar do Outro, ele é discurso" (Lacan, 1958/1966p, p. 629). Lacan diz que o sentido de *Wunscherfüllung* é que o aspecto do consumado no desejo é o aspecto verbal, ou seja, vincula-se não ao objeto, mas à própria Lei simbólica, cuja instituição é também a instituição do desejo. Por isso, em sua realização, "trata-se da emergência à realidade do desejo como tal" (Lacan, 1960/1961, p. 59) ou de sua pura ascensão ao nível simbólico. Assim:

> *o reconhecimento da impossibilidade de o desejo satisfazer-se com tais objetos [fenomênicos] é a abertura para um outro gozo, não mais vinculado à empiria, mas vinculado à Lei. Longe de se opor ao desejo, a Lei da castração pode conservar o desejo puro, já que a Lei está literalmente "a serviço do desejo". (Safatle, 2005, p. 135)*

Ora, se o desejo nasce a partir do Outro e a ele se dirige, sendo sua uma busca pelo reconhecimento, não é evidente que o que está

---

78 "Constituindo-se como desejante, na própria constituição de seu desejo, ele [o sujeito] se defende de alguma coisa. Seu desejo mesmo é uma defesa e não pode ser outra coisa" (Lacan, 2013, p. 506). Um pouco adiante, ficará mais claro esse ponto.

em jogo é ele ser "sempre desejo ao segundo grau, desejo de desejo"[79] (Lacan, 1986, p. 24)? Ambos, Lei e desejo, representam uma associação cuja função é de defesa contra a captura materna que, entregue a si mesma, não indica, aos olhos de Lacan, vias de simbolização. A interdição imposta pela Lei proíbe um gozo de mórbidos matizes por carregar sempre um risco de desestruturação, ou seja, por ser um "gozo que ultrapassa qualquer referência [*repérage*] possível para o sujeito" (Lacan, 2004, p. 302). Lacan se pergunta no *Seminário 6*: "Interdição de quê? – no final das contas, de um gozo que é perigoso porque abre diante do sujeito o abismo do desejo[80] como tal" (2013, p. 504). Trata-se, na verdade, de proibir um gozo que, ao fim e ao cabo, do ponto de vista da posição subjetiva, é um gozo impossível: ele seria a própria não existência do sujeito. Assim, a tensão que se estabelece na necessidade de proibir alguma coisa que já é, em si, impossível indica que o interdito do pai não se coloca contra o desejo, mas o faz nascer em sua dimensão simbólica:

> *O mito de Édipo não quer dizer outra coisa senão isto: na origem, o desejo, como desejo do pai, e a lei são uma só e mesma coisa. A relação da lei com o desejo é tão estreita que somente a função da lei traça o caminho do*

---

79 Mais uma vez, vemos por quais caminhos se faz a convergência entre o estruturalismo e o pensamento de Kojève. Este dizia que o sujeito é constituído pelo conteúdo positivo do que é negado por seu desejo e que, se o ser humano não é um ser natural, isso que seu desejo nega pela própria ação de desejar só pode ser outro desejo: "Para que tenha Consciência-de-si, é preciso, então, que o desejo incida sobre um objeto não natural, sobre qualquer coisa que ultrapasse a realidade dada. Ora, a única coisa que ultrapassa esse real dado é o próprio Desejo" (1947, p. 12).

80 Lacan às vezes duplica o sentido do termo "desejo": ora ele está ligado a algo anterior à inscrição do Nome-do-Pai, ora a algo posterior, sendo este o sentido que se sobressai. Para o outro, reservará aos poucos o termo "gozo". À exceção dessa última ocorrência, é obviamente neste sentido, de desejo como processo simbólico, que o utilizamos aqui.

> *desejo. O desejo, enquanto desejo pela mãe, é idêntico à função da lei. É na medida em que a lei a interdita que impõe desejá-la (...). (Lacan, 2004, p. 126)*[81]

"O desejo, portanto, é a lei" (p. 176) é uma proposição que expressa o seguinte: o fato de haver significante (lei simbólica), depois de cruzar o corpo, não se distingue do processo metonímico que *é* o desejo. Dessa forma, dizer que este encontra um gozo na Lei é, afinal, como sinalizei no início desse item, dizer que ele goza de si mesmo, goza do contínuo reconhecimento, nesses termos, *do que ele é*. Lacan é claro sobre esse ponto:

> *A relação do homem com o desejo não é uma relação pura e simples de desejo. Não é, em si, uma relação com o objeto. Se a relação com o objeto estivesse desde logo instituída, não haveria problema para a análise. Os homens, como se presume que faça a maior parte dos animais, iriam a seu objeto. Não haveria essa segunda relação, se posso dizê-lo, do homem com o fato de que ele é animal desejante, e que condiciona tudo o que acontece no nível que chamamos perverso, a saber, o fato de que ele goza de seu desejo. (Lacan, 1998, p. 313)*[82]

---

81 Lacan (2004) acrescenta, ironicamente: "pois, afinal, a mãe não é em si o objeto mais desejável" (p. 126). Nesse seminário, lemos ainda: "O que lhes ensino, aquilo a que lhes conduz o que lhes ensino, e que já está no texto, encoberto pelo mito de Édipo, é que esses termos, que parecem colocar-se numa relação de antítese, o desejo e a lei, são apenas uma e a mesma barreira para nos impedir o acesso à Coisa" (p. 98).

82 Ou ainda: "no que ele [o sujeito humano] apreende bem como, naquilo de que goza, trata-se de algo diferente de uma relação com o objeto, trata-se de uma relação com seu desejo" (Lacan, 1998, p. 315).

Assim, a dimensão essencial do desejo é a sua reflexividade, a sua "função pura" (Lacan, 2004, p. 248) ou o fato de ser sempre "desejo ao segundo grau". Seu reconhecimento é o puro reconhecimento do que o desejo é: a Lei desejando a si mesma ou, mais simplesmente, o puro e simples funcionamento da Lei; o que, aliás, significa a mesma coisa, uma vez que tenhamos admitido, juntamente a Lacan, o uso da ideia de Outro como subjetivação da estrutura ou como a estrutura em seu encontro com o corpo e atravessada pela função transferencial, ou seja, como o próprio lugar do destino da fala. "Desejo de reconhecimento" passa a ser simplesmente outra forma de nomear o endereçamento inevitável ao Outro das séries articuladas, cujo circuito inclui a presença corporal. Então, se Lacan, quando comentava a *Interpretação dos sonhos*, indicava o lugar do desejo de reconhecimento como sendo o lugar de fundamento último do inconsciente, parecendo com isso dizer que ele seria até mesmo anterior ao significante, é preciso perceber que tal comentário deve ser lido juntamente a este outro:

> *A demanda está ligada, antes de mais nada, a algo que está nas próprias premissas da linguagem, a saber, à existência de um apelo que é, a uma só vez, princípio da presença e termo que permite repeli-la, jogo da presença e da ausência. (1998, p. 330)*

Ou seja, o desejo de reconhecimento só é o motor último do inconsciente porque ele expressa uma vocação interna do próprio significante: seu movimento na direção da alteridade.

Agora podemos reformular uma definição para "desejo de reconhecimento": a questão é a de um movimento em que ele se expresse, a partir de uma determinação estrutural, sob o modo de uma mensagem – ou seja, como algo que exige um destinatário – cuja forma de endereçamento é privilegiada em detrimento do conteúdo, sem que aí possa ser apreendido como tal. Nesse processo, dizer que o desejo "não satisfaz a nada a não ser a si mesmo, isto é, ao desejo como condição absoluta" (Lacan, 1998, p. 382) é o mesmo que dizer que ele não se satisfaz. A lógica do desejo torna contraditória qualquer tentativa de associá-lo com a ideia de satisfação:

> *Se o desejo é, de fato, o que articulei aqui, isto é, aquilo que se produz na hiância que a fala produz na demanda, e se, como tal, ele está, portanto, para-além de toda demanda concreta, fica claro que qualquer tentativa de reduzir o desejo a algo para que se demande satisfação esbarra numa contradição interna. (Lacan, 1998, p. 416)*

Assim, quando se articula a condição do desejo afirmando que, por ser desejo da Lei, ele seria "satisfeito" ao ser reconhecido por ela, tal formulação utiliza o termo "satisfação" em sentido *lato*. Temos um exemplo disso quando Lacan alude à possibilidade de "satisfação do desejo" dizendo que ela só poder ser efetivada no "para além da fala" (1998, p. 133).[83] Por tudo o que a teoria implica, esse "para além da fala" não se refere obviamente a nenhum objeto – que é apenas uma máscara sobreposta à "dor de existir confinada no desejo" (Lacan, 1998, pp. 331; 338) –, mas à dimensão da linguagem ou da ordem simbólica. Vimos acima: se é possível discernir algum nível de realização do desejo, tal nível se restringe a aspectos verbais. Afinal, se o desejo goza de si mesmo e *é* consubstancialmente vinculado à Lei, então, clara está a estipulação de um gozo da Lei. Mas,

83 Acredito ser também esse o caso quando Safatle se refere a uma satisfação do desejo na Lei. Por exemplo, no seguinte trecho: "A verdade enunciada pela castração seria: a única maneira de satisfazer um desejo puro é através de sua vinculação a uma lei transcendental reconhecida intersubjetivamente" (2006, p. 127). Aqui, "satisfação" do desejo indica sua permanência, subscrita pelo reconhecimento e não, naturalmente, por sua interrupção.

se quisermos falar de "satisfação" *stricto sensu*,[84] vemos que, a propósito do desejo, ela é algo a ser descartado. Ora, tudo o que se trata de recusar aqui de forma radical é a ideia de que possa haver satisfação para o desejo inconsciente – ela representaria mesmo a dissolução da posição sujeito, visto ser esta definida exatamente por esse processo sem estancamentos. Um desejo de nada não pode ser passível de satisfação, nem mesmo na Lei, que, ao contrário, o perpetua em estado desejante. O gozo da Lei não expressa uma satisfação na medida em que apenas assiste a uma duplicação da função pura do desejo. O que se insinua nesse raciocínio, então, é que não se trata de uma questão de satisfação,[85] mas de circulação:

> *Só entram no inconsciente esses desejos que, por terem sido simbolizados, podem (...) conservar-se sob sua forma simbólica, isto é, sob a forma desse traço indestrutível (...). São desejos que não se deterioram, que não têm o caráter de impermanência próprio a toda insatisfação [da necessidade], mas que são, ao contrário, sustentados pela*

84 É preciso explicar aqui o que significa esse sentido estrito: refiro-me ao sentido que o termo adquire dentro da rede conceitual presente no discurso de Lacan aqui analisado (conforme os textos citados), segundo o qual a palavra "satisfação" acha-se estreitamente ligada a uma sensação de prazer, que desfaz provisoriamente a tensão pulsional, sendo esse vínculo com a ideia de contentamento o que costuma estar presente também em sua utilização no nível do senso comum. Cabe fazer mais essa observação porque, na verdade, se buscássemos uma das raízes etimológicas do termo (o que claramente não é o caso, pelo menos nesse momento, para o psicanalista), ela seria, curiosamente, bastante adequada para descrever o que se passa com o desejo, uma vez que carrega a ideia de "pagamento de uma dívida" (ver Houaiss & Villar, 2001).

85 Lacan insistiria nessa ideia ao dizer, por exemplo, no *Seminário 11*, que aquilo "*que se chama desejo*" é um "*elemento necessariamente em impasse, insatisfeito, impossível, desconhecido*" (1973, p. 141).

> *estrutura simbólica, a qual os mantém num certo nível de circulação do significante, aquele que lhes designei como devendo ser situado (...) no circuito entre a mensagem e o Outro (...). (Lacan, 1998, pp. 92-3)*

O reconhecimento pelo desejo do Outro afinal só expõe ao desejo do sujeito a sua própria desidentidade, tanto com relação a um suposto alvo objetal quanto a respeito da imaginarização da satisfação e principalmente por referência à sua "essência". Sendo definido, através da estrutura, pela colocação em metonímia dos significantes, ele não pode jamais ser idêntico a si mesmo, o que preserva o posto da diferença na definição do sujeito, mesmo diante da ideia de que o desejo deseja a "si mesmo". Podemos então, lembrando o vínculo com a definição fornecida por Kojève, dizer que, após a estrutura, o desejo é a Lei inconsciente pela qual se revela o reconhecimento subvertido da própria negatividade implicada na Lei de reconhecimento do desejo.

É no mesmo sentido que o tornar-se humano implica tanto o desejo quanto a linguagem. Isso não somente porque esta nomeia os objetos que se prestam ao circuito do desejo, fazendo-os passarem à existência, mas principalmente porque o desejo é a metonímia (os deslocamentos inconscientes de traços significantes constitutivos e determinantes) que nasce do direcionamento de uma fala à estrutura simbólica. Humanizar-se é, pelo mesmo motivo, tanto falar quanto desvincular desejo e satisfação. O desejo puro, ao ser sem objeto, é também sem satisfação. Os objetos em desfile são apenas máscaras que encobrem sua natureza trágica. O desejo visa unicamente à reiteração de seu caráter puro. A questão é, assim, a de afirmar, a partir das divisões impostas ao sujeito pelo significante em sua negatividade – separação de si mesmo, do seu próprio desejo e do Outro –, seu estado *perpetuum mobile.*

Desenvolvendo todas as consequências de uma tal abordagem, Lacan (1978a) esclarece que se trata aí do estabelecimento do não ser na origem do ser:

> *Desde que o próprio sujeito chega ao ser, ele o deve a um certo não-ser sobre o qual ergue seu ser. E se ele não é, se ele não é algo, é, evidentemente, devido a alguma ausência que ele testemunha, mas ele permanecerá sempre devedor dessa ausência (...). (p. 226)*

O fato da falta ser constitutiva não é, assim, um ponto de partida metafísico, mas a consequência de nosso uso da linguagem, desde que ela seja vista como portadora das linhas de nossa separação em relação às coisas e, por essa via, da disposição dos significantes em deslocamento contínuo. Quando lemos, por exemplo, que:

> *o desejo é aquilo que se manifesta no intervalo cavado pela demanda aquém dela mesma, na medida em que o sujeito, articulando a cadeia significante, traz à luz a falta a ser com o apelo de receber seu complemento do Outro, se o Outro, lugar da fala, é também o lugar dessa falta (Lacan, 1958/1966p, p. 627)*

vemos que a falta-a-ser é originada *desde o fato da fala* tanto pelo abismo que a demanda deixa atrás de si quanto pelo fato de que o Outro – lugar ao qual ela se dirige –, por ser o lugar da fala, já é marcado pelo corte que reduplica no sujeito. É nesse sentido que a falta de objeto é também uma "falta de ser": "O desejo é uma relação de ser à falta. Esta falta é falta de ser, propriamente falando. Não é falta disso ou daquilo, mas falta de ser pela qual o ser existe" (Lacan, 1978a, p. 261). Assim, se "o desejo é a metonímia da falta a ser" (Lacan, 1958/1966p, p. 623) é porque desenrola nos sucessivos deslocamentos do significante dirigidos ao Outro a impossibilidade de que seja dita a falta que originalmente constitui o sujeito devido ao fato de ele ser uma posição de linguagem e de fala. A realização do desejo, que é obstaculizada, seria também a realização ontológica do ser do sujeito paradoxalmente preservado apenas pelo movimento que o dissolve duplamente: ele desaparece tanto na sucessão infinita dos objetos quanto sob o significante que *representaria* sua posição de fala dentro da estrutura simbólica. Admitir, na interpretação da linguagem, premissas de cunho estruturalista – e elementos saussureanos relidos da forma como o vimos no início deste capítulo – implica que preservar a condição do sujeito é preservar o processo de desejo que expressa sua dissolução. Somente nessa *aphanisis* ininterrupta ele pode se desvencilhar das capturas imaginárias que corresponderiam à sua objetificação.

Mas não é apenas isso que se encontra implicado na temática do desejo como falta-a-ser. Ela retoma ainda aquela relação entre linguagem, verdade e realidade segundo a qual o que existe, existe em função da primeira e é, portanto, devedor do corte que subjaz e que sustenta todo o campo em que as existências podem ser pensadas e enunciadas. Sendo o desejo tributário dos próprios limites desse campo de possibilidades da existência em seu vínculo básico com a linguagem, ele não pode visar a algo passível de nomeação[86] – critério justamente não obedecido por nenhum objeto, já que a própria noção de objeto supõe a nomeação. E por aí retornamos aos termos de anterioridade (pré-ontologia, como Lacan [1973] se expressa no *Seminário 11*) ou de oposição (contra-ontologia, como propunha Cassin [2005]) da linguagem com relação à ontologia:

86 "O desejo (...) é desejo de nada que seja nomeável." (Lacan, 1978a, pp. 261-2)

> *Se o ser fosse apenas o que ele é, não haveria nem sequer o lugar para se falar dele. O ser chega a existir em função mesmo dessa falta. É em função dessa falta, na experiência de desejo, que o ser [do sujeito] chega a um sentimento de si em relação ao ser. (Lacan, 1978a, p. 262)*

Lacan disponibiliza, assim, um uso operacional e totalmente indispensável da ideia do não ser, que só pode identificar a realização do desejo à própria morte:

> *Tentem se perguntar o que pode querer dizer* ter realizado seu desejo – *se não é tê-lo realizado, se assim podemos dizer, no final. É essa invasão da morte na vida que confere seu dinamismo a toda questão, quando ela tenta se formular sobre o tema da realização do desejo. Para ilustrar o que dizemos, se colocarmos diretamente a questão do desejo a partir do absolutismo parmenidiano, na medida em que ele anula tudo o que não é o ser, diremos – nada é daquilo que não nasceu e tudo o que existe não vive senão na falta a ser. (Lacan, 1986, p. 341)*

O ser é e o não ser não é, mas ele não ser não significa que não seja efetivo ou mesmo constitutivo em sua ex-sistência.

Assim, falar do desejo já é, por si, um ato envolvido no caráter escorregadio da referência objetiva ao fator condicional de toda referência objetiva. É o que Lacan (1978a) observa na seguinte passagem:

> *Há uma ambiguidade profunda no uso que fazemos do termo desejo. Ora nós o objetivamos – e é mesmo*

> *preciso fazê-lo, nem que seja só para falar dele –; ora, ao contrário, nós o situamos como sendo primitivo em relação a toda objetivação. (...)*
>
> *(...) aquilo com que temos de lidar é um sujeito que está aí, que é realmente desejante, e o desejo de que se trata é anterior a qualquer espécie de conceitualização – toda conceitualização sai dele. (p. 263)*

O desejo não é um evento recorrente na história do sujeito ou a expressão de um ciclo de comportamento (como ocorria no trabalho de 1932, sobre a paranoia) a ser explicitado por suas condições de vida. Ao contrário, *é ele* a condição da existência do sujeito. Não há, a seu respeito, realização fenomênica mediante o objeto porque, em termos psicanalíticos, ele é a condição para o advento de qualquer fenômeno. Seu regime de aparecimento é solidário do fato dele ser condição e não fenômeno: a condição aparece naquilo que ela condiciona, mas sempre de forma furtiva, ou seja, jamais como algo condicionado.

Determinante de um sujeito indeterminado, dissociado do empírico pelo afastamento do objeto e identificado à Lei da estrutura, vemos que o que está em cena é um desejo puro cuja regulação, contrariamente ao que Kant pensara para o *pathos*, é *a priori*.[87] A atopia de Eros é o que Lacan chama de "permanência transcendental" do desejo (Lacan, 1960/1961, p. 86). Não apenas isso: pode-se dizer que, para ele, uma faculdade *a priori* de desejar é chamada

87 Ver Baas (1992, pp. 22-82). O autor aí comenta que "haveria (...), antes de qualquer objeto de desejo (...), uma faculdade de desejar: eis o que designo aqui como o desejo puro. Colocar uma tal questão corresponderia a unir aquilo que Kant rigorosamente separou: o a priori e o desejo. Seria consagrar-se a uma teoria transcendental do desejo e, de algum modo, indicar que seria necessário fazer uma 'crítica do desejo puro'. Seria também fazer cruzarem-se a filosofia transcendental e a psicanálise" (p. 26).

a responder pelo caráter último de todas as outras faculdades. O desejo transcende o objeto pela negatividade afirmando-se lei transcendental de toda experiência possível. Safatle (2003) explica essa convergência entre transcendência e transcendentalidade no desejo tal como pensado por Lacan da seguinte forma:

> *Por um lado, o desejo puro transcende toda possibilidade de realização fenomenal, já que ele é desprovido de objeto empírico e se manifesta como pura negatividade. Mas, por outro, Lacan não se engaja numa espécie de "gênese empírica" da negatividade do desejo (no que ele se diferenciaria de Freud). Ao contrário, ele parece, em vários momentos, mais interessado em defender uma certa dedução transcendental do desejo. De onde se segue a possibilidade de falarmos em uma "estrutura transcendental" do desejo lacaniano, assim como de sua transcendência. (p. 193)*

A objetividade do desejo não é o objeto fenomênico, mas a estrutura transcendental em um duplo movimento de transcendência: transcendência do objeto empírico e transcendência de si mesma – do Outro em relação ao sujeito; do desejo em relação a si mesmo e em relação ao Outro. Não representável, mas exigindo reconhecimento e, portanto, apresentação, ele exibe uma efetividade incontestável. Enfim, o desejo é a revelação das suas próprias condições de existência; condições que, por serem tais – a fala determinada pelos significantes em deslocamento e dirigida ao conjunto formado por eles na figura do Outro –, transferem sua relação com o objeto para um plano secundário. Lacan aplica, assim, o transcendental da estrutura sobre uma teoria do desejo de inspiração kojèviana que não pode prescindir do sujeito exatamente na medida em que este é a *atividade* de desejar.[88] Com essa estratégia, a consistência do desejo passa a ser a elevação da problemática do reconhecimento a um campo transcendental: o desejo purificado de objetos, transcendendo-os, e transcendentalizado na Lei simbólica, interpretada como algo voltado ao reconhecimento intersubjetivo pela interseção entre fala e linguagem, interseção que constrange o sujeito a uma posição de intermitência em seu vínculo de débito com a falta-a-ser e em seu vínculo sempre adiado com o significante.[89]

2.14 As leis da linguagem são as leis do inconsciente

A essa altura não é de surpreender o entusiasmo que Lacan demonstra pela linguística, ao ponto de vermos as possibilidades teóricas abertas por seu trato do significante serem incumbidas da missão de recobrir o sentido da psicanálise: "Que haja no inconsciente cadeias significantes que subsistem como tais, que, a partir dele, estruturam,

---

88 Safatle (2003) defende, de forma diferente, que "tudo se passava como se Lacan projetasse a função transcendental própria ao conceito moderno de sujeito em uma teoria do desejo" (p. 193). Penso que essa transcendentalização do conceito de sujeito é, na verdade, *consequência* da aplicação do transcendental sem sujeito da estrutura a uma teoria do desejo que trazia a subjetividade em seu cerne e que já se encaminhava para a centralização da questão do reconhecimento. Ou seja, prefero articular esse ponto dizendo que Lacan projeta o transcendental da estrutura sobre uma teoria do desejo e que *o resultado* é a necessidade de pensar certa função transcendental do sujeito em psicanálise. Voltarei a esse assunto no próximo capítulo.

89 A relação entre necessidade, demanda e desejo traz o corpo para o primeiro cenário da reflexão, o que já é, por si mesmo, índice de ultrapassagem da fase mais estruturalista, como veremos no item 3.3.2, no próximo capítulo. Apesar disso, foi necessário tratar do desejo aqui, visto que sua definição mediante uma função pura é um dos resultados mais importantes da interlocução da psicanálise com o estruturalismo.

agem sobre o organismo, influenciam o que aparece externamente como sintoma, essa é a base da experiência analítica" (1998, p. 410). A olhos investidos de uma perspectiva externalista e ciosos quanto a prescindir da substância, essa é, de fato, a única leitura habilitada a atribuir aos enunciados freudianos uma lógica aceitável. Toda essa análise é o que pode justificar declarações como a seguinte:

> *Você me perguntava em que me distinguia de Freud: nisto, no fato de que eu conheço a linguística. Ele não a conhecia e, portanto, não podia saber que o que fazia era linguística. E a única diferença entre sua posição e a minha baseia-se no fato de que eu, abrindo um livro seu, em seguida posso dizer: isto é linguística. (Lacan, 1966x, p. 9)*

A duplicidade fendida do significante e do significado é, para Lacan, a única via explicativa do determinismo psicanalítico (Lacan, 1981, p. 136), cuja base é a identificação da estrutura do inconsciente com a estrutura da linguagem, entendida sob determinados aspectos e recortes da apresentação saussuriana. O "inconsciente estruturado como uma linguagem" não significa que suas leis seriam *análogas* às da linguagem, mas que são exatamente *as mesmas leis*. É o que está implícito quando Lacan (1998) identifica uma coisa à outra: a linguística "tem uma relação estreita com a análise *tout court*. Elas até mesmo se confundem. Se as olharmos de perto, elas não são essencialmente diferentes uma da outra" (p. 12). As formações do inconsciente são efeitos de engendramento do sentido no plano das funções do significante:

> *essa estrutura do inconsciente, isso em que se reconhece um fenômeno como pertencente às formações do inconsciente, recobre, de modo exaustivo, aquilo que a análise*

> *linguística nos permite assinalar como sendo os modos essenciais de formação do sentido, na medida em que ele é gerado pelas combinações do significante. (p. 49)*

Assim, a correspondência entre causalidade inconsciente e causalidade significante[90] – assentada nos mecanismos da metáfora e da metonímia – é uma manobra intrínseca à abordagem do sintoma como fenômeno de sentido.

O que, para o autor, valida a sobreposição das disciplinas é a noção de uma causalidade própria ao funcionamento do discurso e denominada "lógica", em sentido, menos comum, de mecanismo do *logos* enquanto discurso: no registro do inconsciente, "reconhecemos que são as leis e os efeitos próprios da linguagem que constituem sua causalidade; causalidade que mais se deve dizer lógica do que psíquica, se dermos à lógica a acepção dos efeitos do logos, e não apenas do princípio de contradição" (Lacan, 1958/2003a, p. 174). Aí vemos que o vínculo não é de semelhança: as leis do inconsciente são as leis *da* linguagem, e não leis *como as da* linguagem. Nesse sentido, o que importa, seja em linguística, seja em psicanálise, é o isolamento do campo de articulação de elementos congêneres – cujo modo de funcionamento é o mesmo, qualquer que seja o campo fenomênico recortado –, campo capaz de responder, no caso da segunda, pela racionalidade geradora das formações do inconsciente: "a descoberta de Freud se homologa ao tomar, antes de mais nada, por certo (...) que o real é racional [que o inconsciente é a lógica do significante] e, depois, ao constatar que o racional é real [o efetivo é o simbólico, e não o objeto ou a realidade]" (Lacan, 1958/1966p, p. 637). A estrutura, e não a psicologia, oferece esteio seguro, porque

---

90 No momento, é o único tipo de causa aceito: "A cadeia dos significantes tem um valor explicativo fundamental e a própria noção de causalidade não é outra coisa" (Lacan, 1981, p. 202).

concreto, para uma racionalidade livre de obscuridades metafísicas: "Se nossos pontos de referência são sempre estáveis e seguros, é porque eles são estruturais, porque estão ligados às vias de construções significantes" (Lacan, 1998, p. 199).

O significante não pode ser o fruto das relações intersubjetivas, o suposto resultado de uma necessidade social-comunicativa: "não podemos dar conta da experiência analítica partindo da ideia de que o significante seria um puro e simples reflexo, ou produto, ou ainda instrumento, do que chamamos, a este respeito, de relações inter-humanas" (Lacan, 2013, p. 363). De fato, as relações devem ser invertidas: a linguagem não é um fenômeno sociológico, mas, ao contrário, a sociedade é um fenômeno linguístico. Se é fator determinante, o significante deve ser tomado como o elemento capaz de instituir o campo do humano, como a origem da diferença que o desloca do nível imaginário, conformando a peculiaridade de cada composição social.

2.15 Problematização da linguística

Já vem ficando claro, todavia, que o entusiasmo com o estruturalismo não forjou uma assimilação ingênua ou não problematizada. Ao contrário, a linguística teve seus elementos invariavelmente repensados, retrabalhados de acordo com o rumo dos problemas encontrados e com o modelo necessário,[91] de modo que, entre a psicanálise e a linguística, a vizinhança não possui caráter de analogia. Se, no que diz respeito às leis, dá-se um passo atrás da analogia, afirmando uma relação de *identificação* quanto ao nível do material abordado, dá-se um passo também além dela, tornando-se absolutamente necessário

91 Nesse sentido, discordo de Juranville quando esse autor diz que Lacan apenas dá prosseguimento à análise iniciada por Saussure (1984/1987, p. 46).

trabalhar a distância natural entre características da língua e características do inconsciente.[92] Fosse o viés da analogia presente nesse nível, o destino do projeto seria um fracasso prematuro, pois a estratégia da analogia exige a perscrutação dos pontos de semelhança, e estes se revelam raros. Acreditando que a relação seria desse tipo, Merquior (1991) tece sua suposta desconstrução da estratégia estruturalista de Lacan.[93] Contudo, o psicanalista demonstra estar a par das observações de Benveniste, retomadas no argumento de Merquior (1991, p. 178) : ao contrário do inconsciente, a língua é aprendida; o signo saussuriano é arbitrário, enquanto o que propriamente interessa no símbolo freudiano é exatamente sua motivação; o inconsciente seria universal ao passo que o sistema linguístico seria expresso em diversas línguas específicas. Lacan (1966x) não desconhecia o risco e pautava seu discurso em parâmetro diverso: "o inconsciente está estruturado como uma linguagem. E não se trata de uma analogia, mas que quero dizer que sua estrutura *é exatamente a mesma da linguagem*" (p. 9, grifo meu).

Mas, então, como articular o deslocamento, o afastamento quanto à consideração das características do fenômeno e a identidade da estrutura? A estrutura do inconsciente é a mesma da linguagem; isso significa, sobretudo, que os traços inscritos na cadeia se articulam entre si segundo duas classes de operações, e apenas elas:

---

92 Retomamos aqui o tema inicial do capítulo.

93 Argumento semelhante é desenvolvido por Anderson (1983/1984, pp. 49-56). Aí, o autor não toma exatamente Lacan por alvo, mas o movimento estruturalista em geral. Para apoiar sua discussão, cita uma declaração de Saussure: "Estamos profundamente convencidos (...) de que todo aquele que pisa no terreno da linguagem está, pode-se dizer, privado de todas as analogias celestes e terrenas"(p. 49) – a qual, aliás, pode ser interpretada em sentido bem diferenciado: quem se aventura no estudo linguístico encontra-se impedido de estabelecer analogias em função da necessidade de providenciar uma nova forma de pensar, sem paralelo com as anteriores. Lacan, aliás, manifestava um desprezo generalizado pela analogia (ver 1953/1966o, pp. 262-3).

sintagmáticas e *paradigmáticas*. A estrutura do significante está em ele ser articulado, isto é, suas unidades "estão submetidas à dupla condição de se reduzirem a elementos diferenciais últimos e de os comporem segundo as leis de uma ordem fechada" (Lacan, 1957/1966m, p. 501). Em última análise, ser "estruturado como uma linguagem" traduz, portanto, um sistema que age pela articulação da diferença em metáforas e metonímias. Porém, o inconsciente é estruturado como uma linguagem, e não como uma língua: a enunciação, o discurso concreto, requer a consideração da sintaxe na constituição do sintagma, ou seja, exige a língua em circulação e aplicação, exige a linguagem. Em outras palavras ainda, a metonímia, quando em psicanálise, põe em questão a dimensão da fala, alheia à língua no esquema de Saussure: "É justamente essa assunção pelo sujeito de sua história, na medida em que ela é constituída pela fala endereçada ao outro, que serve de fundamento deste novo método ao qual [Freud] dá o nome de psicanálise" (Lacan, 1953/1966o, p. 257). Por isso, podemos afirmar: é com o desenvolvimento do grafo do desejo que insere a fala na estrutura (no *Seminário 5*) que começa a se manifestar a verdadeira originalidade de Lacan no trato com o material estruturalista. Ele nasce, bem exatamente, com a costura, efetuada pelo ponto de basta, dos dois fluxos apresentados por Saussure (som e conceito) que são, então, remetidos à escuta do Outro.

Contudo, o índice dessa originalidade é igualmente índice da impossibilidade do estruturalismo enquanto tal na psicanálise, pois é aí que se desvenda um aspecto importante do limite de sua apropriação. Por um elemento de identidade de estrutura – a metonímia –, a psicanálise atinge um ponto de distanciamento, porque, para ela, o eixo metonímico se traduz pelo eixo da fala, no qual o viés do determinismo sofre uma desestabilização. Se a linguística, sobretudo com Jakobson, pode pensar a diacronia na metonímia permanecendo circunscrita às diretrizes estruturalistas, a psicanálise não pode deixar de ver aí a permanência de premissas fenomenológicas que trazem à fala a questão da natureza da subjetividade. É, assim, de dentro do próprio campo de homogeneidade entre linguística e psicanálise que nasce o ponto de seu afastamento, na medida em que ele requer um trabalho mais apurado da questão do tempo como traço de manifestação do sujeito, descobrindo insistentemente que a estrutura inconsciente não pode ser pensada como a "ordem fechada" que Lacan mencionava na *Instância da letra* (1957/1966m). Isso, por sinal, já vinha sendo questionado a propósito de Saussure e exigira revisões de seus esquemas, particularmente do esquema das duas massas amorfas, cujo objetivo era, para ele, ilustrar o isomorfismo e a simultaneidade do recorte dos dois planos, significante e significado. É claro que esse isomorfismo não interessa a Lacan, uma vez que lhe é essencial discutir o deslizamento do significado sob o significante, indispensável à perspectiva da determinação. Arrivé (1986/1994, pp. 99-105) mostra que, para isso, Lacan precisou substituir o "de uma só vez", empregado por Saussure, por um "ao mesmo tempo", apenas aparentemente sinônimo, no seguinte comentário: "o Sr. Saussure pensa que o que permite o recorte do significante é uma certa correlação entre significante e significado. Evidentemente, para que os dois possam ser recortados ao mesmo tempo [*en même temps*], é necessária uma pausa" (Lacan, 1981, p. 135). Substituição imperativa para a introdução da ideia de pausa suposta ao deslizamento. Mas o encaminhamento do discurso de Lacan permite perceber que a outra face do valor da insistência no deslizamento dos planos é o fato de que a consideração da dimensão da fala, que confere abertura à estrutura, é imprescindível à psicanálise:

> *Esse esquema é discutível. Vê-se bem, com efeito, que, no sentido diacrônico, com o tempo, produzem-se deslizamentos e que, a todo instante, o sistema em evolução das significações humanas se desloca e modifica o conteúdo dos significantes, que assumem empregos diferentes (...).*

> *Sob os mesmos significantes, há, no curso das eras, esses deslizamentos de significação que provam que não se pode estabelecer correspondência biunívoca entre os dois sistemas. (Lacan, 1981, p. 135)*

Recorrência da indeterminação determinada do sujeito, insistência da necessidade de trabalhar uma espécie de "contingência causada" que vai se direcionar para a reelaboração do pensamento da estrutura.

2.16 Níveis de valor da linguagem

Nesse ponto, é preciso reconhecer, a bem da análise, que Lacan investe valor na linguagem em dois níveis diversos, porém pontualmente convergentes:

1. O fato da fala como habilidade do ser humano, ou seja, a existência efetiva de linguagem em um enunciado;
2. A suposição de que os significantes se inscrevem como traços na constituição de cadeias (virtuais) que são o inconsciente.

Há, de fato, um ponto de intersecção: a insistência da cadeia no *discurso*. Como afirma Lacan:

> *O inconsciente, a partir de Freud, é uma cadeia de significantes que, em algum lugar (numa outra cena, ele escreve), se repete e insiste para interferir nos cortes que lhe oferecem o discurso efetivo e a cogitação que ele informa. (Lacan, 1960/1966t, p. 799)*

Responde pela convergência, o emprego do sintagma "ordem simbólica". Lacan aplica as noções de linguística ao inconsciente como conjunto de significantes que troca mensagens com o Outro e, dessa forma, implica a função discursiva. Mas, obviamente, não é tudo do nível fenomenológico da fala e do discurso que se inscreve no nível lógico do significante. Apenas o que dele se cristaliza por meio dos posicionamentos transferenciais, ou seja, por meio do modo da relação dos sujeitos com o Outro nos pontos de significantização da demanda e do desejo, pontos definidores da estrutura do Édipo. Por isso, é bem verdade, o emprego lacaniano do significante habita muito mais o segundo nível do que o primeiro. É nele que faz sentido a frase "o inconsciente é estruturado como uma linguagem". Mas, por outro lado, sem a consideração da enunciação, não teríamos a passagem da linguagem pela radicalização da alteridade – passagem cuja tarefa é imprimir consistência e sentido à cadeia. "O inconsciente é o discurso do Outro" é uma frase que conjumina os dois níveis ao supor que aquilo que sobra da emissão da fala retorna ao sujeito, constituindo a cadeia significante que *é* o inconsciente. Isso significa que a afirmação de que o inconsciente é estruturado *como* uma linguagem não esgota a relação entre ambos.[94] Tanto que encontramos também a seguinte versão: "o inconsciente *é* a linguagem" (Lacan, 1966y, p. 866, grifo meu). Embora o inconsciente não seja estruturado *pela* linguagem, só existe por causa dela: pelo fato de falar é que o sujeito se encontra dividido, e o segundo nível sozinho não é suficiente para dar conta da hipótese. Não se pode pensar como o significante seria causa do sujeito se abstraída a estrutura do grafo do desejo.[95] A garantia desse efeito não pode se resumir à existência de um sistema linguístico qualquer. Cumpre pensar a articulação entre o ato da fala instaurador de um lugar destinatário e a inscrição de significantes em cadeias atuantes inacessíveis ao sujeito. É preciso observar ainda a importância central

94 Para um ponto de vista oposto, ver Bairrão (2003, pp. 117-30).

95 Continuaremos a discutir, no terceiro capítulo, como a construção desse grafo já se insere em um contexto de superação do estruturalismo.

desse ato no dispositivo da prática psicanalítica. De todo modo, é importante ter em vista a distinção; caso contrário, não seríamos capazes de diferenciar a função de uma palavra, cujo papel não se exime de permanecer restrito ao campo imaginário, da função do traço unário – esta, estritamente simbólica. É também pela vinculação ao traço unário que se torna possível pensar o significante como elemento comum aos dois níveis, autorizando o fato de que um enunciado sobre a linguagem ou sobre a ordem simbólica possa pertencer a ambos indistintamente, implicando o cruzamento, nos enunciados lacanianos, de diversos níveis de argumentação. De maneira geral, superpõem-se os seguintes níveis: análise do ser, análise da linguagem e análise do inconsciente. O que define uma função significante é que algo "represente" a anulação de alguma coisa para então constituir cadeia. No resultado, ele não permanece como símbolo da coisa, mas como símbolo de uma ausência. É isso que caracteriza a ordem simbólica: a linguagem sendo apenas um de seus modos de expressão, embora seja um modo privilegiado, na medida em que, nela, é mais direta a identificação, via código linguístico, da existência, digamos assim, gregária do significante.

Como se pode perceber, os dois níveis dialogam de diversas formas e, devido à sua existência, a relação da psicanálise lacaniana com a linguística vai progressivamente exigindo aberturas e reformulações. O esforço de sobrepor um modelo mais fiel ao destino da antropologia estrutural a problemas psicanalíticos vai cedendo espaço para a abordagem da enunciação, da interferência do tempo e de alguma forma de contingência. A articulação da binaridade oposicional e da permutação combinatória presente particularmente na análise do Homem dos Ratos como caso de repetição deslocada do mito familiar, na estruturação dos destinos da carta no conto *A carta roubada* (de Edgar Allan Poe), nos comentários do *Fort-da* e na consideração da fobia do pequeno Hans como múltiplas trocas da disposição dos significantes presentes em seu quadro edípico; tal articulação, assim exemplificada, é algo que parece encontrar uma resistência própria ao fenômeno: os significantes que fazem parte da cadeia inconsciente formam um sistema, mas este não pode ser considerado um sistema fechado tal como uma língua.[96] Era o que Lacan entrevia desde o início, tal como lemos a seguir:

> *o sistema de signos, tal como estão concretamente instituídos, hic et nunc, forma em si mesmo um todo. Quer dizer que ele institui uma ordem sem saída. Evidentemente,* é preciso que haja uma saída, *sem o que isso seria uma ordem insensata. (1975, p. 399, grifo meu)*

O sentido em que essa ordem não pode ser "fechada" é duplo:

1. Não pode compor uma estratificação isolada sem vias de comunicação com outro nível que, no caso, é o do sujeito.[97] Fazer ciência em linguística equivale, nesse contexto, a analisar elementos e organização de um sistema – se há aí espaço para alguma ideia de determinação, ela deve ser imanente: do sistema sobre si mesmo. Outro é o caso da psicanálise, na qual tal ensejo não pode prescindir da busca pelo viés da causa ou da determinação de algo, em alguma medida, distinto do significante (nesse caso, o sujeito).
2. Não pode ser um conjunto finito. Ora, enquanto na língua todos os elementos já se encontram dados quando ela é tomada

---

96 Para um ponto de vista contrário, ver Milner (2002, pp. 141-68); para um semelhante, ver Alvares (2007).

97 Se pensarmos a estrutura como algo fechado, teremos, necessariamente, que igualar o sujeito ao significante, o que é impossível, não apenas devido a diversas declarações de Lacan – tais como: "o sujeito não é mais do que isto, essa parte excluída de um campo inteiramente definido pelo significante" (1961-62, p. 274) –, mas porque, dentro de seu projeto teórico, deixaria de fazer sentido o recurso à linguística.

por objeto, o movimento do desejo está sujeito ao evento, ainda que o surgimento deste esteja condicionado a uma estrutura anterior; notadamente, o desejo dos pais. Não se trata, assim, como já vínhamos notando, de uma contingência simples, mas de uma contingência limitada e, principalmente, *posterior* à determinação estrutural e que, mesmo posterior, é capaz de preservar algo da fortuitidade. Porém, de todo modo, trata-se de uma contingência absolutamente estranha à linguística estrutural. Por mais que a apreensão de um acontecimento esteja condicionada pela estrutura de desejo presente nos discursos objetivos, ele ainda mantém algo de um caráter próprio e autônomo, ou seja, ele permanece como contingência *mesmo atravessando a estrutura.*

2.17 Tipos de relação entre linguagem e inconsciente

Do ponto de vista epistemológico, a relação entre linguagem e inconsciente precisa ser discriminada em três níveis relativos a relações de *condicionamento*, *redução* e *fundamentação*.

1. *Condicionamento*: A linguagem é condição da manifestação empírica do inconsciente, e não o contrário,[98] na medida em que é nas falhas do discurso concreto dirigido ao Outro que aparecem os resultados das formações do inconsciente. Mesmo no caso do ato falho, este só ganha sentido quando inserido em um discurso que o aloja na rede associativa do sujeito, ainda que se trate de um pensamento que não receba

98 O debate entre Lacan e Laplanche no colóquio de Bonneval (Ey, 1960/1969) manifesta a necessidade, para o primeiro, de sustentar a direção dessa relação, afirmando, nesse ponto, uma escolha estruturalista.

expressão direta. Supor o contrário – que o inconsciente seria condição da linguagem – seria um posicionamento teórico incompatível com as escolhas prévias, pois exigiria um retorno a uma abordagem do inconsciente como conceito abstrato e ao psicologismo como sua implicação. É o que explica Bairrão (2003) no seguinte trecho:

> *O pior equívoco, o mais irracionalizante, seria confundir a linguagem como condição de qualquer possibilidade de experiência (...) com a afirmação positivante de um saber cognitivo – psicologizante, predicativizante e erroneamente fundamentada na experiência (...) –, que consistiria na afirmação do inconsciente como suporte da linguagem.*
>
> *Quando se parte da última tese confessa-se a ingenuidade, incompatível com o percurso descrito, de imaginar conhecer o inconsciente, até o ponto de saber como condiciona a linguagem! (p. 126)*

Ora, não havia sido justamente esse o motivo mais importante para o ingresso na racionalidade estruturalista: ter acesso a uma forma concreta de pensar o inconsciente, atingi-lo por meio do discurso concreto como um dado?

2. *Fundamentação*: A linguagem não é apenas condição de possibilidade da manifestação empírica do inconsciente, ela é condição de possibilidade também de sua existência. A linguagem funda o inconsciente no sentido de que a divisão subjetiva assim nomeada é decorrente do direcionamento de um discurso, em essência um equívoco, a um lugar transferencial. Bairrão (2003), nesse ponto, defende o contrário: "ainda que panoramicamente se constatem na palavra as possibilidades

de dicção do inconsciente, este não se reduz a quaisquer efeitos daquela: a linguagem não o fundamenta, sendo apenas condição epistêmica de sua empiricidade" (p. 128). Para o autor, afirmar essa fundamentação corresponde a desconhecer a dimensão epistemológica da reflexão lacaniana por confundir acesso à linguagem com acesso ao inconsciente – acesso capaz de fornecer as bases de um conhecimento objetivo a seu respeito. O autor supõe aí uma intimidade entre relação de fundamentação e relação de redução. Mas é de um outro ângulo que se torna necessário divisar, um passo adiante, a relação de fundamentação: o Outro não é exigido por outra coisa senão pela função da fala. Em outros termos: se não houvesse fala, não haveria o retorno do discurso do Outro que *é* o inconsciente. Assim é que o "tecido de exemplos" de conexões e substituições que Lacan encontra na *Interpretação dos sonhos*, na *Psicopatologia da vida cotidiana* e no livro sobre os chistes é desdobrado como fórmulas do significante apenas na medida em que sua função é uma função de transferência (Lacan, 1957/1966m, p. 522). Um significante representa algo para outro significante, mas não deixa de remeter à alteridade. Sua relação com o plano do significado exige a mediação de todo o conjunto dos significantes que é o Outro e que paulatinamente vai exibindo a exigência de ser pensado como conjunto aberto. O sujeito é dividido, ou seja, encontra-se à mercê das vicissitudes de um funcionamento que ele mesmo desconhece *por causa* das implicações inacessíveis de sua própria enunciação, e é esse também o sentido de que ele seja *efeito* do significante. Temos aí um caso em que as condições de possibilidade do fenômeno funcionam também como sua causa. Pensar dessa forma não exclui a interpretação de que Lacan tenha atingido a concepção dessas relações em virtude de impasses epistemológicos. Ao contrário: entender a efetividade do Outro na divisão do sujeito é algo que concorre para o estabelecimento de bases não abstracionistas para a psicanálise, referendando, portanto, a manutenção do caminho de suas preferências teóricas.

3. *Redução*: As relações de condicionamento e de fundamentação não significam que o inconsciente se reduza à linguagem, pelo contrário. Ele funciona *como* uma linguagem. Responde, juntamente a ela, a leis que são as mesmas. Há uma convergência da estrutura de seus respectivos funcionamentos, mas, cabe insistir, não de seus elementos. Para que isso fique claro, basta constatar que os significantes que interessam a Lacan não são necessariamente os do conjunto limitado dos componentes de uma língua, embora possam eventualmente vir a coincidir com eles. Dado o deslizamento, o "tesouro do significante" não pode coincidir com um tipo de código *tendente* à correspondência unívoca entre signos e significações, como é o código linguístico (Lacan, 1960/1966t, p. 806). Por outro lado, a restrição da teoria psicanalítica a problemas linguísticos é impossível, simplesmente porque o campo da experiência impede essa alternativa, esvaziando-a de sentido.

2.18 Necessidade do traço unário como operador da negação

Não é possível, portanto, que a frase "o significante é o que todos os outros não são" persevere em consistência no campo psicanalítico porque essa sentença implica de imediato a existência de um sistema fechado dentro do qual os elementos se definam apenas reciprocamente. Mas, cabe insistir: somente na medida em que "todos" continuem a remeter, tal como na origem saussuriana do princípio de opositividade intrassistêmica, a um conjunto fechado.

Embora Lacan continue a reiterá-la, não sabemos se sem perceber a consequência ou já ressignificando a ocorrência do "todos":

> *o que distingue o significante é tão somente o fato de ser o que todos os outros não são; o que, no significante, implica essa função da unidade é justamente ser apenas diferença. É enquanto pura diferença que a unidade, na sua função significante, se estrutura, se constitui. (Lacan, 1961-62, p. 46)*

Em qualquer caso, aí vemos que o motivo da reatualização do lema é a importância da afirmação da diferença como unidade do significante. Torna-se impossível permanecer na sincronia, como mostra, aliás, a necessidade de articulação do grafo do desejo. O tempo da enunciação e a retroação do significante têm que ser administrados pela estrutura desse funcionamento. "O significante é o que todos os outros não são" é, a rigor, uma ideia que tem que ser substituída pelo traço unário na função de marcar a diferença. O traço substitui a coisa, conduzindo-a a uma existência simbólica que, a partir daí, forma um sistema com os outros traços. Mas trata-se de um sistema aberto, e não fechado como uma língua. Podemos mesmo imaginar o desenvolvimento do traço unário como a necessidade de preservar a dimensão da diferença no nível do significante diante do descabimento, para a psicanálise, de um sistema fechado. Ele permanece definido por referência à série (apenas essa articulação pode definir seu lugar), mas a impossibilidade do fechamento do sistema solicita uma positivação mais decisiva da diferença, ou seja, requer sua *apresentação* como pura função de negação.

Naturalmente, essa ideia não estava ausente da disposição anterior. Observando que, quanto ao inconsciente, os elementos diferenciais mínimos componentes da estrutura não podem ser discriminados em função de pares de oposições fonéticas, vemos em que nível nos situamos: se ainda assim se quer pensar que um significante é apenas sua diferença a todos os outros – preservando a não identidade a si de qualquer elemento inscrito na cadeia significante –, a única binaridade possível passa a ser presença/ausência, caminho capaz de coagular elementos oriundos tanto de Saussure[99] e Jakobson, quanto de Kojève. A presença de um significante qualquer remete imediatamente à ausência de todos os outros. Não apenas porque ele próprio é índice de todo um conjunto de elementos afins até então considerado completo, mas também porque a linha metonímica que o constitui em significação já supõe laços necessários com o restante do universo estrutural:

> *O significante pode estender-se a muitos dos elementos do domínio do signo. Mas o significante é um signo que não remete a um objeto, mesmo sob a forma de traço/rastro [*trace*], embora o traço anuncie o seu caráter essencial. Ele é também o signo/sinal [*signe*] de uma ausência. Mas, na medida em que faz parte da linguagem, o significante é um signo que remete a outro signo, que é como tal estruturado para significar a ausência de um outro signo; em outros termos, para se opor a ele num par. (Lacan, 1981, p. 188)*

É importante entender que, quando o significante, afirmando-se como diferença, opõe-se à ausência de outro(s) significante(s), ele não está, com isso, se opondo a unidades identitárias positivadas, ainda que virtuais. Por isso, insistimos na contribuição de Saussure (1916):

99 Para uma observação sobre a constância do tema do negativo em Saussure, ver Milner (2002, p. 36).

> *uma diferença supõe em geral termos positivos entre os quais ela se estabelece; mas na língua há apenas diferenças* sem termos positivos. *Quer se considere o significado, quer o significante, a língua não comporta nem ideias nem sons preexistentes ao sistema linguístico, mas somente diferenças conceituais e diferenças fônicas resultantes desse sistema. (p. 139)*

O significante é diferença entre diferenças, que só se definem como tais por definirem entre si o campo estrutural de suas relações. Esse é o valor da ideia de estrutura. Não fosse esse o caso, o descarte do modelo identitário seria tão somente aparente, não resistindo a uma análise de segundo plano, uma vez que teríamos apenas diferenças relativas ao conceito que preservaria uma função de referência positiva. Continuaríamos, portanto, inseridos em um pensamento da identidade, apesar da diferença presente na superfície.

O outro lado da essência negativizante do significante, nós já o vimos: seu procedimento é de molde a nada significar: "Nosso ponto de partida, o ponto ao qual sempre retornamos, pois estaremos sempre no ponto de partida, é que todo verdadeiro significante é, enquanto tal, um significante que não significa nada" (Lacan, 1981, p. 210). Lacan afirma em seguida que, quanto mais o significante nada significa, mais indestrutível[100] ele é – declaração que traduz a vontade presente no ideal de ciência, pois sustentar um significado relativamente fixo para o significante corresponderia a prendê-lo demasiadamente a fatores empíricos e, como tais, totalmente contingentes, isto é: segundo uma forma de contingência que fosse desvinculada de uma lógica de determinação. Tais fatores empíricos não seriam, portanto, apropriados para contribuir com o estabelecimento

100 Ou ainda: ele é assim mais genuinamente significante na função de fundamentar todo o sistema simbólico, tal como o *mana* e o *hau* nas análises de Lévi-Strauss.

do nível explicativo que precisa ser solidário de uma racionalidade necessária. Assim, quanto mais o significante nada significa,[101] mais ele pode entrar em relações formais permanentes invulneráveis ao caráter acidental da experiência vivida. De todo modo, é importante acentuar: tal resultado é intrínseco ao significante, faz parte dele por uma questão de definição, e não por causa de aspectos empíricos. Vejamos como Bairrão (2003) explica essa observação essencial:

> *No nível do significante está-se estritamente distante do engodo que consiste em pensar o traço como remetendo à coisa. Mais: não basta supor que o traço não remete à coisa apenas por alguma dificuldade de estabelecer uma referência, pois do ponto de vista simbólico isso poderia ser contingente. Sob pena de nostalgicamente se preservar a coisa na forma da sua inacessibilidade, a diferença pura não deve ser tomada como um negativo do idêntico, mas como positivamente consubstancial ao traço. (p. 234)*

Ou seja, a melhor forma de ponderar a relação entre simbólico e coisa não é reiterar a atitude de preservar esta última sob o modo do inacessível, dirimindo o problema como se se tratasse de uma questão de graus de competência da linguagem. Em vez disso, é preciso sustentar a impossibilidade da questão da referência como algo que vigora, definindo o próprio significante enquanto diferença:

> *Sob pena de, não enfrentando a radicalidade do que na estrutura garante o empírico, se incorrer numa insustentável*

101 Fórmula que concentra o valor simbólico zero de Lévi-Strauss (a partir de Jakobson), a negatividade do discurso e do desejo a partir de Kojève e o fato de Freud se referir ao objeto do desejo como objeto perdido (ainda que, para Freud, a perda do objeto tenha origem empírica).

> *caricatura do signo, caracterizável como uma espécie de crítica de ilusões necessárias, o pensador enfrenta o desafio de estabelecer a irreferencialidade numa diferenciabilidade que se afirme em primeiro plano. (Bairrão, 2003, p. 234)*

O que interessa ressaltar aqui é que esse vértice negativo do significante, por motivos internos à sua inserção em teoria psicanalítica, precisa ser ainda mais radicalizado: tem que deixar de ser uma presença por oposição à ausência de todos os outros elementos congêneres que comporiam um conjunto completado, para passar a ser uma oposição mais extrema da tensão de uma presença (*como diferença*) em relação ao nada. Desponta a necessidade de pensar a diferença como certa "positivação" da negação, desde que bem ressaltadas as aspas, porque não se faz todo o movimento para retornar ao que mais se queria conjurar. "Há pois que garantir", conclui igualmente Bairrão (2003, p. 235) a partir de um outro percurso, "que a diferença não se pense como distinção por sobre um fundo (ausente) de similaridades, e o único meio é sustentar a diferença como radicalmente intrínseca ao significante". É esse entendimento a principal linha de força que anima a insistência de Lacan na argumentação da diferença entre "A" e "A". Ela é definida pelo fator posicional de cada significante exclusivamente no eixo sintagmático, que exige o tempo:

> *Quando se chame "A" de "A", o primeiro é diferente do segundo. Em prol da originariedade da diferença, o significante que representa a si mesmo é outro significante, anulando-se qualquer (pretensa) identidade reflexiva. Mas como garanti-lo, se formalmente são idênticos?*
>
> *Pela simples razão de os significantes, que são feixes de diferenças formais mútuas, em psicanálise não se*

> *poderem conceber relevando-se a posição em que se inscrevem (...). (Bairrão, 2003, p. 235)*

É interessante perceber que uma tal originariedade da diferença não foi um ponto de partida como escolha teórica, mas sim algo que se atingiu por um desdobramento necessário, mediante o qual surge o imperativo de abertura da estrutura rumo à recepção de significantes novos, trazendo o tempo para desempenhar o papel de fator diferenciador, então afastado do jogo de oposições completamente firmado na sincronia. É mesmo importante encontrar outro fator diacrítico que não o fonema, porque este, tomado por si mesmo, não responde por um valor heurístico em psicanálise. Assim é que Lacan começa a reiterar, principalmente a partir do *Seminário 6*, a ideia de que a estrutura fundamental do significante é ele poder ser apagado.[102] Repare-se, então: a ênfase não se aplica mais tanto ao fato de que ele possa ser substituído por outro – se fosse este o caso, a ideia do sistema fechado é que seria reforçada –, mas à negação emancipada no significante enquanto tal:

> *O significante específico apresenta-se ao mesmo tempo como algo que pode ser apagado e que justamente subsiste como tal nesta própria operação de apagamento. Quero dizer que o significante apresenta-se de saída como algo dotado das propriedades características do não-dito. Com a barra, anulo esse significante, mas também o perpetuo indefinidamente; inauguro a dimensão do significante enquanto tal. (Lacan, 2013, p. 104)*

Observe-se ainda o valor do tempo incluído na operação de perpetuação pela qual a negação diferenciadora do significante é

102 Ver, por exemplo, o *Seminário 6*, lição 5 (Lacan, 2013, pp. 101-119).

radicalizada como negação da negação; anulando a si mesmo, ele é uma "barra barrada [*une barre en tant que barrée*]", um "não do nome" (Lacan, 2013, p. 104).

Então, o que procuro defender aqui é a possibilidade de discernir dois momentos do tratamento da negação: um primeiro momento no qual ela é negação no significante exclusivamente em função do sistema, e um segundo no qual ela sofre uma radicalização na *apresentação* paradoxal do traço como elemento capaz de fornecer uma manifestação da negação sem que seja necessário retornar a mecanismos identitários. Obviamente, essa segunda configuração do problema não pode corresponder a transformar o traço em termo positivo; mas, apesar disso, precisa oferecer uma expressão de algum modo concreta – às vezes física, sempre temporal – da operação simbólica como separação e abertura do real.

O traço é, assim, dentro da obra de Lacan, o único meio para a preservação da radicalidade filosófica da manobra de Saussure – o questionamento do "é" como unidade –, ao mesmo tempo que se pode descartar a simultaneidade dos elementos em conjunto fechado, simultaneidade que, para o linguista, era absolutamente indissociável do primeiro aspecto. Transpor a função diacrítica das características articulatórias dos fonemas para a sucessão temporal equivale a valorizar a posição do elemento na série, com o que ela passa, então, a poder ser aberta, preservando, no mesmo gesto, a diferença em seu valor próprio. Isso indica, dessa forma, certa autonomização do significante em relação à estrutura (desde que definida por diretrizes saussurianas), porque seu vínculo com ela se restringe às características *temporais* de dois movimentos: o movimento que o constitui (que risca o traço) e aquele que o posiciona relativamente a outros traços não finitos.

Em resumo, o resultado gradativo da elaboração do significante pela psicanálise é que sua discussão vai se descolando, adquirindo autonomia, do campo de sentido, de preocupações e do objeto que constitui a linguística, ao mesmo tempo que a negação é isolada como, digamos assim, *um ato de risco*, sem deixar, no entanto, de pertencer a um sistema que, a partir de então, é um sistema não totalizado.

***

Separação entre sujeito epistemológico e sujeito do desejo, literalização do significante e crítica ao conhecimento e à compreensão, distinção de um mecanismo específico da psicose, universalização do Édipo pela via da transcendentalidade dos significantes, especificação do desejo como desejo puro unido à Lei, distinção de uma nova forma de apresentação da negação capaz de se relacionar com a presença do sujeito – eis aí aspectos teóricos diversos, porém epistemologicamente interrelacionados de modo essencial na medida em que resultam de um mesmo movimento: o encontro da psicanálise com o estruturalismo. Conforme os percebemos e analisamos, outra conclusão se impõe: só podemos falar de "aplicação" se *não entendermos com esse termo a apropriação não problematizada de algo que se encontraria dado em campo externo*, pois o que inicialmente se percebeu como algo a que se recorre – a partir da pergunta "como se dá, de modo mais direto, a influência de Lévi-Strauss e de Saussure sobre Lacan?" – surge bastante modificado após a estratégia. Como procurei mostrar, não foi questão simplesmente de lançar mão de conceitos externos à psicanálise para então ver como eles se comportariam ao serem como que "transportados" para outro terreno. Antes, assistimos ao nascimento de uma *nova* reflexão sobre a estrutura que, se de fato se alimenta das lições de Lévi-Strauss e de Saussure, impõe os próprios termos de sua forma de operar. De todo modo, ela aparece como instância de determinação totalizante do sujeito, e é esse o traço que precisamos reter para caracterizar o período mais efetivamente estruturalista da obra de Lacan.

Esses caminhos circunscrevem um campo que afirma a veiculação do sujeito pelo significante, porque ser sujeito é relacionar-se a outros através da linguagem, ou melhor, é dirigir-se ao outro pela fala e só alcançar o Outro – estrutura transcendental das trocas sociais (que é também a mesma estrutura da linguagem) –, circulando como que por baixo do plano do circuito de significantes, tendo o corpo atravessado por eles e sua posição particular sempre remetida ao restante da estrutura a partir de pontos sucessivamente isoláveis em outros significantes. Algo que pode ser dito de outro modo: para Lacan, o significante é inseparável do sujeito na medida em que a linguagem *é castração*, ou seja, todo significante veicula um sujeito porque todo significante, naquilo que possui em comum com os demais – isto é, a diferença pura –, é, enquanto corte, índice da castração e, portanto, dos caminhos do desejo.[103] O significante significa a castração na medida em que esta é a própria instauração da diferença (no caso, sexual). Na proposição "o significante é aquilo que representa o sujeito para outro significante", trata-se, portanto, de expressar a presença virtual de uma certa consistência do desejo em qualquer fenômeno de manifestação significante. Se a cadeia significante habita a intersecção fala/linguagem, então o

---

103 Essa forma, essencial, de articular a questão é assinalada por Juranville (1984/1987). Ele diz: "é essa diferença pura, presente em cada um, que faz com que cada significante signifique aquilo que significa. (...) Mas o que lhe [ao sujeito] é significado (pelo significante) é que se assujeite à lei do significante – o significado do significante é o desejo e a castração. Deves ser castrado para desejar – ou antes: tu desejarás! Eis aí o que significam todos os significantes, na medida em que devem ser mostrados, cada um deles como inseparáveis de todos os outros que existem simultaneamente e dos quais eles diferem" (p. 47). Discordo, no entanto, quando o autor defende que, para Lacan: 1 – é o ser humano que se inclui no significante; 2 – que o próprio ser humano é um significante; 3 – que é *para o ser humano* que o significante significa alguma coisa. Os textos deste capítulo e do próximo já trazem os argumentos dessa discordância. Já se encontra também criticada a ideia da simultaneidade de "todos os outros" significantes.

elemento a ela submetido só pode ser um sujeito. Tem que ser um sujeito, porque o direcionamento da demanda ao Outro (implicado por qualquer fala) supõe a produção do desejo que o define.

Mas, admitida a hipótese do inconsciente, o tratamento da linguagem tem que se subordinar à condição do sujeito, e não o contrário. É nessa direção que se desdobra o argumento do capítulo seguinte.

3. Sujeito *a*

Há tempos observou-se que, em todas as substâncias, o sujeito propriamente dito, aquilo que fica depois de retirados os acidentes (como predicados), portanto o verdadeiro elemento substancial, nos é desconhecido.

Kant – *Prolegômenos a toda metafísica futura que queira apresentar-se como ciência,* § 46

3.1 O problema

Retirados os predicados, primários ou secundários, que descrevem, do sujeito, sua condição espaço-temporal e sua relação com os sentidos do corpo humano, o que sobra da coisa que seja capaz de defini-la, essencialmente? O que interessa neste capítulo é passar do sujeito gramatical como coisa a ser predicada ao sujeito em um sentido que, para além desse primeiro viés, exige ainda a consideração da ação (aí incluso o ato da fala como diferencial maior) e da intencionalidade, conduzindo assim a questão a um ponto central da resposta que a presente pesquisa precisa fornecer: descrever a movimentação interna à teoria lacaniana em sua tensão com a racionalidade estruturalista. Pois, se o estruturalismo entra em rota de colisão com a manutenção dessa categoria nos termos em que faz sentido preservar seu nome, então, para tratar do modo de atravessamento desse referencial, é necessário enfrentar o sentido da noção sujeito no pensamento lacaniano. O fato é que o autor não se eximiu, como teremos a oportunidade de verificar, de mergulhar nos interstícios mais complexos do tema.[1]

Desde a época da primeira teoria do imaginário, como vimos no primeiro capítulo, a subjetividade é algo identificado ao querer-dizer da fala, ou seja, ao fato de que toda fala possui uma *intenção* direcionada à existência de outro na posição de interlocutor, o que faz com que ela seja, antes de mais nada, enunciação de si mesma:

> *A linguagem, que significa ou representa isto ou aquilo, pressupõe a fala [*parole*] na qual um sujeito significa a si mesmo e se engaja na autorrepresentação expressando a si mesmo para a intenção de um outro. Assim, em essência, a linguagem (enunciado [*énoncé*]) é autoenunciação. (Borch-Jacobsen, 1991a, p. 74)*

Ocorria que tal intenção era seguidamente obstada pelo *eu* como fator objetivante, constituído, tal como o sintoma, ao modo da defesa contra a verdade do desejo. Entre essas duas especulações, nasce a distinção entre fala vazia e fala plena, tão recorrente no início dos anos 1950 quanto evidentemente paradoxal e, devido a esse seu caráter, importante para que se entenda o que está em jogo no momento de transição que agora é preciso começar a analisar.

---

1 Para D'Agostini (1997/1999), em sua revisão da questão do sujeito na filosofia contemporânea, Lacan é o responsável por formular "a mais influente teoria da subjetividade que emergiu na cultura francesa daqueles anos" (p. 153).

Era no *Discurso de Roma* que Lacan estipulava a existência de dois tipos de fala na análise e encontrava na distinção que a filosofia de Heidegger traçara entre *Rede* (discurso) e *Gerede* (conversa, fala) os subsídios para nomeá-los "fala plena" e "fala vazia". Em Heidegger (Wilden, 1968, pp. 200-1), *Gerede*, ao contrário da fala vazia em Lacan, não possui sentido pejorativo, significando apenas uma relação não imediata com o ente, um "discurso que perdeu sua relação-de-Ser primária para com o existente sobre o qual se fala, ou então que nunca alcançou tal relação." (Heidegger, *apud* Wilden, 1968, p. 201). Aí, a palavra assume o lugar da coisa, e a comunicação possui a forma da tagarelice, da "conversa fiada", não permitindo que o existente seja designado em um sentido primordial. *Gerede* é um fenômeno positivo porque constitui uma forma de compreensão e de interpretação do *Dasein*, muito embora não promova, segundo Macey, nenhuma interpretação real do Ser e indique a separação do sujeito de seu modo primordial de ser no mundo. Dessa maneira, sua positividade é bastante restrita. Somente *Rede* é capaz de apreender verdadeiramente o Ser, e essa apreensão só pode ser efetivada no relacionamento com o outro. Em Lacan, isso se reflete na importância da intersubjetividade como elemento essencial do encontro analítico, inclusive se a resposta que o sujeito recebe é o silêncio da analista, pois o primeiro apelo que lhe é direcionado é que ela simplesmente seja testemunha de uma fala fundando a dimensão do diálogo. Heidegger, aliás, destaca ser o silêncio "uma possibilidade essencial do discurso" (*apud* Macey, 1988, p. 148), capaz de instaurá-lo e abolir *Gerede*. Lacan traduz, então, *Rede* para o campo psicanalítico: "A fala plena é a que visa, que forma a verdade tal como ela se estabelece no reconhecimento de um pelo outro. A fala plena é fala que faz ato" (1975, pp. 125-6). Ou seja, a fala plena estabelece o reconhecimento dialético do sujeito pela analista e recebe a alcunha de "verdadeira", pois justamente constitui o tipo de discurso mais próximo da verdade do desejo do sujeito. Nesse período da obra de Lacan (em torno de 1953), a liberação da fala plena – dito de outro modo, o concurso da realização, pelo próprio sujeito, de sua história, do anúncio da verdade do desejo e do reconhecimento desse desejo pelo outro – é, portanto, o objetivo de uma análise. As primeiras manifestações do ou da paciente seriam dominadas por seu narcisismo e se exprimem em tentativas de seduzir o analista ou a analista. Essa, que é a fala vazia, habita o registro imaginário e, por conseguinte, diz respeito ao *eu* e ao processo de identificação no qual o sujeito se perde na linguagem como objeto. Funciona como obstáculo ao estabelecimento da transferência, emperrando a engrenagem do processo analítico. Esse momento de monólogo introspectivo deve ser ultrapassado, pelo empenho no trabalho da associação livre, na direção da fala plena, mesmo que esta permaneça como objetivo apenas quimérico. A fala plena seria caracterizada pela função da anamnese, da referência à história do sujeito tal como relatada no contexto da intersubjetividade. A paciente deve ser posta diante das intimações dessa fala, que é o solo para a interpretação simbólica, cujo objetivo é a desalienação do sujeito e cujo ponto de partida é o sentido de seu discurso. A analista deve procurar ver como aí se diferenciam *je* e *moi*, pois a presença corporal da paciente não é sinônima de seu ser e a ideia de indivíduo é somente uma ilusão a ser descartada, já que só contribui para o crescimento da objetivação do sujeito. Sua atividade se restringe a conferir uma pontuação dialética a essa fala plena que se produz na verdade histórica do sujeito, servindo-lhe de eco, pois a fala já contém em si a sua própria resposta. Quando se valorizasse a interpretação simbólica da história do sujeito em vez da análise das resistências e do *hic et nunc*,[2] começaria a realização da fala plena.

2 Trata-se de uma expressão recorrentemente empregada por Lacan. Presente em alguns trechos citados neste livro, significa: "aqui e agora".

O que é preciso ressaltar aqui é o caráter problemático dessa questão. Lacan reconhece esse aspecto ao falar do assunto no *Seminário 1*: "Uma vez colocado este ponto, (...) muitas coisas se orientam e se esclarecem, mas muitos paradoxos e contradições aparecem" (1975, p. 126), afirmando que o mérito desse esforço conceitual foi exatamente fazer surgirem esses paradoxos e essas contradições. Um desses problemas é indicado no fato do método analítico visar a atingir a fala plena ao mesmo tempo que parte de uma via que é oposta a ela: a associação livre, já que esta "dá como consigna ao sujeito delinear uma fala tão desligada quanto possível de toda suposição de responsabilidade, e que o libera mesmo de toda exigência de autenticidade" (p. 126). É preciso ver com cuidado em qual contexto aparece essa estranha observação. Estranha porque, embora se saiba que a expressão "associação livre" possa mesmo dar a impressão de conter algo de inadequado frente à escolha determinista de Freud, seu "livre" significa apenas que é justamente na tentativa de eliminar a censura do sistema pré-consciente/consciente, ou seja, de suprimir a seleção voluntária dos pensamentos, que se abre espaço para a revelação de materiais inconscientes (que não são, de forma alguma, indeterminados) e, portanto, da "autenticidade" do desejo do sujeito que constitui a fala plena.

Tal como trabalhado na sessão 4 do *Seminário 1*, o tema se liga às questões da transferência e da resistência, de forma que, *grosso modo*, por um lado, a fala vazia significa resistência: fala que, por se esquivar do inconsciente, em vez de se centrar na função da revelação, liga-se à mediação; o sujeito se prende à atualidade do encontro com a analista e se perde no sistema da linguagem. Como afirma Lacan (1975): "é na medida em que a confissão do ser não alcança seu termo que a fala se apoia inteiramente na vertente em que ela se engata no outro" (p. 59). Ou:

> *A resistência se produz no momento que a fala de revelação não se diz, (...) em que o sujeito não tem mais como sair daí. Ele se agarra ao outro porque aquilo que é impelido em direção à fala não acedeu a ela. (...) Se a fala funciona então como mediação, é por não se ter realizado como revelação. (pp. 59-60)*

Por outro lado, a fala plena significa aproximação da verdade do desejo e, portanto, substitui a mediação pela revelação. Disso se deduz, então, uma conclusão provavelmente insustentável: a transferência, função da mediação – pois é aí que o sujeito se dirige mais intensamente ao outro –, surge com a resistência, com a fala vazia. Mas como pode a transferência, motor da análise, especificidade maior do processo analítico, sem a qual nada se passa, estar ligada à fala vazia, e não à fala plena? E, tendo em vista o valor que Lacan atribui nesse momento à intersubjetividade como único lugar da verdade, essa separação entre mediação e revelação – da qual é tributária a oposição fala vazia/fala plena – não pode deixar de surpreender. Assim, transferência, resistência, fala plena, fala vazia, revelação e mediação encontram-se envolvidas em interrelações, ao menos aparentemente, conflitantes. Talvez esse nó tenha sido a motivação inicial para o desenvolvimento subsequente da diferenciação entre transferência imaginária – algo a ser superado, pois impede o desenrolar do processo analítico funcionando como resistência – e transferência simbólica – essa, sim, o instrumento da psicanálise, indicando o campo do significante como seu espaço de trabalho, quando nenhuma delas teria como deixar de habitar o registro da mediação. Lacan (1975) identificou um aspecto desse impasse da seguinte forma:

> *vejam o paradoxo da posição do analista. É no momento que a fala do sujeito é a mais plena, que eu, analista,*

> *poderia intervir. (...) Ora, quanto mais o discurso é íntimo para o sujeito, mais eu me centralizo nesse discurso. Mas o inverso é igualmente verdadeiro. Quanto mais o seu discurso é vazio, mais sou conduzido, também eu, a me agarrar ao outro (...). (p. 61)*

E estipulou que a forma de sair desse círculo vicioso da relação com o outro é ser capaz de ultrapassar o registro do imaginário, entender que, quanto mais o sujeito se afirmar como *eu*, mais ele se enredará na alienação e buscará uma resposta para a seguinte pergunta: "quem é então aquele que, para além do eu, tenta fazer-se reconhecer?" (p. 62).

Sobretudo, a noção de fala vazia não pode conviver com a ideia do primado do significante, pois todo e qualquer discurso revela o sujeito do inconsciente. Não é preciso estar falando de assuntos íntimos, da própria história, para que o sujeito esteja aí implicado. Existem, aliás, passagens no próprio *Discurso* que apontam, de certa forma, o reconhecimento dessa inconsistência. Por exemplo, quando Lacan (1953/1966f) afirma que um discurso qualquer, mesmo quando parece ser vazio de sentido, descerra o sentido do exercício de sua função; diz o autor: "a fala, mesmo no extremo de sua usura, guarda seu valor de téssera" e "mesmo se não comunica nada, o discurso representa a existência da comunicação" (p. 251). Em vista disso, como poderia haver uma fala vazia? De dentro mesmo do referencial lacaniano, é possível afirmar que um discurso, ainda que deveras preso à ilusão narcísica, não pode deixar de apontar para o fato simbólico de sua própria existência.[3] Inversamente, vimos no Capítulo 1 que a face "muro" da linguagem é indissociável de sua função simbólica.

---

3 Assim, o que era entendido como fala vazia não apresenta obstáculo à transferência. Ao contrário, já se configura como sua manifestação inicial.

O que está em jogo na estranheza dessa distinção – e a razão pela qual ela não ocupa um lugar estrutural na teoria lacaniana, praticamente desaparecendo da obra (Macey, 1988, p. 148) – é justamente a posição frágil do que agora se entende por sujeito, em face de tudo o que seria preciso deixar de lado para que, a princípio, se levasse a bom termo uma "psicanálise estruturalista". Pois, como fica a questão da fala plena, isto é, a possibilidade da exibição da verdade do desejo, se todo ato do sujeito é ditado pelo movimento do significante na atualização do simbólico como instância alienante? Em outras palavras, como a fala plena pode ter o objetivo da desalienação se o simbólico em si mesmo não produz nada senão exatamente a alienação do sujeito sob o significante? Ou bem se mantém a causa totalmente no simbólico e, nesse caso, como a fala é uma sua função, não haveria nenhum espaço em que se pudesse vislumbrar uma fala plena, ou bem se faz questão da intencionalidade subjetiva como raiz da fala e, nesse caso, não haveria por que mencionar uma fala vazia. O certo é aquilo que sobra do problema: a necessidade premente de reformular o laço entre sujeito e linguagem.

Vemos aí a força da pergunta fenomenológica que precisa ser levada adiante como sombra constante a acompanhar necessariamente a regulamentação que parte do significante.

A oscilação salta aos olhos nos textos e seminários dessa época.

a) O viés da determinação

Sendo a psicanálise uma disciplina que se distingue pela ideia de um determinismo inconsciente que incide sobre a vontade e o comportamento, de imediato ela entra em conflito com a noção de sujeito mais presente no senso comum: aquela que o toma por agente que, mediante escolhas, traçaria a configuração geral de sua própria vida. Dessa forma, sabemos de saída que, para qualquer doutrina psicanalítica, e não exclusivamente a lacaniana, a questão da atividade do sujeito será de fato algo bastante problemático. Com o estruturalismo, Lacan identifica esse determinismo à ação do significante e, algumas vezes, o faz de uma forma que não parece sobrar lugar, nem mesmo o mais restrito, para algo que, do sujeito, não fosse brutalmente anulado perante essa incidência. O sujeito é aí, tão somente, mais um elemento da cadeia cujas leis escapam radicalmente a seu próprio domínio (1978a, pp. 227-8). Durante toda a vida, e até desde antes da concepção, absolutamente nada se encontraria incólume ao tipo de ação que parte do significante, e nem mesmo a morte interromperia o jugo. Diz Lacan (1953/1966f):

> *Os símbolos efetivamente cobrem a vida do homem com uma rede tão total que conjugam, antes que ele venha ao mundo, aqueles que irão engendrá-lo 'em carne e osso', trazem a seu nascimento, com os dons dos astros, senão com os dons das fadas, o desenho de seu destino, fornecem as palavras que o farão fiel ou renegado, a lei dos atos que o seguirão até mesmo ali onde ele não mais está e ainda para-além de sua morte (...). (p. 279)*

Na verdade, no auge desse processo, que identificamos ao período entre 1954 e 1955, época dos seminários sobre o *eu* e sobre *A carta roubada*, o "efeito de sujeito", a partir de sua definição, dispensa inclusive associações com o ser humano:[4] "Em si mesmo, o jogo do símbolo

4 Como já mencionei, há, evidentemente, um outro sentido – aliás, mais profundo – de rejeição das referências ao ser humano, sentido relacionado ao anti-humanismo de Lacan. Essa dimensão do problema permanece presente no eixo geral da argumentação. Mas, o que se trata de observar, nesse momento específico, não é a separação entre o sujeito e a "forma ser humano", continuamente assinalada ao longo do trabalho, mas um problema bem diferente que é a separação entre efeito de sujeito a partir do significante e o *corpo humano*.

representa e organiza, independentemente das particularidades de seu suporte humano, este algo que se chama um sujeito" (Lacan, 1978a, p. 227). Ele é o *produto* de um funcionamento simbólico, algo que este gera independentemente da vida – "não é preciso (...) que seja um sujeito animado" (p. 280) – ou de qualquer outra coisa, e nada nessa descrição o atrela necessariamente a um corpo de ser humano. Esse ponto de vista, que, como mostrarei mais adiante, se modifica intensamente a partir do *Seminário 5*, corresponde apenas ao primeiro resultado do encontro da estrutura com a decisão já antiga de não definir a subjetividade por recurso a alguma substância ou entidade interna. Assim, a posição do sujeito é, nesse momento, a mesma do significado – "é no lugar do significado, identificado à ordem dos efeitos da linguagem, que o sujeito pode entrar finalmente em cena" (Simanke, 2003, p. 291) –, ou seja, a posição de um resto imaginário da substituição metafórica de um significante por outro: "a ação própria do significante, na medida em que devemos considerar essa ação como engendrando a significação no sujeito do qual ela se apodera, marcando-o como significado" (Lacan, 1958/2003a, p. 174). No entanto, é preciso ver o quão temerária é essa forma de pensar a determinação do significante sobre o sujeito na medida em que o fato de localizar sua presença como dejeto da cadeia significante decreta imediatamente o seu simples e total desaparecimento. Então, se o sujeito *surge inicialmente*, na fase estruturalista, como produto metafórico, *aí não pode permanecer*. Fazê-lo entrar em cena no espaço do significado não resolve mesmo a questão, pois ele não pode continuar ocupando o lugar de uma produção imaginária, a qual, já sabemos, fora o motivo do descarte das respostas alojadas no conceito de *eu*. A ênfase no sujeito como produto metafórico atende à evitação da substância e significa, no mesmo passo, a exacerbação do objetivismo, de forma que a teoria retorna, mais uma vez, ao erro que sempre tanto quis evitar. Ora, se o objetivo visado mediante o estruturalismo e a ordem simbólica era encontrar o lugar de um sujeito verdadeiro para além do imaginário que dele só fornecia a imagem objetivada e alienante, como é possível que agora seja dito que também essa ordem simbólica é alienante? É por se ater a esse lado da questão que Fausto (2003) afirma que, do ponto de vista da dialética, se Lacan representa um progresso em relação a Freud na medida em que apresenta o sujeito lógico e historicamente constituído, dialetizando algumas análises freudianas, sobretudo quando faz uso das figuras da topologia (que, no entanto, ele argumenta, se restringem à interversão [*Umschlagen*] e não alcançam a supressão [*Aufhebung*]), no ponto mais fundamental ele teria empreendido um retrocesso, uma vez que essa apresentação do sujeito encontrar-se-ia adstrita à insistência na sua total falta de liberdade, à afirmação de sua heteronomia radical: "O sujeito de Lacan não se 'eleva por sobre' a estrutura" (Fausto, 2003, p. 142). De fato, Lacan (1957/1966m) menciona essa heteronomia, acompanhada do mesmo adjetivo, afiliando-se a ela: "A heteronomia radical, da qual a descoberta de Freud mostrou no homem a hiância,[5] não pode mais ser encoberta sem fazer de tudo o que nisso é empenhado uma desonestidade de base" (p. 524). Mas esse mesmo discurso deve ser entendido como mais paradigmaticamente representativo daquilo que a teoria deve às suas relações com o estruturalismo e, quanto mais elas vão se mostrando inexequíveis, mais espaço haverá para se pensar o que possa ser essa elevação do sujeito por sobre a estrutura.

b) Sujeito e sentido

Observemos agora o segundo polo da alternância: o influxo do sentido e daquilo que Lacan cedo já chamava de "real" do sujeito.

É no mesmo *Seminário 2*, ou seja, no mesmo lugar em que o movimento assinalado em "a" se torna o mais explícito, que se esboça,

5 Sobre a tradução de "*béance*" por "hiância", ver a nota 38 do capítulo 2.

em tensão, o lado antagonista do problema. Aí, não são menos frequentes as incursões na questão do sentido como especificação do sujeito.[6] A subjetividade seria uma organização de símbolos com o objetivo de conferir sentido à experiência como totalidade (Lacan, 1978a, p. 56).[7] Essa implicação do sujeito pelo sentido tinha sido bastante desenvolvida no período anterior. Em *A agressividade em psicanálise*, por exemplo, é dito que a clínica, por estar envolvida na apropriação de um sentido, tem que pressupor a subjetividade: "Podemos dizer que a ação psicanalítica desenvolve-se na e pela comunicação verbal, isto é, numa apreensão dialética do sentido. Ela supõe, portanto, um sujeito que se manifeste como tal à intenção de um outro" (Lacan, 1948/1966c, p. 102). Isso porque não há manifestação de sentido que não diga respeito a um sujeito. Essas definições não se perdem no período de diálogo com o estruturalismo. Aliás, não é possível discernir nenhuma fase teórica em que não seja fundamental assinalar que, quando o que está em jogo é o sujeito, é então necessariamente de uma relação com o sentido que se trata. Ainda que a clínica não o exigisse ou que a psicanálise interessasse unicamente como teoria, e não como prática, a dedução da subjetividade permaneceria inevitável, pois a questão do sentido como obra necessária da intersubjetividade exigiria por si só esse sujeito que "para além do eu, procura se fazer reconhecer" (Lacan, 1975, p. 62) porque ele é – e isso tem origem ainda na tese de 1932 –, antes de qualquer outra coisa, um movimento dirigido à alteridade. Por outro lado, enfatizava-se igualmente que, diante de uma operação que tivesse em vista uma manobra de objetivação, o sujeito só poderia ser aquilo que ficasse fora dela (Lacan, 1986, p. 224). É por isso que Lacan afirma que um dos motivos pelos quais devemos considerar um sujeito que fala como *sujeito* é o fato dele ser capaz de mentir,

6 Em uma reedição da proposta politzeriana de implicação mútua entre os dois termos (cf. Prado Jr., 1990b, p. 22).

7 Citado no Capítulo 1.

ou seja, de colocar-se, na fala, como algo diferente do que ele é: "O sujeito falante, devemos forçosamente admiti-lo como sujeito. E por quê? Por uma simples razão: é que ele é capaz de mentir. Isto é, ele é distinto daquilo que diz" (1975, p. 218). Afirma-o ao ponto de identificar essa capacidade de mentir com a essência da descoberta freudiana: "a dimensão do sujeito falante, do sujeito falante enquanto enganador, é o que Freud descobre para nós no inconsciente" (p. 218).[8] Aquele que mente evita que sua verdade, embora aludida, seja aprisionada nas inevitáveis objetivações do discurso. E, nesse sentido, não deixa de mencionar um ponto fundamental em que a psicanálise, ao ter que se apresentar como teoria, traz em si mesma, como contradição inevitável, o cerne da própria forma de funcionamento da teoria: "Todo conhecimento, para avançar, deve objetivar as partes que são objetiváveis. Como progride uma análise? – senão pelas intervenções que impelem o sujeito a se objetivar, a se tomar, a si mesmo, como objeto?" (p. 230). Lacan admitia, no mesmo período em que anunciava o "retorno a Freud", ou seja, no próprio momento em que abraçava o estruturalismo, que havia de fato algo no sujeito – então já qualificado de "real" – que seria inacessível à abordagem por parte do psicanalista:

> *há, na análise, toda uma parte de real em nossos sujeitos, precisamente, que nos escapa, que nem por isso escapava a Freud quando ele lidava com cada um de seus pacientes.*

---

8 Estou me refrindo aqui à capacidade de mentir apenas em contraposição à questão da objetivação. Ela implica ainda a relação com a questão da verdade como horizonte transcendental da fala, tal como podemos deduzir do seguinte trecho: "Mas está claro que a Fala só começa com a passagem do fingimento à ordem do significante e que o significante demanda um outro lugar – o lugar do Outro, o Outro-testemunha, o testemunho Outro que não qualquer de seus parceiros – para que a Fala que ele suporta possa mentir, isto é, colocar-se como Verdade" (Lacan, 1960/1966t, p. 807).

> *Mas, é claro, se isso não lhe escapava, estava mesmo assim fora de sua apreensão e de seu alcance. (...)*
>
> *Há, pois, aí algo que, evidentemente, não deixa de nos surpreender e que, em suma, é algo com que lidamos todo o tempo. (...) É algo de que é preciso dizer que é o que constitui os limites de nossa experiência. (1953, pp. 1-2)*

Em seguida, o autor se pergunta o que está em jogo no tratamento analítico: "É esta relação real ao sujeito, a saber, *segundo uma certa maneira e segundo nossas medidas de reconhecer*? É isto com que lidamos na análise? *Certamente não*. É incontestavelmente outra coisa" (1953, p. 2). A análise, nesse momento, não lida com o real do sujeito, porque entre a analista e a paciente existe a linguagem, a ordem simbólica então apresentada. Assim, essa passagem mostra bem que o estruturalismo exige a exclusão de uma dimensão real da subjetividade que, no entanto, é reconhecida por Lacan e que, portanto, já prenunciava, na própria ocasião de nascimento do programa de pesquisa, o tipo de problema que ele geraria, colocando de antemão que sua teoria estaria progressivamente destinada a se desinteressar "de um estruturalismo referido somente às leis simbólicas, ao parecer que esta visão da cultura explica o indivíduo sem explicar especificamente a subjetividade" (Almeida, 2004, p. 99), quer dizer, que o estruturalismo funcionaria muito mais para o olhar sociológico do que para o psicanalítico.

Como quer que seja, essa oscilação entre as camadas de reflexão "a" e "b" (que não se distinguem em termos cronológicos, embora o façam em termos conceituais) exibe um problema que pode ser resumido como a tensão entre os dois sentidos mais comuns da palavra "sujeito" – a fonte da atividade e a submissão – e exige que a linguagem, que é a dos significantes, não deixe jamais de ser a linguagem que é a da autoenunciação. Veja-se nisso tudo o grau de complicação do problema: a psicanálise deve operar desviando os riscos de objetivação de um sujeito que se sabe implicado no sentido e na intenção e possuir qualidades ou essências inabordáveis pela linguagem – essa mesma linguagem da qual se diz que o determina completamente, submetendo-o aos desígnios do significante. De um lado, o sujeito, e, do outro, sua causa, como polos ao menos aparentemente inconciliáveis nos termos indicados.[9] É, então, devido ao embate com o significante que Lacan precisa dispensar a essa noção todo um esforço de redefinição: "A noção de sujeito certamente exige uma revisão a partir da experiência freudiana" (1998, p. 48). A dificuldade parece ser que, com a eliminação do *mito da vida interior* (1), pelo menos quando isso é feito a partir do estruturalismo, perde-se também o acesso à própria *noção de sujeito* (2). O desafio de Lacan será, atravessando a estrutura e tendo em vista todas essas observações, manter (2) sem a implicação de (1). Como não retirar com uma mão o que se oferece com a outra, sem o que a teoria restaria ameaçada de se encontrar apoiada sobre um castelo de cartas?

***

Quando Lacan (1969), ao intervir em uma exposição de Foucault diretamente relacionada ao tema da morte do sujeito como palavra de ordem do estruturalismo, expõe que seu interesse recai na questão da *dependência* do sujeito, e não na de sua exclusão,[10] está,

---

9 Fink (1995/1998), observando tal conflito, comenta que "O desafio da psicanálise lacaniana é, em parte, manter e explorar em detalhes esses dois conceitos primordiais [sujeito e causa], por mais paradoxais que possam parecer" (p. 52).

10 "estruturalismo ou não, parece-me que não é de forma alguma questão, no campo vagamente determinado por esta etiqueta, da negação do sujeito. Trata-se da dependência do sujeito, o que é extremamente diferente; e muito particularmente no nível do retorno a Freud, da dependência do sujeito com relação a alguma coisa de verdadeiramente elementar, e que tentamos isolar sob o termo 'significante.'" (Lacan, 1969, p. 1)

portanto, defendendo o cerne de seu projeto. A psicanálise – como teoria e como prática clínica – não poderia mesmo sobreviver, se fizesse coro ao famoso refrão. Porém, se aquela dependência se traduz pela total subsunção da subjetividade a um elemento determinante (o significante), o que resta perguntar é: como pode algo tão determinado continuar a ser chamado de "sujeito"? Esse conflito, sendo fecundado pela negatividade kojèviana do desejo e pela aspiração estruturalista à ciência, pode ser indicado como um dos motores mais fundamentais dos desenvolvimentos teóricos da obra em pauta, ao menos durante o período que aqui procuramos destacar. São instrumentos que contribuem para pensar o sujeito como algo, digamos assim, "desaparecente": uma manifestação do inconsciente que não é aparecendo, mas que aparece não sendo; uma instância de subjetividade cuja referência a si mesma é, de antemão, malsucedida, em razão da ausência de uma essência que lhe fosse pertinente. Delineia-se aí uma abertura: abandona-se a necessidade de compreender o sujeito (preocupação presente na chamada "teoria do imaginário" e, principalmente, na tese de psiquiatria) para passar a pô-lo em questão. Trata-se de propor uma escuta do sujeito (não apenas no sentido clínico), e não de explicá-lo (o que seria impossível devido tanto à sua própria natureza quanto à crítica, então endereçada à ideia de conhecimento).[11] O sujeito, então, não é mais tratado como objeto. Essa a saída para o impasse: tomar o sujeito como algo "inobjetivável" e ensaiar paradoxalmente formalizar essa "inobjetivação". Ao fazer, segundo essas diretrizes, uma "ciência" do sujeito, não se corre o risco, por uma questão de definição, de objetivá-lo. Porém, é somente pelo fomento de um novo impasse que o primeiro encontra sua ultrapassagem: a formalização pretendida tem como alvo algo que só se presentifica pela negação de si e essa oscilação não revela mais do que um ponto ausente que,

---

11 Ver Capítulo 2.

apesar disso (e por causa disso, dentro da lógica lacaniana), é o local que sustenta a operação do sentido.

Mas, convém questionar, realizar esse movimento não implica ameaçar a reserva desse lugar como sendo o de um "sujeito"? Como se constitui a consistência dessa tendência ao nada? E por que o sujeito "verdadeiro", determinado pelo significante, poderia passar a ser visto como menos alienado que o *eu*, determinado pela imagem? Afinal, quais serão as curvas do itinerário que ensaiará responder como almejar falar do sujeito de um modo que se quer científico sem, ato contínuo, objetivá-lo e, consequentemente, perdê-lo de vista?

3.2 Uma manobra cartesiana deslocada

Muito antes de apregoar um "retorno a Freud", Lacan já mencionava – no contexto de uma crítica ao organo-dinamicismo de Henri Ey –, ainda que *en passant*, um "retorno a Descartes" (1946/1966b, p. 163). Certamente, querer vislumbrar nessa baliza a presença do deslocamento do *cogito* para a dimensão do inconsciente seria uma estratégia infrutífera, a começar pelo fato de que a própria noção de inconsciente só se encontrava nas proposições dessa época para ser alvo de rechaço.[12] Mas não deixa de ser curioso que, tendo atravessado os diálogos lévi-straussianos e, com isso, passado a tomar o inconsciente como noção positiva e fecunda, Lacan tenha reservado um lugar de importância para o filósofo comumente responsabilizado pela centralização da noção de "consciência" na filosofia moderna. Afinal, que papel tem a desempenhar uma filosofia da consciência de si em uma teoria que procura justamente promover o inconsciente como seu avesso radical?

---

12 Cf. nota 16 do Capítulo 1.

A hipótese a ser trabalhada aqui é a seguinte: ao transpor Descartes e deslocando-se dele no que diz respeito à consciência, Lacan pode começar a delimitar, no contexto paradoxal do estruturalismo, o campo desse sujeito. Isso poderá ser claramente percebido mediante uma análise do recurso ao *cogito*, que toma como ponto de partida o texto *A instância da letra no inconsciente ou a razão desde Freud* (1957).

Trata-se de uma apresentação dirigida a estudantes de Letras, que condensa uma reflexão que já vinha sendo desenvolvida acerca da metáfora e da metonímia, entendidas como determinadas relações de substituição ou de deslocamento entre significantes e chamadas para explicar o verdadeiro sentido e formalizar aquilo que Freud denominara "trabalho do sonho". O objetivo é estabelecer uma equivalência entre pensamento inconsciente e esses mecanismos significantes. Nessa conferência, quando se trata de discutir a função do sujeito, a primeira referência é precisamente Descartes. O "penso, logo existo" é a garantia da existência de um sujeito suposto ao pensamento: na sua fórmula, constitui-se "a ligação da transparência do sujeito transcendental com sua afirmação existencial" (Lacan, 1957/1966m, p. 516). O interessante é que ele resguarda sua posição subjetiva até quando se ocupa consigo mesmo como *objeto*: "Talvez eu seja apenas objeto e mecanismo (e, portanto, nada mais que fenômeno), mas, certamente, na medida em que o penso, eu sou – de modo absoluto" (p. 516). Mesmo na ocasião em que penso que eu seja apenas objeto, sou, como sujeito, de modo absoluto porque penso. Isto é, o *cogito* é exatamente a reflexão capaz não somente de defender que o sujeito não perde seus distintivos ao se posicionar como objeto de um pensamento ou de um saber, mas, além disso, e mais fundamentalmente, de assegurar que é mesmo aí que surge essa verdade; ou seja, é sobretudo na localização de si como objeto do próprio pensamento que reside a essência do "ser um sujeito". Lacan, inserido em uma interpretação do *cogito* que pode ser qualificada de performativa,[13] diz que, ao contrário do argumento filosófico que retoma o legado cartesiano para afirmar que não há como eu pensar em mim mesmo sem que eu seja nisso apenas objeto e não mais sujeito, o caráter existencial deste fica preservado na dedução do sujeito transcendental ao menos todas as vezes em que penso "penso, logo sou". É exatamente isso o que ele diz no seguinte trecho:

> *Sem dúvida, os filósofos aplicaram a isso [ao fato de saber que sou no momento em que penso] importantes correções, precisamente a de que, naquilo que pensa* (cogitans)*, nunca faço senão constituir-me em objeto* (cogitatum)*. Resta que, através dessa depuração extrema do sujeito transcendental, minha ligação existencial a seu projeto parece irrefutável, pelo menos* sob a forma de sua atualidade, *e que*
>
> *"cogito ergo sum" ubi cogito, ibi sum*
>
> *supera a objeção. (Lacan, 1957/1966m, p. 516, grifo meu)*

O argumento cartesiano limitaria minha existência (como sujeito) aos momentos em que resido em meu pensamento, tal como já anunciaria, aliás, este célebre trecho das *Meditações*: "esta proposição, *eu sou*, *eu existo*, é necessariamente verdadeira todas as vezes que a enuncio ou que a concebo em meu espírito" (Descartes, 1641/1983, p. 92). No caso do psicanalista, ocorre ainda uma segunda limitação ao átimo que se situa entre o "logo sou" e um "sou isso" que *seria*

13 Isto é, que liga o valor de verdade do enunciado ao ato da enunciação. Algo bem demarcado também na seguinte passagem: "não é inútil repetir que, na experiência de escrever penso: *'logo sou'*, com aspas ao redor da segunda cláusula, lê-se que o pensamento só funda o ser ao se vincular à fala, onde toda operação toca a essência da linguagem" (Lacan, 1966y, pp. 864-5).

subsequente, mas que é sempre abortado, pois a afirmação de que sou se desvanece antes de poder se completar, incapaz que é de se sustentar em qualquer tipo de conteúdo positivo.[14] O momento volátil do sujeito psicanalítico é algo que surge desaparecendo sob o significante e que, antes desse desaparecimento, tampouco existia. Lacan dirá em uma expressão posterior desse mesmo encaminhamento interpretativo: "O sujeito é esse surgimento que, logo antes, como sujeito, não era nada, mas que, mal aparece, se congela em significante" (1973, p. 181). Assim, se ele se oferece como *objeto* de pensamento, jamais poderá, por outro lado, se *objetivar* na ordem do enunciado ou da constituição de um saber.[15]

Obviamente, o que ele preserva da operação cartesiana resume-se a este ponto: a suspensão de toda consideração da realidade em proveito de uma representação pura de si e qualificação do pensar e do falar como lugares da certeza.

O funcionamento do dispositivo cartesiano na passagem do pensamento à existência é reputado a uma *percepção*[16] inelutável e irredutível. Atentemos para a explicação de Bréhier (1938/1977):

---

14 Tal impossibilidade de objetivação do inconsciente será posteriormente expressa da seguinte forma: "tudo é permitido ao inconsciente, exceto articular: logo sou" (Lacan, 1966-67, p. 75).

15 Essa impossibilidade é o que irá transformar a existência em *ex-sistência* como termo mais adequado para falar dessa relação problemática do sujeito com o ser (e em cuja separação prefixal reside a diferença de Lacan para com o existencialismo): "Assim é que o dito não vai sem o dizer. Mas, se o dito sempre se coloca como verdade, nem que seja nunca ultrapassando um meio-dito (como me expresso eu), o dizer só se emparelha com ele por lhe ex-sistir, isto é, por não ser da diz-mensão [*dit-mension*] da verdade" (Lacan, 1973/2003c, p. 451).

16 Naturalmente, esse termo só pode aqui ser compreendido como "ato, operação ou representação intelectual instantânea, aguda, intuitiva" e não como "consciência dos elementos do meio ambiente através das sensações físicas" (Houaiss & Villar, 2001), uma vez que, nesse segundo sentido, a percepção já havia sido excluída, na *Primeira Meditação*, do percurso para o alcance da certeza.

> *Não se pode, pois, como o prisioneiro de Platão, voltar-se para um mundo de realidades que escapariam à dúvida. Mas [Descartes] considera essa incerteza em si mesma, na medida em que é um pensamento em meu pensamento. Sob esse aspecto, minha dúvida, que é meu pensamento, está unida à existência desse eu que pensa. Não posso* perceber *que eu penso, sem* ver, *com certeza, que eu existo:* Cogito, ergo sum. *Se eu viesse a duvidar dessa relação, tal dúvida implicaria novamente minha afirmação. A certeza de minha existência como pensamento é a condição de minha dúvida. Assim, Descartes chega a um primeiro juízo de existência, substituindo à vã procura dos objetos a reflexão sobre aquilo mesmo que procura. (p. 68, grifos meus)*

Ainda que de tudo eu duvide, *percebo* irremediavelmente que, na dúvida, eu existo. O *cogito* é da ordem da certeza, porque sou capaz de perceber de modo claro e distinto a união entre meu pensamento e minha existência, e essa percepção é um trabalho da consciência. A validade do procedimento cartesiano *parece* ser-lhe indissociável:

> *Como todo ato supõe o sujeito do ato, todo ato de consciência supõe o sujeito de consciência. Mas ser sujeito do ato de consciência significa ser consciente e, por sua vez, ser consciente significa ser consciente de ser sujeito de seu ato de consciência. Portanto, quem efetua um ato de consciência 'sabe' que é sujeito desse ato, pois é impossível realizar um ato de consciência sem ter consciência de ser sujeito do ato. (Landim Filho, 1997, p. 48)*

Diante disso, o problema, difícil, para Lacan, é manter a dedução da certeza do sujeito sob o pensamento – e, para ele, o pensamento verdadeiro é o pensamento inconsciente – eliminando exatamente essa percepção, introduzindo um corte em seu instante. Com efeito, o sujeito anula sua própria realidade para se enunciar tal como na dúvida hiperbólica das *Meditações*; ele inicia um movimento de apreensão da própria verdade negando a realidade objetiva em função de uma autorrepresentação: "Mesma *époché* de toda referência realista em favor de uma pura representação subjetiva, mesma certeza inerente ao fato de pensar ou de falar" (Borch-Jacobsen, 1991a, p. 300). A existência do sujeito fica garantida – pois todo pensamento o pressupõe como lugar e horizonte do sentido –, mas não a percepção de si por si. A afirmação de que sempre que estou pensando *sei* que *eu* estou pensando é destituída de legitimidade. Ao apontar o *cogito* como noção indispensável e deduzida filosoficamente, o deslize do filósofo teria sido fazê-lo coincidir com a consciência.[17] Lacan dirá mais tarde, preservando esse raciocínio: "O *cogito* cartesiano (...) só denuncia melhor o que tem de privilegiado o momento em que ele se apoia, e o quão fraudulento é estender seu privilégio, para lhes conferir um status, aos fenômenos providos de consciência" (1960/1966u, p. 831). Esse erro conduz, consequentemente, o filósofo a igualar o sujeito que fala ao sujeito do qual se fala, criando a ilusão de segurança e de certeza do ser humano moderno. A proposta é, em contraponto, situar aí uma pergunta: "O lugar que ocupo como sujeito do significante é, em relação ao que ocupo como sujeito do significado, concêntrico ou excêntrico?" (Lacan, 1957/1966m, pp. 516-7); e desdobrar sujeito e objeto em enunciado e enunciação, procurando mostrar que, quando

---

17 Como Lacan insistira em *Subversão do sujeito...*: "A promoção da consciência como essencial ao sujeito na sequela histórica do cogito cartesiano é, para nós, a acentuação enganosa da transparência do eu [*je*] em ato, às expensas da opacidade do significante que o determina" (1960/1966t, p. 809).

eu falo de *mim*, o "eu" e o "mim" não possuem aí o mesmo referente. "Não se trata de saber se falo de mim conforme aquilo que sou, mas se, quando falo de mim, sou o mesmo que aquele de quem falo" (p. 517). E por aí pensar a existência de uma fala para além do *eu*, desenvolvendo o "penso onde não sou, logo sou onde não penso" ou "eu não sou [como sujeito do inconsciente] lá onde sou joguete de meu pensamento [na consciência]; penso no que sou [como sujeito do inconsciente] lá onde não penso pensar [no inconsciente]" (p. 517). Fica claro que, na proposição "*eu* penso, *eu* sou", a relação entre os dois *eus* não pode, então, ser de identificação. Enquanto, para Descartes, o segundo *eu* (o do "eu sou") traduziria um "indivíduo que se reassume como o mesmo quando reflete sobre seus diferentes pensamentos" (Beyssade, 1972/1974, p. 97), para Lacan, esse *eu* não passa de uma ilusão imaginária objetivante – ilusão que não se aplica ao primeiro *eu* (o do "eu penso"), pois ele é somente uma posição sem implicação de substância, significando apenas que uma vida, reconstituída pelo funcionamento da linguagem, atravessa um pensamento ou uma enunciação. Mas, se o "eu penso" não se submete à ilusão imaginária, não deixa de sofrer, ele mesmo, a incidência da dúvida, pois, com isso, impossibilita-se o "logo sou" ou "logo existo" com a ideia de substancialidade que carregam: ele é "reduzido a esta pontualidade de só se garantir pela dúvida absoluta concernente a toda significação, inclusive a sua" (Lacan, 1973, p. 129).

Com relação a esse ponto específico da ilegitimidade da passagem do "eu penso" à afirmação da existência *efetiva* de um *eu*, trata-se, em certo sentido, de uma análise fornecida por Kant,[18] de quem Lacan, muito certamente, acompanha a trilha. Pois, para Kant, ela retira a asserção da substância de uma função puramente lógica da qual nada se segue em termos existenciais concretos.[19] Ele concorda com

18 Para uma explicação detalhada desse problema, ver Longuenesse (2006).

19 Sá (2002), em artigo sobre Lacan e Descartes, comenta que, para Kant, "essa inferência consiste num paralogismo, pois o *eu* do *eu penso* consiste numa

a implicação do "eu existo" no "eu penso", a qual deve ser considerada como uma intuição empírica indeterminada da *identidade* das duas proposições: o próprio significado de "eu penso" *é* "eu *existo* como pensante". O problema é que essa operação necessariamente *precede* qualquer experiência, impossibilitando, portanto, que a existência em questão seja tomada como categoria – mais exatamente como a categoria da efetividade (*Wirklichkeit*), aplicável apenas a objetos sensíveis ligados no tempo. Ou seja, não se trata, aí, de um objeto dado e indeterminado, mas de um objeto do qual apenas formulamos o conceito (Longuenesse, 2006, pp. 251-3). A validade do "eu penso" deve-se, assim, não à ordem da experiência, mas a seu lugar necessário na ciência transcendental – todo e qualquer pensamento o exige como condição lógica (a perspectiva da unidade da consciência) para afigurar-se como pensamento. Esse lugar é, portanto, estritamente *anterior* à experiência. Vejamos mais detidamente como:

> *Ora, como a proposição* eu penso *(...) contém a forma de todo o juízo do entendimento em geral e acompanha todas as categorias, como seu veículo, é claro que as conclusões extraídas dessa proposição só podem conter um uso simplesmente transcendental do entendimento, que exclui qualquer ingerência da experiência (...). (Kant, 1781/1985, p. 331)*

Assim, ele não pode gerar nenhum conhecimento como o seria a afirmação *existencial* empírica do *eu*. A consciência de mim mesma como ser pensante é algo que precisa ser diferenciado de uma intuição que eu pudesse ter de mim como objeto de conhecimento, intuição que, em si mesma, já implicaria a estrutura *a priori* do pensamento da

---

função enquanto o *eu* do *eu existo* introduz a noção de substancialidade que não está presente no *eu penso*" (p. 268).

qual não pode deixar de fazer parte o "eu penso". A autoconsciência é uma função lógica necessária ao conhecimento, ainda que insuficiente a seu respeito, visto que não lhe fornece nenhum *objeto*. E, se assim não fornece nenhum objeto, faltando-lhe a contraparte empírica, *também não fornece o eu como objeto*, sem o que nada se pode inferir acerca de seus modos ou atributos – de sua existência como substância, portanto:

> *Em todos os juízos eu sou sempre o sujeito* determinante *da relação que constitui o juízo. Mas que eu, eu que penso, tenha sempre no pensamento o valor de um* sujeito, *de algo que não possa ser considerado apenas ligado ao pensamento como predicado, é uma proposição apodítica e mesmo* idêntica; *não significa, todavia, que eu, enquanto* objeto, *seja um* ser subsistente *por mim mesmo ou uma* substância. *(Kant, 1781/1985, p. 334)*

Esse segundo passo exigiria a validação de uma proposição sintética que o caráter das ideias transcendentais (psicológicas, cosmológicas e teológicas) – tão somente conceitos puros da razão – não autoriza formular. O silogismo que subsidia o paralogismo da psicologia racional desconsidera a diferença entre o eu como unidade necessária da consciência e o eu como algo que se apresentasse à apreensão pela intuição (nomeadamente, pelo sentido interno). A respeito do eu, seria legítimo deduzir apenas que "não posso, no pensamento da minha existência, servir-me de mim a não ser como sujeito do juízo, que é uma proposição idêntica, que não explica absolutamente nada sobre o *modo* da minha existência" (Kant, 1781/1985, p. 343, grifo meu). Assim, que eu possa (ou deva) deduzir o *eu* não significa que eu possa afirmar alguma coisa a respeito da verdade de sua existência concreta.

Sartre comenta esse movimento nomeando de "realização" a tentativa de afirmar algo a respeito da existência efetiva do *eu* a partir do sujeito transcendental e ressaltando sua impropriedade: "*realizar* o Eu transcendental, fazer dele o companheiro inseparável de cada uma das nossas 'consciências', é julgar a respeito do *fato* e não a respeito do direito, é colocar-se num ponto de vista radicalmente diferente do de Kant" (1936/1994, p. 44). Retornando a Lacan, é possível, então, afirmar que o psicanalista não se coloca *fora* da questão da realização do *eu* e, nesse sentido, ele é mais cartesiano que kantiano. Mas assim o faz para, de modo preciso, *desrealizá-lo*,[20] com o que imediatamente se afasta de Descartes. Ou seja, ao contrário de Kant, não abre mão, apesar de problematizá-la, da implicação propriamente existencial do *cogito*. Contudo, na esteira de Kant, entende a inadequação da conclusão pela substância a propósito do *eu*, o que impede a instauração de um saber a seu respeito. É exatamente isso que está implícito quando Lacan (1973) observa que:

> *Quando Descartes inaugura o conceito de uma certeza que se apoiaria inteiramente no* eu penso *da cogitação (...), poderíamos dizer que seu erro foi acreditar que haveria aí um saber. Dizer que ele sabe algo a respeito dessa certeza. Não fazer do* eu penso *um simples ponto de esvanecimento. (p. 204)*

Uma vez que temos aí o evento da certeza de si mesma como ser desejante, ela, por ser *certeza do desejo*, não pode gerar nenhum estabelecimento de identidade. A posição do "eu penso" é, assim, sustentada exclusivamente enquanto dura o enunciado como índice de uma enunciação: "Digamos que é o fato de tomar seu lugar no nível da enunciação que confere sua certeza ao *cogito*" (Lacan, 1973,

20 Algo que ficará mais claro ao longo do item subsequente.

p. 128). Ou melhor, à pergunta de Descartes, nas *Meditações*: "*Eu sou, eu existo*: isto é certo; mas por quanto tempo?" (1641/1983, p. 94), Lacan responderia: por um tempo negativo ou por um instante fora do tempo no qual o sujeito nunca é mais do que suposto, o que impele o *cogito* a "participar, em seu esforço de certeza, de uma espécie de aborto" (1973, p. 129). Aquela percepção do pensar acha-se, portanto, destituída de seu lugar: em vez de ser realizada pelo próprio sujeito que pensa, só pode ser atribuída ou à analista que apreende os efeitos do inconsciente ou à teórica que os põe em questão. Diante das lacunas do discurso, seria possível assegurar, *ex post facto*: "Ali havia um sujeito".

Bem se vê que esse modo de trabalhar o *cogito* está intrinsecamente determinado por aquilo que Lacan, desde o título do *Discurso de Roma* (1953/1966f), designava como a perspectiva apta a devolver à obra freudiana seu sentido e seu valor: *Função e campo da fala e da linguagem em psicanálise*. Tal determinação aparece explicitamente desenvolvida no seminário acerca das psicoses, no qual se gesta a interpretação fornecida na *Instância da letra* (1957/1966m). A hipótese de uma transparência a si é aí considerada problemática – o "eu penso" teria que supor, *ad infinitum*, a multiplicação dos *eus*: se todo pensamento devesse perceber que está pensando no que pensa, seria preciso estipular um terceiro pensamento, como entidade unificante (responsável pela síntese), que se pensasse pensando. Nas palavras de Lacan (1981), esse é o:

> *problema clássico que deteve toda a filosofia desde Leibniz, isto é, ao menos desde o momento em que se acentuou a consciência como fundamento da certeza – o pensamento, para ser o pensamento, deve obrigatoriamente pensar-se pensante? Todo pensamento deve obrigatoriamente perceber que está pensando no que pensa? Isso está tão*

> *longe de ser simples que abre imediatamente um jogo de espelhos sem fim – se é da natureza do pensamento que ele se pense pensante, haverá um terceiro pensamento que se pensará pensamento pensante, e assim por diante. Esse pequeno problema, que jamais foi resolvido, basta por si só para demonstrar a insuficiência do fundamento do sujeito no fenômeno do pensamento como transparente a si mesmo. (p. 45)*

A esse propósito, a contribuição da psicanálise consistiria em evitar essa multiplicação dos *eus* prescrevendo o posicionamento da questão no registro da fala como a dimensão concreta em que ela aparece, estratégia responsável por dirimir qualquer necessidade problemática de presumir uma substância para o sujeito: "Ao simplesmente considerá-la [a fala], não vemos se destacar uma estrutura primeira, essencial e evidente, que nos permite fazer distinções que não são míticas, isto é, que não supõem que o sujeito esteja em alguma parte?" (Lacan, 1981, pp. 46-7).

Assim, Lacan jamais poderia seguir Descartes em seu processo de passagem pela inscrição da ideia de Deus no intelecto humano para fugir ao ceticismo e voltar a fundamentar a existência objetiva da realidade como ideia clara e distinta. Mais precisamente, ele só acompanha o filósofo até o parágrafo quarto da Segunda Meditação, local da enunciação do *cogito*. Pois o passo imediatamente seguinte na determinação da possibilidade do conhecimento é assim expresso: "Mas não conheço ainda bastante claramente *o que sou*, eu que estou certo de que sou" (Descartes, 1641/1983, p. 92, grifo meu). Aos olhos do psicanalista, esse "o que sou" representa a queda no substancialismo, na equiparação com a consciência e na objetivação do sujeito, a qual deve ser, mais que tudo, evitada. Em outras palavras, aqui o *cogito* não interessa como ponto de resistência às razões de duvidar do ceticismo ao instaurar uma regra geral de verdade, mas como o isolamento da dedução do sujeito.

Torna-se assim explícito que a possibilidade dessa manobra cartesiana deslocada está condicionada a um uso dos termos "pensamento" e "sujeito" em um sentido bem distante do que eles poderiam possuir em Descartes.

Quanto ao primeiro, basta, para salientar a discrepância, lembrar que Lacan está querendo identificar pensamento (inconsciente) às operações metáfora e metonímia como processos inacessíveis de forma imediata ao sujeito e citar, paralelamente, o seguinte trecho: "Pelo termo pensamento entendo todas aquelas coisas que, estando nós conscientes, ocorrem em nós, na medida em que há em nós uma consciência delas" (Descartes, *apud* Landim Filho, 1997, p. 48).

Quanto ao segundo, muito embora não seja um ponto pacífico na interpretação do texto de Descartes, parece haver indícios de que a *res cogitans*, resultado do "eu penso, eu sou", não exaure o sentido do sujeito cartesiano. Enquanto em Descartes encontramos uma extensão do conceito de ser humano ao sujeito da imaginação e da sensibilidade, para além do sujeito do intelecto e da vontade como princípio de uma ação imanente à mente, e, portanto, ao composto mente/corpo,[21] o argumento lacaniano repousa na restrição do sujeito à *res cogitans* como ponto evanescente de uma afirmação existencial. Ora, se a continuidade do *cogito* exige a certeza de si como união entre mente e corpo é devido à passagem por Deus como garante da verdade e ao retorno à realidade objetiva desprovida de dúvida – passagem que, como vimos acima, não é acompanhada por Lacan. Ele preserva o momento da distinção radical entre alma e corpo, capaz de apresentar um sujeito puro, e

21 Ver Landim Filho (1997): "Descartes parece sugerir que o homem, união da mente com o corpo, formaria um todo que seria considerado como o único sujeito de atribuição" (p. 55).

não retorna à íntima união entre os dois ensinada pela natureza e apresentada na Sexta Meditação, visto que eliminou todo o intervalo entre uma coisa e outra.

O "*cogito* lacaniano" exige, em suma, o esforço de trabalhar o paradoxo de um sujeito do pensamento deduzido cartesianamente sob um conjunto de ressalvas, quais sejam:

1. Sem que ele seja uma ideia clara e distinta para o próprio sujeito – isto é, sem a implicação da consciência reflexiva;
2. Sem que daí decorra a necessidade de afirmar a existência de um Deus bondoso e onipotente, que criaria as verdades eternas por sua vontade e que garantiria a verdade objetiva do conhecimento humano;[22]
3. Sem que a noção de verdade seja equivalente ao que, no pensamento, eu seja capaz de perceber com evidência;
4. Sem que seja preciso pensar a existência de um corpo para o sujeito que pensa;
5. Sem que haja nenhuma consideração de substância, extensa ou pensante.

Cabe considerar em mais detalhe o tipo de relação a si que é posta em cena com esse recurso ao *cogito* e aqui chegamos ao ponto de uma discussão marcadamente controversa. Borch-Jacobsen considera que essa relação, a despeito da centralização do conceito de inconsciente, assume, na obra lacaniana, a forma de uma estrutura reflexiva da consciência de si. Há um ensaio seu (1991b) dedicado, mediante uma análise de como Freud e Lacan abordam o problema da hipnose, à defesa da hipótese de que o sujeito lacaniano do

---

22 Lembremos que o Outro traz em si mesmo a falta e que "não há Outro do Outro", isso sendo, aliás, indicado como "o grande segredo da psicanálise". (Lacan, 2013, p. 353). Cf. também Lacan (1960/1966t, p. 813).

inconsciente seria, na verdade e em última análise, o sujeito da consciência. Para esse autor, se a divisão subjetiva tem por causa o fato de o sujeito representar a si mesmo, isso significa que ele é o sujeito cartesiano reduzido ao puro vínculo do *cogito* com o si como estrutura da representação, o que não passaria de uma forma de dizer que ele é o sujeito da consciência, apenas subtraído do momento da presença a si. É claro que essa interpretação, em se sustentando, apenas comprometeria todo o sentido da empresa lacaniana, tornando-a contraditória internamente.

Um dos argumentos utilizados para defendê-la é a indicação de que Lacan constantemente denunciava as concepções do inconsciente que fizessem dele um mero outro da consciência representativa. Mas, evocando o texto, percebemos que essas suas afirmações não se direcionam no sentido desejado por Borch-Jacobsen, qual seja "o inconsciente lacaniano não é senão o inconsciente da própria consciência representativa" (1991b, p. 298), pois é bastante óbvio que Lacan, ao dizer que as formações do inconsciente não são o contrário dos fenômenos de consciência, não está com isso querendo consentir na homogeneidade dos lugares envolvidos em cada caso.[23] Sua intenção é simplesmente sublinhar que a diferença entre pré-consciente e inconsciente não é uma diferença de grau, mas de natureza, isto é, que o inconsciente não é algo não consciente passível de se tornar consciente. Aliás, se lembrarmos a origem do conceito lacaniano de inconsciente, essa interpretação torna-se cabalmente despropositada, ou não dizia Lévi-Strauss que "as leis da atividade inconsciente estão sempre fora da apreensão subjetiva" (1950, p. 168)? Em sua leitura, Borch-Jacobsen encaminha essa argumentação para a suposição de que a reedição lacaniana do *cogito* gera

23 "O inconsciente não é uma espécie definindo na realidade psíquica o círculo daquilo que não possui o atributo (ou a virtude) da consciência" (Lacan, 1960/1966u, p. 830). Ver também Lacan (1960/1966t, p. 799) e a sessão 4 do *Seminário 2*.

a apreensão pelo sujeito de sua própria verdade em função de uma autorrepresentação face à negação da realidade objetiva. Nisso, faz com que, a uma identificação entre sujeito do inconsciente e sujeito de uma representação ou de uma relação a si, se siga sua necessária equiparação ao sujeito da consciência,[24] como se essas locuções se enredassem reciprocamente.

Ora, o caso é que essa identificação absoluta entre relação a si e consciência simplesmente não procede. A autorrepresentação é compatível com o *cogito* cego desde que seja entendida como equívoca.[25] Aliás, é essa a conclusão que somos conduzidas a esperar quando lemos, por exemplo, nas linhas do próprio Borch-Jacobsen (1991b), que o sujeito só pode se relacionar a si "ao ausentar-se na representação que o manifesta fora como a transcendência nadificante [né-ante] que ele 'é': sempre em um lugar diferente de onde ele 'está', sempre *álibi*" (p. 309) ou "na 'Outra cena' ou no 'Outro lugar' da fala e do significante, na medida em que ele aí se representa, não na sua presença, mas *na sua ausência*" (p. 308). Mas, por faltarem fuga e equivocidade no uso que o autor faz da expressão "autorrepresentação", ele conclui que o *cogito* lacaniano não poderia ser cego ou avessado. É curioso que ele chegue até o ponto de admiti-lo como "vazio" e que, entretanto, sustente que disso não siga sua cegueira:

> *Em suma, essa estrutura de volta do significante que Lacan identificava à estrutura do inconsciente é seguramente a estrutura do* cogito, *tal como bem vigorosamente o dizia ele mesmo:* cogito *vazio, certamente,* cogito *de*

---

24 O sujeito "só pode se relacionar a si (*ou seja*, estar consciente de si) separando-se de si" (Borch-Jacobsen, 1991b, p. 309, grifo meu).

25 Tudo se passa como se Borch-Jacobsen adotasse aqui o mesmo ponto de vista que Lacan exprimia na época de sua primeira teoria do imaginário, quando então equacionava representação e consciência diante de sua resistência em admitir um conceito efetivo de inconsciente. Ver o primeiro capítulo.

> *uma consciência que não aparece a si mesma a não ser desaparecendo, mas* cogito, *de todo modo, ainda e sempre definido em termos de autorrepresentação. E não* cogito *cego do hipnotizado ou do sonhador,* cogito *irrepresentativo de uma "outra-cena" inconsciente. (Borch-Jacobsen, 1991b, p. 309)*

Essa cegueira seria tão somente aparente – pois haveria, com efeito, uma identificação com a impossibilidade da identificação – mas, mais bem perscrutada, revelaria o lugar recôndito, último, porém insistente e inalienável da consciência:

> *De fato, a "travessia da fantasia" equivale a um* cogito *invertido, já que o sujeito aí se identifica na sua não identidade a si, ao tomar consciência do "avesso da consciência" que ele mesmo é. E, contudo, por mais revertido que ele seja, esse* cogito *não é menos um* cogito, *nem que seja porque lhe é preciso um olhar, um "objeto" que ele mesmo é à distância de si mesmo – isto é, uma representação de si. Talvez esse olhar seja cego, mas cada vez menos o sujeito aí se vê como não podendo se ver. Nesse espelho opaco, o sujeito reflete sua reflexão e especulariza sua negatividade inespecularizável. Digamos que ele toma consciência da impossibilidade, para sua consciência, de tomar consciência dela mesma (...). Mas* jamais esse sujeito perde a consciência. *(Borch-Jacobsen, 1991b, pp. 312-3, grifo meu)*

Em oposição, diríamos: o sujeito manifesta sua própria verdade, mas a apreensão dessa verdade não é consequência necessária de sua manifestação. Lacan afirma (1973) no *Seminário 11*, explicitando um pouco a conexão de seu pensamento ao *cogito*:

> *Certamente, para toda representação é preciso um sujeito, mas esse sujeito não é jamais um sujeito puro. (...) Não há sujeito sem, em alguma parte,* aphanisis *do sujeito, e é nessa alienação, nessa divisão fundamental, que se institui a dialética do sujeito. (p. 201)*

Vemos aí que se trata de fato de um sujeito implicado em um processo de representação; mas também que seu desaparecimento no momento mesmo da representação transforma em *non sequitur* a pretensão de ligá-lo à consciência e que, como bem se expressa Badiou (1997), "o inconsciente é, no fundo, um nome para a separação *irredutível* entre identidade subjetiva e consciência" (p. 37, grifo meu).

É preciso lembrar ainda que a atividade de representar não cabe ao sujeito, mas ao significante. "O significante representa o sujeito para um outro significante" é uma fórmula necessária na medida em que busca dar conta de um inconsciente que não pode deixar de implicar um sujeito, evitando que isso se transformasse em uma especulação abstrata e psicologista. Quando a representação deixa de ser apanágio do sujeito para ser um ato do significante, torna-se possível falar de inconsciente sem uma representação *que residisse no sujeito*. Que haja inconsciente é algo que se deve ao fato deste ser representado, e não ao fato de que ele representasse para si mesmo – ainda que porventura viéssemos a supor possível uma representação sem consciência – alguma coisa, algum conteúdo recalcado. E, se a representação é direcionada para um significante, então não cabem a seu respeito, na medida em que considerada em si mesma, questões quanto à sua qualidade consciente ou inconsciente, qualidades que só são propriedades na relação com o sujeito. Em outras palavras, se a função de representar reside *fora* do sujeito – em algo a que a qualidade da consciência não é imputável[26] –,

26 O que levará Lacan, ao fim e ao cabo, a substituir a temática da representação pela do representante: "o significante, diferentemente do signo, é o que representa um sujeito para um outro significante. Como nada indica que o outro significante saiba algo do assunto, fica claro que não se trata de representação, mas de representante" (1991, p. 31).

o sintagma "representação inconsciente" deixa de ser uma *contradictio in adjecto*. Como substantivo – e não mais como qualidade da representação –, o inconsciente é não uma representação, mas a condição da representação (do sujeito pelo significante). Isso só é possível porque este, dissociado do primeiro para ocupar o lugar de sua causa, é-lhe radicalmente distinto (embora o provoque). Portanto, não se trata mais de um sujeito que *se* representa – como ocorria nos anos 1930 (Lacan, 1936/1966a), 1940 ou até mesmo no início dos anos 1950[27] –, mas de um sujeito que só toma lugar na representação pela voz passiva. *Representado*, ele não pertence ao âmbito consciência.

Enfim, se o significante – que Lacan equaciona ao termo freudiano *Vorstellungsrepräsentanz* – representa nada (o sujeito), é porque, decerto, ele representa. Isso, ele faz de modo positivo, ainda que o destino dessa representação seja outro significante (de modo específico) e que ela não tenha sentido psicológico (conteúdo mental), significando exclusivamente que alguma coisa remeta ao lugar de outra dentro de uma serialidade cujos eixos se conformam pela metáfora e pela metonímia. Em sentido geral, esse destino é, logicamente, o Outro. Aqui vemos, sob outro ângulo, o valor epistemológico da estrutura: ela responde não apenas pelas condições da representação, mas também pelo seu destino.[28] O lugar de chegada da representação inconsciente não pode ser o sujeito, muito menos o do próprio inconsciente, uma vez que isso, em última instância, corresponderia necessariamente a trazer-lhe de novo a pergunta pela consciência. A única forma de separar representação e consciência é separar representação e sujeito (tanto como seu agente quanto como seu destino). Assim,

---

27 Ver a descrição da fala plena no *Discurso de Roma* (1953/1966f).

28 Como já era indicado no capítulo anterior.

se o inconsciente se representa, ele só pode fazê-lo para si mesmo, isto é, para a estrutura que ele é: o Outro.[29]

Dessa forma, o sujeito lacaniano é mais bem pensado como uma subversão da representação mediante a negação, o que evita a reflexividade da consciência como consequência necessária. Dito de outro modo, o *cogito* em Lacan obedece ao inconsciente como estrutura determinante e fundamentalmente inapreensível pela consciência. Ele, então, só segue a tradição filosófica até o ponto em que essa cumplicidade lhe provê uma ruptura a partir da qual não será mais possível recuperar sua identidade.[30] Mesmo que se adquira, ao fim da análise, consciência da impossibilidade de tomar consciência de si – e, além do mais, talvez *por causa disso* –, o sujeito do inconsciente permanece como resto inobjetivável e inesgotável desse processo. Isto é, a dimensão consciente do *cogito* não exaure o "*cogito* cego", o que garante que se trata, de fato, de um "*cogito* ao avesso". Mais uma vez: o inconsciente não é a simples ausência de uma tomada de consciência que seria, em princípio, possível, mas que se encontraria adiada.

O que parece estar em jogo aí é o fato de Borch-Jacobsen não ter vislumbrado uma terceira alternativa para o problema que ele assim descreve:

29 Por esse motivo, temos uma conclusão diferente da que é expressa por Bairrão quando esse autor diz que "a única possibilidade de admissão lógica da expressão 'representação inconsciente' é aceitar que o inconsciente da representação, se se representa, o faz para um sujeito igualmente inconsciente" (2003, p. 107).

30 Van Haute (1992), por uma análise distinta da ausência da presença a si como forma de manifestação do sujeito, atinge conclusão semelhante: "A 'repetição' lacaniana da tradição subverte-a ao mesmo tempo. (...) introduz deslocamentos nos quais a tradição rapidamente não consegue mais se reconhecer. A psicanálise destrói sua própria base filosófica" (pp. 237-8).

> *Ou bem nós faremos jus à sua irrepresentabilidade [do inconsciente], ao fato de que nossa consciência não saberia ser-lhe nem contemporânea, nem comensurável. Ou bem, sob pretexto de vigilância, nós nos isolaremos na fortaleza do representável e do dizível – e então estaremos do lado daqueles que Freud chamava "os filósofos", na sua inaptidão forçada para fazer justiça ao não-sabido [*insu*]. (1991b, p. 299)*

Reduzi-lo a essa disjunção é esquecer aquilo que há de argumento transcendental na leitura lacaniana do inconsciente: ele é irrepresentável mas é condição da representação. Aliás, poderíamos até dizer que o foco aqui é justamente colocar em jogo a possibilidade de pensar, de um modo diferente do que fora articulado por Freud, a separação entre consciência e representação, quer dizer, uma *representação inconsciente*.

Como se abre essa possibilidade? O próprio Borch-Jacobsen (1991a) alude à pista que contribui para a refutação de seu argumento ao lembrar que, em lugar do monólogo cartesiano, o "*cogito* lacaniano" encena um diálogo, porque não surge desvencilhado da temática hegeliana: o sujeito só pode se representar alienando-se no outro – ou no Outro, radicalização da função transcendental da alteridade. Para Lacan, só há sujeito em função de uma referência ao Outro.[31] Ele – que faz de mim um fenômeno heterônomo e cuja alteridade é de "grau secundário" – se apresenta como a mediação imprescindível na relação que o sujeito estabelece consigo mesmo e com seu semelhante (Lacan, 1957/1966m, p. 529). Ora, sendo essa alienação drástica, a autorrepresentação não pode aparecer aí senão na condição de frustrada. Se minha verdade reside sempre no que é alheio, não posso me relacionar com ela a não ser sob o modo da

31 Cf. a primeira sessão do *Seminário 5*, por exemplo.

fuga. O sujeito é aí uma pura transcendência no sentido – husserliano, retomado por Heidegger – da intencionalidade:[32] sair de si em direção ao outro e ao objeto. Ser um desejo puro é ser sempre diferente de si. Essa autorrepresentação tem, portanto, por resultado, um erro imanente a seu próprio movimento. Ela é sempre ensaiada em sua impossibilidade. Mas, por ser aliorrelativa, não perde seu caráter de relação a si. *Si fallor sum* – a antecipação agostiniana do *cogito* ganha um novo sentido: o sujeito só existe na errância em relação a si mesmo; perde-se a meio caminho no movimento que conduziria a uma representação de si.

Enfim, trata-se simplesmente de notar que, se o sujeito do inconsciente é o sujeito da consciência subtraído do momento da presença a si na medida em que só se representa em sua própria ausência, então ele não é mais o sujeito da consciência e, ao tomar-se por objeto, não se torna transparente a si mesmo. Essa é a interpretação que, sem forçar o uso do texto em algum sentido que ele não expressa, nos permite dizer que a obra de Lacan – pelo menos a partir de 1953 e, em todas as suas consequências, com a leitura do *cogito* que se encontra promovida na *Instância da letra* (1957/1966m) – é, de fato, coerente com a impossibilidade de reduzir a "outra cena" ao reino da transparência.

***

Para ensaiar a apreensão do valor e do lugar da estratégia cartesiana no pensamento de Lacan, é necessário ainda avançar duas perguntas: em primeiro lugar, por que recorrer ao *cogito* nesse momento? Em segundo, por que lhe oferecer essa nova abordagem? Fornecer as respostas significa retomar o interesse que alicerça esse pensamento. Já sabemos que tal interesse se deposita na construção

32 Com a óbvia ressalva de que, aqui, essa intencionalidade não tem origem na consciência.

de uma teoria do sujeito. O problema é que, se, por um lado, o estruturalismo fornece um fecundo instrumental heurístico, por outro, desenvolve ao ponto máximo aquele conflito entre determinação e subjetividade, já de tão difícil manejo. Lembremos, mais uma vez, que aquilo que ficou conhecido como sua "palavra de ordem" era exatamente a morte do sujeito. O que Lacan precisa fazer agora é manter o ideal de ciência instruído pelo estruturalismo ao lado da preservação do fenômeno da subjetividade. Com efeito, apesar da perspectiva de o determinismo ser um dos eixos de sua tensão, não há nada em sua obra que nos permitisse concordar com Dosse quando este autor afirma que existiria tanto no estruturalismo, apoiado sobre a completude da estrutura, quanto no lacanismo, baseado na sua incompletude, "uma mesma retirada do sujeito do campo de investigação" (1991/1993a, p. 147). Pelo contrário, cabe repetir que Lacan insiste – e isso seria mesmo a única atitude inteligível e coerente – em pontuar o caráter indispensável de sua presença: "De nossa experiência de analista, a subjetividade é ineliminável" (1998, p. 104). Antes, seria preciso pensar como o sujeito é nela supervalorizado, porém ao ponto de ser inacessível – não erradicado, mas frustrado. Dito de outro modo, trata-se de aí colocar em jogo o sujeito de modo a impossibilitar sua objetivação. E é aqui que o *cogito* é chamado a desempenhar um papel. Por que recorrer a ele? Porque ele pode ser entendido como uma primeira resposta àquela palavra de ordem estruturalista ao apresentar uma forma de ligar uma certeza, cujas relações com um ideal de ciência são explícitas, a uma afirmação existencial do sujeito. Por que o ler sob o crivo da equivocidade da representação subjetiva? Porque o movimento que o atravessa é correlato de uma teoria da linguagem de base estruturalista na qual a palavra anula o ser e que permite pensar o sujeito como algo dessubstancializado. Entre o psicologismo da primeira teoria do imaginário – que, nos estudos dos complexos familiares, identifica sujeito a indivíduo – e o seminário sobre a carta roubada

(1955/1966g) – que apresenta a forma mais acabada da valorização do lado da determinação do sujeito, determinação que ameaça a preservação do seu lugar –, nasce o dilema que torna absolutamente necessária a noção de sujeito como algo evanescente, e é isso o que a passagem por Descartes, acompanhada dos insumos estruturalistas, permite a Lacan cultivar. É por aí que podemos tentar entender a vitalidade da manobra que ele irá retomar, por exemplo, em 1964, ao afirmar: "Ouso enunciar, como uma verdade, que o campo freudiano não seria possível senão certo tempo depois da emergência do sujeito cartesiano" (1973, p. 47), sublinhando, simultaneamente, o lugar do deslocamento:

> *Não digo que Freud introduz o sujeito no mundo – o sujeito como distinto da função psíquica, a qual é um mito, uma nebulosa confusa – uma vez que é Descartes quem o faz. Mas direi que Freud se dirige ao sujeito para lhe dizer o seguinte,* que é novo – Aqui, no campo do sonho, estás em casa *(...). (p. 45, primeiro grifo meu)*

É, então, com o auxílio de Descartes que Lacan procura articular como o pensamento inconsciente requer um sujeito, sem que isso se processe no campo do psicologismo e substituindo a consciência pelo inconsciente como *locus* da verdade. Os mecanismos significantes são pensamento (inconsciente) e, como tal, exigem um sujeito: "em nós um sujeito pensa, e pensa segundo as leis que se descobre serem as mesmas que as da organização da cadeia significante" (Lacan, 1998, p. 106). Para isso, ele redefine o pensamento, desloca o "penso" e o "sou" da enunciação do *cogito* para lugares opostos e dispensa as *Meditações* (Descartes, 1641/1983) a partir do desenvolvimento da segunda. Assim é que identifica a própria essência do inconsciente com o sujeito cartesiano:

> *Procedi, em meu relatório de Roma, a uma nova aliança com o sentido da descoberta freudiana. O inconsciente é a soma dos efeitos da fala sobre um sujeito nesse nível em que o sujeito se constitui pelos efeitos do significante. Isto marca bem que, com o termo sujeito (...) não designamos o substrato vivo que é necessário ao fenômeno subjetivo, nem nenhum tipo de substância, nem nenhum ser do conhecimento em sua patia [*pathie*], secundária ou primitiva, nem mesmo o logos que se encarnaria em alguma parte, mas o sujeito cartesiano, que aparece no momento em que a dúvida se reconhece como certeza – com a ressalva de que, pela nossa abordagem, os alicerces desse sujeito se revelam bem mais largos, mas, ao mesmo tempo, bem mais servos quanto à certeza que ele não alcança. É isto que é o inconsciente. (1973, pp. 115-6)*

Dada a importância da citação, vale a pena decompor suas afirmações:

1. O procedimento que atravessa Descartes é referido, em primeiro lugar, ao sentido do "retorno a Freud", confirmando que, de fato, é o encontro com o estruturalismo que banca a leitura;
2. Nesse contexto, o inconsciente é produto da faculdade da fala, como registro concreto e acessível, e não de um funcionamento psíquico oculto;
3. Essa fala constitui-se de significantes cujas ações conjuntas e recíprocas fundam um sujeito;
4. Esse sujeito não é o suporte biológico do indivíduo humano, não se refere a nenhum tipo de substância, nem àquele sujeito que se opõe a um objeto nas atividades de conhecimento, seja ele oriundo do entendimento, seja da intuição;

5. Esse sujeito não se identifica com a linguagem;
6. Ele é o sujeito cartesiano reinterpretado de forma que dele só resta a dúvida – sobreposta, como vimos, ao próprio "eu penso";
7. Tudo, no que diz respeito ao efeito de sujeito, encontra-se acometido por essa dúvida;
8. O sujeito falha em apreender a certeza, inclusive a certeza da própria dúvida. Ele não a alcança, porque o único tempo verbal em que ela poderia ser escrita seria "terei estado certo de que existo";
9. O inconsciente é o movimento fracassado na direção dessa certeza.

Aquilo que põe em xeque a consciência – isto é, as formações do inconsciente – indica, como certa, a existência do sujeito do inconsciente, porque, assim como "a certeza de minha existência como pensamento é a condição de minha dúvida" (Bréhier 1938/1977, p. 68, citado acima), ela é também a condição do sonho, do chiste, do ato falho e do sintoma, ou seja, é condição da manifestação de um desejo que me habita sem que a ele eu tenha acesso imediato.

Tendo em vista a interseção entre linguagem e fala – na qual já venho insistindo –, é preciso perceber que, se o estruturalismo alimentava o viés da determinação da linguagem sobre o sujeito, tornava-se preciso pensar, em contraposição, a forma de sua presença na fala, e isso de modo a solapar o preceito da identidade a si diante das exigências apresentadas pela apreensão dos efeitos do funcionamento inconsciente. Reside nisso a necessidade de ler o momento da *certeza de si* em Descartes, desde que se opere uma distância com relação a ele na direção da *equivocidade da representação de si*. É preciso, então, fazer com o *cogito* não uma despersonalização do pensamento – como ocorre em Sartre, por exemplo[33] –, mas uma distinção entre consciência e sujeito, reconcebendo o sentido do ato de pensar por meio de uma leitura de Freud inspirada no estruturalismo que permitiria, por fim, uma nova subjetivação do pensamento, só que em outro nível. Nesse jogo, no qual o sujeito está condenado a desaparecer diante do significante como agente da representação, Lacan pensa o *cogito* como se quisesse substituir o "sou como que um meio entre Deus e o nada" (Descartes, 1641/1983, p. 116) por um "sou como que um nada entre o Outro e o ser".

3.3 Esse sujeito garantido pelo cogito, *o que é?*

O recurso a Descartes funciona como estratégia para sustentar a presença da subjetividade na teoria. Isso, com efeito, garante a esta um lugar, mas, por outro lado, não dissolve o conflito determinismo *versus* sujeito, uma vez que a regra de seu pensar e de sua existência continua sendo a lei da estrutura. A questão exige novos encaminhamentos. Permanecemos diante da impossibilidade de compatibilizar um paradigma que sugere a exclusão do sujeito e a necessidade de especificar um uso desse termo que seja coerente e significativo. A pergunta com que precisamos nos confrontar agora é: como, exatamente, pode ser descrito esse algo suposto ao pensamento de modo que, apesar de sofrer a determinação do significante, possa continuar a ser *um sujeito*?

De fato, se o significante tem alguma função, essa função é a de *representar um sujeito* submetido à sua operação: "Nossa definição do significante (não existe outra) é: um significante é aquilo que representa o sujeito para um outro significante" (Lacan, 1960/1966t, p. 819).

33 Com a colocação do *eu* como objeto transcendente relativamente à consciência, o campo transcendental tornar-se-ia impessoal ou pré-pessoal. Cf. Sartre (1936/1994, p. 46).

E o que fica aí subsumido, paradoxalmente, jamais poderá encontrar-se restrito ao que é meramente descrito pela linguagem.

O problema é, então, que à psicanálise interessa o sujeito nos dois sentidos da palavra tal como apresentados, por exemplo, por Abbagnano (1971/2000):

> *Esse termo teve dois significados fundamentais: 1º. aquilo de que se fala ou a que se atribuem qualidades ou determinações ou a que são inerentes qualidades ou determinações; 2º. o eu, o espírito ou a consciência, como princípio determinante do mundo do conhecimento ou da ação, ou ao menos como capacidade de iniciativa em tal mundo. Ambos esses significados se mantêm no uso corrente do termo: o primeiro na terminologia gramatical e no conceito de sujeito como tema ou assunto do discurso; o segundo no conceito de sujeito como capacidade autônoma de relações ou de iniciativas,* capacidade que é contraposta ao simples ser "objeto" ou parte passiva de tais relações. *(pp. 929-30, grifo meu)*

Para um saber atrelado a uma prática clínica, importa pensar o sujeito não apenas no sentido de destino de predicados, de algo que possa ser descrito em suas qualidades, mas também tal como aparece na expressão "sujeito verbal", isto é, como lugar que, por mais que sofra uma determinação transcendente, comporta, em algum grau, uma origem imanente da ação e do desejo. Senão, o que esperar de sua eficácia? Que tipo de manejo poderia ser reservado para um sujeito (paciente ou analista) totalmente submetido a uma determinação cega? A psicanálise não pode deixar de ser um saber sobre a subjetividade que a considere em seu sentido de "agência", de capacidade de agir. Diz Lacan no *Seminário 3*: "A noção de sujeito é correlativa da existência de alguém sobre quem penso – *Foi ele que fez isso*" (1981, p. 116). O sujeito não pode aí ser visto somente como a função de uma combinação de variáveis – ou ainda, no presente contexto, como uma espécie de ventríloquo dos significantes –, mas precisa ser considerado também na medida em que se impõe em uma cena de desejo, atentando-se ainda para o fato de que a realidade desse desejo não é abstrata, mas concreta e vital.

Examinemos uma passagem esclarecedora quanto a essa necessidade:

> *Essa redução [dos sintomas, na clínica] constatada demonstra uma dinâmica na qual* o inconsciente se define como um sujeito efetivamente constitutivo, *já que sustentava os sintomas em seu sentido* antes *que ele fosse revelado, e que é experimentado diretamente ao ser reconhecido na astúcia da desordem na qual o recalcado se compõe com a censura, no que, notemos de passagem, a neurose se aparenta à condição mais comum da verdade na fala e na escrita. (Lacan, 1955/1966i, p. 333, grifos meus)*

Nele, vemos que, para Lacan, é preciso assegurar que o inconsciente se manifeste *como um sujeito*. É preciso pensá-lo devido à constatação de que há um ponto constitutivo do sentido não apenas dos sintomas, mas também do uso que fazemos da linguagem e que se exerce à revelia da consciência. Fica suposto um lugar de amarração do sentido e que o põe a funcionar. Quando se torna desvendado o conluio entre o recalque e a censura, percebe-se que, se o indivíduo dele não tinha conhecimento, então esse sentido devia estar sendo sustentado, por assim dizer, por um outro alguém responsável pelas artimanhas das formações de compromisso. Certamente, a ordem de existência desse "alguém" não pode ser do tipo de uma substância, e o "antes" que Lacan usa em seu texto deve ser entendido à luz de sua concepção do tempo: estava lá antes simplesmente, porque precisou ser suposto pelo que aconteceu *depois*. De todo modo, encontra-se implícito o motivo que conduz à ideia de que aquilo que subjaz ao sentido do sintoma é um sujeito: esse sentido exige o exercício de uma intencionalidade marcada e repetível sob o modo de um lugar.

É por esse motivo, aliás, que Lacan não pode seguir Nietzsche em sua crítica a Descartes, no momento em que ela submete o *cogito* a uma mera crença gramatical de sempre referir a ação a um agente mediante a forma lógica do juízo.[34] Crítica que, *aparentemente*, seria aplicável àquela afirmação do *Seminário 3*, há pouco citada: "A noção de sujeito é correlativa da existência de alguém sobre quem penso – *Foi ele que fez isso*" (1981, p. 116). É a *densidade esvaziada* do lugar estrutural que diz o que significa, afinal, exigir um sujeito para o pensamento, uma vez que isso não precisa ser entendido como necessário *a priori*. Ou seja, a conclusão, no campo da psicanálise, não é "há pensamento inconsciente", mas "há pensamento inconsciente e ele *deve*[35] indicar uma posição de sujeito". A psicanálise não pode se eximir de pensar qual o *lugar* gerado pelo pensamento, na medida em que ele indica retroativamente não apenas a consistência do sintoma e do desejo, mas, principalmente, a do estilo.[36] Ela não deve, no entanto, ser entendida como algo que indicaria a presença de um "um mesmo sujeito" se essa

---

34 Cf. Itaparica (2000) e Collares (2010, pp. 79-90).

35 Termo cujas ressonâncias éticas Lacan não deixou de considerar sob o rigor adequado.

36 A centralidade desse ponto na obra de Lacan (o qual não abordaremos aqui, devido ao nosso recorte metodológico) é bem evidenciada pela frase com a qual ele abre seus *Escritos*, colhida do Conde de Buffon: "O estilo é o próprio homem" (citado por Lacan, 1966z, p. 9). Uma investigação sobre esse assunto teria que se organizar em torno da questão do *sinthome*, tal como desenvolvida no seminário dos anos de 1975 e 1976. Ver Safatle (2002b).

expressão se encontrar submetida a um raciocínio tributário da lógica da identidade. A pergunta parece, então, ter que ser colocada da seguinte forma: o que poderia significar dizer que o sujeito "é o mesmo" tendo em vista que não podemos substancializá-lo, designá-lo como *res cogitans*, com o que a reflexão se encontraria inscrita no domínio de uma ontologia da identidade com a qual Lacan quer romper para pensar o inconsciente?

3.3.1 Negatividade pura

> *o significante significa, junto a outro significante, essa coisa privilegiada que é o sujeito enquanto nada [en tant que rien].*
>
> (Lacan, 1961-62, p. 197)

Importa escutar uma fala para além do sujeito, fala que, não obstante, não tem origem em um sujeito para além da linguagem, caso em que teríamos um substancialismo metafísico. Isto é, há uma fala que implica um sujeito que é seu suporte (Lacan, 2013, p. 27) – no sentido de que é o lugar no qual ela se realiza – sem que ele seja responsável por sua produção: "Sustentamos com ele [Freud], que convém escutar aquele que fala, quando se trata de uma mensagem que não provém de um sujeito para-além da linguagem, mas de uma fala para-além do sujeito" (Lacan, 1959/1966r, p. 574). Então, o problema continua a ser: qual a relação entre sujeito e linguagem? Ou seja, "Uma vez reconhecida no inconsciente a estrutura da linguagem, que tipo de sujeito podemos conceber-lhe?" (Lacan, 1960/1966t, p. 800). Pergunta que, no presente contexto, adquire a seguinte forma: como, no nível de um saber estruturalista – e se virtualmente todo determinismo requer a anulação dessa categoria –, falar de um sujeito que abriga uma singularidade ativa sem correr o risco de objetivá-lo, ou seja, de desconhecê-lo,[37] e ainda, por outro lado, sem precisar retornar a uma perspectiva psicologista?

A resposta já se encontrava semeada. Já fazia parte, de forma latente, das linhas de força mais expressivas do pensamento de Lacan. Sua tentativa no sentido de continuar preconizando uma forma de determinação subjetiva que se desvencilhe do psicologismo é – conduzindo ainda mais longe a categoria da negatividade, desenvolvida sobretudo a partir do ensino de Kojève e já presente, de uma outra forma, como um dos eixos centrais da teoria do imaginário[38] – apostar em que o predicado da identidade do sujeito é a diferença de um vazio puro e ativo. Desse movimento é que surgem afirmações como a seguinte: "O modo original de elisão significante que tentamos aqui conceber como a matriz da *Verneinung* afirma o sujeito sob o aspecto do negativo, instalando o vazio no qual ele encontra seu lugar" (Lacan, 1958/1966o, pp. 665-6). Um sujeito empírico e implicado em uma intencionalidade, mas que, ao mesmo tempo, possibilita a quebra do vínculo com a ideia de uma interioridade psicológica é justamente a acepção encontrada na leitura que Kojève faz de Hegel, na qual ele é potência de negação que, mediante o desejo, se manifesta na linguagem, negando a realidade e inclusive a sua própria. O ser humano é na medida em que transcende a si mesmo nas coisas, negando-as, sem jamais retornar a uma identidade e encontrando-se unicamente como um desejo puro que é a "revelação de um vazio".

Se o sujeito é totalmente produzido pela estrutura e, portanto, nela tende a desaparecer, o único caminho que, mesmo nesse contexto, permite continuar a pensar a sua presença (necessária) é defini-lo

---

37 Em *A coisa freudiana*, Lacan, ao criticar a prática de análise da resistência por reforçar a postura objetivante do sujeito, ratifica: "É que a objetivação em matéria psicológica está submetida, em seu princípio, a uma lei de desconhecimento que rege o sujeito não apenas como observado, mas como observador" (1955/1966h, p. 419).

38 Ver o primeiro capítulo.

como negatividade negadora, via pela qual o status dessa presença reduz-se à positivação desse desaparecimento:[39]

> *tudo o que lhes ensino acerca da estrutura do sujeito, tal como procuramos articulá-la a partir dessa relação ao significante, converge para a emergência desses momentos de* fading *propriamente ligados a essa pulsação em eclipse do que não aparece senão para desaparecer e reaparece para novamente desaparecer, o que é a marca do sujeito como tal. (Lacan, 1961-62, p. 124)*

Entre estruturalismo e dialética kojèviana, temos um comércio de termos e argumentos que, como vimos no primeiro capítulo, não reclama, no sentido da costura própria que é pretendida por Lacan, uma substituição de quadros referenciais. Em que pese a distância entre os dois modelos teóricos, o sujeito como negatividade é não apenas perfeitamente conciliável com o significante advindo da linguística estrutural, mas exatamente a consequência necessária do movimento que o insere na estrutura. A ligação entre ambos é da ordem de uma dinâmica temporal. Antes dessa ligação, o sujeito não é nada – lembremos que a característica da existência de algo no mundo é, em Lacan, condicionada à conexão desse algo com a linguagem –; mas ele tampouco passa a ser após essa ligação, pois o significante cristaliza o sujeito, no que este perde sua condição.[40] Há

---

39 Badiou (1997) identifica a teoria lacaniana do sujeito a uma teoria do paradoxo – "o gênio de Lacan foi fazer teoria do sujeito como teoria do paradoxo" (p. 31) –, na qual "um sujeito é um ponto paradoxal do ser" (p. 29).

40 Uma implicação direta desse raciocínio sobre a clínica – e que parece ser plena de consequências práticas – é que, ao falar de si no *setting*, o analisando está simultaneamente se anulando. Se falar das coisas é fazê-las desaparecerem, falar de si é fazer desaparecer a si mesmo. Para que o sujeito apareça no discurso é preciso que ele seja representado. Porém, ser representado equivale a ter cancelado

uma divisão do dizer e do dito, na qual o sujeito se aliena ao mesmo tempo que se mostra e a partir da qual ele pode ser concebido como um fenômeno diferido em um vetor regressivo do tempo. Sempre que o significante procura designar o sujeito, ele o impessoaliza necessariamente, fazendo de sua tarefa um fracasso – "não há outro signo do sujeito além do signo de sua abolição de sujeito" (Lacan, 2013, p. 130) – e, ao enunciar o "penso, logo sou" assinalado anteriormente, o sujeito se anula, uma vez que se representa. O intenso desenvolvimento da temática da falta-a-ser não tem outro sentido: o ser do sujeito fica dessa forma reduzido a um instante temporal negativo comprimido em um sopro que só adquire alguma positividade mediante sua natureza de negação, seu caráter de pura transcendência.[41] Ele é, para Lacan, indissociável de uma lógica da negação que dispõe que o significante, como denominador do nada, não requer nada de positivo do lado da subjetividade; ou melhor, que a positividade da subjetividade fica circunscrita por sua realidade de negação.

Cabe insistir um pouco mais no sentido de perguntar pela convergência entre uma teoria da linguagem com origem em Hegel, ainda que através de Kojève, e uma teoria da linguagem disponibilizada pelo estruturalismo.[42] Quando elas são "apropriadas" por Lacan,

---

seu modo positivo de existência. Assim, nesse contexto, a qualidade "em *fading*" deve-se não apenas ao fato de que o sujeito da enunciação é inevitavelmente negado no sujeito do enunciado, mas também ao fato de que a realidade negada, nesse caso, pelo sujeito da enunciação é o próprio sujeito como "assunto" de que tratam os enunciados da análise.

41 Não devemos nos esquecer de que o comentário sobre o "ser do sujeito" deve ser lido à luz das observações sobre a ontologia desenvolvidas no Capítulo 2. Ou seja, ele é sempre ser "contra" ou "depois" da linguagem. Essa lógica da negação a respeito do sujeito – que assim ainda habita o pleno registro da estrutura – pode, aliás, ser lida como uma espécie de explicitação do estatuto do ser.

42 A convergência entre estruturalismo e dialética relativamente a uma teoria da linguagem é tanto mais plausível na medida em que se interpõe a refração kojèviana. Pois, a tomarmos a dialética tal como aparece em Hegel – conduzindo

tem-se em vista, face à negação da referência, a identificação do sujeito com elementos de linguagem: com o Discurso, no primeiro caso – a capacidade do sujeito de dizer "eu" –, e com os significantes transcendentais, no segundo – atualizados, na teoria lacaniana, no Nome-do-Pai e no falo. Ambas, por mais distintos que sejam seus postulados e suas propostas, apontam para uma abordagem do sujeito tanto como atividade negadora na dimensão da linguagem quanto como instância a ser negada pela aplicação da palavra, no que ele se encontra dissociado da ideia de substância. Há uma implicação recíproca entre teoria da negatividade e teoria da linguagem. Se isso tem por resultado, no caso do estruturalismo, a ameaça de eliminar a presença do sujeito em favor de uma absolutização da estrutura, este, como sabemos, não pode ser o resultado do pensamento lacaniano. Mas os dois referenciais, apesar de necessários, sublinham dois aspectos na teoria lacaniana desse momento que atualizam um conflito que, por si só, pode ser entendido como uma de suas mais importantes alavancas. Trata-se da tensão entre transcendência e transcendentalidade, tensão definidora da estrutura na medida em que permite pensar o desejo e na qual Lacan precisa inserir um sujeito que, nesse sentido, apresenta em si uma duplicidade

---

a negação absoluta até a *Aufhebung* –, seu limite apresentar-se-ia evidente em torno do papel a ser desempenhado pelo caráter real dos objetos. Safatle (2006b) explica esse ponto: "contrariamente ao arbitrário da relação signo/referência, a natureza evanescente da referência em Hegel significa admitir uma modalidade possível de relação entre palavra e coisa através de uma negação pensada como modo de presença. Esta é uma perspectiva que Saussure não parece pronto a aceitar (...). Na verdade, a gramática hegeliana nunca negou a existência de um gênero de 'realidade em si' dos objetos nomeados pela linguagem; mas ela nunca se viu obrigada a pôr um *substratum* pré-discursivo como recurso ao pensamento. O em si do objeto não é um dado positivo, mas é *negação em si*." (p. 136) Sendo dualista a ontologia kojèviana, torna-se impossível pensar para o negado um modo de apresentação de sua presença *enquanto negação*. Cf. a nota 35 do Capítulo 1 e, adiante (item 3.4.2), os comentários a respeito do fato de que a elaboração do objeto *a* introduz uma distância na relação entre Lacan e Kojève.

empírico-transcendental. Quando a estrutura, em suas características transcendentais, é conduzida a ponto de definição do desejo, no que ela exige o desdobramento da tensão entre fala e linguagem, temos a necessária inserção das questões do reconhecimento e da transcendência na temática do significante.[43] Assim, se Lacan se vale tanto de Lévi-Strauss quanto de Kojève, a forma correta de apreender esse duplo recurso não é pensar que cada uma das matrizes seja convocada a responder pelos problemas colocados pela outra. Antes, é necessário perceber o cenário de fundo: o psicanalista parte de suas próprias questões e, de acordo com elas, a fala – evento de enunciação que, ao mesmo tempo, indica o horizonte do sujeito e o faz desaparecer – não é dissociável de um destino que é, *a uma só vez*, pensado como lugar transcendental e como lugar no qual se inscreve a função de reconhecimento do desejo.

A meu ver, essa tensão entre estrutura e dialética kojèviana é um dos exemplos (talvez o mais crítico) do quanto podem ser desencaminhadoras as tentativas de identificar, de modo totalizante, a lógica da reflexão lacaniana com lógicas externas a ela. Fica claro que dizer que sua obra pode ser reduzida a premissas lévi-straussianas, por exemplo, corresponderia a perder de vista problemas fundamentais que esse quadro não permite circunscrever. O mesmo aconteceria com a tentativa de descrevê-la exclusivamente segundo injunções kojèvianas. O que interessa é, ao contrário, tentar delinear a especificidade da lógica lacaniana, ainda que essa tarefa não possa, naturalmente, prescindir de indicar a incidência de elementos provenientes de diálogos diversos – alguns mais profícuos do que outros. Mas, se a indicação desses elementos chegar a perder de vista o movimento teórico de base que, afinal de contas, é o único fator que pode justificar cada recurso, atingiremos apenas as explicações mecânicas e o estabelecimento de associações às quais escapa o

43 Ver o segundo capítulo, Item 2.13.

desdobramento epistemológico da obra. Assim, o que importa aqui não é exatamente enfatizar a disparidade – ou mesmo as contradições –, de fato existente, entre a estrutura e determinada figura da dialética,[44] mas tentar indicar sob que motivações teóricas ambas assumem seu sentido. A coerência que está em jogo não é tanto a de uma compatibilização entre elas que, tomando cada eixo em seu lugar, buscasse vínculos artificiais que necessariamente desconsiderariam o significado mais profundo de cada racionalidade. A coerência que está em jogo é a da racionalidade lacaniana ou do cenário a partir do qual se torna pertinente pensar que o desejo é – como negação e desejo de reconhecimento – uma questão não dissociável do sujeito sob o significante.

Essa indicação do sujeito como atividade negadora de um lugar vazio figura, assim, o coroamento de um processo que insinua seus elementos teóricos desde a elaboração do estádio do espelho, pois, nele, o vir a ser sujeito já implica uma aliança íntima e definidora com a morte: o *eu* se forma sobre uma experiência que é de desintegração, lutando contra o lugar do outro que, por ser assim ocupado, corresponde ao seu próprio não lugar. Além disso, vimos, quando tratamos do *Discurso de Roma* no primeiro capítulo, a posição importante que o ser-para-a-morte de Heidegger vinha assumindo na teoria. Mas, agora, nada melhor para operacionalizar a determinação desse nada, que é o sujeito, do que um conceito de significante cuja característica essencial é a de não significar coisa alguma – nem um referente no mundo real, nem um significado. De acordo com Borch-Jacobsen (1991b), se Lacan tanto se preocupa em repetir, seguindo o estruturalismo, que o significante não representa nada, "é porque lhe importa sobretudo estabelecer que ele representa (isto é, manifesta) esse 'nada' que é o sujeito" (p. 309). O sujeito, não sendo nada, não corre, pois, o risco de ser objetivado. Objetivá-lo

44 Sobre esse assunto, remeto novamente a Fausto (1997).

seria menosprezar ou não reconhecer sua "natureza" nadificante, seu "nada constitutivo". No segundo ano do seminário, Lacan respondia afirmativamente à seguinte pergunta de uma ouvinte: "Será que é entre não sou nada e a morte, que deve se passar aquilo que se pode substituir a um humanismo?" (1978a, p. 250). Relacionava diretamente essa descrição negativa com a necessidade de impedir a objetivação, afirmando que o ser de desejo só pertence ao universo dos objetos na medida em que, nesse universo, inscreve a sua própria falta. E acrescentava, algumas páginas à frente: "Nessa falta de ser, ele se dá conta de que o ser lhe falta" (p. 262). Enfim, a noção lacaniana de sujeito relativa à década de 1950 pode ser resumida na cláusula "o significante representa nada, nada que é o sujeito", na qual a oração principal é tributária do estruturalismo e a subordinada, do kojèvismo. A lógica que faz a verdade do sujeito residir apenas no *fading* é a mesma que faz a verdade do desejo residir apenas na *Verneinung*. Explica Borch-Jacobsen (1991b):

> *De um lado da questão (...) essa tese diz o mesmo que a linguística: o significante não representa nada, mas um outro significante. Mas, do outro lado (aquele que realmente interessa a Lacan), essa tese também pode ser lida como afirmando que o significante* representa *nada, e que o significante (re)presenta o* nada *que o sujeito do desejo "é". Significantes não tencionam dizer nada (...), pelo que Lacan entende que todos eles dizem a* mesma *coisa – qual seja, o sujeito enquanto nada – e é por isso que eles são perfeitamente equivalentes exatamente em sua diferença. (p. 186)*

O sujeito é a negatividade que se manifesta no exercício, próprio à linguagem, de anulação da realidade e, nesse sentido, ele é a significação[45] última, que não pode se apresentar a si mesma, de todos os significantes. Sendo uma transcendência pura que percorre todos os objetos sem modificar sua essência, é-lhe vedado afirmar-se como um "si mesmo". Há aí a mesma negação da realidade empreendida no início da estratégia cartesiana. É também o que constata Borch-Jacobsen (1991a), quando diz:

> *Da mesma forma que o sujeito cartesiano só atinge a certeza da representação subjetiva ao preço de uma suspensão radical de toda realidade (a própria incluída), o Discurso e/ou o Sujeito só pode emergir ao preço do que Kojève e Lacan chamam de "assassinato da coisa" (...). (p. 192)*

Todavia, para esse autor, isso conduziria, como também fica claro nesse trecho que acabamos de ler, à identificação entre sujeito e discurso (p. 192) ou linguagem (p. 196). Ou ainda com o significante: "esse 'significante' não é nada senão o sujeito 'ele mesmo'" (Borch-Jacobsen, 1991b, p. 309). Na verdade, esse tipo de identificação é questionável e não exprime consistência, considerando o conjunto da teoria. O que encontramos aí é, ao contrário, a nítida e necessária separação entre o lado do sujeito e o da sua causa – que então repousa nas categorias citadas como os pares da equivalência –, havendo um esforço para distinguir a ordem determinante da ordem determinada. Se em algum nível de análise elas poderiam apresentar alguma homogeneidade – diz-se de fato que o sujeito é constituído do simbólico –, não podem, em uma investigação que

45 Borch-Jacobsen usa "significado" em vez de "significação". Considero este último o termo mais apropriado nesse contexto, pois, como vemos, o lugar do sujeito não pode ser o do significado, na medida em que este privilegia a face de positivação (ainda por cima, imaginária).

conduza a questão às últimas consequências, ser idênticas. Como poderia ser de outra forma se, como sabemos, o objetivo de Lacan é uma teoria do sujeito, especificamente a de sua constituição que então toma por ponto de partida a intersubjetividade e não uma pretensa interioridade? O sujeito "não é causa de si mesmo" (Lacan, 1960/1966u, p. 835),[46] e sua diferença com o significante começa pelo tipo de relações formais que cada um dos elementos exige. Borch-Jacobsen (1991a) define o sujeito como "pura relação a si" (p. 194). Essa definição se sustenta desde que entendida corretamente: o sujeito é a pura relação a si exatamente na medida em que ela é impossível, ou melhor, o sujeito é a impraticabilidade da relação a si, de sorte que, como discutimos acima, a ilação de sua equiparação à consciência resta inexequível. E, enquanto para este a questão da relação a si não pode deixar de ser colocada conquanto se revista de estratégias paradoxais, para o significante ela simplesmente não se apresenta: este não instala nenhum tipo de relação a si, mas sim relações concretas aos outros significantes que têm, antes, a função de representar aquele movimento que é o sujeito.[47] Examinemos um pouco mais de perto o que está em jogo nessa representação:

> *O registro do significante institui-se pelo fato de que um significante representa um sujeito para um outro significante. É a estrutura, sonho, lapso e chiste, de todas as formações do inconsciente. E é também a que explica a divisão originária do sujeito. O significante, produzindo--se no lugar do Outro ainda não percebido, faz surgir aí o sujeito do ser que ainda não possui a fala, mas ao preço de congelá-lo. O que* havia *[*il y avait*] lá pronto*

46 Ver também, Lacan (1966y, p. 865).

47 Vou explorar um pouco mais essa impossibilidade de afirmar que o sujeito seja o significante no item subsequente.

> *para falar – isto nos dois sentidos que o imperfeito do francês dá a* il y avait, *o de colocá-lo no instante anterior: ele estava lá e não está mais; mas também no instante posterior: um pouco mais e estaria lá por ter podido lá estar [*il y était d'avoir pu y être*] –, o que lá* havia *desaparece, por não ser mais que um significante. (Lacan, 1960/1966u, p. 840)*

O que diz esse trecho? Ora, diz que o sujeito "não é mais que um significante" e, à primeira vista, desautorizaria minha interpretação. Atentemos, porém: o sujeito só é o significante no momento que se cristaliza nele; mas exatamente nesse momento não há mais nenhum sujeito, o qual tão somente *poderia ter sido. Quase* que o sujeito era no significante, mas, na hora que chega aí, tudo desaba, restando apenas uma significação regressiva e imperfeita, essencialmente inacabada. Então o parágrafo só pode ser entendido à luz de uma frase que o antecede e cujo sentido não deve ser contemporizado: "ele desaparece como sujeito sob o significante no qual se transforma" (p. 835). O dito, que se supõe ser dito a partir do sujeito, já o perdeu em sua radicalidade. Por conseguinte, asseverar que a linguagem "é a *alētheia* de um sujeito que se enuncia em seu desaparecimento" (Borch-Jacobsen, 1991a, p. 195) forçosamente corresponde a distinguir as duas categorias em questão. E *dizer que o significante é a substância do sujeito*, afirmando conjuntamente que a tarefa do significante é negar a realidade – e que, portanto, o que sobra do sujeito depois dessa operação é apenas a sua negatividade – significa *negar que o significante seja a substância do sujeito* e, com isso, aliás, continuar fomentando um pensamento não substancialista.

De qualquer forma, essa perspectiva de negação da realidade – que, aliás, como já sabemos, também se harmoniza com a filosofia da linguagem do estruturalismo –, se já se anunciava na repulsa de Lacan pelo realismo, agora informa a convergência, em uma mesma categoria, da garantia do sujeito suposto ao pensamento através de Descartes, da sua definição como negatividade através de Kojève e da sua determinação pelo significante através de Lévi-Strauss e da linguística estrutural.

Essa mesma análise é realizada por Žižek, porém em termos hegelianos, identificando a abstração das determinações particulares, com a afirmação da singularidade como pura negatividade, e fazendo o sujeito lacaniano equivaler àquilo que Hegel pensa sobre o *eu*:

> *o sujeito é, por um lado, realmente a universalidade negativa pura, e enquanto identidade a si abstrai todo o seu conteúdo determinado (não sou nenhuma de minhas determinações, sou a universalidade que as engloba e que, ao mesmo tempo, nega-as todas); entretanto, ele é ao mesmo tempo a abstração* vinda no ser-aí no próprio campo dessas determinações, *e enquanto tal, é o próprio contrário da identidade-a-si universal, é um ponto evanescente, o outro de si mesmo, que escapa a qualquer determinação, e portanto, é um ponto da singularidade pura, "essa* Universalidade *absoluta, que é também imediatamente a* Singularidade *absoluta", que compõe, segundo Hegel, a "natureza do* Eu *como* conceito". *(1988/1991, pp. 55-6)*

Independentemente de ser discutível a completa sobreposição do referencial hegeliano ao pensamento de Lacan, é inegável que a negatividade chegou a este, mesmo que tenha de início atravessado os desvios de Kojève, a partir dessa cena. É interessante que, a partir da exposição de Žižek, se pensarmos o universal como a determinação, veremos, de uma forma que talvez ajude a esclarecer –, por qual tipo de especulação ele pode ser compatível com a conservação da subjetividade. O universal, em seu momento de abstração, exige a retirada das qualificações determinadas (das qualidades psicológicas, por exemplo). Mas, ultrapassando o mau infinito, o nada incapaz de dar seguimento ao pensamento, percebe-se que o nada resultante já é um nada determinado, e o universal retorna, depurado, como o concreto da singularidade. Esse universal, segundo Žižek (1988/1991), não se distingue, então, da individualidade, já que se afirma como um ponto vazio paradoxal e evanescente: "O sujeito é esse vazio, essa falta de predicado da 'substância' universal" (p. 57). A negação das qualidades individuais (no caso, do sujeito) preserva o universal como puro lugar da negação, o qual, por ser assim definido, mostra-se como o mesmo lugar da singularidade e posiciona a diferença no estofo da identidade, fazendo da identidade-a-si um esforço essencialmente malogrado. É por isso que, submetido ao significante, o sujeito não seria nada mais do que a impossibilidade dessa submissão. Dizendo de outra maneira, ele é um movimento que busca a inscrição significante, mas que, buscando-a, não a alcança: "O sujeito (...) é o efeito retroativo do fracasso de sua representação significante. É esse o paradoxo temporal do sujeito do significante: ele é representado por um significante, malogrado por esse significante, e *é esse malogro que é o sujeito*" (Žižek, 1988/1991, p. 70). Sabemos que a dialética, na *Fenomenologia do espírito*, tem por motor inicial a constatação, na certeza sensível, da incapacidade da linguagem de dar conta da referência. A linguagem, revelando ser o "mais verdadeiro" (Hegel, 1807/2002, p. 88) da certeza sensível, ao tentar designar um sensível ou a ocorrência singular e concreta do lugar no espaço ou do instante no tempo, só esbarra nas abstrações do "isto" ou do "agora", cabendo, no primeiro, a série infinita e universal de todos os lugares, da mesma forma que o segundo remete, em si, a qualquer modulação temporal. Nela, "refutamos imediatamente nosso visar, e porque o universal é o verdadeiro da certeza sensível [isto é, a certeza sensível só atinge o universal – no caso, abstrato], e a linguagem só exprime esse verdadeiro, está pois totalmente excluído que possamos dizer o ser sensível que '*visamos*'" (Hegel, 1807/2002, p. 88). A resistência própria à singularidade do evento gera o fracasso de sua presença na linguagem, da mesma forma que o enunciado não é permeável à enunciação: "o significante 'Eu' fala de mim como 'sujeito', mas apenas enquanto 'Ele' impessoal do qual me dissocio (divisão da enunciação e do enunciado, do dizer e do enunciado)" (Soulez, 2003, p. 267). Mas esse fracasso é entendido, ele mesmo, como a manifestação da negação; o esvaecimento da referência, como explica Safatle (2002a), "já é modo de presença daquilo que é *negativo em si*" (p. 11). Diríamos que a "significação = x" das fórmulas da metáfora e da metonímia, ou o "x" procurado na interpretação (Lacan, 1978a, p. 246), encontra-se agora designada pelo "sujeito = 0", este que "só designa seu ser ao barrar tudo o que ele significa" (Lacan, 1958/1966n, p. 693). E assim, quando o significante representa o sujeito para outro significante, o que passa na cadeia é a "casa vazia" (Deleuze, 1972/1981, a partir da p. 297); ou seja, o sujeito do enunciado, mesmo eliminando o sujeito da enunciação, o manifesta mediante sua ausência. Isso tudo significa uma forma de pensar que permite que a determinação considerada em si mesma possa corresponder a uma singularidade pura, abstraída de qualidades e de identificações imaginárias, porém concreta, na medida em que seja entendida como atividade da negação mediante a linguagem. Com essa abertura para o comparecimento "contraontológico" da negação,[48] Lacan pode falar de algo diferente do sujeito do significado que ocupava aquele lugar imaginário na metáfora:

---

48 É por esse motivo que aquilo que Borch-Jacobsen aborda em tom de crítica, desvelando, no entanto, algumas das sutilezas da lógica em jogo – sendo estes os momentos em que uso positivamente seus comentários –, percebo, ao contrário, tanto como uma forma extremamente interessante de atravessar a figura que o impasse determinação *versus* subjetividade assume com o diálogo estruturalista, quanto como o cerne fecundo de uma teoria do sujeito inovadora, rica e plena

> *Quando se retira do "sujeito do significado" todo o conteúdo que lhe confere sua identidade, todo o "bricabraque" de suas identificações, no momento em que "nada terá tido lugar a não ser o lugar", a forma pura e vazia que resta é justamente o "sujeito do significante". (Žižek, 1988/1991, p. 207)*

Vemos, com isso, que a necessidade de Lacan é fazer a teoria de um objeto paradoxal, a começar pelo fato de que ele não pode se colocar como objeto, nem diante de uma teoria, nem diante de si mesmo. Os motivos da impossibilidade proliferam: não há um "si mesmo" diante do qual se colocar; fazer-se objeto é deixar de ser sujeito e, portanto, perder de vista o que interessa; a linguagem, ao ensaiar tratar do sujeito, cristaliza-o em significante... Se o sujeito não passa no significante, como construir um discurso sobre ele? Dito de outro modo, como usar a linguagem para tratar de algo que se define por escapar à linguagem? Na passagem de "falante" a "falado", é inevitável a perda do fundamental. O paradoxo contamina, assim, a própria teoria. É o que pensa Badiou (1997), quando afirma: "se o sujeito é um ponto paradoxal do ser, ele não pode se constituir como objeto teórico. Então toda teoria do sujeito é, ela própria, paradoxal, porque é uma teoria sem objeto, já que sujeito não pode ser objeto teórico" (p. 31). Ela avança, apesar de tudo, sabendo-se engajada em um projeto suicida. E sabendo ainda que se trata de um projeto inevitável. O paradoxo, apesar de pôr em xeque a racionalidade, não passa sem ela; apesar de expor limites da lógica, só surge a partir da lógica. Esse emaranhado de vetores chega, ao fim e ao cabo, a acusar o caráter crítico da própria existência, entendida como termo mais

---

de consequências no entrelaçamento dos níveis teórico, ético e prático, por não recuar diante das implicações do descentramento subjetivo.

geral: "Lacan talvez seja o primeiro a dizer que o ser do sujeito é, no fundo, o paradoxo do ser" (p. 29).

Esse novo pensamento sobre o sujeito – cuja necessidade, entendemos agora, se alinhavou a partir da configuração que os impasses teóricos vinham assumindo –, ao instituir a negação como a definição da subjetividade, possibilita ainda que se fale de um "sujeito verdadeiro", necessariamente implicado em um processo de autoabolição. É possível agora entender todo o alcance da seguinte frase: "Ser de não-ente, é assim que advém o Eu [*Je*] como sujeito que se conjuga pela dupla aporia de uma *subsistência verdadeira* que se abole por seu saber e de um discurso em que é a morte que sustenta a existência" (Lacan, 1960/1966t, p. 802, grifo meu). Ela responde, de imediato, a três diferentes demandas internas à teoria:

1. Se o simbólico é tão alienante quanto o imaginário, se o significante faz desaparecer o sujeito tanto quanto a imagem, por que isso não significa que o sujeito do inconsciente seja tão ilusório quanto o *eu*? Ou seja, por que isso não significa um fiasco do projeto? Exatamente porque a alienação no simbólico preserva a positividade do sujeito como negação, indicando que sua verdade é o espaço vazio "anterior" à alienação, o real indicado apenas retroativamente. O revés da alienação simbólica é a preservação da essência do sujeito. Uma alienação da qual se sabe que sobra algo, mas que mostra, ao mesmo tempo, que esse algo é inapreensível. O simbólico, ao mesmo tempo que abriga o lado da determinação subjetiva, dá a ver que a verdade do sujeito é a negação, coisa que o *eu* é incapaz de fazer; ao contrário, o *eu* a dissimula. A subjetividade instituída pelo significante como falta ou como desejo puro distingue-se daquilo que o pensamento psicológico tradicional diz sobre ela e promove o paradoxo da negação como única verdade da existência. É daí que se segue a abertura para uma asserção tal como a seguinte:

> *desde que dois sujeitos se dirigem um ao outro e se relacionam entre si por intermédio de uma cadeia significante, há um resto, e então o que se instaura* é uma subjetividade de uma outra ordem, *na medida em que está referida ao lugar da verdade como tal. (Lacan, 1998, p. 105, grifo meu)*

Além disso, trata-se de uma negação que expressa um lugar na estrutura. Ainda que seja essencialmente definido pela negatividade, o sujeito suposto ao simbólico expressa uma posição ou determinação positiva face ao Outro. O verdadeiro é, assim, o lugar estrutural (vazio, porquanto negativo) com a correlata apresentação dos deslocamentos que lhe são atinentes;

2. O projeto de Lacan caracteriza-se pelo desejo de constituição de uma teoria do sujeito, que, nesse momento, ainda se afirma como ciência e, como tal, não dispensa a aspiração a uma verdade;
3. A ideia de um sujeito verdadeiro serve, além do mais, como garantia de que a análise não se qualifica por uma prática de sugestão, risco a respeito do qual Lacan não deixou de se mostrar apreensivo. Ele diz: "Não podemos pensar a experiência analítica como um jogo, um engodo, uma manigância ilusória, uma sugestão. Ela põe em causa a fala plena [que é a fala verdadeira]" (1975, p. 126).

Mas atribuir-lhe essa característica não o conduz para o lado do abstracionismo. Pelo contrário, aqui se faz valer o fato do ensino de Kojève ter recebido o epíteto de "filosofia concreta". A negatividade pura não se distancia do ponto de vista do concreto, porque é o princípio da relação do sujeito com o Outro na constituição dramática (para usar o vocabulário de Politzer) de sua posição como sujeito desejante. Enquanto o dispositivo cartesiano funciona para garantir a referência ao sujeito, a consideração da sua lógica negativa, herdeira de Kojève,[49] diz o que ele é e indica a via por onde investigar os processos de sua constituição – é o que se materializa nos tempos do Édipo e do grafo do desejo, por exemplo –, abrindo a possibilidade de se oferecer uma história não psicogenética à certeza do *cogito* – história que, em contrapartida, funciona como uma espécie de limite para o desvanecimento do sujeito como o resultado da submissão de sua certeza ao regime do significante. É nesse sentido que ambos são, na psicanálise, companhias absolutamente necessárias

49 Se bem que, em Lacan, ela ganhe autonomia. O sujeito lacaniano não é, obviamente, um sujeito kojèviano. A começar pelo fato de que ele não é consciência de si. Ele é o resultado complexo, que aqui procuramos acompanhar, de movimentos sempre híbridos e sempre seguidos de exigências impostas pela clínica e por um regime de pensamento propriamente psicanalítico. No entanto, o que se sobressai nesse momento de pensar uma contrapartida à determinação estruturalista é a presença da negatividade como campo de definição do real do sujeito ou daquilo que fica de fora da sua apreensão pelo significante. Ou seja, trata-se, em linhas gerais, do mesmo procedimento trabalhado por Kojève quando indicava que o sujeito *não é nada senão a pura negação do dado mediante o discurso (que é o desejo)*, avançando ainda a alienação resultante do fato de se dizer "eu" e, cedo, propondo uma versão para o *cogito* – *"penso, logo 'eu' não existo"* (ver Roudinesco 1993/1994, p. 113) – que, embora por motivos em grande medida diversos, poderia, em seu resumo, ter sido enunciada por Lacan. Alguém que este chamava de "meu mestre" (Lacan, 1968/2003b, p. 331; 1991, p. 197; 1973/2003c, p. 452) não poderia ser sem ressonâncias de peso em sua forma de pensar. O importante também é observar que, do mesmo procedimento, Lacan vai retirar suas próprias consequências em um campo que é outro, por não ser mais, em certo sentido, um campo filosófico. Não percamos, no entanto, a oportunidade de já indicar uma via pela qual se pode vislumbrar toda uma *distância* entre Lacan e Kojève: quanto ao primeiro, quando se trata de negar *a si mesmo* para dizer "eu", o que é negado não é jamais um "dado", condição à qual o filósofo, aliás, reduz o estatuto do corpo. Tratando da diferença entre o ser humano e o animal, Kojève (1947) explica da seguinte forma o fato deste não atingir a consciência-de-si: "ele não pode falar de si, dizer 'Eu...'. E isso porque ele não transcende efetivamente a si mesmo enquanto dado, isto é, enquanto corpo" (p. 168).

à racionalidade estruturalista. Na contramão, essa racionalidade imprime uma ressignificação da presença da dialética kojèviana, na medida em que aquelas identificações psicológicas do artigo sobre os complexos familiares de 1938 são agora substituídas pelo estudo da aliança estrutural do sujeito com o Outro como puro lugar.

A preocupação com o registro do concreto, do empírico, ocorre no interior de uma reflexão que também é, como já indicado, transcendental, ao menos em sentido restrito. Como já vimos, é comum que Lacan construa o cruzamento, em um mesmo golpe de pensamento, da reflexão psicanalítica com uma teoria do conhecimento. Sob o questionamento do inconsciente, há sempre uma interrogação epistemológica sobre as condições de possibilidade da experiência. Prado Jr. (1990a) mostrou que, quando Lacan falava do modo da constituição do objeto no contexto da discussão sobre o narcisismo, esse objeto era simultaneamente o da experiência, o do conhecimento e o do desejo; ou seja, a teoria da escolha libidinal de objeto diz respeito, intrinsecamente, à forma pela qual uma coisa qualquer pode passar a receber o status de objeto científico:

> *A palavra objeto guarda o mesmo sentido, quando falamos de partículas da microfísica e dos "bons" e "maus" objetos a que se refere Melanie Klein? Ora, é essa estranha assimilação que Lacan parece fazer (...) quando fala da relação narcísica como condição da relação de objeto e da objetivação científica. (Prado Jr, 1990a, p. 59)*

Isso não significa, contudo, que Lacan tenha recaído, em termos de filosofia da ciência, no psicologismo que procurava evitar, pois já sabemos que o real da estrutura não é o do realismo ingênuo, que o sujeito em jogo não é o da interioridade psicológica, enfim, que a estrutura que organiza a experiência é antes transcendental que psíquica. Ainda de acordo com a análise de Prado Jr. (1990a), a ordem simbólica:

> *nos coloca para além das alternativas clássicas entre monismo e dualismo, realismo e idealismo, os quais ainda embaraçavam, segundo Lacan, o livre movimento da teoria na obra de Freud.*
>
> *E, se assim for, talvez possa receber alguma verossimilhança a ideia de que a inflexão "psicanalítica" da constituição do objeto não implica, necessariamente, um mergulho numa variante delirante do psicologismo. (p. 71)*

Ou seja, a estrutura é o que permite despsicologizar a epistemologia ao antecipar os processos correlatos de subjetivação e de objetivação. Da mesma forma, no caso da categoria que analisamos aqui, vemos que o sujeito que é exigido *a priori* pela lógica do sentido e pela combinatória dos significantes e que se encontra suposto ao pensamento é, ao mesmo tempo, o sujeito fático do desejo. Aqui, não é possível situá-los como termos de disjunção exclusiva, e grande parte da complexidade do conceito deve-se a isso. De saída, é preciso lembrar que o desejo não se distingue do próprio funcionamento da estrutura. De fato, Lacan elabora seu esquema formal – o grafo – como esquema *a priori* de toda experiência possível. Interessa-lhe pensar a possibilidade da experiência e o fato universal de que, para o ser humano, ela se dá em uma conexão com a ordem simbólica. Explica Dews (2003):

> *Lacan sustenta que a experiência da psicanálise revela um sujeito que, no plano do inconsciente, questiona obstinadamente sua experiência para além de todo horizonte cultural de sentido. (...) o que está em jogo – ao*

> *menos em parte – é a relação entre o sujeito e qualquer repertório simbólico em geral, e portanto o problema da finitude de sua realização de si* enquanto *sujeito. (2003, pp. 101-2)*

Importa, assim, pensar o efeito de subjetividade que resulta do fato da linguagem, problema então suposto universal. Todavia, o que mais interessa nesse esquema é sua capacidade de informar as marcas específicas de cada processo subjetivo. Caso contrário, o que restaria de "clínica" em sua reflexão? Se, até aqui, mencionamos diversas vezes o caráter transcendental do argumento lacaniano, chega o momento de enfatizar que essa indicação é limitada. Existe um laço mínimo com o empírico no advento do desejo, sem que isso, no entanto, corresponda a pensá-lo de acordo com um processo psicogenético. Trata-se da lida do sujeito com o primeiro Outro (a mãe), as condições da privação, da frustração e da castração, ou seja, do fato do corpo na emissão da demanda. Mas isso não deve ser confundido com a afirmação de uma *gênese* empírica do desejo. O que há é um *momento* empírico de inscrição da articulação entre transcendentalidade e transcendência: o momento mítico da enunciação da primeira demanda.

Pensar dessa forma não significa anuir ao mito da origem perdida, tributário de uma lógica da identidade, pois não se afirma que a falta derive de uma perda de fato. Baas (1992) tem razão ao afirmar – no caso, a propósito de *das Ding* – que:

> *trata-se apenas do seguinte: a perda é anterior ao que se perde. O que quer dizer que, se há desejo e se o desejo toma emprestados todos os desvios do processo substitutivo, da metonímia significante, não é em virtude da perda de uma origem, qualquer que seja ela, mas é*

> *precisamente porque a perda é, ela própria, a origem.* (pp. 52-3)

Lacan não deixa dúvidas nesse sentido: "O objeto é, por sua natureza, um objeto reencontrado. Que ele tenha sido perdido é a consequência disso – mas só-depois" (1986, p. 143). O objeto perdido é, com efeito, uma ilusão retroativa a recobrir uma condição mais fundamental de falta e mais aterrorizante por remeter ao gozo de dissolução da posição subjetiva. No entanto, está claro que a perda (e não o objeto perdido), que é originária, se atualiza para o sujeito em um momento que é empírico: o instante de sua entrada na linguagem pelo direcionamento, com a fala (ou o choro), da demanda à mãe, operação da qual resta o desejo. Ou seja, posso dizer que a perda é anterior ao que é perdido e, *ao mesmo tempo*, dizer que ela se cola *empiricamente, não a um objeto, mas à demanda dirigida à mãe*, de modo que devemos acrescentar uma precisão à definição de desejo previamente fornecida. Se eu dizia antes[50] que sua consistência se enraizava na transcendentalização de sua função pura (depurada de objetos), agora é preciso afirmar mais decisivamente algo que, aliás, não deixou de ser insinuado: mesmo em face de *das Ding*, o desejo exige não exatamente uma lógica transcendental, mas uma lógica empírico-transcendental,[51] da qual não é possível suprimir o encontro das condições *a priori* da experiência com aquilo que é contingente na história do sujeito. Trata-se de pensar a *ocasião* empírica para a manifestação de algo logicamente necessário. E a contingência da ocasião não é de importância secundária, marcando os destinos e os matizes do sintoma. Caso contrário, teríamos que conceber uma

---

50 Ver o Capítulo 2.

51 Lembremos aqui do papel do imaginário como resistência ao simbólico no esquema L, da interseção entre fala e linguagem, e, ainda, que, para Lévi-Strauss, as estruturas são "*seres ao mesmo tempo empíricos e inteligíveis*" (1962/1997, p. 150).

linguagem antes da fala – vimos, no Capítulo 2, que o que interessa a Lacan é a conjunção das duas. O grafo do desejo *é* o entrecruzamento de sua condição transcendental com sua atualização empírica através da fala e da linguagem, e o próprio sentido da psicanálise, desde o *Discurso de Roma* (1953/1966f), não pode ser desatrelado dessa dupla face. A experiência analítica não mostra outra coisa: a falta pura se inscreve no corpo, e não em não sei qual "mundo das ideias", e sua marcação só vem corroborar o caráter concreto da estrutura. Assim, a falta tem origem na impossibilidade *a priori* – porque baseada nas características inerentes ao funcionamento da linguagem – de qualquer acesso ao objeto. Mas, de modo apenas aparentemente estranho, existe um momento empírico para a instauração dessa impossibilidade que é *a priori*: o momento – não necessariamente cronológico, todavia lógico – de inscrição do significante sobre a demanda no nascimento do desejo. Dessa forma, o que há de empírico na origem do desejo não é, obviamente, da ordem do objeto,[52] mas da ordem de um *fato*, que é a emissão da fala. Contudo, esse aspecto empírico da origem do desejo não se distingue do esquema formal que atualiza a questão filosófica da relação linguagem/mundo, isto é, do fato de que o significante instaura a ausência da coisa, o que quer dizer que a fala (empírica) sempre reproduz os termos do campo (transcendental) que a condiciona.

Desse ponto de vista, podemos dizer que é por desconsiderar esse lado da questão que Baas sobrepõe Kant a Lacan além do limite possível, transformando o objeto *a* em uma estrutura de função *totalmente* homóloga à do esquematismo na *Crítica da Razão Pura*:

> *O objeto* a *ocupa assim, na estrutura do desejo, lugar homólogo ao do esquema na estrutura do conhecimento. Não mais do que o esquema não está* no *objeto*

52 Já vimos esse ponto no Capítulo 2.

> *do conhecimento mas constitui (isto é, causa) esse conhecimento, o* objecto a *não pertence ao objeto desejado (...) mas constitui ("causa") o desejo desse objeto. (1992, p. 69)*

Em termos de hibridização entre as diretrizes *a priori* da fantasia e seu gancho com uma especificação concreta, de fato, não podemos deixar de ver aí certa analogia. Mas também não podemos deixar de considerar que o objeto *a* não se esgota em seus critérios lógico-transcendentais, tendo surgido justamente como foco de resistência a eles, em função do movimento que conduziu os impasses concentrados na noção de sujeito a uma situação insustentável. Se de fato há, como defende Baas, uma faculdade *a priori* de desejar, isso não nos autoriza a transformar a teoria lacaniana em um kantismo *tout court*.

A teoria lacaniana não pode ser totalmente aproximada do projeto crítico[53] pelo menos por dois motivos:

1. No contexto de *aplicação* do estruturalismo, a função empírica da fala na constituição do desejo (puro, cabe insistir) exige um tipo de dialética entre *a priori* e *a posteriori* totalmente estranha a Kant;

53 Surpreendentemente, Baas vislumbra a possibilidade de pensar o projeto lacaniano como uma espécie de "unidade da crítica" . Após afirmar que o esquema seria o objeto *a* do conhecimento, ele escreve: "Poderíamos até dizer (mas isso exigiria certamente um exame mais aprofundado) que não há outra faculdade a priori além da faculdade de desejar. É por não o ter reconhecido que Kant teria sido forçado a separar razão teórica e razão prática. A teoria transcendental do desejo realizaria assim a unidade da crítica ao redor do objeto *a*" (Baas, 1992, p. 74). A posição do próprio Lacan em relação a isso é outra: a relação universal do objeto *a* com a categoria da causalidade exigiria *uma nova* "Crítica da Razão" cujo eixo deveria ser, então, "impuro" (ver Lacan, 1963/1966v, p. 775).

2. No contexto de *ultrapassagem* e *travessia* do estruturalismo, o objeto *a* não apenas liga a faculdade *a priori* de desejar a um objeto sensível *como é, ele mesmo, um objeto sensível.*[54]

Detenhamo-nos um pouco agora na relação entre empírico e transcendental no caso do sujeito. Quando Lacan partia para a apropriação da reflexão cartesiana, deixava clara a indicação de que tipo de sujeito se tratava aí: no "penso, logo existo", constitui-se a ligação de uma afirmação existencial com a *transparência do sujeito transcendental.*[55] Retomemos aqui um trecho já analisado acima: "Resta que, através dessa depuração extrema do sujeito transcendental, minha ligação existencial a seu projeto parece irrefutável, pelo menos sob a forma de sua atualidade" (Lacan, 1957/1966m, p. 516). Essa passagem da *Instância da letra* revela nitidamente que era, em alguma medida, de um sujeito transcendental que Lacan entendia, através de Descartes, derivar uma afirmação de existência.

Assim, não é possível deixar de afirmar que existe *algo* de transcendental no sujeito lacaniano. Se a ordem simbólica, suposta a responder por um dos aspectos do evento subjetivo, é desenvolvida mediante a estrutura, e se esta dispõe um campo transcendental – como vimos sobretudo com os comentários de Deleuze e de Ricouer –, então seria mesmo de se esperar que essa transcendentalização incidisse de algum modo sobre a função subjetiva, na medida em que, para Lacan, ela não é nem descartável, nem totalmente identificada, sob pena de desaparecer, com a ordem dos efeitos. É assim que podemos, aliás, interpretar o seguinte trecho:

---

54 O resultado da análise de Baas (1992), que não poderia deixar de ser estranho, é o estabelecimento de uma equivalência, difícil de imaginar dentro do discurso lacaniano, entre a ética de Sade e a ética de Antígona (pp. 80-2).

55 Ver p. 302, acima.

> *Para nós, o sujeito tem que surgir do dado dos significantes que o recobrem num Outro que é o lugar transcendental destes, pelo que ele se constitui numa existência em que é possível o vetor manifestamente constituinte do campo freudiano da experiência: a saber, aquilo a que se chama o desejo. (Lacan, 1958/1966q, pp. 655-6)*

Lemos aí que o vetor constitutivo da existência do sujeito, se estamos falando de um campo de experiência conformado pelo desejo, é um lugar transcendental composto de significantes. Cabe insistir que o sujeito não é apenas o *resultado* desse processo, mas uma de suas condições de possibilidade: seu lugar é também intrínseco à estrutura.[56]

Ele participa do esquema *a priori* que conforma a possibilidade do sentido, sendo o elemento lógico que abona a consistência da cadeia significante: nela, o lugar do sujeito é o corte (o vazio); ele "é *seu [da cadeia] elemento* mais radical na sua sequência descontínua e, como tal, o lugar a partir do qual o sujeito assegura sua subsistência de cadeia" (Lacan, 1958/1966q, p. 666, grifo meu). Com a vigência do estruturalismo na psicanálise lacaniana, o sujeito não é um dado imediato ou um mero resultado empírico,

---

56 Encontramos esse mesmo raciocínio desenvolvido por Safatle, quando esse autor diz que: "se há um elemento que desempenha uma função transcendental no pensamento lacaniano, este elemento é a linguagem. (...) Mas como o sujeito também é lugar a ser contado na estrutura linguística, ele também compartilha esta função transcendental. Eis aí um dos grandes problemas legados pelo *momento* cartesiano da experiência intelectual de Lacan: como pensar a função transcendental do sujeito sem cair nos impasses de uma abstração formalista que anule a singularidade material própria ao fenômeno da subjetividade" (2000, p. 74). O autor parece modificar, no entanto, esse ponto de vista em 2006, passando a defender a ausência de atributos transcendentais no sujeito lacaniano. Para seus argumentos, centrados na sobreposição da ideia de transcendental à de sujeito como função constitutiva de objetos, ver Safatle (2006, pp. 73-6).

mas uma suposição lógica,[57] demarcação do caráter necessário e universal de sua posição, exigida pelo fato da fala na interseção com a linguagem. Ele é suposto – de forma forte: é logicamente necessário – à existência da experiência, à "intencionalidade" da fala, ao ato, às paixões e ainda ao funcionamento da cadeia significante que sugere o Outro. Em sua posição de representado, a participação do sujeito nessa lógica não invalida a atribuição de anterioridade ao significante. Ao ser representado, ele acompanha necessariamente cada significante. Guardada a peculiaridade, já assinalada, do trato que Lacan dispensa à questão da representação, o argumento "o significante é o que representa o sujeito para outro significante" possui um certo tom kantiano. Tanto em sua estrutura – o *Ich denke* deve poder acompanhar todas as representações – quanto na consequência – o sujeito, como condição lógica, não permite que nenhum passo metafísico seja dado quanto à positivação de sua essência. Por outro lado, evidentemente, o sujeito lacaniano não acumula a função de sintetizar as representações na apercepção. Primeiro, porque a função de síntese das representações é reputada ao *eu* e entendida como ilusória e sintomática. Em segundo lugar, porque as estruturas *a priori* não pertencem à subjetividade, mas são exteriores a ela, com o que a função de constituição de objetos é dissociada do sujeito. E, principalmente, porque não há apercepção, já que a dúvida recai sobre o próprio "eu penso", ou seja, já que não há uma reflexividade que retorne sobre um "si mesmo".

Acontece que é evidente o fato de o sujeito não poder se restringir a uma qualificação transcendental, a um espaço formalizado dentro das condições de produção do sentido. Trata-se de um

57 Tendo em vista o que já discutimos no Capítulo 2 a propósito do estatuto da verdade e da realidade, sabemos que, aqui, o caráter de "suposição lógica", ao se sobrepor ao sujeito, não o designa, no entanto, como ponto de constituição dos objetos.

questionamento que exige a delimitação do lugar próprio à psicanálise lacaniana como algo que não é, e não pode ser, nem psicologia nem filosofia, mas que não dispensa a inquirição do tipo de relacionamento que pode existir entre a subjetividade como cláusula lógica necessária à consistência da experiência e a subjetividade como veículo da manifestação do desejo e do sintoma.

Algumas questões ainda ficam abertas, mas vemos que, trabalhada dessa maneira, a noção lacaniana de sujeito serve a três propósitos: à clínica psicanalítica, à determinação estrutural sob a figura do significante e ao antipsicologismo (que seria também um substancialismo). Não haveria outra forma de satisfazer a essas três balizas, tornando-as compatíveis entre si, a não ser definindo o sujeito, em última instância, como pura negatividade. A única via para sustentar o sujeito, nesse contexto, sem tratá-lo como um tipo de substância é, em paralelo à afirmação de que ele é, afirmar conjuntamente que ele é nada. Algo determinado, que desaparece sob aquilo que o determina e que, mesmo nessas condições, possa comportar em si o exercício de uma intenção ligada à função de transcendência: tudo isso pode ser depositado no conceito de negatividade. Aquilo que, do sujeito, ultrapassa a determinação estrutural se define, em primeiro lugar, por uma lógica da negação que então precisa ser projetada sobre os caminhos que ele percorre em sua submissão ao significante – caminhos que dizem de seu posicionamento diante do Outro. Nisso, ele subsiste apenas como a potência de negatividade, que é a atividade do desejo cujo deslizamento não deixa de reiterar uma posição, um lugar. Por esse motivo, embora sofra a determinação da estrutura – e por isso não se pode, a seu propósito, falar de uma liberdade plena ou imediata –, não pode se reduzir ao resultado dessa determinação, resguardando um espaço mínimo e paradoxal para a espontaneidade. Esse espaço mínimo, que exige o giro que atravessa a volatilidade e a negatividade (introdutoras da transcendência[58] na estrutura) e que é responsável pelo limite da formalização do sujeito, será trabalhado a seguir com a questão do vínculo entre significante e corpo.

3.3.2 Quando o corpo volta à cena

> *Durante longos anos fiz vocês se curvarem à noção, que deve permanecer primeira e prevalente, daquilo que constitui o significante como tal, ou seja, as estruturas de oposição cuja emergência modifica profundamente o mundo humano. Ocorre que esses significantes são, em sua individualidade, talhados [façonnés] pelo homem – e provavelmente ainda mais com suas mãos do que com sua alma.*
>
> (Lacan, 1986, p. 144)

O estruturalismo transcendentaliza a função do inconsciente e com isso fornece uma alternativa de interpretação para a expressão "representação inconsciente". Mas, do outro lado, traz como consequência a localização (não total) do sujeito em um ponto específico dessa estrutura transcendental, cuja movimentação recebe o nome de desejo: o ponto, evanescente, de suporte do sentido da cadeia significante como sua condição lógica. Essa sua caracterização, necessária à luz de demarcações estruturalistas, implica, por si mesma, o risco da absolutização da formalização do sujeito e, com ele, o do fracasso de sua abordagem: como garantir que o que se encontra

58 Esse termo não possui, obviamente, um sentido kantiano (de ultrapassagem dos limites da experiência), mas um sentido fenomenológico, relacionado, como já vimos, não apenas a um contexto heideggeriano, mas, sobretudo, à atividade de negação do desejo tal como desenvolvida por Kojève.

em jogo na teoria psicanalítica é a vida de um sujeito específico, e não apenas uma cláusula lógica que seria seu índice?

Vimos que, no *Seminário 2*, Lacan abolia o suporte vital de sua concepção de sujeito. Depois disso, no *Seminário 3*, estudando o mecanismo da psicose, e, no *4*, tratando do Édipo do pequeno Hans e da fobia, nada se colocava de modo que o ponto pudesse ser revisto. Já no *5* e no *6*, as coisas se passam de outra forma. Desta feita, as reiteradas explanações do grafo do desejo simplesmente não deixam nenhuma margem para que se exclua o corpo da definição de sujeito do inconsciente. Ou seja, não há mais como pensar que o sujeito não seja algo necessariamente relacionado a, ou mesmo implicado por, um corpo. Naturalmente, a questão não está em retornar a alguma ideia de substância, muito menos a um biologismo. O motivo do deslocamento da posição reside, antes, no seguinte: agora, depois de ter sido entendido como negatividade, torna-se possível tratar de uma relação – desde que negativa – com algo aquém da fala, uma vez que esse algo aquém da fala não está mais sob a mira do substancialismo. Para tanto, convém retomar de modo mais crucial aquele vínculo negativo com a biologia, já muito elaborado, principalmente nos anos 1930. Retomando um trecho do *Seminário 11*, já citado acima, Lacan ponderava que "*com o termo sujeito (...) não designamos o substrato vivo que é necessário ao fenômeno subjetivo*" (1973, p. 116). Nisso, diz-se com efeito que o sujeito *não é* esse substrato vivo, mas, ao mesmo tempo, diz-se também que *precisa* dele, se bem que, mais uma vez, seja negativo o laço entre os dois. Quer dizer, se o organismo só se apresenta para ser excluído ou superado (tal como a relação com a prematuração do nascimento), nem por isso é possível falar de sujeito sem mencioná-lo na usurpação de seu lugar de corpo. Devido a essa característica, a reinserção do corpo não significa que Lacan passe a concordar com Descartes quando este definia o homem como composto de *res cogitans* e de *res extensa*.

Isso posto, vejamos como a pergunta pelo aspecto subjetivo insubmisso ao significante aparecia no *Seminário 3*:

> *Há, com efeito, algo de radicalmente inassimilável ao significante. É, muito simplesmente, a existência singular do sujeito. Por que está ali? Donde ele sai? O que faz ali? Por que vai desaparecer? O significante é incapaz de dar-lhe a resposta, pela boa razão de que ele o coloca justamente além da morte. O significante já o considera como morto, imortaliza-o por essência. (Lacan, 1981, p. 202)*

Tudo se passa como se o ponto inicial do processo de escrita do grafo do desejo – aquele no qual começa a linha que, desenhando uma curva retroativa, corta a cadeia significante – viesse, de certa forma, responder a essas interrogações, ou seja, viesse tratar do lugar que deve assumir aquela parte do sujeito que não pode ser recoberta pelo significante. Esse ponto é claramente indicado como a intencionalidade *espontânea* que nasce da necessidade.

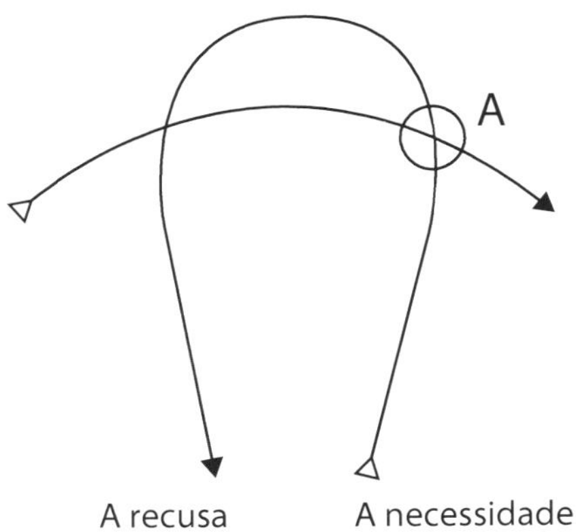

Figura 2 A recusa e a necessidade. Fonte: Lacan (1999, p. 72).

Todo o grafo do desejo nasce do intercâmbio entre o surgimento de uma necessidade e a dialética da recusa que expressa essa necessidade como uma demanda para mostrar, a partir daí, *onde* tem início o processo de subjetivação. A constituição do sujeito do desejo é o resultado da passagem da demanda pelo Outro, ou seja, a inscrição do significante sobre esse processo que tem origem no corpo pela designação da necessidade como a "matéria-prima" do desejo (Lacan, 1998, p. 382). Lacan (1998) assinala expressamente o valor da necessidade:

> *Se a introdução da demanda comporta alguma perda em relação à necessidade (...), o que é assim perdido deve ser reencontrado para além da demanda? É claro que, se isso deve ser reencontrado para além da demanda, isto é, do que é trazido de distorção à necessidade pela dimensão da demanda, é na medida em que, nesse para-além, devemos encontrar alguma coisa na qual o Outro perde sua prevalência* e na qual a necessidade, enquanto algo que parte do sujeito, retoma o primeiro lugar. *(p. 382, grifo meu)*

É preciso acrescentar, no entanto, que o lugar da necessidade não *existe* antes da sua passagem pela fala na formação da demanda. É essa passagem que constitui o lugar da origem da intencionalidade subjetiva retroativamente. Lacan analisa o caso da holófrase, da "frase monólito", na quarta sessão do *Seminário 6*. Dá os exemplos das interjeições "pão!" e "socorro!" e explica que, nelas, *o sujeito é a sua necessidade* que deve surgir na fala; nessas frases, diz Lacan (2013):

> *A necessidade,* que, sem dúvida, deve passar pelos desfilamentos do significante enquanto necessidade –, é expressa aqui de um modo certamente deformado mas ao menos monolítico, *com a ressalva de que o monólito de que se trata é, nesse nível, o sujeito mesmo que o constitui. (p. 91, grifo meu)*

Esse é o primeiro plano da constituição do sujeito. Trata-se da expressão de uma *espontaneidade*:

> *O plano do apelo é o primeiro; ele é imediato, aparente, espontâneo. No apelo "socorro!", ou "pão!", que é um grito no final das contas,* o sujeito é por um momento, mas de modo o mais total, idêntico à sua necessidade *(...). (p. 147, grifo meu)*

Trata-se, portanto, de algo que se deve a uma atividade pura, porém mítica, do sujeito. A ele deve seguir-se outro que é o momento do "contar a si mesmo". Nesse caso, o exemplo é o da pequena Anna Freud que, dormindo, enuncia algo como uma lista de objetos desejados: Anna Freud – morangos silvestres – omelete – pudim. Ou ainda o da criança que afirma "Tenho três irmãos: Paulo, Ernesto e eu". Isso significa que a frase de enunciação da necessidade não é, naturalmente, suficiente para dar conta do sujeito, porque nesse plano está ainda faltando o elemento da relação a si, ou seja, o movimento de apresentar a si mesmo como objeto ou alvo da linguagem; em outras palavras ainda, o momento da submissão mais direta do sujeito, por seu nome, à negação do significante. Pela junção dos dois planos, vemos que o caminho da determinação não possui mais o sentido único que partia do significante na direção do sujeito. Ele agora tem como complemento o sentido contrário que parte da intenção da necessidade na direção do Outro, para aí se transformar em outra coisa. No contar a si mesmo, que só surge por ser um contar da necessidade que ele mesmo experimenta, o sujeito, no nível da necessidade que preside à intencionalidade (ou seja, do corpo), certamente se submete ao domínio do significante, conta a si mesmo e diz "eu", desaparecendo em seguida no instante mesmo dessa enunciação; mas o faz a partir de algo "aquém" do significante, ainda que se trate de um "aquém" cuja existência, findo o processo, não pode mais ser colocada:

> *Com a junção [*appoint*] do significante, um mínimo de transformação – de metáfora, numa palavra – é introduzido nesta [na necessidade], o que faz com que aquilo que é significado seja algo para além da necessidade bruta, seja remodelado pelo uso do significante. Por consequência, desde esse começo, o que entra na criação do significado não é uma pura e simples tradução da necessidade, mas uma retomada, reassunção, remodelagem da necessidade, criação de um desejo diferente da necessidade. (Lacan, 1998, p. 91)*

Então, vemos que é no espaço complicado dessa necessidade sobrepujada – onde o significante entra para, de vez, torná-la inacessível – que reside uma parcela mínima de contribuição ativa por parte do sujeito nesse momento da teoria.

Tomemos a representação do ponto de basta, que é o protótipo do grafo do desejo:

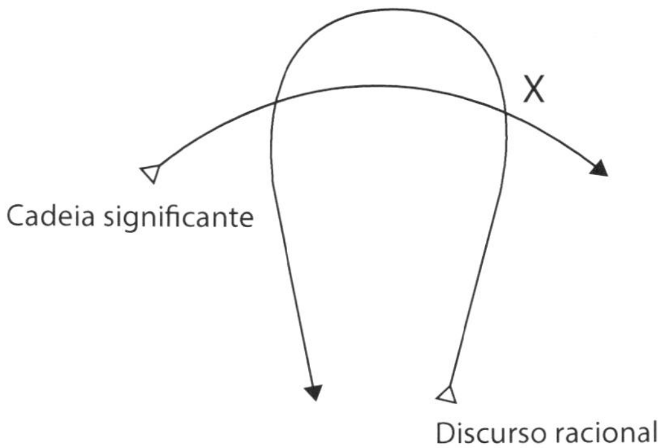

Figura 3 Esquema do ponto de basta. Fonte: Lacan (1999, p. 17).

Nela, a intencionalidade subjetiva, localizada no ponto que assinalei com um "x", desempenha papel ativo na produção de significação, mesmo que tenha que ser submetida às determinações da cadeia: há um movimento que começa na necessidade subjugada pela demanda, e esse movimento é o que produz o desejo. Contudo, apesar de sua participação, essa intencionalidade não pode ser vista como "a responsável" pela produção do sentido. Lacan se pergunta qual seria o lugar do estofador (leia-se: aquilo ou aquele que trata de se responsabilizar pelo advento da significação) e responde afirmando que tentar situá-lo pontualmente no esquema seria uma atitude ingênua (1998, p. 14), pois, justamente, localizá-lo naquele ponto "x" – ponto em que, no *Seminário 6*, encontrávamos a intencionalidade subjetiva – corresponderia a reputar *toda* a operação do sentido ao sujeito. Obviamente, isso não pode ser o caso. Não se trata de restabelecer um sujeito autônomo – embora Lacan vá fazer referências diretas à autonomia, como veremos adiante –, mas de reconhecer minimamente sua *participação*. O estofador é irrepresentável na imagem do ponto de basta porque seu lugar aí é simplesmente todo o esquema, e não uma parte dele, o sujeito ou a cadeia significante. Além do mais, esse ponto da intencionalidade é o da enunciação da demanda – que apenas retroativamente se torna desejo. Então, o sujeito verdadeiro – que é o sujeito do desejo (Lacan, 1958/1966q, p. 656) – sobrepõe-se à demanda sem coincidir totalmente com ela. Não há um sujeito da demanda porque "não há sujeito se não houver um significante que o funde" (Lacan, 1998, p. 189). A existência do sujeito é, *ab origine*, dividida, porque só encontra representação fora de si, no signo – que não é sequer o lugar segundo do outro, mas o lugar terceiro de uma intersubjetividade de outra ordem, o lugar do Outro. Quando a necessidade recebe o estigma do significante, a enunciação da demanda já se tornou desejo. Depois disso, tanto a necessidade quanto a demanda só podem ser vistas como momentos míticos inacessíveis, já que a única forma de abordá-las seria por meio do discurso, por meio da linguagem. Assim, se elas talvez não designem tudo aquilo que, no sujeito, é inapreensível, sem dúvida respondem por uma grande parcela disso. Vejamos a descrição de sua localização:

> *Onde está o sujeito? Quando não se trata mais do sujeito ambíguo, ao mesmo tempo perpetuamente inclinado à fala do Outro e capturado na relação especular, dual, com o pequeno outro (a), mas do sujeito constituído, acabado, da fórmula em Z, do sujeito na medida em que foi introduzida a barra, ou seja, na medida em que ele próprio também está marcado em algum lugar pela relação com o significante. É por isso que o encontramos aqui, em ($ ◊ D), lá onde se produz a relação do sujeito com a demanda como tal. (Lacan, 1998, p. 367)*

É, então, no plano do vínculo com a demanda que se constitui o sujeito do desejo. E o que é a demanda senão o conluio do corpo com a enunciação? A participação da atividade do sujeito na geração do sentido tem, portanto, que ser circunscrita a esse circuito em que aquilo que existia em um primeiro momento (a demanda) só pode ser vislumbrado pela segunda operação (o desejo) exatamente na mesma medida em que nega a primeira, ressignificando-a. A complexidade dessa manobra, que reedita a forma temporal do sujeito, é algo imprescindível para a garantia de que o lugar dessa atividade não seja visto como substância.

Essa análise significa que, se cruzarmos o *Seminário 5* com o 6, vemos surgirem modificações na forma como Lacan pensa a produção do sentido, abrindo um lugar um pouco mais evidente para o aspecto *ativo* da subjetividade – sob a forma da espontaneidade da expressão da necessidade – que havia ficado de fora dos seminários anteriores. Adiante, Lacan (1998) dá continuidade a essa releitura ao comentar que "o significante é feito para servir a algum propósito – é feito para exprimir uma demanda" (p. 86). Ora, é evidente, nesse tipo de declaração, a revisão daquela determinação absoluta cujo único lugar era o funcionamento conjunto dos significantes. Há aí, com todas as letras, uma relativização da sua condição: os significantes existem para servir a algo, e não por si mesmo. No entanto, reconhecida essa atividade, ela só pode adquirir, mais uma vez, um caráter paradoxal. O sujeito não é a substância viva, mas desloca-se dela – e, se se desloca dela, é porque tem que pagar alguma espécie de tributo a essa relação.

De todo modo, difícil seria a afirmação de que o estatuto desse sujeito teria permanecido, em Lacan, impensado.[59] Dobra após dobra, cada passo de seu esforço não parece ter tido outro objetivo a não

---

59 É o que sustenta, por exemplo, Van Haute (1992): "Aquilo que inicialmente fora chamado de efeito torna-se agora algo como um princípio subjetivo pressuposto que subjaz a todas as declarações linguísticas e cujo estatuto, em última instância, permanece impensado. Ademais, este é o 'princípio' com o qual a metafísica clássica parece estar comprometida" (p. 238).

ser se debater com os detalhes desse problema. Também não parece adequado situá-lo como *parti pris* metafísico: a noção de sujeito não chega à teoria como escolha filosófica, mas pela consideração de que o fato da fala implica uma posição de desejo que afeta o corpo, modificando-o; não é um princípio, mas um passo inevitável no reconhecimento da estrutura da experiência psicanalítica.

Por outro lado, decerto que o percurso até aqui apresentado não resolve a questão. Perdido o momento da necessidade, o sujeito está de volta ao domínio do significante regulando os aspectos singulares da organização do seu desejo. Mas representa, assim mesmo, uma mudança sensível, um avanço significativo, na reconsideração dos princípios assumidos a propósito do estruturalismo. Até porque traz outra consequência muito importante, que é a seguinte: a consideração do corpo, por si só, impede que o sujeito seja visto como idêntico ao significante. Sendo constituído pelo simbólico, não se reduz a ele, ao menos por remissão a essa presença ausente da necessidade. O sujeito se identifica – no sentido psicanalítico de "identificação" – como sujeito do significante, mas ele não é o significante, e, se não menos se submete aos efeitos da cadeia simbólica, há algo que ele próprio faz entrar nela.

O que vai exibir, de forma mais essencial, os motivos do afastamento ou da revisão da referência estruturalista é a análise do tipo de circuito necessário, diante da hipótese do inconsciente, ao ensaio da relação a si na medida em que, surgindo do corpo e não podendo ser reduzido nem à posição do significante nem à do significado, o sujeito continua a se apresentar como negatividade.

No sentido de continuar a análise desse assunto, desenrolando outro fio de argumentação, que tende a reforçar os pontos até aqui avançados apresentarei uma hipótese de leitura para algumas teses de *A ciência e a verdade*. Nesse texto, que é a transcrição da primeira sessão do *Seminário 12 – O objeto da psicanálise* – e a respeito do qual não seria demasiado dizer que se trata de uma fala totalmente dedicada a Lévi-Strauss –, vemos se sucederem, entre outras, as seguintes afirmações:

1. O estruturalismo foi o que permitiu elaborar logicamente o sujeito entendido como algo constituído por uma divisão (p. 856);
2. Um único sujeito é aceito na psicanálise: aquele que lhe pode conferir a condição de ciência (p. 859);
3. O estruturalismo introduz "um modo muito especial de sujeito" (p. 861);
4. O índice desse modo é topológico, pois, no estruturalismo – e a referência direta é Lévi-Strauss – "o sujeito está (...) numa exclusão interna a seu objeto" (p. 861);
5. A "mitogênese", empreendida por Lévi-Strauss, não se relaciona com o sujeito "mitante" [*mythant*], mas com o sujeito da ciência (p. 862);
6. Para o sujeito da ciência, a magia e a religião não passam de sombras, mas não para o "sujeito sofredor" com que lida a psicanálise (p. 870);
7. O sujeito que pode garantir condição de ciência à psicanálise é o sujeito submetido ao significante, na medida em que este se encontra na posição da verdade como causa material (e não formal, como seria o caso da ciência)[60] (p. 875);
8. A originalidade do lugar da psicanálise na ciência é que, no seu caso, a verdade é causa material, e não formal (p. 875);
9. O sujeito do significante – o que é veiculado por ele – deve ser profundamente diferenciado do indivíduo biológico e do psicológico (p. 875);

60 Os outros dois casos na complementação dos quatro posicionamentos da causa (pensados a partir de Aristóteles) são a magia e a religião.

10. O estruturalismo de Lévi-Strauss opera uma redução (como tal, necessária à ciência – p. 855) que negligencia o sujeito pelo seguinte motivo: o sujeito correlato da eficácia simbólica tem que coincidir com o "suporte corpóreo" do xamã. Mas essa coincidência é vedada ao sujeito da ciência posto em causa pelo estruturalismo, porque nele tudo o que é discernível a seu respeito são seus correlatos estruturais (p. 871).

A meu ver, delas é possível retirar as seguintes conclusões, no que se refere ao escopo dessa pesquisa: 1 – A psicanálise lacaniana toma do estruturalismo a posição da verdade como causa, ou seja, é com o estruturalismo que ela aprende que o tipo de causa aí implicado é causa material, no sentido da materialidade do significante; 2 – Mas, ao contrário do estruturalismo, a psicanálise não pode prescindir da relação do significante com o corpo que, então, é corpo radicalmente repensado em sua distância de subversão com o corpo biológico.

Aqui devo conceder atenção especial a uma frase que se refere de modo central ao movimento que tentamos apreender. Lacan (1966y) diz que "a fidelidade que a obra de Claude Lévi-Strauss manifesta a um tal estruturalismo [esse para o qual a posição do sujeito em relação a seu objeto é de exclusão interna] só será aqui cobrada por nossa tese para nos contentarmos momentaneamente com sua periferia" (p. 861). Para mim, o objeto que Lacan menciona na frase imediatamente anterior não é ainda o objeto *a* no qual ele se detém duas páginas adiante, mas o objeto tocado pelo estruturalismo, ou seja, o significante. Que se considere a *plausibilidade* dessa interpretação do trecho, agora citado de forma mais ampla:

> *Ele [o estruturalismo] introduz, em toda 'ciência humana' (entre aspas) que conquista, um modo muito especial do sujeito, aquele para o qual só encontramos*

> *índice topológico, digamos: o signo gerador da banda de Moebius, que chamamos de oito interior.*
>
> *O sujeito está, se assim podemos dizer, em uma exclusão interna a* seu *objeto.*
>
> *A fidelidade que a obra de Claude Lévi-Strauss manifesta a tal estruturalismo só será aqui cobrada por nossa tese para nos contentarmos momentaneamente com sua periferia. (p. 861, grifo meu)*

Lido dessa forma, em seu contexto, o pronome possessivo italicizado só pode ter por referente *o estruturalismo* que se está comentando, e não o sujeito.[61] Não há nada, nem antes nem depois desse trecho, que permita relacionar o dito pronome possessivo com a indicação do objeto *a*. Não há nada também no desenrolar concreto da argumentação que conduza a tal interpretação. Isso significa que, se o estruturalismo (de Lévi-Strauss) é capaz de fornecer um novo tipo de sujeito – e isso só é deduzível pela psicanálise, e não pela antropologia –, é porque ele mostra que a relação desse sujeito com a ordem simbólica é de "exclusão interna":[62] ele é logicamente indispensável a seu funcionamento, mas deve ser observada a impossibilidade de sua atualização na linguagem. Ou seja, trata-se de uma frase que retoma toda a reflexão sobre o sujeito desenvolvida no *Seminário 11*, alicerçada, através do *cogito*, na relação entre ser e pensamento cuja matéria é o significante.

É possível, então, avançar uma leitura precisa do "contentamento momentâneo" que resulta do endosso do estruturalismo.

---

61 Para um ponto de vista contrário, ver Iannini (2004-05, p. 50; 2000, p. 81).

62 Isso explica, de certa forma, o fato de Lévi-Strauss afirmar que o sujeito é categoria dispensável. O antropólogo privilegiaria a face de exclusão, sem ter à sua disposição o olhar necessário à percepção da implicação do sujeito sob o significante.

É que se, por um lado, este fornece a via pertinente da abordagem do sujeito – a qual, ao ser seguida por Lacan, revela sua "obediência científica" (Lacan, 1966y, p. 870) –, por outro, o negligencia – fato que não pode ser acompanhado pela psicanálise. E essa negligência tem lugar no ponto exato em que é vedada ao sujeito da ciência a coincidência com o "suporte corpóreo" que, distanciado da biologia, é indispensável à presença da pulsão e à própria estrutura do objeto *a* tal como requisitadas no ano anterior do seminário.[63] Resta à psicanálise a tarefa de pensar a relação do sujeito da ciência da forma como se acha apresentado pelo estruturalismo (ou seja, submetido à verdade como causa material do significante), à sensibilidade possível e necessária representada pelo corpo.

Após esse percurso, podemos retomar o sentido da passagem por Descartes, pois é ela que nos permite entender o projeto do *Seminário 9*, na medida em que esse ano de ensino – então consagrado ao tema da identificação por meio da análise da unidade (do traço) e da negação da igualdade entre "A" e "A" – é um desdobramento direto da forma pela qual o *cogito* fora trabalhado: a distinção dos dois *eus* em função de suas posições temporais e gramaticais. Lacan (1961-62) explica nos seguintes termos por que escolheu abrir o ano letivo com a referência a Descartes:

> *E por que esse ano acreditei dever partir, não do próprio Platão – para não falar dos outros –, mas também não de Kant, não de Hegel, mas de Descartes? Foi justamente para designar que* aquilo de que se trata,

63 Lacan ressaltava esse caráter indispensável também no *Seminário 10*, ao dizer que: "As referências biológicas, as referências à necessidade, são essenciais, é claro; não se trata de nos privarmos delas, mas com a condição de que percebamos que a diferença estrutural totalmente primitiva, de fato, aí introduz rupturas, cortes, introduz aí imediatamente a dialética significante" (2004, p. 82).

> *lá onde reside o problema do inconsciente para nós,* é da autonomia do sujeito *na medida em que ela não é apenas preservada, mas que ela é acentuada como nunca o foi em nosso campo; e precisamente, em função desse paradoxo, esses encaminhamentos que aí descobrimos não são nunca concebíveis se, falando propriamente, o seu guia não for o sujeito, e isso de forma tanto mais segura na medida em que ele o é sem o saber (...). (p. 68, grifos meus)*

Em seguida, esclarece que a necessidade de destinar um nível de autonomia para o sujeito resulta do fato de ela ser "aquilo pelo qual o sujeito, em nenhum caso, poderia ser reduzido a um sonho do mundo" (p. 69).

A análise de um dos fios do movimento teórico que se estende entre 1957 e 1966 mostra que aquilo que impede a redução do sujeito a um sonho do mundo é a presença do corpo sob a incidência do significante em seus efeitos de alteração do organismo. Para além da imagem corporal e jamais confundido com qualquer espécie de imanência, ele retoma um lugar central na teoria. Não como fato empírico, como se fosse algo dado de modo prévio e a ser meramente reconhecido, mas como elemento capturável na estrutura produtora de significância. O corpo é o local originário da inscrição significante que parte do Outro e, portanto, participa das condições lógicas da enunciação.

Vemos que Lacan confirma a hipótese logo em seguida, no mesmo seminário. Ao explicitar um pouco mais a tarefa que aí pretende levar a cabo, menciona a oposição entre a "imanência vital" – a ser subvertida sob o modo da pulsão e tornada impossível pelo significante – e o "fato da fala" para então dizer que "nosso esforço esse ano, se ele tem um sentido, é justamente de mostrar como se articula a função do sujeito não em um ou outro desses polos, mas jogando entre os dois" (p. 72).

Esse aspecto será, então, enfatizado como fazendo parte daquilo que caracteriza o sujeito tal como implicado pelo significante. Cito duas passagens que o confirmam diretamente: "Esse mundo subjetivo define-se pelo seguinte: o significante já é, no homem, entronizado no nível do inconsciente, misturando suas referências com as possibilidades de orientação a ele conferidas por seu funcionamento de organismo natural de ser vivo" (Lacan, 1986, p. 87); "estamos ligados aos efeitos que resultam da coerência do significante como tal quando um ser vivo se faz seu agente e seu suporte" (Lacan, 1960/1961, p. 203). Assim, a significação passa a ser definida pela combinação do signo com a vida (Lacan, 1958d/1966, p. 594) segundo as modulações da função negativa da linguagem: o nível do vital é negado pelo significante, mas imprescindível para dar conta do fenômeno do sentido, uma vez que este não é dissociável dos caminhos do desejo.

Por outro lado, esse mesmo corpo surgido da usurpação da necessidade pelo significante é também *corpo da presença*, é o corpo da imagem sujeita ao olhar do outro ou ao olhar do próprio sujeito. É o que vemos, por exemplo, quando Lacan (2004) diz que:

> *O problema é o da entrada do significante no real e o de ver como disso nasce o sujeito. Será que isso quer dizer que nos encontramos como que diante de uma espécie de espírito que baixa, da aparição de significantes alados? Que eles começariam sozinhos a fazer seus furos no real, e que no meio apareceria um furo que seria o sujeito? Penso que, quando introduzo a divisão real-imaginário-simbólico, ninguém me atribui tal propósito. Trata-se, hoje, de saber o que permite, justamente, que esse significante se encarne.*

> *O que lhe permite isso é, antes de mais nada, o que temos aí para nos tornarmos presentes uns para os outros: nosso corpo. (p. 104)*

Trata-se aqui de um outro aspecto do mesmo contexto: a ênfase no corpo, ao lado do surgimento do objeto *a*, indica uma recuperação do sensível[64] cujo destino, ao responder de modo mais pertinente pela condição do sujeito, funciona como ponto de resistência à assimilação significante. De todo modo, o trecho citado é claro em indicar, mais uma vez, que, se o sujeito entra no simbólico *com seu corpo*, ainda que ascenda, com isso, a uma realidade que não será jamais imediata e que reservará ao mito a noção de "organismo", há, em todo o processo, lugar para alguma coisa que é ele próprio, o sujeito, e não o significante, quem traz à cena. Alguma coisa que é ele próprio, que *apresenta* e que resguarda para si uma dimensão de efetividade.

3.4 Desvios da relação a si

O que cabe perguntar agora é, uma vez que o sujeito se encontra descrito pelo viés da negação, como pode ser delineada, ao menos de modo aproximativo, a estrutura de (quase) relação a si? Aparentemente, quatro caminhos distintos poderiam ser apresentados nessa direção.

1. Entendida a identidade do sujeito como a não identidade a si, já se encontra descartada a escolha de Borch-Jacobsen, que analisei acima, de pensá-la como a estrutura da consciência de si. Esse também é o caminho seguido por Dews (2003) quando declara que "para Lacan, o sujeito representa

---

64 Quanto ao objeto *a*, essa é uma tese sustentada por Safatle (2003; 2004; 2005; 2006).

o momento transcendente que deve ser visto como capaz de eludir e tornar possível a estrutura reflexiva da consciência de si, mesmo se a emergência dessa estrutura for compreendida em função de identificações intersubjetivas" (p. 96).

2. Poderíamos tentar descrevê-la como uma estrutura irreflexiva. É o que fazem Badiou (1997): "o sujeito não pode ser identificado pela consciência que ele tem de si mesmo, pois essa consciência é marcada pelo impossível de dizer. O sujeito, portanto, não é reflexivo, ele não é uma consciência de si" (p. 37); e Frank (1984/1989): "A ex-centricidade do sujeito verdadeiro está ligada à impossibilidade de afirmar qualquer coisa a respeito de sua verdade (...) com os meios da 'captura de si que é a reflexão'" (1984/1989, p. 221). Mas tal escolha só conduz a uma situação sem saída: não se vê como preservar o nome de sujeito a um fenômeno que suprime totalmente a reflexividade – ainda mais sendo ele envolvido em uma problemática de reconhecimento por parte do outro e de si mesmo. Com efeito, Frank considera: ou o sujeito do inconsciente é reflexivo, e aí seria tão problemático quanto o *eu* – ilusório, alienado etc. –, ou é irreflexivo, "e não se vê então por que se possa considerá-lo um sujeito" (Frank, 1984/1989, p. 233).

3. Outra forma de manobrar esse impasse seria sustentar que o sistema da relação a si pode continuar a ser exposto como uma estrutura reflexiva. Porém, nesse caso, esse adjetivo teria que receber uma nova compreensão, diferente daquela comumente presente no discurso filosófico,[65] pois sua peculiaridade seria a ausência de uma apresentação do "si" à

65 Sartre, por exemplo, cujo desprezo pela noção de inconsciente não é desconhecido, afirma justamente que "a definição do refletido" é "ser ele posto por uma consciência" (1936/1994, p. 57).

consciência, ou seja, uma separação, antes inusitada, entre reflexão e consciência. Nesse caso, contra a postura 1, seria preciso excluir a ponta da consciência e, contra a postura 2, a da irreflexividade. Seria necessário, então, supor um novo tipo de relação a si que pusesse em jogo uma reflexividade que, em primeiro lugar, não seria a da consciência e, em segundo e como consequência, exigiria a exteriorização do sujeito. Uma reflexividade que, obviamente, não implicasse uma recaída na psicologia e nas filosofias da consciência e que não indicasse uma relação a si senão conforme instituísse um desvio que contornasse necessariamente o nada. Encontramos essa trilha percorrida por Žižek, que expõe a possibilidade dessa reflexividade inconsciente pautada na equivocidade da representação. Ele diz, por exemplo: "Aqui se anuncia, ao mesmo tempo, a dimensão de uma certa reflexividade que escapa à dimensão tradicional da reflexão própria da subjetividade filosófica" (1988/1991, p. 113).[66] Retomando um pouco a crítica de Borch-Jacobsen discutida acima, este autor defendia, desdobrando seu argumento, a ocorrência, no pensamento lacaniano, da radicalização de uma certa aporia com a qual, de acordo com ele, se defrontaram Leibniz, Kant, Fichte, Husserl e Sartre: a consciência transcendental só é consciência de si ao ser consciência do objeto, o que significa que ela só pode se representar diante de si mesma (efetivar sua reflexividade) como um objeto ou, no caso de Lacan, como um significante. Percebemos, a essa altura, que se trata justamente do contrário, porque, na teoria lacaniana,

66 Badiou também sublinha a necessidade do desvio pelo outro, mas não que isso possa ser acompanhado de certa reflexividade: "Se a consciência não pode identificar o sujeito, se o sujeito não pode ser reflexivo, é preciso, necessariamente, um desvio pelo outro. Não há identificação do sujeito, a não ser através do desvio pelo outro" (1997, p. 37).

esse momento de objetivação do sujeito encontra-se impossibilitado. Uma estrutura de relação a si certamente exige que o sujeito se coloque a uma distância em relação a si mesmo como ponto de apreensão do fenômeno. Mas, para Lacan, o que se apresenta na distância assim tomada não pode deixar de ser um nada; o "si" em questão sempre se desloca quando o sujeito se engaja em tal empreendimento.

4. No entanto, é preciso conduzir o problema ainda um pouco mais adiante e perguntar: se o "si" em questão então sempre se desloca, destacando muito mais uma estranheza do que uma presença, será que convém manter a referência a uma "reflexividade", ainda que fracassada?[67] Talvez continuar a falar do sujeito à luz da oposição reflexividade/irreflexividade corresponda a submeter o pensamento psicanalítico a uma norma que lhe é externa, por ter origem em diretrizes de pensamento características da filosofia, o que não é nem necessário, nem uma forma de bem encaminhar o problema, uma vez que, com isso, não estaríamos fazendo nada além de reproduzir exatamente as antinomias que Lacan precisou superar. Com efeito, a psicanálise inaugura um modo de abordagem do sujeito que se situa fora da filosofia – embora não prescinda de questioná-la ou de ser por ela questionada em diversos sentidos[68] – e que implica o encontro com uma estranheza que lhe concerne ao constituí-lo. Ou seja, se colocarmos a questão "por que não utilizar o termo 'reflexividade' para tentar dar conta do modo de subjetividade de que fala Lacan?", obteremos pelo menos duas respostas:

---

67 Agradeço à profa. Monique David-Ménard, por ter chamado minha atenção para esse ponto.

68 Como, aliás, pudemos constatar ao longo desta pesquisa.

a) Primeiramente, porque a relação a si de que se trata não significa que o sujeito tenta atingir a si mesmo como objeto de uma reflexão, mas que ele se confronta com uma diferença na qual "sabe" que está implicado.[69] Não se trata aí de empreender uma análise (mediante o pensamento), senão de ser afetado por alguma coisa que tem origem no sujeito, mas que ele próprio tem dificuldades para reconhecer;

b) Por outro lado, porque é bem mais provável – ao contrário da alternativa aberta pela hipótese 3 – que não possamos separar a noção de reflexividade daquela de consciência, pois sempre que falamos dela resta suposto, *a priori*, que o ponto de partida é a unidade imediata do sujeito (enquanto consciência) com o percebido – nesse caso, unidade consigo mesmo. Então, mesmo se pensarmos, para a psicanálise, um tipo de reflexividade abortada, isso não nos levará suficientemente longe porque fica implicada, de saída, a presença imanente do sujeito a si mesmo para que, apenas em seguida, seja indicado o seu fracasso. Não se pode destinar ao sujeito do inconsciente uma função que, por ser a da reflexão, é a da consciência. Ao contrário, se descartarmos a oposição reflexivo/irreflexivo, tomamos *por princípio* a própria experiência do estranho que constitui a radicalidade do campo psicanalítico.

Assim, talvez não possamos dizer que o sujeito lacaniano seja reflexivo, nem que ele seja não reflexivo. Devemos dizer que ele se situa para além de uma tal oposição, exigindo uma nova forma de

---

69 Lembremos aqui do valor de "testemunho", inerente à verdade em psicanálise, indicado no segundo capítulo.

pensar a relação da subjetividade consigo mesma, uma forma tal que aloje a noção de distância no próprio centro da relação.

Podemos considerar que os desenvolvimentos imediatamente posteriores da teoria têm lugar para, de certa forma, continuar a manejar esse impasse ligado à necessidade de formular uma estrutura de relação a si de tipo distinto, específico.

Trata-se agora, então, de abordar o outro lado da tentativa de fazer conviverem determinação e subjetividade, ou seja, aquilo que se passa no campo da estrutura. E é aqui que podemos avançar um pouco certo esclarecimento da especificidade dessa relação a si.

3.4.1 Para além do símbolo zero: a falta no Outro como subversão da estrutura

À proporção que Lacan vai desenvolvendo a ideia de um furo no Outro – isto é, na estrutura subjetivada –, passa a se tornar possível a formulação de uma ingerência não total do sistema de significantes sobre o sujeito, estratégia que permite à teoria relativizar as vias do determinismo e retirar-se às armadilhas da hipóstase da estrutura. De fato, "se o Outro não é furado, se é uma bateria completa, a única relação possível do sujeito com a estrutura é a de uma alienação total, de um assujeitamento sem resto" (Žižek, 1988/1991, p. 78).

No entanto, é importante observar que tal estratégia, naturalmente, não chega à teoria como hipótese *ad hoc*, ou seja, como estratégia convidada a resolver, de fora, um impasse cuja origem é interna. Ela é, antes, secretada pela própria lógica significante no esteio das consequências que produz quando o campo em que se trata de pensá-la é um campo psicanalítico.

Isso fica claro quando recobramos as motivações básicas do conceito de Outro. O que conduz Lacan até ele é, antes de mais nada, a consideração do modo de funcionamento não apenas de uma linguagem, mas da ordem simbólica justaposta à função da fala; mais especificamente, o fato de que sua *projeção* institui uma outra dimensão da alteridade que ultrapassa a alteridade imediata do semelhante e que é mais uma figura do inconsciente quando visto não como representação, mas como condição (da ilusão) da representabilidade. Que o ser humano seja capaz de "fingir que está fingindo" é algo que se deve à instituição desse diferencial *vis-à-vis* à natureza, algo que se intromete na efetividade temporal à medida que implica mecanismos de antecipação e de retrospecção na fundação de uma *presença* subjetiva, na qual se trata sempre da colocação em jogo de uma verdade. O Outro é, assim, o ponto a que remete, necessariamente, o funcionamento da significação. Dadas as premissas assumidas – o significante prevalece sobre o significado, o signo não tem relação de correspondência com o real, uma significação remete a outra significação –, ele se torna uma remissão imprescindível: o significante, por só se definir pelo laço de diferença relativamente aos outros, supõe, em cada ponto singular, o conjunto – incompleto – dos significantes.

O sujeito do inconsciente, aquele que era visto como a contraparte do *eu* e de seu estofo imaginário, constitui-se *no processo de alienar-se* nesse conjunto. Como vimos, isso não deixa de causar surpresa quando lembramos que o objetivo de Lacan, ao desdobrar as antinomias do conflito entre determinação e subjetividade, era abordar um sujeito verdadeiro, para além da alienação especular. Mas um sujeito *desalienado* é, simplesmente, inexistente (mais: uma contradição em termos), pois a relação a si é sempre uma relação ao Outro. A alienação lhe é coextensiva, e não posterior; não diz respeito a uma espécie de movimento no qual um *eu* previamente dado se perderia na alteridade. O sujeito verdadeiro só não se torna um alvo inatingível porque sua verdade é que sua "natureza" encontra-se definida por essa negação mesma. Dito de outro modo, um sujeito não alienado seria o mito de alguém que existiria fora da linguagem, não submetido ao governo do simbólico; seria alguém a quem faltaria aquilo que, exatamente, define a categoria "sujeito". Enfim, um sujeito não alienado não seria um sujeito porque a alienação é a própria essência de sua definição.

Ao ser inscrito pelo significante, o sujeito é anulado porque nada em seu ser pode ser reduzido a uma cristalização em matéria de linguagem. Em contrapartida – e é isso o que legitima a dialetização da dimensão da verdade no registro simbólico –, essa inscrição, sem dizer o sujeito, aponta e sugere certa coerência do lugar que ele ocupa como desejo e repetição diante do Outro. Sua representação é equívoca. Mas há algo que, a partir dessa equivocidade, se organiza como marca. Isso significa que o fracasso do significante em representar o sujeito produz efeito de estrutura ao gerar seu posicionamento diante do Outro.

Toda a questão reside, então, em perceber que a estrutura, ao ser nomeada "Outro" à luz dos processos do desejo, não pode ser suposta completa segundo dois níveis de análise: a) não há nada de discursivo capaz de funcionar como garantia do próprio discurso; b) nesse conjunto totalizado também prevalece a duplicidade empírico--transcendental (cujo caráter necessário já foi aqui problematizado a propósito do desejo e do sujeito).

a) Inexistência de garantia discursiva do próprio discurso

No tocante ao primeiro ponto, vemos que, na teoria lacaniana, o processo metonímico só é barrado por uma coisa: algo que representa a impossibilidade de ele ser barrado. O significante de uma falta no Outro – S(Ⱥ) – padece de uma ambiguidade: sendo significante, deveria pertencer ao mesmo nível dos demais, mas, sendo o significante que representa o limite da significância, deve ser, ele mesmo, a circunferência (aberta) que demarca o campo transcendental constituído por todos os outros significantes. Ele encarna o paradoxo da necessidade de simbolizar a existência da simbolização levando-se em conta, ainda, seu caráter metonímico. Um significante, para ser significante do Outro, teria, evidentemente, que estar *fora* do Outro. Como só há significante no Outro, um significante do Outro é impossível (não há metalinguagem). Dessa forma, seu movimento também não recebe nome, e essa impossibilidade é sua falta (é seu desejo). O Outro é o lugar no qual o sujeito, submetido a seu próprio regime de evanescência, procura as respostas para sua falta e a garantia do dispositivo construído para a ilusão de evitá-la. Mas, como não há estrutura da estrutura, o Outro também possui uma falta, uma incapacidade de fundamentação em função da qual não pode prover uma resposta segura e estável. Sendo o Nome-do-Pai, como vimos anteriormente, o significante da inscrição simbólica, o falo revela-se, para Lacan, sua contrapartida: é o significante de que, apesar de haver inscrição significante, nada em seu nível é capaz de responder por um objeto adequado ao desejo. Lacan explica no *Seminário 6* que a expressão "não há Outro do Outro" significa que "não há, no Outro, nenhum significante que possa, em sendo o caso, responder pelo que sou" (2013, p. 354). O fato, discursivo, de não haver, no nível do significante, algo que garantisse a verdade que ele mesmo instaura modula-se, em termos de sexuação, na inexistência de uma designação para o ser do sujeito. Isso quer dizer que o falo leva para o interior do jogo significante a "impossibilidade de encontrar a sexuação na ordem do ser" (David-Ménard, 2003, p. 162). Ou, como expressa Safatle (2003), ele "é apenas a simbolização de uma negação. Seu conteúdo normativo e positivo é nulo, já que ele não pode dizer nada sobre o objeto empírico adequado ao gozo" (p. 200).

É por isso que Lacan (1960/1966t) afirma que o significante de uma falta no Outro só é "simbolizável pela inerência de um (−1) no conjunto dos significantes" (p. 819). Positivar a presença do significante de uma falta no Outro corresponderia a eliminar sua função uma vez que tal operação produziria um significante que completaria o Outro, fornecendo a amarração última da verdade e, consequentemente, designando uma única posição de desejo para todos os sujeitos. Sendo essa amarração impossível devido ao caráter metonímico do desejo e do discurso, a única alternativa lógica que resta para o significante de uma falta no Outro é apresentar-se no Outro como um significante, ele próprio, faltante: presença significante indicadora de sua própria ausência, presença da ausência no cerne do discurso, (-1). Assim, só é possível dizer que todos os significantes representam o sujeito para um único significante,[70] na medida em que esse significante único seja o significante da ausência de um significante no Outro para representar o desejo.

É à luz desse mecanismo que podemos, então, realmente identificar a necessidade de inserir um furo na estrutura como momento exato de ultrapassagem do estruturalismo, como o confirmará o trecho que leremos em seguida. Antes de fazê-lo, porém, será necessário, mais uma vez, especificar o sentido suposto a "ultrapassar o estruturalismo". Em primeiro lugar, pelo seu negativo: não será, naturalmente, a eliminação de uma recorrência ao valor propriamente estruturalista do conceito de estrutura – algo que, aliás, de imediato, corresponderia a um retrocesso em termos epistemológicos. Aqui cabe bem ressaltar: se Lacan conduz o estruturalismo a um limite em que ele não mais se sustenta, isso não é feito com o resultado de "abandoná-lo", mas com a proposição de articulações teóricas absolutamente devedoras do caminho traçado até então. A indicação de

70 "Quanto a nós, partiremos do que a sigla S(Ⱥ) articula, por ser antes de mais nada um significante. Nossa definição do significante (não existe outra) é: um significante é aquilo que representa o sujeito para um outro significante. Esse significante será, portanto, o significante para o qual todos os outros significantes representam o sujeito; o que quer dizer que, na falta desse significante, todos os outros não representariam nada. Já que nada é representado senão para." (Lacan, 1960/1966t, p. 819)

uma espécie de "ontologia negativa"[71] como resposta à determinação totalizante do significante sobre o sujeito decorre do próprio desdobramento das noções de significante e estrutura. Assim, ultrapassar o estruturalismo não será outra coisa senão a relativização dessa determinação, inaugurando o valor teórico de uma estrutura reinterpretada no sentido da incompletude e da inserção da falta no fundamento de seu mecanismo como condição de sua convivência necessária com a preservação do lugar do sujeito. É assim que, aqui, o termo "ultrapassagem" se aproxima do termo "travessia".

Dito isso, vejamos como Lacan opõe, agora, o significante de uma falta no Outro exatamente ao símbolo zero:

> *Observemos então com cuidado o que objeta a conferirmos a nosso significante S(Ⱥ) o sentido do* Mana *ou de qualquer de seus congêneres. É que não podemos*

71 Na verdade, um uso justificado dessa expressão exigiria um trabalho de fundamentação e uma problematização mais ampla, tendo em vista a caracterização, até aqui avançada, do discurso psicanalítico como pré-ontológico. Se, por um lado, Lacan diz, no *Seminário 11*, possuir uma ontologia ("tenho minha ontologia – por que não? – como todo mundo tem uma, ingênua ou elaborada" [1973, p. 69]), por outro, escreve um posfácio ao mesmo seminário para aí concluir que "o artifício dos canais por onde o gozo vem causar o que se lê como mundo, eis aí, há de se convir, o que vale que o que disso se leia, evite o onto (...), e mesmo a ontotautologia" (1973, p. 254). Em vista desse último apontamento é que entendemos, por exemplo, a seguinte declaração de Balmès (1999): "Será do ponto de vista de um realismo do gozo que a psicanálise rejeitará toda ontologia" (p. 206). Para decidir se a psicanálise lacaniana pode ser qualificada, em algum nível, como discurso ontológico (seja negativo), seria preciso investigar, de modo mais aprofundado do que o que fizemos até aqui, as relações entre verdade, real, ser e linguagem. A questão a ser colocada seria, precisamente, a seguinte: a ultrapassagem da estrutura com a consequente necessidade de pressupor a possibilidade de uma apresentação da negação permite designar a transposição do discurso psicanalítico do nível pré-ontológico para o nível ontológico? Safatle (2006) e Dunker (2006) desenvolvem a ideia da presença de uma ontologia negativa no pensamento de Lacan.

> *nos contentar em articulá-lo a partir da miséria do fato social, ainda que ele seja acuado num pretenso fato total.*
>
> *Sem dúvida, Claude Lévi-Strauss, comentando Mauss, quis reconhecer aí o efeito de um símbolo zero. Mas, no nosso caso, parece tratar-se, antes, do* significante da falta desse símbolo zero. *(Lacan, 1960a/1966, p. 821, grifo meu)*

A partir desse momento, tudo se passa como se, aos olhos de Lacan, Lévi-Strauss não tivesse levado suficientemente longe a contradição que o simbólico engendra com sua própria existência, como se o antropólogo não tivesse retirado disso as suas últimas consequências: não basta indicar, para o seu limite, um significante vazio, é preciso entender que seu funcionamento secreta um significante da impossibilidade lógica da existência desse significante último.[72] Ou ainda, em outros termos, é preciso desenvolver as implicações da estrutura até o ponto em que ela mesma se mostra incomensurável com qualquer ideia de completude.

b) Prevalência da duplicidade empírico-transcendental

Entendido esse aspecto, o segundo – vale dizer, a duplicidade empírico-transcendental – pode ser desdobrado como questão correlata. A falta no Outro não é apenas o significante da falta no nível transcendental, mas também a presença do desejo em uma *figura do Outro* que se apresenta à criança como interseção entre corpo e fala. O desejo do sujeito está, diz Lacan (1998):

> *situado entre o Outro como lugar puro e simples da fala e o Outro na medida em que ele é um ser de carne à mercê do qual nos encontramos quanto à satisfação de*

72 Ver também Zafiropoulos (2003, p. 238).

> *nossa demanda. Que este desejo esteja situado aí, isso condiciona sua relação com essa simbolização da ação do significante que produz aquilo a que chamamos um sujeito (...). (p. 476)*

Também a propósito do Outro, vemos a duplicação fundamental entre empírico e transcendental: é, ao mesmo tempo, a estrutura em seu funcionamento puramente simbólico, toda a linguagem à qual qualquer fala se dirige, e a estrutura tal como incide (e aparece encarnada) na primeira figura da alteridade (a mãe); nesta, a estrutura age segundo as respostas (de presença ou ausência, de sim ou de não) que ela provê enquanto sujeito conforme as configurações particulares de seu próprio desejo.

Assim, a marca do significante no Outro não decorre somente de uma lógica transcendental (tal como visto acima), mas também de um fato que se registra na experiência: a mãe é igualmente um sujeito desejante, e a ela a plenitude é recusada.

Na verdade, essa hibridização, nos desenvolvimentos da noção de Outro, entre lugar transcendental e função de transcendência que secreta, sob os destinos do desejo, um lugar de sujeito, pode ser simplesmente vista como outro ângulo do desenvolvimento da interseção de níveis de análise, mencionado no Item 2.14, do segundo capítulo. Que o Outro já fosse, por sua vez, um sujeito, isso era, assim, algo imediatamente decorrente desde suas primeiras descrições. E a indicação dessa transcendência na estrutura transcendental talvez, inclusive, baste para explicar a efetiva oscilação, na obra de Lacan desse período, entre a afirmação de que o Outro é sujeito[73] e

73 "É na medida em que o Outro é um sujeito como tal que o sujeito se instaura e pode se instituir, ele mesmo, como sujeito, em uma nova relação com o Outro, pela qual ele tem que se fazer reconhecer, nesse Outro, como sujeito – não mais como demanda, não mais como amor, mas como sujeito." (Lacan, 2013, p. 440)

a afirmação oposta, de que ele não o é:[74] ele poderia ser dito sujeito apenas sob o aspecto da transcendência correlativa da submissão à marca do significante, mas não no de constituição de uma posição particular de desejo, como posição repetível diante da estrutura, uma vez que ele próprio é a estrutura.

Somente possuindo, ela mesma, a falta, pode a estrutura ser o lugar de referência para o desejo do sujeito: "É precisamente na medida em que o Outro é marcado pelo significante que o sujeito pode – e só o pode por essa via, por intermédio desse Outro – reconhecer que ele também é marcado pelo significante" (Lacan, 1998, p. 366). Sendo assim, a interferência recíproca entre lugar transcendental e inscrição por meio de um personagem concreto também submetido ao desejo e que se registra no nível imaginário impele, por si mesma, à asserção de que o Outro também é barrado, de que a barra deve compor a estrutura enquanto tal.

A esse propósito, a falta no Outro não é, portanto, consequência apenas dos impasses do sujeito, mas da própria interseção entre empírico e transcendental que permeia a reflexão lacaniana. É, portanto, outra face da junção capital entre fala e linguagem, já insistentemente observada. São, assim, elementos pertinentes ao próprio arcabouço do fenômeno abordado que já providenciam o direcionamento da reconfiguração necessária da ideia de estrutura simbólica.

Os dois níveis de análise são, então, dois aspectos de um mesmo problema: a estrutura tem que ser aberta (ou inconsistente). Sem abdicar de seu lugar suposto ao caráter necessário de uma determinação simbólica, ela própria deve encontrar-se sujeita à contingência, não possuindo ponto de parada para a garantia de si mesma.

---

74 "E o Outro (...), é essencial mantê-lo como tal. O Outro não é um sujeito, é um lugar para o qual nos esforçamos em transferir o saber do sujeito." (Lacan, 1961-62, p. 20)

3.4.2 Para além do desejo de nada: o objeto *a* como resistência ao esquema transcendental dos significantes

O objeto *a* surgirá como a sobra atualizada de uma estrutura faltante e funcionará como ponto vazio em que o sujeito – também vazio, porém existente como resto efetivo (e não somente como epifenômeno) do assujeitamento à estrutura – pode exercitar sua faculdade de reconhecimento. Como esclarece Žižek (1988/1991):

> *ora, a falta no Outro quer dizer que há um resto, uma inércia não-integrável no Outro, o objeto* a, *e o sujeito pode evitar a alienação total justamente na medida em que se coloca como correlato desse resto $ ◊* a. *Dessa maneira, podemos conceber um sujeito que difere do eu, lugar do desconhecimento imaginário: um sujeito que não se perde no 'processo sem sujeito' da combinação estrutural. (p. 78)*

O objeto *a*, sendo algo não integrável pelo sujeito, encarna o vazio em que ele pode se reconhecer e se substitui, em função, ao significante que, em resposta ao desejo de reconhecimento do sujeito, só o reenviava a outro significante, moto-perpétuo. Bloqueia o movimento puramente negativo do sujeito ao acrescentar-lhe uma segunda negação: a negação de uma inércia inapreensível, na qual a ideia de subjetividade passa a se somar a algo capaz de responder pelo concreto da fantasia e pela singularidade do desejo que nada possui de abstrato. "O sujeito, a negatividade pura, o movimento absoluto da mediação, não pode chegar ao ser-para-si, à sua existência efetiva, a não ser tornando a se encarnar num momento absolutamente inerte, não subjetivo." (Žižek, 1988/1991, p. 97) Pelo que foi dito até aqui, fica claro que não acompanho Žižek na utilização dessa expressão "ser-para-si". Como este desenvolve sua análise a partir da possibilidade da reflexividade – o que, talvez, possa ser visto como efeito da estratégia de ler a psicanálise lacaniana a partir de Hegel –, ele diz que o *elemento reflexivo* sai do sujeito para residir fora dele: "Essa contradição absoluta [que é o ponto de partida da dialética: a diferença pura é o predicado da identidade-a-si] se 'resolve' pela exclusão de um elemento 'reflexivo' que encarna o vazio" (Žižek, 1988/1991, p. 57). De todo modo, se o elemento a ser contornado para que o sujeito se aventure em uma relação a si se encontra fora dele, se o que lhe é mais íntimo no sentido de responder pela verdade na constituição de seu desejo[75] é algo que ele não é capaz de reconhecer,[76] então ele não pode mais ser definido como um "si mesmo", como, de fato, confirmava Lacan (1999): "O sujeito é diferente de um si mesmo, daquilo que é chamado por uma palavra elegante em inglês, o *self*" (p. 488). E, já que não podemos sustentar o uso da expressão "si mesmo", fica difícil encontrar argumentos para continuar a falar de reflexividade.

Assim, quando perguntamos: "Por que o desejo *deve* ter um objeto, ainda que não seja objeto *do* desejo, mas sua causa? Por que não pode continuar a ser desejo de nada, como toda a teoria lacaniana levaria a deduzir?", a reposta não é simplesmente porque de fato desejamos objetos, amamos, direcionamos investimento psíquico em alvos específicos e comumente deveras rígidos, insubstituíveis. Mesmo as mais inflexíveis fixações de objeto poderiam continuar a ser pensadas, dentro da lógica do desejo de nada, a partir da estrutura de função pura que a especificidade do objeto viria apenas corroborar.

75 É esse o sentido do uso que Lacan faz do termo "extimidade" [*extimité*] para falar, no *Seminário 7* (1986, p. 167), da posição da Coisa em relação ao sujeito.

76 Assim, se eu dizia acima que o sujeito se reconhece no objeto *a*, torna-se preciso melhor especificar a asserção. Não parece haver outra forma de fazê-lo a não ser dizendo que o sujeito *se* reconhece em algo que ele não pode reconhecer; ou seja, ele se vê implicado no objeto, mas sem que isso possa ser submetido à representação. No fundo, é necessário então cindir a palavra "reconhecimento" em dois sentidos.

A centralidade do objeto *a* no lacanismo (Lacan o considerou a sua invenção propriamente dita) surge, na verdade, do desenvolvimento dos impasses internos à noção de sujeito: a possibilidade de lhe garantir uma dimensão – talvez possamos dizê-lo – existencial, uma forma de pensar o desejo *com* a pulsão, *com* o corpo e *com* a fantasia. Se o sujeito é em *fading* – o que não é aparecendo, o que aparece não sendo –, ele é, portanto, de qualquer forma, pensado como *algo que aparece* e esse aspecto positivo de sua manifestação só pode residir na produção da fantasia, de uma cena que fixa o desejo em sua consistência singular, enfim, de um objeto que, embora não funcione para a satisfação do desejo, provoca o seu movimento e serve de aparato para a estratégia de reconhecimento desse sujeito tão fugaz. Sem isso, a construção teórica do sujeito resumir-se-ia completamente à sua vertente de puro não ser, oriunda da forma como Kojève o pensara e sobreposta pelo transcendental da estrutura. Ele não seria, então, apenas um sujeito volátil, mas, no limite, exatamente uma categoria dispensável, a exemplo do que ocorria com a análise lévi-straussiana dos mitos. Isto é, sem o objeto *a* como contraponto do sujeito puro, estaria ausente da noção de subjetividade qualquer raiz que ela pudesse cavar na experiência, qualquer vinculação plausível que ela pudesse tornar efetiva com uma prática clínica sem a qual o discurso lacaniano exatamente na sua especificidade de discurso psicanalítico (tal como entendido pelo próprio Lacan) não poderia sequer existir.

Se o sujeito "desaparecente" só se relaciona a si mediante o contorno de um objeto faltante cujo conteúdo inerte é apenas a positivação do seu vazio, então é exatamente aí que podemos entrever a possibilidade de um novo tipo de relação a si, aquela que, ao apresentar a facticidade do reconhecimento em um objeto vazio, indica que o único sucesso que este pode almejar é, afinal, o reconhecimento da impossibilidade do reconhecimento. Žižek (1988/1991), no que segue, apresenta a ideia:

> *seu desafio é antes, para o sujeito, reconhecer, na impossibilidade de se apropriar do Coração do Outro, uma condição positiva que define seu estatuto de sujeito. A virada consiste, pois, numa mudança radical de perspectiva: é seu* fiasco *– o fracasso de seu esforço de se apropriar do conteúdo substantivo oposto, de penetrar no Coração do Outro – que inclui o sujeito na substância, em seu Outro. (p. 113)*

E o que ocorre quando esse movimento *tende a retornar* do Outro e do objeto para o "si"? Passa-se que ele precisa, então, construir alguma coisa aí onde não encontra nada, e isso que se constrói é a fantasia.

Levando o argumento às últimas consequências, esse talvez seja mesmo o único tipo consistente de relação a si: só haveria, afinal, sujeito do inconsciente. Porque, para que eu possa me relacionar com alguma coisa, é preciso que esse algo seja diferente de mim, que se coloque a uma distância qualquer como um outro que pudesse suscitar em mim alguma reação. Sem a distância, não há relação. "Ele [o sujeito] é, portanto, (...) aquilo que ele não é, e ele não é aquilo que ele é, porque a condição da relação a si é a distância a si" (Borch-Jacobsen, 1991b, p. 307). E como algo pode se colocar à distância de um ponto de referência se não for diferente dele, se não lhe for estranho, se não apresentar ao mesmo a condição do outro? Então, se há distância, é porque nada, nem a consciência, pode dar-se de imediato a si mesmo. É nesse sentido que entendo a seguinte conclusão de Badiou (1997): "Pode-se dizer, então, que não há teoria do sujeito, senão como teoria do inconsciente" (p. 37). Não há experiência imediata nem mediada do sujeito. Há apenas um esforço, na direção dessa experiência, que jamais se completa.

Em seus termos, o lugar da espontaneidade do sujeito, depois de ressignificada a referência estruturalista, culmina no conceito de separação (relação com o objeto), entendido como processo de geração de si mesmo pela subjetivação da causa alienante (relação com o Outro). O sujeito é a falta que ele próprio retira à falta no Outro. Onde falha a ordem simbólica, diz Lacan (1960/1966u), "o que ele vai colocar nela é sua própria falta sob a forma da falta que produziria no Outro com seu próprio desaparecimento" (p. 844). Assim, a separação é a operação de sobreposição de um furo a outro: do não ser do sujeito, sobre a inexistência de garantia, para o ser da linguagem que, na linguagem, só pode surgir como o traço do furo ou como a necessária delimitação de uma impossibilidade. E esse processo de subtração é *atividade* creditada ao sujeito. É nesse sentido que Lacan afirma, em *Subversão do sujeito* (1960/1966t), que a quadratura do círculo do Outro – ou a completude da bateria significante – é "impossível, mas apenas pelo fato de que o sujeito só se constitui ao dela se subtrair e ao descompletá-la essencialmente, por ter que, a um só tempo, nela se contar e não desempenhar outra função que não a de falta" (pp. 806-7).[77] A função que Lacan atribui ao objeto *a* é, segundo expressão de Borch-Jacobsen, a de "imajar o inimaginável desaparecimento do sujeito no significante" (1991b, p. 310). Ele deve fazer suporte à *existência* do sujeito – ou à dialética de sua *ex-sistência* entre os polos do aparecer e do desaparecer – no momento, que é um momento de pânico, em que ele é exatamente riscado pelo significante. O que o sujeito coloca no desejo do Outro é sua própria falta, como a falta que nele produziria com seu desaparecimento. *Por ser corpo*, o sujeito produz uma imagem desse desaparecimento: a imagem daquilo que falta ao Outro – ou, dito de outro modo, daquilo que não pode ser subsumido a uma inscrição

---

77 Quanto a esse ponto, talvez seja esclarecedor o comentário de Julien (1990/1993): "Se o simbólico deixa de me responder, vou ficar ali, de boca aberta? Não, é neste mesmo ponto de incógnita que está o desejo do Outro, no lugar específico da barra do S (Ⱥ), que se constitui o desejo do sujeito. Como especificá-lo? Por isso, longe de esperar a resposta, eu mesmo a engendro, subtraindo-me da ordem simbólica por uma operação de separação real" (p. 126).

significante. Uma vez que a problemática do reconhecimento não é desvencilhável de um tal registro, isso significa que o sujeito se identifica a uma imagem na qual não pode se reconhecer – o objeto *a* não é restituição da identidade, mas presença da sua impossibilidade.[78] Ora, a essa altura de nosso itinerário, já podemos intuir que tipo de imagem, dizendo respeito ao real do sujeito, produz resto perante a simbolização. Nada pode exercer essa função a não ser uma imagem *corporal*, forçosamente separável do sujeito, cuja especificidade deduziremos a seguir. Ou não nascia o desejo do deslocamento da necessidade sob a enunciação? É essa identificação fundamental que pausa a metonímia, fixando a fantasia contra o pavor do gozo que seria gerado pelo contato com a falta no Outro. Seu lugar vazio recebe a projeção da fantasia exatamente como defesa contra a ideia de não existir. O objeto é:

> *essa coisa que sustenta o sujeito precisamente no momento em que ele deve fazer frente, se assim podemos dizer, à sua existência. É essa coisa que sustenta o sujeito em*

---

78 Esse é o motivo pelo qual Lacan afirma o seguinte: "O desejo do Outro não me reconhece. Hegel acredita que sim, o que torna a questão muito fácil, pois, se ele me reconhece, como nunca me reconhecerá suficientemente, só me resta usar de violência. Na verdade, ele não me reconhece nem me desconhece. Isso seria fácil demais; eu poderia sempre sair daí pela luta e pela violência. Ele me questiona [*me met en cause*], interroga-me na raiz mesma de meu próprio desejo como *a*, como causa desse desejo, e não como objeto" (2004, pp. 179-80). Ora, ler esse trecho em seguida ao *Seminário 5*, por exemplo, sem considerar o que teve lugar, em nível epistemológico, entre uma coisa e outra, nos levaria a constatar uma contradição pura e simples. Além do mais, a realocação da problemática do reconhecimento é também acompanhada de uma crítica direta ao paradigma da intersubjetividade, como podemos ver neste trecho: "Não seria a intersubjetividade aquilo que é o mais estranho ao encontro analítico? Não basta, aí, que ela desponte para que nos esquivemos, certos de que é preciso evitá-la? A experiência freudiana se congela a partir do momento em que ela surge; ela só floresce em sua ausência" (Lacan, 1960/1961, p. 9).

> *sua existência no sentido o mais radical, a saber, nisso: justamente no sentido de que ele existe na linguagem. Dito de outro modo, o objeto consiste em alguma coisa que está fora dele, que ele só pode apreender em sua natureza própria de linguagem no momento exato em que ele, como sujeito, deve se apagar, evanescer, desaparecer por trás de um significante. Nesse momento, que é, se podemos dizer assim, um momento de pânico, o sujeito tem que se agarrar a alguma coisa – é justamente ao objeto como objeto do desejo que ele se agarra. (Lacan, 2013, p. 108)*[79]

A necessidade de referência ao objeto é, dessa forma, o resultado mais relevante dos impasses gerados pela tensão entre estrutura e sujeito, significando que a abordagem do desejo não pode mais reservar papel tão principal à determinação simbólica tal como circunscrita não somente pelo estruturalismo, mas também pelo kojèvismo.[80] É isso que se reflete na centralização da temática da

---

79 Ver também p. 392, na qual lemos que "(...) no momento em que o sujeito desaparece diante da carência do significante que responde de seu lugar no nível do Outro, [ele] encontra seu suporte nesse objeto". E ainda Lacan (1979, p. 146).

80 De fato, o "desbastamento do sensível" (expressão de David-Ménard, 1997/1998, p. 24), corolário da descrição do desejo como função pura que impossibilita sua determinação na satisfação, é produto incontornável em ambas as matrizes. Nesse sentido, a prevalência do objeto *a* no desejo também demarca um afastamento de Lacan relativamente a Kojève, cuja ontologia dualista reservava a negação tão somente à instância negadora (isto é, ao Sujeito ou ao Discurso). Deixando entre parênteses os marcos e os limites da filiação de Hyppolite a Kojève (para os marcos, ver Arantes, 1991), é em palavras do primeiro que encontramos uma indicação precisa do tipo de negação que está em questão na relação entre sujeito e objeto *a*: "A negação não é isolável daquilo que ela nega, como se ela pertencesse tão somente ao sujeito do saber; ela se encontra nas próprias coisas sob a forma de sua determinação e de sua fixação e do movimento que

fantasia que tem início no *Seminário 6*. Daí decorrem reiterados desenvolvimentos da noção de objeto. Se tomarmos os temas principais que então se seguem – a Coisa no *Seminário 7*, o agalma no *8*, a identificação no *9*, a angústia no *10*, a pulsão, o olhar e o par alienação/separação no *11* –, vemos que o solo comum a todos eles é o esforço de lapidação de uma noção de objeto que apenas sob a condição de perdido e fazendo prevalecer a junção entre o imaginário e o real pode responder pela constituição do sujeito. Que ela tenha se tornado necessária a partir das aporias do desejo puro, é o próprio Lacan (1973) quem o revela:

> *A experiência nos mostra que Kant é mais verdadeiro. E provei que sua teoria da consciência – como ele escreve, da razão prática – só se sustenta por fornecer uma especificação da lei moral que, examinada de perto, não é outra coisa senão o desejo em estado puro, aquele mesmo que*

---

ultrapassa essa divisão" (Hyppolite, 1967/1971, p. 350). Assim, não é à toa que, no *Seminário 6* – exatamente aquele em que Lacan começa a desenvolver um novo conceito de objeto –, encontramos o seguinte comentário: "Reencontramos aqui, mas sob outra forma e diferentemente acentuada, isso que foi capaz de marcar o pensamento, com ou sem razão, e que chamamos existencialismo; a saber, que é o sujeito humano, vivo, que introduz no real uma nadificação [*néantisation*]. Eles chamam assim, mas nós chamamos de outro modo. Porque esta nadificação da qual os filósofos fazem seus domingos, e mesmo os seus domingos da vida – ver Raymond Queneau –, não nos é suficiente, em virtude dos usos, os mais artificiosos, que dela são feitos pela prestidigitação dialética moderna" (Lacan, 2013, p. 413). Sendo evidente a alusão a Kojève, pode-se dizer que, se a negação que doravante interessa à psicanálise não é mais aquela que produz o "domingo da vida", é justamente porque ela não deve ser restrita à função da linguagem, exigindo manifestação sensível desde que não submetida a nenhum tipo de realismo. Eis que a possibilidade de convergência entre as matrizes kojèviana e estruturalista é corroborada inclusive pelo momento em que ambas são postas em xeque: trata-se do mesmo momento, decorrente dos mesmos problemas.

> *conduz ao sacrifício, falando com propriedade, de tudo aquilo que é o objeto do amor em sua ternura humana – digo mesmo, não apenas à expulsão do objeto patológico, mas também a seu sacrifício e a seu assassinato. Foi por isso que escrevi* Kant com Sade. *(p. 247)*

A lei moral kantiana é o desejo em estado puro exatamente na medida em que acarreta a eliminação de uma dimensão patológica agora entendida como indispensável. O escrito de 1963 – *Kant com Sade* – equivaleria, assim, ao desenvolvimento da percepção, por Lacan, dos limites do estruturalismo relativos ao desejo (Safatle, 2003; 2006), especialmente no sentido de que, *enquanto símbolo zero*, o falo, ao impelir o desejo a um nível transcendental, pode modulá-lo em gozo vazio da lei e, por essa via, identificar fim de análise com perversão (Safatle, 2006, p. 130). O sujeito, como nada, é uma pergunta – e não uma afirmação – dirigida à estrutura sob a forma do Outro. Mas, em retorno, ele não recebe a resposta. Recebe apenas o significante da ausência essencial de resposta ou o falo como representante do fato de que nada pode fazer cessar o processo metonímico do desejo e completar de vez o sentido. A essa ausência de resposta, que é também o limite da determinação, o sujeito reage com a produção da fantasia cujo motor é o objeto *a*. Por isso:

> *a partir dos anos 1960, Lacan irá operar um certo* retorno ao sensível e ao primado do objeto *repleto de consequências para a clínica e, principalmente, para a noção de imaginário. É através de tal retorno que poderemos, por exemplo, compreender o abandono progressivo do conceito de* desejo puro *em prol da rearticulação do conceito de* pulsão. *(Safatle, 2003, p. 211)*

De todo modo, é *de dentro mesmo do transcendental da estrutura* que o objeto *a* nasce como resistência a ela. De fato, o objeto *a* é uma negatividade sensível refratária ao significante – ou, como o diz Lacan (1973), é "objeto indeglutível [*inavalable*] (...) que permanece atravessado na garganta do significante" (p. 243). No entanto, seu lugar é previamente demarcado *pelo Outro* em um sentido que, paradoxalmente, reserva, também a ele, um lugar na estrutura. Várias observações de Lacan não permitem outra interpretação. Por exemplo:

> a, *o objeto do desejo, no ponto de partida em que o situa nosso modelo, é, a partir do momento em que funciona nele..., o objeto do desejo. Isso quer dizer que, como objeto parcial, ele não é apenas parte, ou peça destacada, do dispositivo que aqui imagina o corpo, mas* elemento da estrutura desde a origem *e, se assim podemos dizer, da distribuição das cartas da partida jogada. Na medida em que é selecionado nos apêndices do corpo como indício do desejo, ele já é o expoente de uma função que o sublima antes mesmo que ele a exerça: aquela do indicador apontado para uma ausência da qual o é? nada tem a dizer, senão que ela é de onde isso fala. (1958/1966q, p. 682, grifo meu)*

Aqui, a analogia com a distribuição de cartas e a menção à função de indicação de um lugar não deixa dúvidas quanto ao fato de que o termo "estrutura" está sendo empregado em seu sentido específico, de modo que, se o sensível resiste, o *lugar* de sua resistência é preparado exatamente por aquilo a que ele resiste – já sabemos que é preparado pela falta no Outro. Por isso, o objeto *a* é o que sobra da dialética do sujeito com o Outro (Lacan, 2004, p. 265); ele é produto dessa dialética na mesma proporção em que, por ela, não é assimilável: "o *a* é o que resta de irredutível na operação total do advento do sujeito no lugar do Outro, e é a partir daí que ele assume sua função" (Lacan, 2004, p. 189). Assim, se a teoria se direciona para o imperativo de pensar a contrapartida da transcendentalização do desejo, ela só pode ser engendrada a partir de algo imanente ao campo assim produzido. Lacan não poderia ser mais claro quanto a esse aspecto: "o lugar central da função pura do desejo, se assim podemos dizê-lo, esse lugar é aquele em que lhes demonstro como o *a* se forma" (2004, p. 248). Isso nos previne contra uma separação indevida entre relação de resistência e relação de dependência, sendo a primeira logicamente decorrente da segunda. O fato de Lacan reiterar comentários nessa direção nos garante que não se trata, aqui, de um passo teórico que o autor teria deixado de lado após o comentário ao trabalho de Daniel Lagache.[81] Eis outra declaração do autor muito direta a esse respeito: "Se ele é realmente em sua função o que articulo – a saber, o objeto definido como um resto irredutível à simbolização no lugar do Outro –, ainda assim ele depende *desse Outro*, pois, de outro modo, como se constituiria?" (2004, p. 382. grifo meu). O objeto *a* é projetado *contra* o lugar da estrutura no qual ela se revela faltante, incapaz de fornecer um signo de resposta última que estancasse o processo metonímico do desejo; ou seja, ele se projeta no próprio lugar da falta – não para tamponá-la (o que seria, simplesmente, impossível), mas para expressá-la na relativa estabilidade da fantasia. Atravessar a fantasia será, então, reconhecer, no estatuto desse objeto, exatamente porque ele resiste ao reconhecimento em sua constituição como contraparte negativa da negação, a própria essência do sujeito como sujeito de desejo. Se o *a* aparece como resto da operação de constituição do sujeito no Outro,[82] então é a própria estrutura (enquanto campo

81 Onde consta o excerto que refere o objeto *a* como elemento da estrutura.

82 Ver ainda p. 314 do *Seminário 10*.

transcendental – no caso, subjetivado pela conformação de uma posição de desejo) que secreta aquilo que a ela será resistente, o que reforça a ideia de que o estruturalismo é "ultrapassado" conforme um "ir além", e não conforme um "abandono". Ele é atravessado.

A meu ver, isso significa duas coisas: 1 – A origem da determinação do sujeito – doravante entendida como determinação não total – continua a ser o significante. É o que lemos a seguir:

> *O efeito de linguagem é a causa introduzida no sujeito. Por esse efeito, ele não é causa de si mesmo, ele carrega consigo o germe da causa que o cinde. Pois sua causa é o significante sem o qual não haveria nenhum sujeito no real. (Lacan, 1960/1966u, p. 835)*

Com efeito, se não o fosse, a própria necessidade teórica do objeto *a* simplesmente não teria surgido. 2 – O estatuto do objeto *a* não é, em certa medida, da ordem do sensível nem da ordem do empírico. Não é da ordem do sensível na acepção de apresentação de algo à sensação ou aos sentidos (trata-se antes de olhar que de visão); ele é sensível, no entanto, no sentido de que atinge o corpo mediante suas bordas. O objeto *a* não é da ordem do empírico na medida em que a empiria é denunciada como ilusão imaginária; ele diz respeito, no entanto, à apresentação imaginarizada (nesses dois níveis, a ambiguidade da imagem como alienante e reveladora) do real como o limite do simbólico.

Não se pode, assim, perder de vista que o ponto de resistência ao simbólico é produzido (não totalmente) pelo simbólico, e não dado anteriormente a ele.

Tudo se passa, então, como se, à luz dessas balizas, Lacan precisasse se colocar as seguintes questões: o que pode ser o objeto para que não se caia nos impasses da primeira teoria do imaginário?

Tendo atravessado o significante, como reencontrar o corpo e o objeto, não esquecendo as críticas realizadas, mas efetivando-as? Por isso, "tornou-se agora para nós exigível uma justa definição do objeto *a*" (Lacan, 2013, p. 414). Uma vez que uma noção de objeto não redutível à condição de epifenômeno e de anteparo de uma projeção narcísica torna-se, assim, indispensável à articulação do desejo entre linguagem e sujeito, uma abertura é produzida para a ressignificação da natureza do imaginário, para a instituição, na teoria, de "um outro modo de imaginarização" (Lacan, 2004, p. 51).

Vimos que a apropriação do estruturalismo em psicanálise acarreta a dissolução do objeto quanto à conformação de um desejo, então adjetivado "puro", e que tal estratégia bem concorria para a confecção de uma teoria que se autoimpunha uma inspiração antissubstancialista. Vimos também que as tentativas de preservar o sujeito diante dessa dissolução revelaram o ponto de sua impossibilidade. Apenas a combinação do transcendental com uma transcendência que transforma tanto o sujeito quanto o desejo em funções puras não é suficiente para dar conta do fenômeno em questão. O movimento do sujeito na direção de um objeto sensível (nos termos indicados) passa a ser, assim, correlativo da consideração do corpo em sua dimensão própria: a do real da pulsão. O viés da formalização permanece e continua a ser trabalhado – a topologia, os matemas, os nós –, porém ele agora não é mais dissociável da presença sensível da carne (não como dado de realidade não problematizado – pois não se trata de recuperar encaminhamentos já muito criticados –, mas como o real do movimento pulsional). Nesse sentido, os seminários *10* e *11* apresentam uma continuidade da abordagem do corpo. No primeiro, o objeto é especificado por algo que dele se rompe ou se destaca; algo que fazia parte do sujeito na dimensão do corpo e que ele vem a perder – perda que corresponde à sua própria constituição. No segundo, o objeto *a*, causa do desejo, é objeto da pulsão – com a mudança no conceito de pulsão, visto que não se trata mais aí do automatismo formalizado da repetição significante. Sua determinação positiva é sua relação com a borda da zona erógena, o que produz tipos de objeto à luz da noção de apêndice: seio, cíbalo, olhar, voz. Nessa relação, ele aparece como ponto a ser contornado pela pulsão cujo motor é, afinal, definido como questão de vida, na qual temos a referência última para a demarcação do sensível que se encontra em questão na resistência ao significante:

> *É a libido, enquanto puro instinto de vida – quer dizer, de vida imortal, de vida irreprimível, de vida que não precisa de nenhum órgão, de vida simplificada e indestrutível. É o que é justamente retirado do ser vivo pelo fato de ser submetido ao ciclo da reprodução sexuada. E é disso que são os representantes, os equivalentes, todas as formas que podemos enumerar do objeto* a. *Os objetos* a *são apenas seus representantes, suas figuras. (Lacan, 1973, p. 180)*

Eis o trajeto que faz surgir, no pensamento de Lacan, um sujeito mais encarnado no real: encontro da negatividade transcendental do significante com a negatividade sensível que o objeto é capaz de apresentar a partir de sua simples presença. Daqui por diante, ele não é mais uma "máscara sobre a dor de existir", mas, atravessado o fantasma que recuperava essa função, passa a ser lugar da verdade do sujeito – Lacan diz que o sujeito procura no objeto "a sombra da vida" que perde sob o significante (Lacan, 2013, p. 442) –, de modo que, com isso, ele ganha certa positividade, que é a do corpo enquanto borda da zona erógena, no que já vemos que se trata de uma positividade apenas porque *apresenta* algo, mas isso que é apresentado já possui, por si, uma natureza negativa: o orifício é o lugar onde o sujeito não se completa, onde é corporalmente marcado como borda infinita. Eis aí o local de sobreposição entre corte no discurso e corte na imagem. Esses objetos:

> *são escolhidos muito precisamente na medida em que manifestam em sua forma, de modo exemplar, a estrutura do corte. Por esse motivo, são empenhados em executar esse papel de suporte no nível do significante, nível no qual o sujeito se encontra situado como estruturado pelo corte. (Lacan, 2013, pp. 453-4)*

Exatamente na medida em que é corte, nada se encontra mais distante do objeto *a* do que uma presumível função de tamponar a divisão originária do sujeito – ou seja, de promover uma resposta que pudesse calar a castração. Ao contrário, em sendo uma imagem do corte, trata-se de uma imagem que é a presença de um vazio.[83]

Por meio do corte, o objeto *a* é o que representa o sujeito em seu real irredutível (Lacan, 2004, p. 189), irredutibilidade que é da ordem da imagem (Lacan, 2004, p. 190). Há nisso a passagem para a suposição de uma falta imaginária que, como imagem sensível, negativa e constituinte, é totalmente inassimilável pelo significante,

---

83 Nesse caso, como já assinalado, não mais passível de descrição em termos kojèvianos. Para um ponto de vista contrário, ver Borch-Jacobsen (1991a). Nessa direção, o papel do objeto *a* não pode ser entendido como análogo ao do falo, ao contrário do que afirma esse autor, por exemplo, no seguinte trecho: "no imaginário, o objeto *a* desempenha um papel exatamente análogo àquele do significante fálico no domínio do simbólico: o de encarnar a ausência do sujeito. Na realidade, a mesma lógica se expressa em ambos os domínios, com apenas uma pequena diferença de registro" (1991a, p. 237). Se há algo de comum entre os dois procedimentos é que ambos, afinal, procuram desvendar o mecanismo e os limites da linguagem como questão não dissociável da produção de desejo. Mas agora essa lógica não mais se transcreve em um puro registro transcendental; ela revela a necessidade que esse próprio registro tem de sair de si mesmo na direção do sensível mediante o real da presença corporal.

enquanto a falta simbólica, sem ser assimilável, mostrava-se como seu limite e operava em seu próprio registro.[84] Lacan (2004) marca esse aspecto dizendo que o objeto *a*:

> *é justamente o que resiste a qualquer assimilação à função do significante, e é por isso mesmo que simboliza o que, na esfera do significante, sempre se apresenta como perdido, como aquilo que se perde para a significantização [*signifiantisation*]. Ora, é justamente esse dejeto, essa queda, o que resiste à significantização, que se revela constituir o fundamento como tal do sujeito desejante (...). (p. 204)*

Se o sujeito se constitui no objeto, nele não pode se reconhecer (no sentido de se representar); ele é, nas palavras de Bairrão (2003), "o ponto-limite da possibilidade de o sujeito se fazer elaborar pelo pensamento" (pp. 201-2). Se o sujeito, ao ser dito pelo significante, desaparece, sabemos que se lhe encontra vetada qualquer possibilidade de simbolização – ele é mesmo definido como aquilo que fomenta o andamento da cadeia significante ao dela escapar. Mas, impedido de aparecer no simbólico, sua presença, que deve então ser de outra natureza, permanece. Para Lacan (2004), o resultado da relação de crise entre significante e sujeito é que este "só pode entrar no mundo como resto, como irredutível relativamente ao que lhe é imposto pela marca simbólica" (pp. 379-80). Tal opacidade[85] – que tem que ser opacidade do corte,[86] visto que à negação do signifi-

84 Lembremos aqui dos símbolos zero abordados no Capítulo 2.

85 "Trata-se pois de reconhecer que o sujeito encontra, em sua relação a si, algo da ordem da opacidade do que se determina como obs-tante (*Gegenstande*), como não saturado no universo simbólico." (Safatle, 2005, p. 128)

86 "(...) esse é o ponto extremo, o ponto imaginário no qual reside o ser do sujeito, por assim dizer, em sua densidade máxima (...). O ser do sujeito é para ser

cante deve-se justapor outra negação, e não a positivação de uma essência –, sendo função do sujeito, só pode ser atributo do corpo,[87] como podemos inferir das seguintes declarações: "todo o corpo não foi apreendido no processo de alienação" (Lacan, 1966-67); "[o] objeto é o protótipo da significância [*signifiance*] do corpo como aquilo que está em jogo [*enjeu*] no ser" (Lacan, 1960/1966t, p. 803).

Assim, não é a plenitude de uma presença corporal que resiste ao significante, mas o furo em sua imagem, o invisível que constitui sua visibilidade – o sujeito se relaciona ao objeto não por causa de uma necessidade biológica qualquer,[88] mas em função do modo de sua relação ao significante, do que essa relação com o significante torna necessário. O resto da submissão do sujeito ao simbólico é um resto real, uma espécie de ancoragem do ser que, com a imagem do corpo, possui relação de presença pela ausência. Ora, se fosse o caso de uma presença positivada teríamos que pensar o objeto nos termos da primeira teoria do imaginário: imagem regulada pelo simbólico cujas vicissitudes são incapazes de ir além da alienação. Se, mesmo nessa primeira teoria, já existia a indicação de um papel de resistência do imaginário, é preciso pontuar a diferença que agora se estabelece: lá, tínhamos a resistência do *eu* na fala – não há discurso que não o atravesse pelo próprio fato da enunciação –; aqui, a função de resistência pertence à imagem em seu cerne opaco sensível, cujo lugar, apesar de ter origem na dialética entre Outro e sujeito, fica fora do registro da simbolização – o objeto é seu ponto de parada; ele estanca o deslizamento da cadeia marcando a presença do sujeito para além da determinação significante, resguardando o que Lacan

---

articulado, nomeado no inconsciente, mas, no limite, não pode sê-lo. Ele é tão somente indicado, no nivel da fantasia, por aquilo que se revela ser fenda, estrutura de corte." (Lacan, 2013, p. 501)

87 Como já se anunciava, aliás, no item 3.3.2 deste capítulo.

88 Embora a necessidade tenha seu lugar nisso, como vimos.

chama de "dignidade do sujeito" (e que pode ser designado como o espaço de sua ação):

> *é enquanto supervalorizado que ele [o objeto] tem essa função de salvar nossa dignidade de sujeito,* isto é, fazer de nós algo diferente de um sujeito submisso ao deslizamento infinito do significante, *fazer de nós algo diferente dos sujeitos da fala, esse algo de único, de inapreciável, de insubstituível, no final das contas, que é o verdadeiro ponto no qual podemos designar aquilo a que chamei a dignidade do sujeito. (Lacan, 1960/1961, p. 151, grifo meu)*

Em suma, fantasia, *objeto a* e corpo, em sua indissociabilidade e iluminados pelo mecanismo do corte, podem ser indicados como os termos do equacionamento dos impasses herdados da apropriação do estruturalismo pela psicanálise e, consequentemente, da fixação de uma distância radical entre Lacan e Lévi-Strauss. Nesse sentido, podemos acompanhar Zafiropoulos quando este afirma que:

> *A invenção do objeto (a) (sua "descoberta") então separa radicalmente Lacan de Lévi-Strauss, pois agora ele vê o etnólogo como o analista da encenação de um universo ao qual nada falta; ao passo que ele afronta, e portanto percebe, a incompletude do universo como a parte do real (do corpo) que ordinariamente não passa para o teatro do mundo, salvo para ser aí contado como causa da angústia. (2003, p. 241)*

A incursão pelos problemas teóricos decorrentes da tentativa de aliar sujeito e estrutura é o caminho que nos permite ensaiar uma resposta para uma leitora que, percorrendo a obra de Lacan, formulasse a seguinte indagação: por que justamente aquilo que fora excluído da dimensão de efetividade, diante da necessidade de referir o desejo a uma função pura e transcendental, deve agora passar a ser valorizado em si mesmo a ponto de ser alocado no centro da teoria como vetor da constituição do sujeito ou da operação malsucedida de apreensão de si? E a resposta é, então, correlata de uma completa inversão dos valores atribuídos às perspectivas da objetividade e da objetalidade, a verdade do sujeito sendo solidária, de agora em diante, da segunda:

> *Nosso vocabulário promoveu, para esse objeto, o termo "objetalidade", na medida em que ele se opõe a "objetividade". Para condensar essa oposição em formulações rápidas, diremos que a objetividade é o termo extremo do pensamento científico ocidental, o correlato de uma razão pura que, no final das contas, se traduz – se resume, se articula – num formalismo lógico. Se vocês me acompanham em meu ensino dos últimos cinco ou seis anos, sabem que a objetalidade é outra coisa. Para lhes apresentar seu ponto incisivo e forjar uma fórmula equilibrada em relação à precedente, direi que a objetalidade é o correlato de um* pathos *de corte. Mas, paradoxalmente, é aí que esse próprio formalismo, no sentido antigo do termo, reencontra seu efeito. Esse efeito, desconhecido na* Crítica da razão pura, *dá conta desse formalismo, no entanto. (Lacan, 2004, pp. 248-9)*

Ressalto a relevância de citar esse trecho dizendo o seguinte: se acaso tivéssemos assumido, para essa pesquisa, um recorte cronologicamente retroativo, ele teria sido seu ponto de partida;

dele, derivaríamos cada uma das hipóteses interpretativas aqui desenvolvidas – a transição do imaginário ao simbólico, a lógica da apresentação de uma negação, as vias de abordagem do significante saussuriano, o sentido do recurso a Descartes, o esgotamento da referência à estrutura à luz do problema do sujeito, a centralidade do lugar do objeto como resposta a este. Nele, vemos que: 1 – Há uma tomada de distância em relação ao ideal de ciência – a cujas exigências o estruturalismo buscava responder –, segundo a qual o formalismo implicado não é exatamente rechaçado, mas submetido ao sensível pela referência à dimensão patológica (o efeito do formalismo liga-se à objetalidade...); 2 – A referência ao transcendental (da estrutura e da função pura do desejo) – via Kant – é subsumida à transcendência do objeto (a objetalidade dá conta do formalismo); 3 – A objetalidade é a negatividade do sensível (o *pathos* de corte).

***

Em resumo, podemos dizer que o sujeito lacaniano agrega até esse ponto da teoria: o lugar de produção do sentido, a função de enunciação vinculada ao exercício da negatividade do desejo e o vazio da impossibilidade de ser dito (como vetores implicados na repetição de um posicionamento perante o Outro). Até onde pode ser, então, conduzida sua identificação, ainda que parcial, com um sujeito transcendental? A delegação de um importante papel ao corpo na constituição do desejo e o esquema da relação a si revelam o principal limite dessa identificação, pois, para um sujeito que deve ser entendido a partir da negatividade, apresentar-se exclusivamente em um plano transcendental corresponderia à produção de uma única proposição: a afirmação da tautologia "nada = nada" que, sem meios de sair de si mesma, geraria um silêncio totalizante e insuscetível de desenvolvimento. A aporia só pode ser evitada se o sujeito como negatividade pura caminhar para a inscrição de sua essência no nível da transcendência: direcionar-se a si mesmo exige a saída para o objeto. Mas isso não significa que, depois do circuito, o retorno ao si se tornaria possível.

Seria pertinente concluir, a partir daí, que um plano transcendental continuaria a responder, sozinho, pela natureza do Outro? Nesse ponto, é preciso lembrar novamente que, por vezes, Lacan diz que *o Outro é sujeito.*[89] Dada sua definição para essa categoria, isso só pode significar uma coisa: a estrutura, antes ponto de partida transcendental da determinação subjetiva, é agora também, em si mesma, transcendência ou o sair de si no exercício da negação. Se é assim, mais uma vez, o sujeito não é mais totalmente determinado pela estrutura, mas existe um seu movimento, aliás o movimento mesmo que o define, que o conduz a uma relação de negação a negação com a estrutura que, por sua vez, em certo sentido, também se desdobra, por essa própria presença da negação em seu cerne, no exercício de uma função de sujeito. Em última instância, o "Outro faltante" significa, portanto, outro limite, ao lado da presença corporal, da identificação do sujeito do inconsciente com um funcionamento transcendental, exigindo que sobre a própria estrutura se projete uma função de transcendência.

***

Vemos que um pensamento da estrutura é necessário a uma reflexão sobre o sujeito que se pretende imune às insígnias do substancialismo. Vemos ainda que a contrapartida do sujeito como negação é a falta no Outro e que a necessidade dessa última noção para a dinâmica interna da teoria é que, com ela, o vínculo sujeito/estrutura passa a ser visto como relação de negação a negação, e não mais como um processo de mão única, no qual a determinação partia da estrutura para sobrepujar totalmente o sujeito. Então, o problema talvez se configure mais ou menos assim:

---

89 Cf. nota 73, acima.

1. O impasse resultante do estruturalismo (desaparecimento do sujeito) tem no cenário kojèviano (o sujeito como negação inobjetivável) sua contrapartida;
2. Um novo impasse então se apresenta pela presença de um sujeito diluído em sua pura negatividade;
3. Seu desenvolvimento necessário exige a apresentação do *objeto a* na fantasia.[90]

Penso ser esse o movimento (mais uma vez: de impasses sobre impasses) capaz de iluminar uma observação como a seguinte: "paradoxalmente, porque enquanto sujeito é inobjetivável, apenas pode demarcar-se em posição de objeto; porque é indeterminado, apenas pode determinar-se perdido, porque é insubstancial, apenas pode preencher-se vazio. Como não é, é dito (que não)" (Bairrão, 2003, p. 132). Isso não significa, portanto, que o sujeito deixa de ser negatividade, mas que ele passa a possuir uma positividade (de apresentação da negação)[91] como correlato de sua existência negativa. É nesses termos que pode ser indicada a travessia da estrutura na obra lacaniana. O início mais efetivo desse movimento pode ser, então, situado no *Seminário 5*, quando Lacan começa a falar de "falta no Outro". Trata-se de um momento de transição que ainda pode ser qualificado de estruturalista – haja em vista a abordagem do complexo de Édipo aí encontrada –, mas que já anuncia, conforme os termos aqui apresentados, a necessidade de relativizar esse referencial.

---

90 O terceiro movimento também é instado por motivos propriamente clínicos, pois, a permanecer no privilégio do registro simbólico, a análise se coíbe de pensar o seu fim: não haveria nada que pudesse anunciar a lógica de seu término ao lado da metonímia do desejo. Cf. Julien (1990/1993, p. 128).

91 Nesse sentido, a lógica do objeto *a* é plenamente coerente com o encaminhamento do significante para o traço (tal como analisado no Capítulo 2).

Considerações finais

O estruturalismo vai durar o quanto duram as rosas, os simbolismos e os Parnasos: uma temporada literária, o que não quer dizer que esta não mais será fecunda. Já a estrutura não está prestes a desaparecer porque se inscreve no real, ou melhor, porque nos fornece uma oportunidade de conferir sentido à palavra "real" para além do realismo que (...) nunca é senão um efeito de discurso.

Lacan – *Pequeno discurso no ORTF*

Ao dar início à jornada do "retorno a Freud", Lacan tem à sua frente dois grandes problemas: 1 – O velho dilema da presença de termos mutuamente excludentes na ideia de uma "ciência do sujeito"; 2 – A dificuldade, decorrente do fato de buscar preencher o ideal de ciência a partir do estruturalismo, de ligar o sujeito transcendental ao sujeito empírico. Durante algum tempo (precisamente entre 1953 e 1957), foi de dentro mesmo do estruturalismo – então aliado à dialética de Kojève – que o autor se empenhou em encontrar saídas para tais impasses. Mas tudo se passava como se o cobertor fosse curto demais: nessa tarefa, estendida entre determinação e subjetividade, recobrir uma extremidade da questão significava necessariamente deixar a outra ao relento. Sustentar, até as últimas consequências, a vocação científica mediante o viés transcendental correspondia a deixar escapar toda a especificidade concreta do desejo; privilegiar o sujeito equivalia a constranger a ciência a uma difícil lida (porquanto inserida em contexto estruturalista), com a perspectiva de uma relativização da determinação.

Na tentativa de fazer uma coisa funcionar ao lado da outra, Lacan, ao longo dos desdobramentos de seu pensamento durante os anos 1950, atribui um sinal diacrítico ao sujeito (a negação acompanhada do caráter evanescente) e outro à estrutura (a noção de falta no Outro), ambos absolutamente indispensáveis às chances de coerência da teoria. A falta no sujeito – pela metonímia do desejo (relacionada à necessidade de abertura da estrutura) – e no Outro – pela presença de um ponto cego na determinação – é a única garantia da manutenção efetiva do sujeito como sujeito, o único suporte que o impede de se tornar objeto, coisa fixa, estagnada. Um sujeito inobjetivável e uma estrutura inobjetivante: a fórmula encontrada, no período aqui analisado, para dissolver o impasse do desaparecimento do primeiro na segunda é a originalidade de uma combinação entre negatividade e um Outro determinante porém descompletado. Nisso, o manejo converge, em um primeiro momento, para três termos de uma equação indecomponível: estruturalismo, subjetividade e kojèvismo. Eles se encontram implicados mutuamente sob um laço necessário. Não é possível abrigar o estruturalismo sem o sujeito e sem Kojève: o efeito disso seria uma sociologia sem parentesco com uma prática clínica e um discurso sobre a subjetividade na medida em que ela não fosse, exatamente, uma subjetividade; não é possível sustentar o sujeito abrindo mão do estruturalismo e do kojèvismo: decorreria daí uma psicologia à qual estaria vedada qualquer aspiração à ciência, isto é, um discurso do tipo *doxa* e uma indesejável aproximação com o contingente e com a obscuridade de uma interioridade psicológica; enfim, não é possível manter Kojève sem o estruturalismo: o resultado seria uma antropologia filosófica incapaz de lidar com uma noção de inconsciente e de aspirar a alguma relação com a ciência. No entanto, a passagem do sujeito como nada ao objeto como vazio insere dois importantes deslocamentos nesse quadro: 1 – Revela a insuficiência da descrição kojèviana, com sua negação restrita à instância que a exerce. Seu dispositivo não permite pensar uma negação propriamente sensível, tal como aquela exigida pelo objeto *a*; 2 – No momento mesmo em que essa articulação encontra seu lugar, o próprio conflito determinação *versus* subjetividade começa a ser, de certa forma, despriorizado na teoria, tendo início um encaminhamento ético da experiência psicanalítica.

Quando Lacan retoma, em 1964, o tema do espaço a ser reservado à linguística na tarefa de abordar o inconsciente freudiano, o que lemos é o seguinte:

> *Hoje em dia, no tempo histórico que vivemos e que é de formação de uma ciência que podemos qualificar de humana, mas que é preciso bem distinguir de toda psicossociologia, isto é, a linguística, cujo modelo é o jogo combinatório operando em sua espontaneidade, absolutamente sozinho, de maneira pré-subjetiva – é esta estrutura que confere seu estatuto ao inconsciente. É ela, de todo modo, que nos assegura que existe sob o termo de inconsciente algo de qualificável, de acessível, de objetivável. Mas, quando incito os psicanalistas a não mais ignorarem esse terreno, que lhes oferece um apoio sólido para sua elaboração, quer isto dizer que penso conservar os conceitos historicamente introduzidos por Freud sob o termo inconsciente? Muito bem, não!, eu*

> *não penso assim.* O inconsciente, conceito freudiano, é outra coisa *(...). (1973, p. 24, grifo meu)*

Aí está dito que o conceito freudiano de inconsciente *não é* subsumível ao território da linguística. Mas se encontra igualmente dito que semelhante território não deve ser ignorado pelos psicanalistas, sob pena de se perder o recurso a algo então qualificado de "objetivável". Entre esses dois polos passa, de fato, a delicadeza e a complexidade daquilo que, ao longo desse trabalho, chamei de "ultrapassagem do estruturalismo" ou de "travessia da estrutura" e que pode ser traduzido nos seguintes termos: se o valor de operador conceitual (como algo real, vale lembrar) da estrutura é preservado, isso só é feito na medida em que ela é subvertida de acordo com dois movimentos: 1 – A estrutura não é completa – conforma-se em torno de uma falta constituinte; 2 – Embora seja real, nem todo o real pode ser por ela descrito.

A inteligibilidade desse trecho do *Seminário 11* é totalmente dependente da investigação das linhas de força que atravessam, sob a noção (lévi-straussiana) de estrutura, o problema da determinação do sujeito. Ainda mais quando a continuidade do texto citado dá a ver imediatamente a que movimento teórico o deslocamento deve ser referido. Quando se trata de dizer que o jogo combinatório não responde mais pelo inconsciente freudiano, isso é feito à luz da indicação do objeto *a* no lugar da contrapartida. A passagem em questão – da qual depende a realocação do estruturalismo – é a da lei estrutural para o objeto na função de causa opaca. Lacan, dando continuidade à reflexão sobre a causa que se desenrolava no *Seminário 10*,[1] refere-se ao ensaio de Kant sobre as grandezas negativas para aludir à resistência que ela oferece às tentativas de

1 Quando então explorava a condição da causa como espécie de "sombra" daquilo que, na função do conhecimento, é um "ponto cego" (ver *Seminário 10*, p. 251).

apreensão conceitual.[2] O ponto em que ela se diferencia da lei – ou "do que há de determinante numa cadeia" (Lacan, 1973, p. 25) – é justamente o fato de não poder ser racionalizada: "cada vez que falamos de causa, há sempre algo de anticoncetual, de indefinido. (...) só existe causa daquilo que manca [*cloche*]. (...) o inconsciente freudiano (...) se situa nesse ponto em que, entre a causa e aquilo que

---

2 Nesse texto, cujo título é *Ensaio para introduzir a noção de grandezas negativas em filosofia* (1763/2005), Kant contrapõe à oposição lógica – que, por exprimir uma contradição, nada produz – a oposição real – na qual não há contradição, pois aí as coisas que abolem as consequências uma da outra estão dispostas na relação enquanto *fundamentos positivos* –, de modo a ser possível estabelecer que "as grandezas negativas não são as negações de grandezas" (p. 56). Ele nomeia "privação" a negação que nasce desse segundo tipo de oposição e, após indicar problemas filosóficos para cujo equacionamento ela seria de bom uso e apontar algumas derivações gerais do conceito, sublinha uma distinção paralela à primeira, então ligada justamente às dificuldades de apreensão conceitual da causa, as quais irão reverberar, alguns anos mais tarde, no projeto da *Crítica da razão pura* (1781/1985), em torno da pergunta pela possibilidade dos juízos sintéticos *a priori* na matemática, na física e na metafísica. Trata-se agora da diferença entre fundamento lógico e fundamento real: sendo o primeiro não problemático por extrair uma consequência de acordo com a regra da identidade, o mesmo não se pode dizer do segundo, que então coloca uma pergunta que vai exigir da *Crítica* sua vertente anti-humeana, pois como justificar que uma coisa tenha origem em outra sendo dela distinta? Dizer que entre ambas se coloca a causa não resolve o problema porque recorre exatamente àquilo que deveria ser explicado. Kant declara, a esse propósito, que não se permite contentar-se "com palavras como causa e efeito, força e ação, pois, quando considero previamente algo uma causa, ou lhe atribuo o conceito de uma força, já pensei nele a relação do fundamento real à consequência, tornando-se então fácil ver a posição da consequência conforme a regra da identidade" (pp. 97-8). A questão é que a oposição real, no caso em que ela é *possível* (ou em potência) – ou seja, no caso em que se estabelece entre sujeitos diversos, e não entre atributos de um mesmo sujeito –, põe a questão de saber por que, em função da existência de uma coisa, uma *outra* é suprimida. Ora, é evidente que a relação real (em sua distinção relativamente à oposição lógica) expõe o enigma da causa: nela, a relação do fundamento real com a consequência, diz Kant, "não pode absolutamente fazer-se distinta" (p. 99). O interesse de Lacan pelo problema reside, então, no estreito vínculo traçado ao longo do texto entre a negação e o caráter refratário da causa ao conceito.

ela afeta, há sempre a claudicação [*clocherie*]" (p. 25). Ora, eis algo simultaneamente estranho a Lévi-Strauss e sintonizado com o cerne da inspiração freudiana, sobretudo no desenvolvimento da reflexão acerca do mal-estar na cultura e da pulsão de morte. A pulsão é o limite do Édipo enquanto processo de categorização;[3] ideia bem articulada por Alvares (2007) quando afirma que:

> *Para Freud, todo o dispositivo de regulação da pulsão através da produção de articulações sociais e significantes, como é o Édipo, é entravado por um resto sexual que a* Kultur *não consegue assimilar, que os interditos e ideais ao serviço de Eros, instância que une pessoas e grupos, não consegue recalcar nem sublimar. Algo de inalienável e irredutível escapa e objeta à ordem simbólica, ao Outro:* "la chose freudienne", "l'objet petit a". *Em Freud, o real não é todo racional. O Édipo é talvez uma categoria no sentido kantiano, mas não a pulsão. (§22)*[4]

Podemos, assim, dizer que o valor da estrutura reinterpretada por Lacan – e que reserva em seu pensamento, um espaço para o limite do pensável – é constituído de duas formas de estender sua abordagem: uma que a retrocede a um grau anterior ao da estrutura completa, ou seja, sua subversão pelo reconhecimento de que ela mesma é possuidora de uma falta, isso significando que o símbolo zero não é mais suficiente para dar conta de sua fundação; outra que, de fato, a ultrapassa, indo além da identificação do desejo com um desejo de nada (ou puro) e indicando o objeto *a* como resistência ao esquema transcendental dos significantes. O estruturalismo é

---

3 Antígona, antes que Édipo?

4 Esse pensamento de que o Lacan dos anos 1960 é mais freudiano do que o dos anos 1950 é proposto por Simanke (2005, p. 45).

atravessado *a partir de sua própria lógica*, segundo as consequências que produz ao vigorar em domínio psicanalítico e ao ser acompanhado, durante certo tempo, do discurso kojèviano da negação.[5]

Evidentemente, nesse novo contexto, o significante passa a repercutir outra amarração teórica. Devido aos dilemas envolvidos na apreensão do sujeito, esta passa a ter que se debater, sem dar conta, do vazio do objeto e da pulsão como o movimento que delineia o contorno dessa ausência. Isso talvez explicasse a motivação última para a vigência da topologia na obra lacaniana desde então: *esforço* de apresentação do que falta à imagem? A linguística, apesar de dar vazão ao tema do negativo, não permite trabalhar com isso ao se amparar totalmente no registro da racionalização simbólica. Com efeito, a partir do *Seminário 9*, vislumbramos, na produção de Lacan, uma estrutura muito mais topológica do que linguística. A topologia pode ser vista, assim, como a via, a um só tempo, de continuidade e de ultrapassagem do estruturalismo: ela não prescinde da noção de significante, mas dele cobra a possibilidade de ser descrita como traço unário, então mais suscetível de independência do sistema.

Traço unário, sujeito, significante de uma falta no Outro, objeto *a*: assiste-se à reiteração de uma mesma estratégia – apresentação paradoxal da negação segundo os movimentos que focam uma lógica transcendental na direção da transcendência. Todo o problema pode, então, ser pensado sob a pergunta "o que pode ser uma presença

---

5 É em virtude dessa observação que não concordo com Descombes quando este defende, para Lacan, a qualificação de "ultraestruturalista", esta sendo definida da seguinte forma: "Pode-se bem chamar, com efeito, de ultraestruturalistas as consequências extremas das premissas estruturalistas na medida em que elas nos conduzem decididamente para além da antropologia estrutural" (1980, p. 77). Embora isso seja um dos pilares da movimentação da teoria, dando mesmo origem a alguns dos traços mais firmes de vários conceitos, o pensamento lacaniano não pode ser reduzido ao mero desenvolvimento de premissas estruturalistas.

sensível do negativo?", sem a qual a transcendência significante, no que diz respeito à subjetividade, só conduziria à tautologia.

Um dos interesses de percorrer o trajeto que dispõe essa indagação é descobrir como pode se desenvolver um pensamento sobre o sujeito que não precisa de nenhuma referência à substância, ao lado de uma reflexão sobre o desejo que nada deve a diretrizes psicológicas. Além disso, temos a ocasião de presenciar um movimento argumentativo exercendo-se no seu limite: Lacan não recua diante das dificuldades teóricas, mesmo quando elas insistentemente convidam ao silêncio.

Referências

ABBAGNANO, N. (2000). *Dicionário de Filosofia* (A. Bosi & I. C. Benedetti, Trads.; 4ª ed). Martins Fontes. (Obra original publicada em 1971)

ALMEIDA, J. J. R. L. (2004). *A compulsão à linguagem na psicanálise: Teoria lacaniana e psicanálise pragmática* [Tese de doutorado]. Instituto de Filosofia e Ciências Humanas, Universidade Estadual de Campinas.

ALVARES, C. (2007, julho). *A pulsão no pensamento mítico Freud e o estruturalismo na Potière Jalouse, de Lévi-Strauss.* II Congresso Internacional de Filosofia da Psicanálise. (Texto fornecido pela autora)

ANDERSON, P. (1984). Estrutura e sujeito. In *A crise da crise do marxismo* (D. Bottmann, Trad.). Brasiliense. (Obra original publicada em 1983)

ARAGÃO, L. T. do. (1991). O inconsciente em Claude Lévi-Strauss ou a dimensão inconsciente nos fenômenos sociais. In F. KNOBLOCH (Org.) *O inconsciente, várias leituras.* Escuta.

ARANTES, P. E. (1991). Um Hegel errado mas vivo. *IDE*, *(21)*, 72-79.

ARAÚJO, S. de F. (2003). A obra inicial de Wundt: Um capítulo esquecido na historiografia da psicologia. *Revista do Departamento de Psicologia – UFF, 15 (2)*, 63-76.

ARISTÓTELES. (1987). *Organon IV – Analíticos posteriores*. (P. Gomes, Trad.). Guimarães Editores.

ARRIVÉ, Michel. (1994). *Linguística e psicanálise – Freud, Saussure, Hjelmslev, Lacan e os outros* (M. L. & A. Mouzat, Trads.). Editora da Universidade de São Paulo. (Obra original publicada em 1986.)

BAAS, B. (1992). *Le désir pur – Parcours philosophiques dans les parages de J. Lacan*. Éditions Peeters.

BAAS, B. & ZALOSZYC, A. (1988). *Descartes et les fondements de la psychanalyse*. Navarin.

BADIOU, A. (1997). Onde estamos com a questão do sujeito? (A. T. Ribeiro, Trad.). *Colóquio psicanálise e filosofia: Sujeito e linguagem – Letra freudiana, XVI (22)*, 27-44.

BAIRRÃO, J. M. (1998). Escritos em português. *Percurso – Revista de psicanálise 21(2)*, 115-118.

BAIRRÃO, J. M. (2000). Aquém do princípio da psicanálise: Lacan crítico da Psicologia. *Olhar – Revista do Centro de Educação e Ciências Humanas da Universidade Federal de São Carlos, 2(3)*, 31-40.

BAIRRÃO, J. M. (2003). *O impossível sujeito: implicações da irredutibilidade do inconsciente* (v. 1). Edições Rosari.

BAIRRÃO, J. (2004). *O impossível sujeito: implicações do tratamento do inconsciente* (v. 2). Edições Rosari.

BALMÈS, F. (1999). *Ce que Lacan dit de l'être* (Coleção Bibliothèque du Collège International de Philosophie). Presses Universitaires de France.

BARTHES, R. (1993). *Elementos de semiologia* (Trad. I. Bilkstein). Cultrix. (Obra original publicada em 1964)

BERNARD, M. (1974). A psicologia. In F. Châtelet (Org.), *História da filosofia – Ideias, doutrinas: Vol. 7. A filosofia das ciências sociais – de 1860 aos nossos dias* (H. F. Japiassú, Trad.). Zahar Editores. (Obra original publicada em 1973)

BEYSSADE, J.-M. (1974). Descartes. In F. Châtelet (Org.), *História da filosofia – Ideias, doutrinas: Vol. 3. A filosofia do novo mundo* (J. A. F. Pontual, Trad.). Zahar Editores. (Obra original publicada em 1972)

BORCH-JACOBSEN, M. (1991a). *Lacan – The absolute master.* Stanford University Press.

BORCH-JACOBSEN, M. (1991b). Les alibis du sujet (Lacan, Kojève, *et alii*). In N. Avtonomova (Org.), *Lacan avec les philosophes.* Éditions Albin Michel.

BOUQUET, S. & ENGLER, R. (2004). Prefácio dos editores. In F. de Saussure. *Escritos de linguística geral* (C. A. L. Salum & A. L. Franco, Trads.). Editora Cultrix. (Obra original publicada em 2002)

BOWIE, M. (1991). *Lacan.* Harvard University Press.

BRÉHIER, É. (1977). Descartes e o cartesianismo. In *História da filosofia: Tomo segundo. A filosofia moderna, 1: O século XVII* (E. S. Filho, Trad.). Mestre Jou. (Obra original publicada em 1938.)

CARUSO, P. (1969). Conversación com Jacques Lacan. In *Conversaciones com Lévi-Strauss, Foucault y Lacan* (pp. 95-124). Ed. Anagrama. Disponível em: https://ecole-lacanienne.net/wp-content/uploads/2016/04/1966-00-00.pdf

CASSIN, B. (2005). Ver Helena em toda mulher (F. Santoro, Trad.). *Mais! Folha de S.Paulo*. Disponível em: http://www1.folha.uol.com.br/fsp/mais/fs1707200506.htm

CHAUÍ, M. (2002). Aristóteles: A filosofia como totalidade do saber. In *Introdução à história da filosofia – Dos pré-socráticos a Aristóteles* (2ª ed.). Companhia das Letras. (Obra original publicada em 1984)

COLLARES, R. (2010). *Por uma filosofia transvalorativa: A crítica da consciência moderna em Nietzsche* [Tese de doutorado]. Programa de Pós-Graduação em Filosofia, Universidade Federal de São Carlos.

CUNHA, B. C. (1981). *Psicanálise e estruturalismo*. Assírio e Alvim.

D'AGOSTINI, F. (1999). A questão do sujeito. In *Analíticos e continentais – Guia à filosofia dos últimos trinta anos* (B. Dischinger, Trad.). Editora Unisinos. (Obra original publicada em 1997)

DAVID-MÉNARD, M. (1996). *A loucura na razão pura – Kant, leitor de Swedenborg* (H. B. S. Rocha, Trad.). Editora 34. (Obra original publicada em 1990)

DAVID-MÉNARD, M. (1998). *As construções do universal: psicanálise, filosofia* (C. P. de Almeida, Trad.). Companhia de Freud. (Obra original publicada em 1997)

DAVID-MÉNARD, M. (2003). Psicanálise e filosofia após Lacan (V. Safatle, Trad.). In V. P. Safatle (Org.), *Um limite tenso: Lacan entre a filosofia e a psicanálise*. Editora UNESP.

DAVID-MÉNARD, M. (2004). A negação como saída da ontologia. In G. Iannini et al (Org.), *O tempo, o objeto e o avesso – Ensaios de filosofia e psicanálise* (A. Teixeira & G. Iannini, Trad.). Autêntica.

DELEUZE, G. (1981). Em que se pode reconhecer o estruturalismo? In F. Châtelet. *História da filosofia – Ideias, doutrinas:*

Vol. 8. O século XX (Hilton F. Japiassú, Trad.). Zahar Editores. (Obra original publicada em 1972)

DELACAMPAGNE, C. (1997). *História da filosofia no século XX* (L. Magalhães, Trad.). Jorge Zahar Editor. (Obra original publicada em 1995)

DESCARTES, R. (1983). Meditações. In *Os pensadores* (J. Guinsburg & B. Prado Jr., Trad.). Abril Cultural. (Obra original publicada em 1641)

DESCOMBES, V. (1979). *Le même et l'autre – Quarante-cinq ans de philosophie française (1933-1978)*. Cambridge University Press e Les Editions de Minuit.

DESCOMBES, V. (1980). L'équivoque du symbolique. In *Cahiers Confrontation – Les machines analytiques*. Aubier, printemps, pp. 77-95.

DEWS, P. (2003). A verdade do sujeito: linguagem, validade e transcendência em Lacan e Habermas (A. Carone, Trad.). In V. P. Safatle (Org.), *Um limite tenso: Lacan entre a filosofia e a psicanálise*. Editora UNESP.

DOR, J. (1989). *Introdução à leitura de Lacan – O inconsciente estruturado como linguagem* (C. E. Reis, Trad.). Artes Médicas. (Obra original publicada em 1985)

DOSSE, F. (1993a). *História do estruturalismo, v. 1: O campo do signo, 1945/1966* (Á. Cabral, Trad.). Ensaio & Editora da Universidade Estadual de Campinas. (Obra original publicada em 1991)

DOSSE, F. (1993b). *História do estruturalismo, v. 2: O canto do cisne, de 1967 a nossos dias* (Álvaro Cabral, Trad.). Ensaio & Editora da Universidade Estadual de Campinas. (Obra original publicada em 1991)

DUNKER, C. (2006). Ontologia negativa em psicanálise: Entre ética e epistemologia. *Discurso – Revista do Departamento de Filosofia da USP*, (36), 217-241.

EVANS, D. (1996). *An Introductory dictionary of lacanian psychoanalysis*. Routledge.

EY, H. (Org.). (1969). *O inconsciente – VI Colóquio de Bonneval* (J. Batista, Trad.; Vol. 1). Edições Tempo Brasileiro. (Obra original publicada em 1960)

FAUSTO, R. (1997). Dialética, estruturalismo, (pré)pós-estruturalismo. In *Dialética marxista, dialética hegeliana: a produção capitalista como produção simples*. Paz e Terra & Brasiliense.

FAUSTO, R. (2003). Dialética e psicanálise. In V. P. Safatle (Org.), *Um limite tenso: Lacan entre a filosofia e a psicanálise*. Editora UNESP.

FICHANT, M. (1974). A epistemologia na França. In F. Châtelet (Org.). *História da filosofia – Ideias, doutrinas: Vol. 8. O século XX* (H. F. Japiassú, Trad.). Zahar Editores. (Obra original publicada em 1973)

FINK, B. (1996). The nature of unconscious thought or why no one ever reads Lacan's postface to the *Seminar on "The purloined letter"*. In R. Feldstein et al. (Org.), *Reading Seminars I and II: Lacan's return to Freud*. State University of New York Press.

FINK, B. (1998). *O sujeito lacaniano – Entre a linguagem e o gozo* (M. de L. S. Câmara, Trad.). Jorge Zahar Editor. (Obra original publicada em 1985)

FOUCAULT, M. (1999). Lacan, o "libertador" da psicanálise. In M. B. da Motta (Org.), *Ditos e escritos I – Problematização do sujeito: psicologia, psiquiatria e psicanálise* (V. L. A. Ribeiro, Trad.; pp. 298-299). Forense Universitária. (Obra original publicada em 1981)

FOUCAULT, M. (2000). Estruturalismo e pós-estruturalismo. In M. B. da Motta (Org.), *Ditos e escritos II: Arqueologia das ciências e história dos sistemas de pensamento* (E. Monteiro, Trad.; pp. 307-334). Forense Universitária.

FRANK, M. (1989). *Qu'est-ce que le neo-structuralisme? De Saussure et Lévi-Strauss a Foucault et Lacan*. Les Éditions du Cerf. (Obra original publicada em 1984)

FREUD, S. (1986). Carta 52. In MASSON, J. M. (Ed., *A correspondência completa de Sigmund Freud para Wilhelm Fliess – 1887-1904* (V. Ribeiro, Trad.). Imago. (Obra original publicada em 1985)

FREUD, S. (1989a). Las neuropsicosis de defensa (Ensayo de uma teoría psicológica de la histeria adquirida, de muchas fobias y representaciones obsessivas, y de ciertas psicosis alucinatorias). In *Obras completas: Vol. 3* (J. L. Etcheverry, Trad.; pp. 41-68). Amorrortu Editores. (Obra original publicada em 1894)

FREUD, S. (1989b). La interpretación de los sueños. In *Obras completas: Vol. 5* (Trad.: José Luis Etcheverry, Trad.; pp. 345-668). Amorrortu Editores. (Obra original publicada em 1900)

FREUD, S. (1989c). Fragmento de análisis de un caso de histeria. In *Obras completas: Vol. 7* (J. L. Etcheverry, Trad.; pp. 1-108). Amorrortu Editores. (Obra original publicada em 1905)

FREUD, S. (1989d). Puntualizaciones psicoanaliticas sobre un caso de paranoia (Dementia paranoides). In *Obras completas: Vol. 12* (J. L. Etcheverry, Trad.; pp. 1-76). Amorrortu Editores. (Obra original publicada em 1911)

FREUD, S. (1989e). Lo inconciente. In *Obras completas: Vol. 14* (J. L. Etcheverry, Trad.; pp. 153-213). Amorrortu Editores. (Obra original publicada em 1915)

FREUD, S. (1989f). Complemento metapsicológico a la doctrina de los sueños. In *Obras completas: Vol. 14* (J. L. Etcheverry, Trad.; pp. 215-233). Amorrortu Editores. (Obra original publicada em 1917)

FREUD, S. (1989g). De la historia de una neurosis infantil. In *Obras completas: Vol. 17* (J. L. Etcheverry, Trad.; pp. 1-112). Amorrortu Editores. (Obra original publicada em 1918)

FREUD, S. (1989h). Más allá del principio de placer. In *Obras completas: Vol. 18* (J. L. Etcheverry, Trad.; pp. 1-62). Amorrortu Editores. (Obra original publicada em 1920)

FREUD, S. (1989i). La negación. In *Obras completas: Vol. 19* (J. L. Etcheverry, Trad.; pp. 250-257). Amorrortu Editores. (Obra original publicada em 1925)

GABBI Jr., O. F. (1998). Considerações sobre a eterna juventude da psicologia: O caso da psicanálise. In G. Politzer, *Crítica dos fundamentos da psicologia: a psicologia e a psicanálise* (M. M. & Y. M. de C. T. da Silva, Trad.). Editora UNIMEP. (Obra original publicada em 1928)

GAY, P. (1989). *Freud: Uma vida para o nosso tempo* (D. Bottmann, Trad.). Companhia das Letras. (Obra original publicada em 1988)

GOEPPERT, S. & GOEPPERT, H. C. (1973). *Linguagem e psicanálise* (O. E. W. Maas, Trad.). Editora Cultrix.

GRÉCO, P. (1976). *Epistemologia da psicologia* (J. E. B. Roza, Trad.). Editora Nova Crítica. (Obra original publicada em 1967)

HEGEL, G. W. F. (2002). *Fenomenologia do espírito* (P. Meneses, Trad.; 7ª ed.). Vozes & USF. (Obra original publicada em 1807)

HOUAISS, A. & VILLAR, M. de S. (2001). *Dicionário Houaiss da língua portuguesa*. Objetiva.

HYPPOLITE, J. (1966). Commentaire parlé sur la "Verneinung" de Freud, par Jean Hyppolite. In *Écrits*. Éditions du Seuil. (Obra original publicada em 1956)

HYPPOLITE, J. (1971). Structure du langage philosophique d'après la préface de la "Phénoménologie de l'ésprit". In *Figures de la pensée philosophique: Vol. 1* (pp. 340-352). Presses Universitaires de France. (Obra original publicada em 1967)

IANNINI, G. (2000). Cartografia de um desencontro. In A. Teixeira & G. M. Rocha (Orgs.), *Dez encontros: Psicanálise e filosofia – O futuro de um mal-estar*. Opera Prima.

IANNINI, G. (2004-05). *Style et vérité chez Lacan (et Wittgenstein)*. Mémoire de DEA – École Doctorale: Pratique et théorie du sens; Université Paris 8.

ITAPARICA, A. (2000). Nietzsche e a "superficialidade" de Descartes. *Cadernos Nietzsche, 9*, 67-77.

JAKOBSON, R. (1999). Dois aspectos da linguagem e dois tipos de afasia. In *Linguística e comunicação* (I. Blikstein & J. P. Paes, Trad.). Editora Cultrix. (Obra original publicada em 1954)

JULIEN, P. (1993). *O retorno a Freud de Jacques Lacan – A aplicação ao espelho* (Â. Jesuino & F. F. Setteneri, Trad.). Artes Médicas. (Obra original publicada em 1990)

JURANVILLE, A. (1987). *Lacan e a filosofia* (V. Ribeiro, Trad.). Jorge Zahar Editor. (Obra original publicada em 1984)

KANT, I. (1985). *Crítica da razão pura* (M. P. dos Santos & A. F. Morujão, Trad.). Fundação Calouste Gulbenkian. (Obra original publicada em 1781)

KANT, I. (2005). Ensaio para introduzir a noção de grandezas negativas em filosofia (V. de Figueiredo & J. Barboza, Trad.). In *Escritos pré-críticos*. Editora Unesp. (Obra original publicada em 1763)

KOJÈVE, A. (1947). *Introduction à la lecture de Hegel* (6ª ed.). Gallimard.

LACAN, J. (1938a). La famille. In *Encyclopédie française: Vol VIII. La vie mentale.* Larousse.

LACAN, J. (1938b). Intervention sur le rapport de R. Loewenstein "L'origine du Masochisme et la théorie des pulsions". In *Bibliothèque Lacan: Pas tout Lacan.* Disponível em: www.ecole-lacanienne.net/ bibliotheque

LACAN, J. (1953). Some reflections on the ego. *International Journal of psychoanlysis, 34*, pp. 11-17. Disponível em: https://ecole-lacanienne.net/bibliolacan/pas-tout-lacan/ (Obra original apresentada em 1951)

LACAN, J. (1956a). Intervention sur l'exposé de Claude Lévi-Strauss: "Sur la mythologie et le rituel". *Bulletin de la Société française de philosophie, XLVIII*, 113-119. Disponível em: www.ecole-lacanienne.net/bibliotheque

LACAN, J. (1956b). Le symbolique, l'imaginaire et le réel. In *Perversions: Psychodynamics and Therapy* (pp. 265-276). Random-House Inc. Disponível em: https://ecole-lacanienne.net/bibliolacan/pas-tout-lacan/

LACAN, J. (1961). Le transfert dans sa disparité subjective, sa prétendue situation, ses excursions techniques. *The Psychoanalysis, Freudian Research and Teaching of Psychoanalysis, 6*, 313. PUF. Disponível em: http://www.valas.fr/IMG/pdf/transfertstecriture.pdf (Obra original publicada em 1960)

LACAN, J. (1961-62). *L'identification – Séminaire 1961 – 1962.* Inédito. Consultado na versão digital da Association Freudienne Internationale.

LACAN, J. (1966a). Au-delà du "principe de réalité". In *Écrits*. Éditions du Seuil. (Obra original publicada em 1936)

LACAN, J. (1966b). Propos sur la causalité psychique. In *Écrits*. Éditions du Seuil. (Obra original publicada em 1946)

LACAN, J. (1966c). L'agressivité en psychananlyse. In *Écrits*. Éditions du Seuil. (Obra original publicada em 1948)

LACAN, J. (1966d). Le stade du miroir comme formateur da la fonction du Je. In *Écrits*. Éditions du Seuil. (Obra original publicada em 1949)

LACAN, J. (1966e). Intervention sur le transfert. In *Écrits*. Éditions du Seuil. (Obra original publicada em 1951)

LACAN, J. (1966f). Fonction et champ de la parole et du langage en psychanalyse. In *Écrits*. Éditions du Seuil. (Obra original apresentada em 1953)

LACAN, J. (1966g). Le séminaire sur "La lettre volée". In *Écrits*. Éditions du Seuil. (Obra original apresentada em 1955)

LACAN, J. (1966h). La chose freudienne. In *Écrits*. Éditions du Seuil. (Obra original apresentada em 1955)

LACAN, J. (1966i). Variantes de la cure-type. In *Écrits*. Éditions du Seuil. (Obra original apresentada em 1955)

LACAN, J. (1966j). Introduction au commentaire de Jean Hyppolite sur la "Verneinung" de Freud. In *Écrits*. Éditions du Seuil. (Obra original apresentada em 1956)

LACAN, J. (1966k). Réponse au commentaire de Jean Hyppolite sur la "Verneinung" de Freud. In *Écrits*. Éditions du Seuil. (Obra original apresentada em 1956)

LACAN, J. (1966l). Situation de la psychanalyse et formation du psuchanalyste en 1956. In *Écrits*. Éditions du Seuil. (Obra original apresentada em 1956)

LACAN, J. (1966m). L'instance de la lettre dans l'inconscient ou la raison depuis Freud. In *Écrits*. Éditions du Seuil. (Obra original apresentada em 1957)

LACAN, J. (1966n). La signification du phallus. In *Écrits*. Éditions du Seuil. (Obra original apresentada em 1958)

LACAN, J. (1966o). Jeunesse de Gide ou la lettre et le désir. In *Écrits*. Éditions du Seuil. (Obra original apresentada em 1958)

LACAN, J. (1966p). La direction de la cure et les principes de son pouvoir. In *Écrits*. Éditions du Seuil. (Obra original apresentada em 1958)

LACAN, J. (1966q) Remarque sur le rapport de Daniel Lagache: "Psychanalyse et structure de la personnalité". In *Écrits*. Éditions du Seuil. (Obra original apresentada em 1958)

LACAN, J. (1966r). D'une question préliminaire à tout traitement possible de la psychose. In *Écrits*. Éditions du Seuil. (Obra original apresentada em 1959)

LACAN, J. (1966s). À la mémoire d'Ernest Jones: Sur sa théorie du symbolisme. In *Écrits*. Éditions du Seuil. (Obra original apresentada em 1959)

LACAN, J. (1966t). Subversion du sujet et dialectique du désir dans l'inconscient freudien. In *Écrits*. Éditions du Seuil. (Obra original apresentada em 1960)

LACAN, J. (1966u). Position de l'inconscient – au congrès de Bonneval, reprise de 1960 en 1964. In *Écrits*. Éditions du Seuil. (Obra original apresentada em 1960)

LACAN, J. (1966v). Kant avec Sade. In *Écrits*. Éditions du Seuil. (Obra original publicada em 1963)

LACAN, J. (1966w). De nos antécedents. In *Écrits*. Éditions du Seuil.

LACAN, J. (1966x). Du sujet enfin en question. In *Écrits*. Éditions du Seuil.

LACAN, J. (1966y). La science et la vérité. In *Écrits*. Éditions du Seuil.

LACAN, J. (1966z). Ouverture de ce recueil. In *Écrits*. Éditions du Seuil.

LACAN, J. (1966-67). *La logique du fantasme – Séminaire 1966 – 1967*. Inédito.

LACAN, J. (1969). Intervention sur l'exposé de Michel Foucault: "Qu'est ce qu'un auteur?". In *Bulletin de la Société française de philosophie,* (3), 104. Disponível em: https://ecole-lacanienne.net/wp-content/uploads/2016/04/1969-02-22.pdf

LACAN, J. (1971). Discours de Tokyo. In *Discours de Jacques Lacan* (T. Sasaki, Trad.; pp. 1-21). Kobundo. Disponível em: https://ecole-lacanienne.net/wp-content/uploads/2016/04/1971-04-21.pdf

LACAN, J. (1972). Du discours psychanalytique. In *Lacan in Italia 1953-1978* (pp. 32-55). La Salamandra. Disponível em: https://ecole-lacanienne.net/wp-content/uploads/2016/04/1972-05-12.pdf

LACAN, J. (1973). *Le séminaire. Livre XI: Les quatre concepts fondamentaux de la psychanalyse (1964)*. Éditions du Seuil (Points).

LACAN, J. (1974-75). *R.S.I. – Séminaire 1974 – 1975*. Inédito. Consultado na versão digital da Association Freudienne Internationale.

LACAN, J. (1975). *Le séminaire. Livre I: Les écrits techniques de Freud (1953-54)*. Éditions du Seuil.

LACAN, J. (1975). *Le séminaire. Livre XX: Encore (1972-1973)*. Éditions du Seuil (Points).

LACAN, J. (1978a). *Le séminaire. Livre II: Le moi dans la théorie de Freud et dans la technique de la psychanalyse (1954-55)*. Éditions du Seuil.

LACAN, J. (1978b). Le mythe individuel du nevrosé. In *Ornicar?*, (17-18). Lyse. (Obra original apresentada em 1953)

LACAN, J. (1979). El deseo y su interpretación. In *Las formaciones del inconsciente (1958-59) – seguido de "El deseo y su interpretación"*. Nueva Visión.

LACAN, J. (1981). *Le séminaire. Livre III: Les psychoses (1955-56)*. Éditions du Seuil.

LACAN, J. (1985). *O seminário. Livro 2: O eu na teoria de Freud e na técnica da psicanálise (1954-55)*. Jorge Zahar Editor. (Obra original publicada em 1978)

LACAN, J. (1986). *Le séminaire. Livre VII: L'éthique de la psychanalyse (1959-60)*. Éditions du Seuil.

LACAN, J. (1987). *Da psicose paranoica em suas relações com a personalidade* (A. Menezes et. al., Trad.). Forense Universitária. (Obra original publicada em 1932)

LACAN, J. (1991). *Le séminaire. Livre XVII: L'envers de la psychanalyse (1969-70)*. Éditions du Seuil.

LACAN, J. (1994). *Le séminaire. Livre IV: La relation d'objet (1956-57)*. Éditions du Seuil (Points).

LACAN, J. (1998). *Le séminaire. Livre V: Les formations de l'inconscient (1957-58)*. Éditions du Seuil.

LACAN, J. (1999). *O seminário. Livro 5: As formações do inconsciente (1957-58)*. Jorge Zahar Editor. (Obra original publicada em 1998)

LACAN, J. (2003a). A psicanálise verdadeira e a falsa. In *Outros escritos* (V. Ribeiro, Trad.). Jorge Zahar Editor. (Obra original apresentada em 1958)

LACAN, J. (2003b). O engano do sujeito suposto saber. In *Outros escritos* (V. Ribeiro, Trad.). Jorge Zahar Editor. (Obra original publicada em 1968)

LACAN, J. (2003c). O aturdito. In *Outros escritos* (V. Ribeiro, Trad.). Jorge Zahar Editor. (Obra original publicada em 1973)

LACAN, J. (2004). *Le séminaire. Livre X: L'angoisse (1962-63)*. Éditions du Seuil.

LACAN, J. (2013). *Le séminaire. Livre VI: Le désir et son interprétation (1958-59)*. Éditions de la Martinière.

LANDIM FILHO, R. (1997). A questão do sujeito em Descartes. *Colóquio psicanálise e filosofia: Sujeito e linguagem – Letra freudiana, XVI*(22), pp. 47-58.

LAPLANCHE, J. & PONTALIS, J.-B. (1992). *Vocabulário da psicanálise* (P. Tamen, Trad.). Martins Fontes, 1992. (Obra original publicado em 1967)

LEMAIRE, A. (1979). *Jacques Lacan: Uma introdução* (D. Checchinato, Trad.). Campus. (Obra original publicado em 1977)

LÉPINE, C. (1979). *O inconsciente na antropologia de Lévi-Strauss*. Ática.

LÉVI-STRAUSS, C. (1950). Introdução à obra de Marcel Mauss. In E. P. Coelho (Org.). *Estruturalismo – Antologia de textos teóricos* (M. E. R. Colares et. Al, Trads.). Martins Fontes.

LÉVI-STRAUSS, C. (1975a). O feiticeiro e sua magia. In *Antropologia estrutural I* (C. S. Katz & E. Pires, Trads.). Tempo Brasileiro. (Obra original publicado em 1949)

LÉVI-STRAUSS, C. (1975b). A eficácia simbólica. In *Antropologia estrutural I* (C. S. Katz & E. Pires, Trads.). Tempo Brasileiro. (Obra original publicado em 1949)

LÉVI-STRAUSS, C. (1975c). As estruturas sociais no Brasil central e oriental. In *Antropologia estrutural I* (C. S. Katz. & E. Pires, Trads.). Tempo Brasileiro. (Obra original publicado em 1952)

LÉVI-STRAUSS, C. (1975d). A noção de estrutura em etnologia. In *Antropologia estrutural I* (C. S. Katz & E. Pires, Trads.). Tempo Brasileiro. (Obra original publicado em 1953)

LÉVI-STRAUSS, C. (1975e). A estrutura dos mitos. In *Antropologia estrutural I* (C. S. Katz & E. Pires). Tempo Brasileiro. (Obra original publicado em 1955)

LÉVI-STRAUSS, C. (1976). *As estruturas elementares do parentesco*. (M. Ferreira, Trad.). Vozes & Editora da Universidade de São Paulo. (Obra original publicado em 1947)

LÉVI-STRAUSS, C. (1986). "Totem e tabu" versão jivaro. In *A oleira ciumenta* (B. Perrone-Moisés, Trad.). Brasiliense. (Obra original publicado em 1985)

LÉVI-STRAUSS, C. (1991). Abertura. In *O cru e o cozido* (B. Perrone-Moisés, Trad.). Editora Brasiliense. (Obra original publicado em 1971)

LÉVI-STRAUSS, C. (1993). A estrutura e a forma – Reflexões sobre uma obra de Vladimir Propp. In *Antropologia estrutural II* (M. do C. Pandolfo, Trad.). Tempo Brasileiro. (Obra original publicado em 1960)

LÉVI-STRAUSS, C. (1997). *O pensamento selvagem* (T. Pellegrini, Trad.). Papirus. (Obra original publicado em 1962)

LEVY, L. (2004). Ainda o *cogito*: uma reconstrução do argumento da segunda meditação. In F. Évora et. al (Orgs.), *Lógica e ontologia – Ensaios em homenagem a Balthazar Barbosa Filho*. Discurso.

LONGUENESSE, B. (2006). *Cogito* kantien et *cogito* cartésien. In M. Fichant & J.-L. Marion (Orgs.), *Descartes **en** Kant*. PUF.

MACEY, D. (1988). *Lacan in Contexts*. Verso.

MACHEREY, P. (1991). Lacan avec Kojève, philosophie et psychanalyse. In N. Avtonomova (Org.), *Lacan avec les philosophes*. Éditions Albin Michel.

MASOTTA, O. (1988). *Introdução à leitura de Lacan* (M. A. B. Cintra, Trad.). Papirus. (Obra original publicado em 1985)

MERLEAU-PONTY, M. (1984a). *De Mauss a Claude Lévi-Strauss* (M. Chauí, Trad.; Coleção Os Pensadores). Abril Cultural. (Obra original publicado em 1960)

MERLEAU-PONTY, M. (1984b). *O metafísico no homem* (M. Chauí, Trad.; Coleção Os Pensadores). Abril Cultural. (Obra original publicado em 1965)

MERLET, P. (Dir.) (2006). *Le pétit Larousse illustré*. Larousse.

MERQUIOR, J. G. (1991). *De Praga a Paris* (A. M. de C. Gibson, Trad.). Nova Fronteira.

MILNER, J.-C. (2002). *Le périple structural – Figures et paradigme*. Éditions du Seuil.

MULLER, J. & RICHARDSON, W. (1982). *Lacan and language – A reader's guide to Écrits*. International Universities Press.

OGILVIE, B. (1991). *Lacan – A formação do conceito de sujeito (1932-1949)* (D. D. Estrada, Trad.). Jorge Zahar editor. (Obra original publicada em 1987)

PARIENTE, J.-C. (1987). Problèmes logiques du *Cogito*. In N. Grimaldi & J. L. Marion (Orgs.), *Le discours et sa méthode*. PUF.

PARIENTE, J.-C. (1999). La première personne et as fonction dans le *cogito*. In Kim Sang Ong-van-Cung (Org.), *Descartes et la question su sujet*. PUF.

POLITZER, G. (1998). *Crítica dos fundamentos da psicologia: a psicologia e a psicanálise* (M. Marciolino & Y. M. de C. T. da Silva, Trad.). Editora UNIMEP. (Obra original publicada em 1928)

PRADO Jr., B. (1990a). Lacan: biologia e narcisismo (ou a costura entre o real e o imaginário). In *Filosofia da psicanálise*. Brasiliense.

PRADO Jr., B. (1990b). Georges Politzer: Sessenta anos da *Crítica dos Fundamentos da Psicologia*. In *Filosofia da psicanálise*. Brasiliense.

RICOEUR, P. (1970). Estrutura e hermenêutica (M. N. L. Soares). In L. C. Lima (Org.), *O estruturalismo de Lévi-Strauss*. Vozes. (Obra original publicada em 1963)

ROUDINESCO, E. (1988). *História da psicanálise na França: A batalha dos cem anos: Vol. 2. 1925-1985* (V. Ribeiro). Jorge Zahar Editor. (Obra original publicada em 1986)

ROUDINESCO, E. (1994). *Jacques Lacan: Esboço de uma vida, história de um sistema de pensamento* (Paulo Neves, Trad.). Companhia das Letras. (Obra original publicada em 1993)

ROUSTANG, F. (1988). *Lacan: Do equívoco ao impasse* (R. C. de Lacerda, Trad.). Campus. (Obra original publicada em 1986)

SÁ, R. de. (2002). A ação do cogito como uma subversão da relação entre saber e ato. *Sofia – Revista semestral de filosofia*, *VII*(09-10), 247-269. Universidade Federal do Espírito Santo.

SAFATLE, V. P. (2000). A ilusão da transparência: sobre a leitura lacaniana de Descartes. *Ágora – Estudos em teoria psicanalítica*, *III*(I), 59-76.

SAFATLE, V. P. (2002a). *La passion du négatif: Modes de subjectivation et dialectique dans la psychanalyse lacanienne* [Tese de doutorado]. Université Paris VIII.

SAFATLE, V. P. (2002b). O trabalho da forma no pensamento de Jacques Lacan: notas sobre a relação entre estilo, sintoma e subjetividade. *Sofia – Revista semestral de filosofia*, *VIII*(09-10), 271-296. Universidade Federal do Espírito Santo.

SAFATLE, V. P. (2003). O ato para além da lei: *Kant com Sade* como ponto de viragem do pensamento lacaniano. In *Um limite tenso: Lacan entre a filosofia e a psicanálise*. Editora UNESP.

SAFATLE, V. P. (2004). Estética do real: pulsão e sublimação na reflexão lacaniana sobre as artes. In G. Iannini et. al. (Org.), *O tempo, o objeto e o avesso – Ensaios de filosofia e psicanálise.* Autêntica.

SAFATLE, V. P. (2005). Uma clínica do sensível: a respeito da relação entre destituição subjetiva e primado do objeto. *Interações, X*(19), 123-150.

SAFATLE, V. P. (2006a). *A paixão do negativo: Lacan e a dialética.* Editora UNESP.

SAFATLE, V. P. (2006b). Linguagem e negação: sobre as relações entre pragmática e ontologia em Hegel. In *doispontos – Revista dos Departamentos de Filosofia da Universidade Federal do Paraná e da Universidade Federal de São Carlos, 3*(1), 109-146.

SARTRE, J.-P. (1994). *A transcendência do ego* (P. M. S. Alves, Trad.). Edições Colibri. (Obra original publicada em 1936)

SAUSSURE, F. de. (1916). *Curso de linguística geral* (C. Bally & A. Sechehaye, Orgs.; A. Chelini, J. P. Paes e I. Bilkstein, Trad.). Cultrix.

SIMANKE, R. T. (1994a). Lacan: subjetividade e psicose. *Discurso,* (23), 149-175.

SIMANKE, R. T. (1994b). *A formação da teoria freudiana das psicoses.* Editora 34.

SIMANKE, R T. (2002). *Metapsicologia lacaniana – Os anos de formação.* Discurso Editorial & Editora UFPR.

SIMANKE, R. T. (2003). A letra e o sentido do "retorno a Freud" de Lacan: a teoria como metáfora. In V. P. Safatle (Org.), *Um limite tenso: Lacan entre a filosofia e a psicanálise.* Editora UNESP.

SIMANKE, R. T. (2005). Nem filósofo nem antifilósofo: notas sobre o papel das referências filosóficas na construção da psicanálise lacaniana. *Natureza humana, 7*(1), 9-58.

SOULEZ, A. (2003). O nó no quadro ou O estilo de/em Lacan. (V. Safatle, Trad.). In V. P. Safatle (Org.), *Um limite tenso: Lacan entre a filosofia e a psicanálise*. Editora UNESP.

STEIN, E. (1997). A questão mente-corpo na psicanálise. In *Anamnese: A filosofia e o retorno do reprimido*. EDIPUCRS.

VAN HAUTE, P. (1992). Lacan's philosophical reference: Heidegger or Kojève? *International philosophical quarterly*, *XXXII*(2), Issue 126, 225-238.

WILDEN, A. (1968). Lacan and the discourse of the Other. In J. Lacan, *Speech and language in psychoanalysis*. The Johns Hopkins University Press.

ZAFIROPOULOS, M. (2003). *Lacan et Lévi-Strauss – Ou le retour à Freud (1951-1957)*. PUF.

ŽIŽEK, S. (1991). *O mais sublime dos histéricos – Hegel com Lacan* (V. Ribeiro, Trad.). Jorge Zahar Editor. (Obra original publicada em 1988)